高等法律职业教育系列教材
审定委员会

高等法律职业教育系列教材

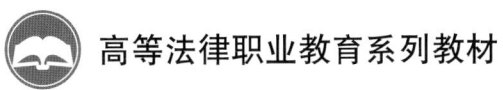

刑事诉讼原理与实务

XINGSHI SUSONG YUANLI YU SHIWU

主　编 ○ 丁为群

副主编 ○ 王冰路　缪伟君

撰稿人 ○（以姓氏笔画为序）

　　丁为群　王冰路　朱萍萍　陈　娴

　　周　颜　欧　涛　梁瀚匀　缪伟君

中国政法大学出版社

2019·北京

图书在版编目（CIP）数据

刑事诉讼原理与实务/丁为群主编. —北京：中国政法大学出版社，2019.9（2023.1重印）
ISBN 978-7-5620-9211-7

Ⅰ．①刑… Ⅱ．①丁… Ⅲ．①刑事诉讼法－中国－高等职业教育－教材 Ⅳ．①D925.2

中国版本图书馆CIP数据核字(2019)第197937号

出 版 者　　中国政法大学出版社

地　　址　　北京市海淀区西土城路 25 号

邮　　箱　　fadapress@163.com

网　　址　　http://www.cuplpress.com（网络实名：中国政法大学出版社)

电　　话　　010-58908435(第一编辑部) 58908334(邮购部)

承　　印　　固安华明印业有限公司

开　　本　　787mm×1092mm　1/16

印　　张　　23.5

字　　数　　487 千字

版　　次　　2019 年 9 月第 1 版

印　　次　　2023 年 1 月第 3 次印刷

印　　数　　11001~16000 册

定　　价　　62.00 元

总 序

  高等法律职业化教育已成为社会的广泛共识。2008 年，由中央政法委等 15 部委联合启动的全国政法干警招录体制改革试点工作，更成为中国法律职业化教育发展的里程碑。这也必将带来高等法律职业教育人才培养机制的深层次变革。顺应时代法治发展需要，培养高素质、技能型的法律职业人才，是高等法律职业教育亟待破解的重大实践课题。

  目前，受高等职业教育大趋势的牵引、拉动，我国高等法律职业教育开始了教育观念和人才培养模式的重塑。改革传统的理论灌输型学科教学模式，吸收、内化"校企合作、工学结合"的高等职业教育办学理念，从办学"基因"——专业建设、课程设置上"颠覆"教学模式："校警合作"办专业，以"工作过程导向"为基点，设计开发课程，探索出了富有成效的法律职业化教学之路。为积累教学经验、深化教学改革、凝塑教育成果，我们着手推出"基于工作过程导向系统化"的法律职业系列教材。

  《国家中长期教育改革和发展规划纲要（2010～2020 年）》明确指出，高等教育要注重知行统一，坚持教育教学与生产劳动、社会实践相结合。该系列教材的一个重要出发点就是尝试为高等法律职业教育在"知"与"行"之间搭建平台，努力对法律教育如何职业化这一教育课题进行研究、破解。在编排形式上，打破了传统篇、章、节的体例，以司法行政工作的法律应用过程为学习单元设计体例，以职业岗位的真实任务为基础，突出职业核心技能的培养；在内容设计上，改变传统历史、原则、概念的理论型解读，采取"教、学、练、训"一体化的编写模式。以案例等导出问题，根据内容设计相应的情境训练，将相关原理与实操训练有机地结合，围绕关键知识点引入相关实例，归纳总结理论，分析判断解决问题的途径，充分展现法律职业活动的演进过程和应用法律的流程。

法律的生命不在于逻辑，而在于实践。法律职业化教育之舟只有驶入法律实践的海洋当中，才能激发出勃勃生机。在以高等职业教育实践性教学改革为平台进行法律职业化教育改革的路径探索过程中，有一个不容忽视的现实问题：高等职业教育人才培养模式主要适用于机械工程制造等以"物"作为工作对象的职业领域，而法律职业教育主要针对的是司法机关、行政机关等以"人"作为工作对象的职业领域，这就要求在法律职业教育中对高等职业教育人才培养模式进行"辩证"地吸纳与深化，而不是简单、盲目地照搬照抄。我们所培养的人才不应是"无生命"的执法机器，而是有法律智慧、正义良知、训练有素的有生命的法律职业人员。但愿这套系列教材能为我国高等法律职业化教育改革作出有益的探索，为法律职业人才的培养提供宝贵的经验、借鉴。

2016 年 6 月

前 言
Foreword

　　刑事诉讼法是高职法律类专业的主干课程之一，是培养高职法律服务
人才参与刑事诉讼、处理解决刑事案件能力的核心课程之一，也是一门与
人们日常生活密切相关、理论性和应用性都比较强的法律专业核心课程。
司法公正包含实体公正和程序公正两个方面，实体公正是程序公正追求的
结果和目标，程序公正是实现实体公正的前提和保障。党的十八大以来，
以习近平同志为核心的党中央在深化国家监察体制改革、反腐败国际追逃
追赃以及深化司法体制改革等方面进行了一系列重大的决策部署，取得了
重大的成果和进展。2018 年 10 月 26 日通过了《全国人民代表大会常务委
员会关于修改〈中华人民共和国刑事诉讼法〉的决定》，在法律上体现了这
些重大的成果和进展。基于以上变革，本书编者本着与时俱进的态度，及
时对本书的相关内容加以修订。

　　"正义先于真实，程序先于权利。"刑事诉讼法有力地诠释了这一法律
格言，是保障善良公民权利和犯罪人权利的宪章。刑事诉讼法的教学不仅
要使学生学到法学的基本理论和基本知识，还要使学生受到法学思维和法
律实务的基本训练，使其分析问题、解决问题的能力得以提高。本教材的
内容编排以课堂教学为视角，以诉讼程序划分学习单元，突出职业能力培
养目标，选择从事法律职业的主要业务，以办案过程为导向展示刑事诉讼
的实景，突出模拟实训环节，具有一定的理论性，又具有较强的应用性。
适合高职高专类法律院校作为教材使用，也可作为司法机关的工作人员和

其他法律工作者参考与借鉴的工具书。

本书写作分工如下（以姓氏笔画为序）：

丁为群：单元四、单元八、单元九；

王冰路：单元一、单元十二；

朱萍萍：单元三；

陈娴：单元二；

周颜：单元六；

欧涛：单元十；

梁瀚匀：单元十一；

缪伟君：单元五、单元七。

作者在编写过程中，参阅了许多学者的文献资料，得到了学院及法律系、教务处、科研处等有关领导、老师、同事的帮助和指导，在此表示诚挚的感谢！

由于时间仓促，不当、错谬之处在所难免，竭诚欢迎批评、指正。

编　者

2019 年 3 月

目 录

单元一 刑事诉讼的主体与基本原则 ………………………………… 1

项目一 刑事诉讼法概述 ………………………………………… 2
项目二 认识刑事诉讼的主体 …………………………………… 13
项目三 刑事诉讼的基本原则 …………………………………… 29

单元二 刑事诉讼的基本制度 ……………………………………… 48

项目一 管辖 ……………………………………………………… 48
项目二 回避 ……………………………………………………… 60
项目三 辩护 ……………………………………………………… 65
项目四 代理 ……………………………………………………… 76

单元三 诉讼保障 …………………………………………………… 81

项目一 强制措施 ………………………………………………… 81
项目二 期间、送达 ……………………………………………… 102

单元四 刑事附带民事诉讼 ………………………………………… 107

项目一 刑事附带民事诉讼的成立 ……………………………… 108
项目二 刑事附带民事诉讼的当事人和赔偿范围 ……………… 111
项目三 刑事附带民事诉讼的提起和审判 ……………………… 115

单元五 刑事诉讼证据 ……………………………………………… 125

项目一 证据的概念 ……………………………………………… 126

项目二　证据的法定形式与理论分类 ·················· 130

项目三　刑事诉讼证明 ·································· 151

单元六　立案 ·· 161

项目一　立案条件 ······································ 161

项目二　立案程序 ······································ 164

项目三　立案监督 ······································ 167

单元七　侦查 ·· 173

项目一　侦查手段与程序 ································ 174

项目二　侦查终结 ······································ 190

项目三　人民检察院对直接受理案件的侦查 ············ 195

项目四　侦查阶段律师的法律帮助 ···················· 198

单元八　起诉 ·· 204

项目一　提起公诉 ······································ 205

项目二　不起诉 ·· 214

单元九　审判程序 ···································· 223

项目一　刑事审判的基本理论 ························· 224

项目二　第一审程序 ···································· 231

项目三　第二审程序 ···································· 249

单元十　特殊审判程序 ································ 263

项目一　死刑复核程序 ································· 264

项目二　审判监督程序 ································· 271

单元十一　执行 ······································ 286

项目一　各种判决、裁定的执行 ······················ 287

项目二　执行变更程序 ································· 295

项目三　人民检察院对执行的监督 ···················· 305

单元十二　特别程序 ·· 312

项目一　未成年人刑事案件诉讼程序 ························ 312

项目二　当事人和解的公诉案件诉讼程序 ···················· 328

项目三　缺席审判程序 ··· 338

项目四　犯罪嫌疑人、被告人逃匿、死亡案件违法所得的没收程序 ··· 346

项目五　依法不负刑事责任的精神病人的强制医疗程序 ··· 352

单 元 一

刑事诉讼的主体与基本原则

知识目标

1. 明确刑事诉讼的概念和特征。

2. 了解刑事诉讼法及其渊源。

3. 理解刑事诉讼法的目的和任务。

4. 了解刑事诉讼中各专门机关和诉讼参与人的概念、法律地位、主要权利和义务。

5. 了解刑事诉讼的各项基本原则。

能力目标

1. 掌握刑事纠纷的解决途径。

2. 充分理解并把握侦查权、检察权和审判权由专门机关依法行使；三机关分工负责，互相配合，互相制约；无罪推定；认罪认罚从宽制度等主要原则。

3. 能用所学理论知识分析实际问题。

内容结构图

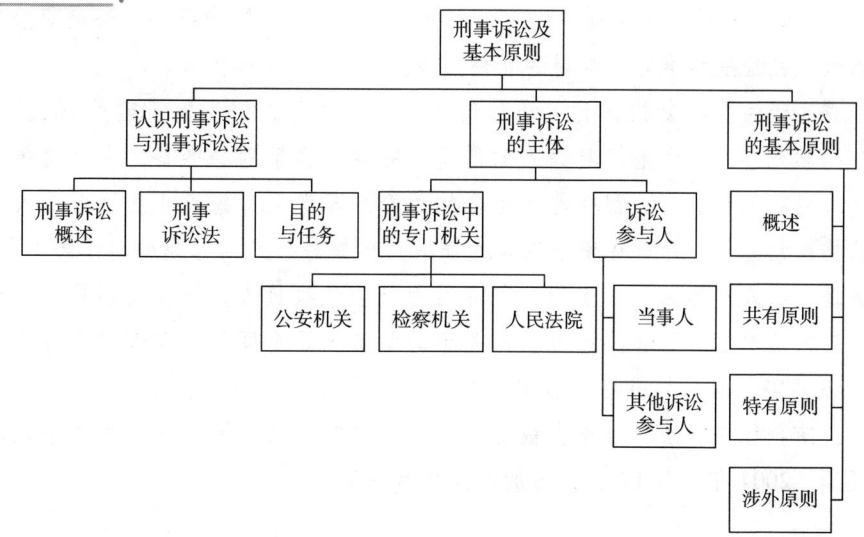

项目一 刑事诉讼法概述

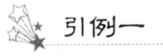 引例一

马加爵故意杀人案

马加爵，男，汉族，1981年5月4日出生，广西壮族自治区宾阳县人，云南大学生命科学学院生物技术专业2000级学生。2004年2月13日，马在云南大学生宿舍与同学在打牌过程中发生冲突，认为受到侮辱，遂产生报复杀人念头。2月13～15日，马用锤击头部的方式，先后将唐学李、邵瑞杰、杨开红、龚搏四位同学杀死。3月15日晚，马在海南三亚被抓获。17日因涉嫌故意杀人被昆明市公安局经济文化保卫分局刑事拘留，19日经昆明市人民检察院批准被逮捕。

2004年4月12日，公诉机关昆明市人民检察院以昆检公刑诉（2004）82号起诉书指控被告人马加爵犯故意杀人罪，向昆明市中级人民法院提起公诉。审理过程中，被害人唐、邵、杨的父母，附带民事诉讼原告人李×、唐×，邵×、黄×，杨×、马×等向法院提起附带民事诉讼。法院依法组成合议庭，公开开庭进行了合并审理。昆明市人民检察院检察员朱彬彬、李云兵出庭支持公诉，附带民事诉讼原告人李×等6人及其诉讼代理人李俊华等5位律师，被告人马加爵及其指定辩护人赵耀、冯明俊律师到庭参加诉讼。

经过法庭调查、法庭辩论、被告人最后陈述等庭审程序，法院最后依照我国《刑法》《刑事诉讼法》及《民法通则》等有关规定，以犯故意杀人罪判处被告人马加爵死刑，剥夺政治权利终身；赔偿附带民事诉讼原告人唐、邵、杨的父母人民币各20 000元。一审宣判后，法定期限内，马未提出上诉，昆明市中级人民法院即依法报送云南省高级人民法院核准对马加爵的死刑判决。

云南省高级法院经复核认为，马加爵无视国家法律，因不能正确处理人际关系，为琐事与同学积怨，即产生报复杀人的恶念，并经周密策划和准备，先后将4名同学残忍杀害，主观上具有非法剥夺他人生命的故意，客观上实施了非法剥夺他人生命的行为，已构成故意杀人罪。在整个犯罪过程中，马加爵杀人犯意坚决，作案手段残忍；杀人后藏匿被害人尸体并畏罪潜逃，犯罪行为社会危害极大，情节特别恶劣，后果特别严重，应依法严惩。马加爵的辩护人关于马加爵认罪态度好、有悔罪表现的辩护意见虽然符合事实，但马加爵罪行极其严重，对其不予从轻处罚。一审判决定罪准确，量刑适当，审判程序合法。遂作出裁定，核准昆明市中级人民法院以故意杀人罪判处马加爵死刑。2004年6月17日，马加爵被执行死刑。

问题：1. 什么是刑事诉讼？

2. 马加爵故意杀人案体现了刑事诉讼的什么特点？

3. 刑事诉讼法的目的是什么？

4. 结合本案谈谈你对"刑事诉讼法目的"的认识。

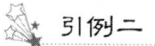 引例二

"杜培武故意杀人案"

1998 年 4 月 20 日下午 19 时左右，昆明市公安局通讯处民警王晓湘及昆明市石林县公安局副局长王俊波被人枪杀，尸体被置于一辆牌照号为云 O – A0455 的昌河微型警车上。

这一案件引起了云南省和昆明市的高度重视，昆明市公安局刑侦支队抽调精兵强将组成专案组侦破此案。4 月 22 日下午，死者王晓湘的丈夫——昆明市公安局戒毒所民警杜培武被拘押讯问。在专案组，杜培武从 4 月 22 日下午到 5 月 2 日连续 10 天被留置讯问。其间，身为警察的杜培武多次向办案民警索要留置他的法律手续，但对方只给了他一张《传唤证》。杜说："一张传唤证最多只能留置我 12 个小时，你们却关我 10 个昼夜，又拿不出其他法律手续，凭什么还要扣押我？"办案人员竟然说："想扣你，就扣你，要什么法律手续？"6 月 30 日上午，杜培武被带到昆明市中级人民法院进行 CPS 心理测试，即"测谎仪"测试。杜培武如实作了回答，但测谎仪在一些问题上认为杜培武所说的均为谎言。于是从 6 月 30 日晚到 7 月 19 日，发生了一场令杜培武永生难忘的"高强度"审讯。7 月 2 日，杜培武正式被刑事拘留，8 月 3 日被逮捕。1998年 10 月 20 日，昆明市人民检察院向昆明市中级人民法院提起公诉，认定杜培武构成"故意杀人罪"。

1998 年 12 月 17 日，昆明市中级人民法院开庭审理"杜培武故意杀人案"。开庭不久杜培武就向法庭展示他手腕、膝盖及脚上被办案人员殴打留下的伤痕，当庭控告办案人员对其进行刑讯逼供，并要求公诉人出示驻所检察官 7 月 29 日在看守所为他拍下的可证明他遭受刑讯逼供的伤情照片，但未得到理睬。第二次开庭时，杜培武使出最后一招：当着法官、公诉人、律师及几百名旁听者的面，扯出被打烂的衣服证明他曾经遭到刑讯逼供。杜培武高声申辩："我没有杀人！我受到了严刑逼供！……"审判长火了："你说你没有杀人，你拿出证据来！"

1999 年 2 月 5 日，昆明市中级人民法院一审以故意杀人罪判处杜培武死刑，剥夺政治权利终身。杜培武不服，于 1999 年 3 月 8 日向云南省高级人民法院提出上诉，以"杀人动机无证据证实；刑讯逼供违法办案；本案证据不足，疑点重重"为由希望省高院认真审查，不要草菅人命。同年 10 月 20 日省高院作出终审判决，认为"辩解和辩护是不能成立的，本案基本犯罪事实清楚，证据确实合法有效，应予确认。……上诉

意见和辩护请求本院不予采纳",同时"根据本案的具体情节和辩护人所提其他辩护意见有采纳之处,本院认为在量刑时应予注意"。因此,改判杜培武为死缓刑,剥夺政治权利终身。

2000 年 6 月 17 日,昆明警方破获以昆明铁路公安分局东站派出所民警杨天勇为首的特大杀人团伙案(杨等 7 人已被处决)。经查明,"二王"系杨天勇等人所杀。2000 年 7 月 11 日杜培武被云南省高级人民法院再审改判无罪,当庭释放。

问题:1. 在我国,刑讯逼供案件频频发生,原因何在?

2. 我国 2012 年修订《刑事诉讼法》时在刑事诉讼法的任务部分增加了"尊重和保障人权"的内容,你认为有何意义?

3. 结合以上发生在云南昆明的两个案例资料,谈谈如何完整理解刑事诉讼法的目的和任务,特别是惩罚犯罪与保障人权的关系。

基本原理

一、刑事诉讼法

(一)刑事诉讼法的概念和属性

刑事诉讼法是国家的基本部门法之一,是国家制定的规范人民法院、人民检察院和公安机关及当事人和其他诉讼参与人进行刑事诉讼活动的法律规范的总称。刑事诉讼法有广义和狭义之分。狭义的刑事诉讼法仅指刑事诉讼法典。广义的刑事诉讼法指一切有关刑事诉讼的法律规范。刑事诉讼法的概念通常从广义上加以理解。

刑事诉讼法的地位和属性可以从以下不同角度考察:

1. 基本法。我国法律按其阶位分为根本法、基本法和一般法律。根本法是指国家的根本大法即宪法;基本法是必须由全国人民代表大会通过的重要法律;一般法律则是由全国人民代表大会常务委员会通过。我国刑事诉讼法的制定和修改都必须经全国人民代表大会通过,是在我国法律体系中居于基本法地位的重要法律。

2. 程序法。法按其内容、作用可分为实体法与程序法。实体法是规定实质内容(如权利、义务、罪与刑等)的法律;程序法是规定司法机关司法与行政机关执法的程序的法律。刑事诉讼法规定了国家行使刑罚权的程序,是与刑事实体法——刑法相对应的程序法。现代法治国家越来越重视程序法的价值,认为程序法与实体法应当并重。

3. 公法。法按其涉及国家和个人的关系,可分为公法和私法,这是罗马法的传统分类。公法是调整国家与个人之间关系的法律,私法是调整个人与个人之间关系的法律。刑事诉讼法调整的是刑事诉讼中的国家专门机关与当事人及其他诉讼参与人的关系,特别是与犯罪嫌疑人、被告人和被害人的关系,因而它属于公法。也正因为这一点,刑事诉讼法常常被人们称作"小宪法"。因此,制定和实施刑事诉讼法,应当充分注意到它属于公法的特点,处理好刑事诉讼中国家权力与公民权利的冲突和平衡问题。

（二）刑事诉讼法的主要渊源

刑事诉讼法的渊源是指刑事诉讼法律规范的存在形式或载体。因为我国是成文法国家，我国刑事诉讼法亦以成文法的形式而存在。概括起来，我国刑事诉讼法的渊源有以下几种：

1. 宪法。宪法规定了我国的社会制度、经济制度、政治制度、国家机构及其活动原则、公民的基本权利和义务等重要内容，是国家的根本大法，具有最高的法律效力，也是制定一切法律的根据。刑事诉讼法是根据宪法制定的，宪法还规定了一些与刑事诉讼直接有关的原则和制度，如依法独立行使审判权、检察权，适用法律一律平等，分工负责、互相配合、互相制约，尊重和保障人权，使用本民族语言，审判公开，辩护权等。这些规定成为制定刑事诉讼法的重要依据和刑事诉讼法的重要渊源。

2. 刑事诉讼法典。它是基本法，是我国刑事诉讼法的主要法律渊源。我国现行的刑事诉讼法典是《中华人民共和国刑事诉讼法》（1979 年 7 月 1 日第五届全国人民代表大会第二次会议通过，根据 1996 年 3 月 17 日第八届全国人民代表大会第四次会议《关于修改〈中华人民共和国刑事诉讼法〉的决定》第一次修正，根据 2012 年 3 月 14 日第十一届全国人民代表大会第五次会议《关于修改〈中华人民共和国刑事诉讼法〉的决定》第二次修正，根据 2018 年 10 月 26 日第十三届全国人民代表大会常务委员会第六次会议《关于修改〈中华人民共和国刑事诉讼法〉的决定》第三次修正）。

3. 有关法律规定。指全国人民代表大会及其常务委员会制定的有关刑事诉讼的法律规定。分两类：一类是全国人民代表大会及其常务委员会制定的法律中涉及刑事诉讼的规定。如《中华人民共和国刑法》《中华人民共和国监察法》《中华人民共和国监狱法》《中华人民共和国人民法院组织法》《中华人民共和国人民检察院组织法》《中华人民共和国检察官法》《中华人民共和国律师法》《中华人民共和国人民陪审员法》等。另一类是全国人民代表大会及其常务委员会就刑事诉讼有关问题所作的专门规定，如 1983 年 9 月 2 日第六届全国人民代表大会常务委员会通过的《关于国家安全机关行使公安机关的侦查、拘留、预审和执行逮捕的职权的决定》等。

4. 国家多部门联合印发的规定。如 2014 年 5 月 4 日最高人民法院、最高人民检察院、公安部联合发布的《关于办理网络犯罪案件适用刑事诉讼程序若干问题的意见》（公通字〔2014〕10 号），2016 年 9 月最高人民法院、最高人民检察院、公安部联合发布的《关于办理刑事案件收集提取和审查判断电子数据若干问题的规定》（法发〔2016〕22 号），最高人民法院、最高人民检察院、公安部、国家安全部、司法部于 2016 年 7 月 20 日联合发布的《关于推进以审判为中心的刑事诉讼制度改革的意见》（法发〔2016〕18 号），最高人民法院、最高人民检察院、司法部 2017 年 4 月 1 日联合发布的《关于逐步实行律师代理申诉制度的意见》（法发〔2017〕8 号），最高人民法院、最高人民检察院、公安部、国家安全部、司法部 2017 年 6 月 27 日联合印发的《关于办理刑事案件严格排除非法证据若干问题的规定》（法发〔2017〕15号），最高人民法院、最高人民检察院、公安部、国家安全部、司法部2017年8月8日联合印发的《关于开展法律援助值班律师工作的意见》（司发通〔2017〕84号），最高人民法院、最高人民检察院、公安部2019年1月30日联合印发的《关于办理非法集资刑事案件若干问题的意见》（高检会〔2019〕2号），最高人民法院、最高人民检察院和公安部2019年1月8日联合印发的《关于依法惩治妨害公共交通工具安全驾驶违法犯罪行为的指导意见》，等等。

5. 有关法律解释。一是立法解释，指立法机关根据立法原意，对法律规范具体条文的含义以及所使用的概念、术语、定义所作的说明。如2014年4月24日第十二届全国人民代表大会常务委员会第八次会议通过的《全国人民代表大会常务委员会关于〈中华人民共和国刑事诉讼法〉第二百七十一条第二款的解释》。二是司法解释，指被授权作司法解释的最高人民法院、最高人民检察院就审判工作和检察工作中如何具体运用刑事诉讼法所作的解释、通知、批复等。如：《最高人民法院关于适用〈中华人民共和国刑事诉讼法〉的解释》（法释〔2012〕21号），最高人民法院《关于减刑、假释案件审理程序的规定》（法释〔2014〕5号），《最高人民法院、最高人民检察院关于适用犯罪嫌疑人、被告人逃匿、死亡案件违法所得没收程序若干问题的规定》（法释〔2017〕1号），《最高人民法院关于人民法院庭审录音录像的若干规定》（法释〔2017〕5号），《最高人民法院、最高人民检察院关于办理非法从事资金支付结算业务、非法买卖外汇刑事案件适用法律若干问题的解释》（自2019年2月1日起施行）等。三是行政法规和部门规章中关于具体执行《刑事诉讼法》的规定，如2012年12月13日公安部修订后发布的《公安机关办理刑事案件程序规定》（公安部令第127号），2014年9月5日公安部印发的《公安机关讯问犯罪嫌疑人录音录像工作规定》（公通字〔2014〕33号），2017年1月23日公安部印发的《公安机关办理刑事案件证人保护工作规定》（公通字〔2017〕2号）等。

6. 行政法规和规章。行政法规是指国务院颁布的行政法规中有关刑事诉讼程序的规定，如国务院于1990年3月17日发布的《中华人民共和国看守所条例》，于2003年7月16日通过的《中华人民共和国法律援助条例》，2012年2月23日公布的《拘留所条例》等。规章是指国务院下属各部门和其他部门就本部门业务工作中与刑事诉讼有关的问题所作的规定，如司法部的《办理法律援助案件程序规定》（2012年4月9日发布，自2012年7月1日起施行），公安部《看守所留所执行刑罚罪犯管理办法》（2013年10月23日公安部第128号令发布，自2013年11月23日起施行），司法部《司法鉴定程序通则》（2016年3月2日发布，自2016年5月1日起施行）等。

7. 地方性法规。指地方人民代表大会及其常务委员会颁布的地方性法规中关于刑事诉讼程序的规定。如云南省人大常委会2010年3月26日发布的《云南省法律援助条例》，辽宁省人民代表大会常委会通过的《辽宁省司法鉴定条例》（2018年10月11日通过，自 2019 年 1 月 1 日起施行）。

8. 国际公约、条约。条约是国际法的最主要渊源，缔约国忠实履行条约所确定的义务，是国际社会法律秩序得以维护的基本条件。对于缔结的条约，当事国应当善意履行，我国加入国际公约后，当然也不例外。在我国，国际条约被承认是我国法律的渊源之一。我国加入的涉及刑事程序的国际公约主要有：2003 年 8 月 27 日我国全国人大常委会批准的《联合国打击跨国有组织犯罪公约》和 2005 年 10 月 27 日批准的《联合国反腐败公约》。缔结的刑事性质的条约，如 2007 年 1 月 31 日签署的《中华人民共和国和葡萄牙共和国关于移管被判刑人的条约》，2018 年 4 月 8 日中国和奥地利签订的《中华人民共和国和奥地利共和国关于刑事司法协助的条约》等。截至 2018 年 10 月，我国已与 75 个国家缔结司法协助条约、资产返还和分享协定、引渡条约、打击"三股势力"协定及移管被判刑人条约共 159 项（128 项生效）。[1]

（三）与相邻部门法的关系

1. 刑事诉讼法与刑法。刑事诉讼法与刑法同属于刑事法律体系，都是办理刑事案件时所要遵循的法律规范。但刑事诉讼法规定进行刑事诉讼的原则、方式、方法和步骤，以及参与者的诉讼权利和诉讼义务等程序问题，属于刑事程序法；刑法则规定什么行为构成犯罪以及如何惩罚等实体问题，属于刑事实体法。刑事诉讼的过程既是运用刑事诉讼法的过程，也是运用刑法的过程。没有刑法，刑事诉讼的进行就失去了内容和实体上的依据；没有刑事诉讼法，刑法则不可能正确实施，等于一纸空文。因此两者互相依存，相辅相成，密不可分。

虽然刑事诉讼法具有保障刑法正确实施的作用，但是也有自己独立的价值。刑事诉讼法独立的价值表现为，关于审判公开、辩护制度的设置，是民主、法治精神的体现。刑事诉讼法的制定和实施，就是在实现其自身蕴含的民主、法治、人权保障等价值。

2. 刑事诉讼法与民事诉讼法、行政诉讼法。刑事诉讼法与民事诉讼法、行政诉讼法都是程序法，都是为正确实施实体法而制定的。因此，他们之间存在许多共同的原则、制度和程序，如司法机关依法独立行使职权，以事实为依据、以法律为准绳，审判公开，合议制，二审终审制，有一审程序、二审程序以及对已生效裁判的审判监督程序等。

但由于这三种诉讼法所要解决的实体问题不同，因而他们在诉讼主体、诉讼原则、证据制度、强制措施、诉讼程序等方面也存在很多不同。

---

〔1〕 "条约与协定汇总（截至 2018 年 10 月）"，载广东省人民检察院网，http：//www.gd.jcy.gov.cn/jcyw/sfxz/flfgytyxd/201812/t20181212＿2440091.shtml.

二、刑事诉讼法的目的与任务

（一）刑事诉讼法的目的

我国《刑事诉讼法》第1条明确规定了立法的目的，即"为了保证刑法的正确实施，惩罚犯罪，保护人民，保障国家安全和社会公共安全，维护社会主义社会秩序"。这一规定表明，我国刑事诉讼法的立法目的，具体包括以下几个方面：

1. 保证刑法的正确实施。刑法规定了什么行为是犯罪和对犯罪处以什么刑罚的问题，离开刑法，定罪量刑就失去了统一标准。刑事诉讼法规定了惩罚犯罪的具体程序，只有有了这些程序，刑法才能得以准确适用。正是从这个意义上讲，刑事诉讼法的制定是为了保证刑法的正确实施。

2. 惩罚犯罪，保护人民。众所周知，犯罪是对国家和社会危害最严重的违法行为，它严重侵犯公民的人身权利、财产权利和其他权利，危害国家安全，破坏社会秩序。如前所述，刑法和刑事诉讼法是相辅相成的关系，惩罚犯罪、保护人民是它们的共同立法目的。应该说，打击犯罪是保护人民的主要途径。但需要指出的是，保护人民既要通过惩罚犯罪来实现，还要通过控制国家权力的滥用、保障无罪的人不受刑事追究来实现。因为公民权利不仅可能受到犯罪行为的侵害，也可能因为国家权力的滥用而遭受损害。特别是受追诉者作为相对弱势的一方，更容易因国家权力的滥用而遭受损害。更需要有刑事诉讼法通过程序设置赋予被追诉者与国家追诉机关相抗衡的能力和机会，使其有效抵御国家权力的非法侵犯。

3. 保障国家安全和社会公共安全。各种犯罪行为都会直接或间接危害国家安全或者社会公共安全，影响社会稳定和社会安定。如背叛国家、分裂国家、颠覆国家政权、从事间谍活动、窃取情报等，直接危害国家安全；放火、爆炸、投毒、劫持航空器、盗窃、抢夺枪支、弹药、爆炸物等，直接危害公共安全。

4. 维护社会主义社会秩序。有的犯罪则破坏社会主义民主建设、经济建设、文化建设、社会建设、生态文明建设的良好社会秩序。如杀人、强奸、绑架、破坏选举、抢劫、盗窃等，直接侵犯公民人身权利、民主权利和财产权利；生产、销售伪劣商品、走私、伪造货币、金融诈骗等，直接破坏社会主义社会经济秩序；招摇撞骗、聚众斗殴、组织黑社会组织等直接妨害了社会管理秩序；等等。

因此，保证刑法的正确实施，惩罚和抑制各类犯罪，从而保障国家安全和社会公共安全，维护社会主义社会秩序，为社会成员安定生活和国家社会主义现代化建设提供良好的环境，是制定刑事诉讼法的根本目的。

（二）刑事诉讼法的任务

我国《刑事诉讼法》第2条规定："中华人民共和国刑事诉讼法的任务，是保证准确、及时地查明犯罪事实，正确应用法律，惩罚犯罪分子，保障无罪的人不受刑事追究，教育公民自觉遵守法律，积极同犯罪行为作斗争，维护社会主义法制，尊重和保障人权，保护公民的人身权利、财产权利、民主权利和其他权利，保障社会主义建设事业的顺利进行。"据此规定，我国刑事诉讼法的任务，也可分为以下三个方面：

1. 保证准确、及时地查明犯罪事实，正确应用法律，惩罚犯罪分子，保障无罪的人不受刑事追究。这是刑事诉讼法的首要任务和直接任务。办理刑事案件，查明案件事实是关键。可以说，整个刑事诉讼过程是围绕着这一中心任务而展开的。所以刑事诉讼法的首要任务，就是保证准确、及时地查明案件事实。查明案件事实首先要查明犯罪事实是否已经发生，如果犯罪事实确已发生，则应查明谁实施了犯罪以及犯罪的动机、目的、情节、手段、后果等一切与定罪量刑有关的事实。查明犯罪事实不仅要准确，还要及时，尽量在较短的时间内查明犯罪人及情况。只有及时查明犯罪事实，才能及时惩罚犯罪分子，实现国家刑罚权，这对于有效打击犯罪、预防犯罪具有重要的意义。

要实现刑事诉讼法的惩罚犯罪和保护人民的任务，还需要在准确、及时地查明犯罪事实的基础上，正确应用法律。正确应用法律是指在查明案件事实的基础上，分清罪与非罪的界限，准确认定罪名，正确适用刑法，同时也包括在诉讼过程中，严格遵守刑事诉讼法，依法处理诉讼中出现的各种程序性问题。在准确认定犯罪事实的基础上正确应用法律，才能在惩罚犯罪分子的同时，保障无罪的人不受刑事追究。有罪不罚、放纵犯罪固然会给国家、社会和人民带来严重危害，但错罚无辜，不仅侵犯人权、破坏法制，还会使冤枉受罚的无罪者及社会公众丧失对公安司法机关的信任，甚至成为对立因素，由此造成的后果比放纵一个罪犯要严重得多。正因为如此，我国刑事诉讼法规定了一系列原则、规则、制度、程序，以保证无罪的人不受刑事追究，一旦发现错捕错判，就及时纠正，并赔偿损失。

惩罚犯罪，保护无辜，是刑事诉讼任务中对立统一的两个方面：一方面，只要真正做到准确惩罚犯罪，就不会伤害无辜；另一方面，在刑事诉讼中谨慎执法，注意保护无罪的人，就必然能更准确地惩罚犯罪分子。片面地强调惩罚犯罪而使无罪的人受到刑事追究，或者片面强调保护而放纵犯罪，这两种倾向都是错误的。

任何案件的审判过程都可分为事实认定和法律适用两个组成部分，刑事案件自不例外。查明犯罪事实，是整个刑事诉讼的基础。在查明犯罪事实的基础上，还必须正确运用法律。此处的"法律"包括刑法、刑事诉讼法，以及办理案件中需要适用的其他法律。

为了准确惩罚犯罪分子，保障无罪的人不受刑事追究，刑事诉讼法必须通过程序设置赋予处于弱势的被追诉者与处于强势的国家追诉机关相抗衡的权利和机会，这样才能使其有效抵御国家权力的非法侵害，保障司法公正，才能最终实现刑事诉讼的任务，达到刑事诉讼的目的。

2. 教育公民自觉遵守法律，积极同犯罪行为作斗争。这是刑事诉讼法的重要任务。我国公安司法机关及人员在刑事诉讼活动中均承担着法制教育的职能，具体体现在：公安司法机关及其工作人员要通过揭露犯罪、证实犯罪、惩罚犯罪与保障无辜的诉讼活动，自觉地对公民进行法制教育，使其了解法律的内容，培养守法的意识，从而起到预防犯罪的作用；同时，通过法制宣传活动培养人民群众同犯罪作斗争的责任感和勇气，提高他们识别犯罪的能力，使他们敢于和善于同犯罪进行斗争；惩罚犯罪对社会上潜在的违法犯罪人员也能起到教育警戒作用，使他们慑于刑罚的威力，不敢铤而走险，以身试法。另外，我国刑事诉讼法所规定的一些原则、制度、程序，如陪审制度、审判公开等，为实现刑事诉讼法的法制宣传教育功能，提供了条件和保证。

3. 维护社会主义法制，尊重和保障人权，保护公民的人身权利、财产权利、民主权利和其他权利，保障社会主义建设事业的顺利进行。这是刑事诉讼法的根本任务。刑事诉讼法是我国社会主义法制的重要组成部分，它肩负着发挥自身的功能以维护社会主义法制的任务。维护社会主义法制是指维护社会主义法制的权威和尊严，做到有法必依，执法必严，违法必究，有罪必罚。刑事诉讼法正是通过保证刑罚权的正确行使、保障刑事诉讼法本身的严格遵守，以使社会主义法制的尊严得到维护。保护公民的人身权利、财产权利、民主权利和其他权利是保障人权的具体化。

需要指出的是，继 2004 年 3 月《中华人民共和国宪法修正案》首次明确规定"国家尊重和保障人权"，并成为我国宪法确立的一项重要原则后，考虑到刑事诉讼制度关系公民的生命健康、人身自由等基本权利，《刑事诉讼法》2012 年修订时也将"尊重和保障人权"明确写入第 2 条，成为刑事诉讼法任务的重要内容。将"尊重和保障人权"作为刑事诉讼法的任务之一，它明确要求公、检、法机关要将"尊重和保障人权"与"惩罚犯罪"放在同等重要的位置，在整个刑事诉讼活动中，正确处理惩罚犯罪与保障人权、实体和程序、公正与效率的关系。

保障人权应包括两方面的含义：一方面保护公民的一切权利不受犯罪分子的侵犯；另一方面保护公民的一切权利不在公安司法机关在追究犯罪过程中受到非法的侵犯。刑事诉讼法通过规范国家权力运用的限度，约束公安司法人员不致滥用权力，从而保护公民人身权利、财产权利、民主权利和其他权利，防止来自国家权力的非法侵犯。刑事诉讼法保证正确地行使刑罚权，有效地维护人权，这样才能保障社会主义建设事业的顺利进行。

引例一分析

马加爵杀人案是一起典型的刑事诉讼案件。作为刑事诉讼，马加爵杀人案充分体现了刑事诉讼的各项基本特征。首先，刑事诉讼是由国家专门机关主持进行的活动。具体来说，此案中，在立案、侦查、采取强制措施，批捕、审查起诉，审判、死刑核准、执行等各诉讼环节，分别由昆明市公安局经济文化保卫分局、昆明市人民检察院、昆明市中级人民法院、云南省高级人民法院等专门的公安司法机关主持进行。其次，刑事诉讼是在当事人和其他诉讼参与人的参加下进行的活动。此案中，犯罪嫌疑人、被告人马加爵；刑事附带民事诉讼原告人——被害人的父母李×、唐×、邵×、黄×，杨×、马×；附带民事诉讼原告人的诉讼代理人李俊华、孙可、卢泽铭、耿国平、陈磊等律师，被告人的指定辩护人赵耀、冯明俊律师，还有案件的证人、鉴定人、勘验人等都参加了诉讼。再次，刑事诉讼是在国家专门机关的主持下实现国家刑罚权的活动。为了保证刑法的正确实施，惩罚犯罪，保护人民，保障国家和社会公共安全，维护社会秩序的安定，刑事诉讼需要采取国家追诉主义，即由国家专门机关决定是否启动诉讼，追究被追诉者的刑事责任。不像民事诉讼主要是尊重当事人的意愿，国家专门机关遵循消极被动的原则。因此，除法律规定的案件外，刑事诉讼通常不适用调解原则，不允许当事人之间"私了"。最后，刑事诉讼是严格依照法定程序进行的活动。本案经历了立案侦查、审查起诉、审判、死刑核准、执行等阶段，仅审判阶段就有开庭前准备、开庭准备、法庭调查、法庭辩论、合议庭评议、被告人最后陈述等一系列程序环节，在每一个诉讼阶段和环节，各专门机关和诉讼参与人的各项诉讼行为都必须严格依照法定程序进行。

如上所述，犯罪是对国家和社会危害最严重的违法行为，它危害国家安全或者社会公共安全，严重侵犯公民的人身权利、财产权利和其他权利，破坏社会主义经济秩序，影响社会稳定和社会安定。惩罚犯罪，保护人民，保障国家安全和社会公共安全，维护社会主义社会秩序，是刑事诉讼法立法的根本目的和神圣使命。近年来，包括马加爵案在内的打击暴力犯罪所取得的各项重要成果，正是刑事诉讼法立法目的得到实现的重要体现。

✦ 引例二分析

云南杜培武案、河南赵作海案、李奎生案、河北李久明案、聂树斌案、湖北佘祥林案、黑龙江丁志权案、浙江张氏叔侄案、内蒙古呼格案等大量刑讯逼供案例，以惨痛的教训表明了"尊重和保障人权"的重要意义。惩罚犯罪与保障人权本应是刑事诉讼任务中不可分割、不可偏废的两个方面。然杜培武一案，在刑讯逼供的折磨下，被追诉者几乎无"人权保障"可言。这明显是司法实践中对刑事诉讼两种直接目的追求上的失衡与偏差，是执法理念上典型的"重打击惩罚犯罪，轻尊重和保障人权"的体现。陈兴良教授曾说过：有些办案人员认为刑讯逼供是打击犯罪的有效办法，但实际上，其常常会对打击犯罪形成障碍。刑讯逼供行为是和现代司法文明背道而驰的，没有将涉案嫌疑人当作一个人，一个和其他人一样有着尊严和做人权利的人，而是当作一个客体，一个可以取得证据的途径和工具，这是对刑讯逼供在司法上必须加以彻底否定的根本理由。一个社会的法治文明程度并不只是表现在保护好每一个好人和守法人的权利，还表现在对每一个犯罪嫌疑人和被告的合法权利的保护上。一个法治社会应该保障每个人的合法权利，因为在现实生活中，我们每个人都是潜在的嫌疑人和被告！

以上两则引例资料事实充分表明，在司法实践中，司法人员必须转变司法理念，全面贯彻"惩罚犯罪与保障人权"这一刑事诉讼任务的要求，把惩罚犯罪分子和保障无罪的人不受刑事追究作为实现刑事诉讼法任务不可分割的重要方面。

思考与练习

1. 在一个偏僻山村，农民周某某（男，19 岁）强奸了同村女青年李某某（18 岁）。为了解决这一问题，村长和其他几名村干部商议后决定，由村长主持对本案进行调解，以防止家丑外扬。村长在双方家长的参加下，与其他村干部协商，让双方家长达成了如下调解协议：①周某某向李某某赔礼道歉；②周家向李家赔偿损失 2000 元；③周某某承诺今后一定娶李某某为妻；④李某某承诺不向司法机关告发。事后不久，李某某不同意嫁给周某某，并向司法机关作了告发。司法机关在追究周某某刑事责任的同时，也追究了村长包庇犯罪的刑事责任。村长面对判决一脸茫然，不理解自己做了一件化解纠纷的好事，却反而要吃官司。

问题：结合本案谈谈你对"刑事诉讼"的认识。

2. 2010 年 6 月，张永东、程勇军通过在西安的李武军和在广东打工的王博购买了手枪、弹药等。7 月 23 日，张永东驾车与程勇军一起将乔某载到山下后杀害，随后又杀了乔某的妻女。2010 年 8 月 30 日，陕西铜川市公安局在耀州区举行公处大会，公开刑拘耀州"7·25"杀害一家三口案的四名嫌疑人。当犯罪嫌疑人张永东、程勇军被押入会场时，人群中有人过激地扔出鸡蛋、西红柿、苹果等物，砸向他们。大会宣读了铜川市公安局的处理决定：张永东、程勇军涉嫌故意杀人，李武军、王博涉嫌非法买卖枪支弹药，分别被依法刑拘。

问题：结合本案，谈谈如何处理好保障犯罪嫌疑人的诉讼权利与我国刑事诉讼法规定的教育公民自觉遵守法律与积极同犯罪行为做斗争的刑事诉讼法任务之间的关系。

拓展阅读

长沙马王堆"菜霸"案

2012 年 10 月 12 日，长沙市中级人民法院对何军、汤军辉、郭必武、吴悔等 41 名被告人犯组织、领导、参加黑社会性质组织罪、故意伤害罪、寻衅滋事罪、强迫交易罪、非法持有枪支罪、开设赌场罪、行贿罪进行一审宣判，四名首要分子何、汤、郭、吴分别获有期徒刑 16 年、死刑、有期徒刑 8 年、有期徒刑 6 年 10 个月。

此案备受社会关注，被外界称为长沙马王堆"菜霸"案。据悉，该涉黑案件是长沙中院近 5 年来涉案人员最多、案情最复杂、社会影响最大的刑事案件。为保证该案依法公正审理，9月26～28日，长沙中院审判委员会刑事专业委员会委员集体对该案审理进行旁听。10月10日，长沙中院召开审委会讨论该案的定罪量刑。经过公开开庭审理、合议庭合议、审委会讨论后作出上述判决。

长沙市马王堆蔬菜市场是湖南省主要蔬菜集散地，承担全省约60%的蔬菜供应量。法院审理查明，1998年以来，被告人何、汤、郭、吴在马王堆蔬菜市场及周边地区经常实施打架斗殴、开设赌场等违法犯罪活动，各自纠集一些无业人员，形成了四个恶势力团伙。2006年以后，何、汤、郭、吴非法成立大蒜、芋头、芹菜等各类"蔬菜公司"，通过暴力等手段打压竞争对手，垄断蔬菜市场。此外，何、郭等人还通过强占市场公共停车位收取高额停车费、开设赌场等方式非法敛财。13年来，他们非法获利上千万元。该组织为寻求非法保护，向当地公安人员行贿。2006～2011年期间，以何、汤军辉为首的两黑社会性质组织大肆进行故意伤害、寻衅滋事、强迫交易、欺行霸市等违法犯罪活动。2010年11月29日，汤示意罗民慧等人殴打黎某、刘某等人，致黎某当场身亡，刘某受重伤。

项目二　认识刑事诉讼的主体

 引例

药家鑫故意杀人案

药家鑫，男，1989年11月7日出生于陕西省西安市，汉族，西安音乐学院大三学生。2010年10月20日23时许，药驾驶陕A419NO红色雪佛兰小轿车从西安外国语学院长安校区返回西安市区，当行驶至西北大学长安校区西围墙外时，撞上前方同方向骑电动车的张妙，药下车查看，发现张妙倒地呻吟，因怕张妙看到其车牌号，以后找麻烦，便产生杀人灭口恶念，遂从随身背包中取出一把尖刀，上前对倒地的张妙胸、腹、背等部位连刺数刀，致张妙当场死亡。杀人后，药驾车逃离现场。

2010年10月23日，药在其父母陪同下到西安市公安局长安分局刑警大队投案，如实供述了杀人事实。当晚，被西安市公安局长安分局刑拘，同年11月23日，经长安区检察院批准逮捕。长安区人民检察院根据我国案件管辖范围的规定，将药家鑫案件报送西安市检察院审查起诉。2011年1月12日，西安市人民检察院以故意杀人罪对药家鑫向西安市中级人民法院提起公诉。在诉讼过程中，被害人的儿子、丈夫及父母作为附带民事诉讼原告人向法院提起附带民事诉讼。

3月23日，西安市中级人民法院对案件公开开庭进行合并审理。公诉机关西安市人民检察院指派检察员李援民、郑莉出庭支持公诉，附带民事诉讼原告人——被害人的丈夫、父亲及诉讼代理人张显、许涛，被告人药家鑫及其辩护人暨诉讼代理人路刚、

杨建花到庭参加诉讼。公诉机关在法庭指控了药家鑫的犯罪事实，向法庭提交了作案工具、证人证言、尸体鉴定意见、DNA 鉴定意见、现场勘验、检查笔录和被告人药家鑫的供述等证据。被告人药家鑫在庭审中承认指控属实。其辩护人提出建议对药家鑫从轻处罚的四个理由：①有自首情节；②系激情杀人；③系初犯、偶犯，认罪态度好，真诚悔罪；④愿意赔偿被害人亲属的经济损失。法院经审理认为西安市人民检察院指控被告人药家鑫故意杀人的犯罪事实成立，罪名及适用法律正确，应予支持。被告人药家鑫作案后虽有自首情节并当庭认罪，但纵观全案，药将被害人撞伤后，杀人灭口，犯罪动机极其卑劣，主观恶性极深；且犯罪手段特别残忍，情节特别恶劣，罪行极其严重；仅因一般的交通事故就杀人灭口，丧失人性，人身危险性极大，依法仍应严惩，故对辩护律师所提对药从轻处罚的辩护意见不予采纳。2011 年 4 月 22 日，西安市中级人民法院一审宣判，药家鑫犯故意杀人罪，被判处死刑，剥夺政治权利终身，并赔偿被害人家属经济损失 45 498.5 元。

　　5 月 20 日，陕西省高级人民法院对药案二审认为，一审认定药家鑫故意杀人犯罪的事实清楚，证据确实、充分。虽系初犯、偶犯，并有自首情节，亦不足以对其从轻处罚。对其上诉理由及辩护人的辩护意见不予采纳。陕西省人民检察院的意见正确，予以采纳。原审判决定罪准确，量刑适当，程序合法，故裁定驳回药家鑫的上诉，维持原判，并依法报请最高人民法院核准。经最高人民法院核准，2011 年 6 月 7 日上午，药家鑫被执行死刑。

　　问题：1. 本案中主持刑事诉讼的国家专门机关和参加诉讼的当事人及其他诉讼参与人有哪些？分别处于什么样的诉讼地位？

　　2. 被告人的父母在诉讼中处于什么样的诉讼地位？

基本原理

一、刑事诉讼概述

（一）诉讼

　　诉讼就是原告对被告提出告诉，由裁判机关解决双方争议的活动。实际上，诉讼就是用司法权来解决社会纠纷的过程。无论纠纷的一方是普通公民，还是代表国家的公诉机关，或者是行政机关，或者双方都是普通公民，诉讼都是诉诸法院，由法院进行事实认定和适用法律的一种活动。因此，老百姓向政府、党委、人大反映情况和意见的信访活动就不能被称为诉讼。

　　在我国古代，刑事案件称"狱"，办理刑事案件称为"断狱"，《唐律》中就有《断狱》篇。从元代开始才以"诉讼"作为刑律《大元通制》的篇名。但《诉讼》篇只规定控告犯罪的有关问题，与现代以审判为中心的诉讼内容不完全相同。

　　"诉讼"一词英语为 Procedure，德语为 Prozess，法语为 Proces，都是由拉丁语 Procedere 转变而来，原意是向前推进、过程、程序。诉讼法（Procedural Law），按外语可直译为程序法。我国采用"诉讼法"的名称，不仅由于历史上曾用"诉讼"作为刑律的篇名，还由于日本明治维新时学习欧美资本主义国家法制，把 Procedural Law 定名为诉讼法，制定了刑事诉讼法、民事诉讼法。我国清末变法，受日本影响最大，因此也使用"诉讼法"的名称直至今日。

根据解决的争议、纠纷性质的不同，在我国，现代诉讼主要分为刑事诉讼、民事诉讼和行政诉讼三种。

（二）刑事诉讼的概念和特征

刑事诉讼是诉讼的一种。在我国，刑事诉讼是指国家专门机关在当事人和其他诉讼参与人的参加下，依照法律规定的程序，追究犯罪、解决被追诉人刑事责任的活动。广义的刑事诉讼，是指国家实现刑罚权的全部诉讼行为，包括立案、侦查、起诉、审判、执行等阶段的诉讼行为。狭义的刑事诉讼专指审判程序而言，即公诉人提起公诉或自诉人提起自诉后，人民法院在控辩双方及其他诉讼参与人的参加下进行的审判活动。本书的刑事诉讼取广义。

和民事诉讼、行政诉讼相比，刑事诉讼的特征主要有：

1. 刑事诉讼是由一个或几个国家专门机关主持进行的活动。这是刑事诉讼与纠纷的非诉讼处理方式的重要区别。在我国，专门机关主要指人民法院、人民检察院和公安机关（包括国家安全机关等其他侦查机关，下同）。根据我国宪法和有关法律的规定，它们在刑事诉讼中分别行使一定的职权，其中人民法院行使审判权，人民检察院行使公诉权、审查批准逮捕权、部分案件侦查权以及法律监督权，公安机关主要行使侦查权。在我国，刑事公诉案件在立案侦查、审查起诉、审判不同阶段分别由公安机关、人民检察院、人民法院主持进行，这也是刑事诉讼与民事、行政诉讼的一个明显区别。

2. 刑事诉讼是实现国家刑罚权的活动。在国家具有的一系列权力中，惩罚犯罪的刑罚权是一项十分重要的权力。刑事诉讼的中心内容就是解决被追诉者即犯罪嫌疑人、被告人的刑事责任问题，具体包括被追诉者的行为是否构成犯罪，应否处以刑罚，以及处以何种刑罚的问题。这一特征使它在诉讼形式及程序上与民事诉讼、行政诉讼相比有着重大区别。

3. 刑事诉讼具有更加严格的程序规定和证明标准。刑事诉讼承担着惩罚犯罪、保障人权的特殊使命。刑事诉讼的结果不仅直接关系到人的生命权、人身自由和财产权利，而且诉讼过程也与公民的人身自由和财产权利密切相关。因此，公安司法机关必须严格按照法律规定的程序和标准进行诉讼活动，以防止权力滥用、侵犯人权，防止造成冤案。当事人和其他诉讼参与人也要严格遵循法定程序进行诉讼活动，以有效维护自己的诉讼权利，确保刑事诉讼活动顺利进行。刑事诉讼程序和证明标准的严格化，是实现我国刑事诉讼法的目的和任务的特殊要求，也是正当程序、诉讼民主、法治的基本要求。

4. 刑事诉讼是在当事人和其他诉讼参与人的参加下进行的活动。因为刑事诉讼的中心内容就是解决犯罪嫌疑人、被告人的刑事责任问题，因此，犯罪嫌疑人、被告人是任何刑事诉讼的必然主体。为了在诉讼中证明案件事实，维护当事人合法权益，保证实现刑事诉讼法的任务，也需要有被害人、附带民事诉讼原告人、被告人，还须有辩护人、诉讼代理人、证人、鉴定人等参加诉讼。当事人和其他诉讼参与人参与诉讼的程度，是衡量诉讼民主和诉讼公正的重要标志。

二、刑事诉讼的主体

在我国，刑事诉讼的主体可以分为两大类：专门机关和诉讼参与人。

（一）刑事诉讼中的专门机关

刑事诉讼中的专门机关在我国是指刑事诉讼中代表国家行使刑事司法权的国家机关。根据我国《刑事诉讼法》第3条的规定，主要包括公安机关、人民检察院和人民法院。其中，公安机关负责对刑事案件的侦查、拘留、执行逮捕、预审。人民检察院负责检察、批准逮捕、检察机关直接受理的案件的侦查和提起公诉。人民法院负责对案件的审判。

另外，根据我国《刑事诉讼法》第4条和第308条的规定，刑事诉讼中的专门机关还包括国家安全机关、军队保卫部门、中国海警局和监狱。

1. 公安机关。

（1）公安机关的性质和任务。在我国公安机关是国家的治安保卫机关，属于国家行政机关系统，是各级人民政府的组成部分。但在刑事诉讼中，公安机关依法行使国家的侦查权，负责大多数刑事案件的立案侦查工作，是最重要的侦查机关。它通过行使法定的刑事侦查权，准确、及时查明犯罪事实、查获犯罪嫌疑人，追究犯罪行为。从这个意义上讲，公安机关又具有司法机关的性质，是我国司法机关组织体系的重要组成部分，成为刑事诉讼中控诉职能的主要承担者之一。

公安机关的双重性质，决定了公安机关必然担负双重任务。一方面，公安机关要维护社会治安。另一方面，公安机关应通过各种侦查手段，收集证据、查明犯罪事实、查获犯罪嫌疑人，为人民检察院的起诉工作和人民法院的审判工作提供事实基础。

（2）公安机关的地位、设置与领导体制。作为刑事案件的侦查机关之一，大部分刑事案件的侦查活动由公安机关进行。在刑事诉讼中，公安机关与人民法院、人民检察院处于同等重要的地位。

公安机关设置在各级人民政府之中，是各级人民政府的组成部分。中央人民政府设立公安部；省、自治区、直辖市的人民政府设公安厅或公安局；地区行政公署和自治州、省辖市的人民政府设公安局或公安处；县、自治县、不设区的市的人民政府设公安局；市辖区的人民政府设公安分局。公安机关隶属于同级人民政府，受同级人民政府的领导。上下级公安机关是领导与被领导的关系。

（3）公安机关在刑事诉讼中的职权与职责。公安机关在刑事诉讼中的地位，具体表现为对以下三种权力的行使：

第一，立案权。对属于公安机关管辖的刑事案件，自己发现或由单位、个人举报，公安机关认为有犯罪事实，需要追究刑事责任的，有权依法立案。

第二，侦查权。在刑事诉讼中，公安机关主要负责刑事犯罪的侦查工作，依法行使侦查、拘留、预审和执行逮捕的职权。有权讯问犯罪嫌疑人，询问证人，有权对自己侦查的刑事案件进行勘验、检查、搜查、扣押物证、书证，组织鉴定、侦查实验，发布通缉令；经人民检察院或人民法院决定，有权对犯罪嫌疑人、被告人进行拘传、取保候审、监视居住，对现行犯或者重大嫌疑分子进行拘留，有权对经人民检察院批准或人民检察院、人民法院决定逮捕的犯罪嫌疑人、被告人执行逮捕；对人民检察院不批准逮捕的决定和不起诉的决定有权要求复议和提请复核，对侦查终结的案件有权提出起诉的意见等。

第三，执行权。人民法院判处的刑事罪犯，绝大多数通过公安机关交付执行，由监狱部门负责监管。公安机关对拘役、剩余3个月内的刑罚、驱逐出境、剥夺政治权利等负责执行。刑事诉讼中，公安机关的职权与职责具有一致性。有犯罪事实，需要追究刑事责任的，公安机关必须依法立案。在行使各项侦查与执行职权时，公安机关必须以事实为根据，以法律为准绳。对当事人和其他诉讼参与人享有的各项合法权利有义务切实加以保障。

（4）国家安全机关、军队保卫部门、中国海警局和监狱。《刑事诉讼法》第4条规定："国家安全机关依照法律规定，办理危害国家安全的刑事案件，行使与公安机关相同的职权。"第308条规定："军队保卫部门对军队内部发生的刑事案件行使侦查权。中国海警局履行海上维权执法职责，对海上发生的刑事案件行使侦查权。对罪犯在监狱内犯罪的案件由监狱进行侦查。"可见，国家安全机关、军队保卫部门、中国海警局和监狱只是在某类特定的案件范围内行使刑事司法权，与公安机关相比，有着明显的区别。

2. 人民检察院。2018年10月26日，第十三届全国人大常委会第六次会议审议通过新修订的《人民检察院组织法》，充分体现了新时代党中央关于完善检察制度的要求，和十八大、十九大以来全面依法治国的深化和国家监察体制改革、司法体制改革的推进，检察机关的机构设置、职权配置、检察权运行方式和保障机制等方面发生的深刻变化。

（1）人民检察院的性质和任务。我国《人民检察院组织法》第2条对人民检察院的性质和任务，作了明确规定："人民检察院是国家的法律监督机关。人民检察院通过行使检察权，追诉犯罪，维护国家安全和社会秩序，维护个人和组织的合法权益，维护国家利益和社会公共利益，保障法律正确实施，维护社会公平正义，维护国家法制统一、尊严和权威，保障中国特色社会主义建设的顺利进行。"人民检察院作为国家法律监督的专门机关，在刑事诉讼中承担主要的控诉职能，始终处于重要地位。

（2）人民检察院的组织体系与领导体制。我国检察机关组织体系遵循与国家行政区划、权力机关体系、审判机关体系以及检察权行使的实际需要相一致的原则设置。根据《人民检察院组织法》的规定，人民检察院分为最高人民检察院、地方各级人民检察院及专门人民检察院。专门人民检察院主要包括军事检察院和铁路运输检察院。地方各级人民检察院分为：省级人民检察院，包括省、自治区、直辖市人民检察院；设区的市级人民检察院，包括省、自治区辖市人民检察院，自治州人民检察院，省、自治区、直辖市人民检察院分院；基层人民检察院，包括县、自治县、不设区的市、市辖区人民检察院。根据检察工作需要，省级人民检察院和设区的市级人民检察院，经最高人民检察院和省级有关部门同意，并提请本级人民代表大会常务委员会批准，可以在辖区内特定区域设立人民检察院，作为派出机构；省级人民检察院经最高人民检察院和省级有关部门同意，设区的市级人民检察院、基层人民检察院经省级人民检察院和省级有关部门同意，可以在监狱、看守所等场所设立检察室，行使派出它的人民检察院的部分职权，也可以对上述场所进行巡回检察。

根据我国《人民检察院组织法》的规定，人民检察院实行双重领导体制。各级人民检察院接受同级人民代表大会及其常务委员会的监督，对其负责并报告工作。下级人民检察院接受上级人民检察院的领导。最高人民检察院是我国最高检察机关，领导地方各级人民检察院和专门人民检察院的工作。在新疆生产建设兵团设立的人民检察院的组织、案件管辖范围和检察官任免，依照全国人民代表大会常务委员会的有关规定。专门人民检察院的设置、组织、职权和检察官任免，由全国人民代表大会常务委员会规定。

《人民检察院组织法》完善了人民检察院的办案组织。按照司法责任制的要求，完善了独任检察官和检察官办案组运行机制，规定人民检察院办理案件，根据案件情况可以由一名检察官独任办理，也可以由两名以上检察官组成办案组办理。由检察官办案组办理的，检察长应当指定一名检察官担任主办检察官，组织、指挥办案组办理案件。检察官在检察长领导下开展工作，重大办案事项由检察长决定。检察长可以将部分职权委托检察官行使，可以授权检察官签发法律文书。人民检察院实行检察官办案责任制。检察官对其职权范围内就案件作出的决定负责。检察长、检察委员会对案件作出决定的，承担相应责任。

《人民检察院组织法》还完善了检察委员会的职能、组成、议事程序、决定的效力等规定。各级人民检察院设立检察委员会。检察委员会会议由检察长或者检察长委托的副检察长主持，总结检察工作经验，根据民主集中制的原则，讨论决定重大、疑难、复杂案件，讨论决定其他有关检察工作的重大问题。最高人民检察院对属于检察工作中具体应用法律的问题进行解释、发布指导性案例，应当由检察委员会讨论通过。检察官可以就重大案件和其他重大问题，提请检察长决定。检察长可以根据案件情况，提交检察委员会讨论决定。检察委员会讨论案件，检察官对其汇报的事实负责，检察委员会委员对本人发表的意见和表决负责。检察委员会的决定，检察官应当执行。

（3）人民检察院在刑事诉讼中的职权。检察机关具有的法律监督的性质，决定了人民检察院的职权范围。在我国，检察权与审判权和行政权平行存在，均由全国人民代表大会产生，受全国人民代表大会监督，向全国人民代表大会负责。我国《宪法》《刑事诉讼法》《人民检察院组织法》等对此均作出明确规定。根据《人民检察院组织法》，在刑事诉讼中，我国人民检察院主要行使以下职权：

第一，侦查权。人民检察院依照法律规定对有关刑事案件行使侦查权，包括司法工作人员利用职权实施的非法拘禁、刑讯逼供、非法搜查等侵犯公民权利、损害司法公正的犯罪，公安机关管辖的国家机关工作人员利用职权实施的重大犯罪案件。

《刑事诉讼法》第19条第2款规定："人民检察院在对诉讼活动实行法律监督中发现的司法工作人员利用职权实施的非法拘禁、刑讯逼供、非法搜查等侵犯公民权利、损害司法公正的犯罪，可以由人民检察院立案侦查。对于公安机关管辖的国家机关工作人员利用职权实施的重大犯罪案件，需要由人民检察院直接受理的时候，经省级以上人民检察院决定，可以由人民检察院立案侦查。"监察体制改革以后，取消了检察院原来对贪污贿赂犯罪、国家工作人员的渎职犯罪的管辖权。

第二，批捕权。人民检察院有权对刑事案件进行审查，批准或者决定是否逮捕犯罪嫌疑人。

第三，刑事公诉权。人民检察院有权对刑事案件进行审查，决定是否提起公诉，对决定提起公诉的案件支持公诉。刑事公诉权即是检察机关所行使的审查起诉权、提起公诉权以及出庭支持公诉权的总称。

第四，法律监督权。我国《宪法》和相关法律均规定检察机关是国家法律监督机关。其法律监督职能具体表现为：对诉讼活动，判决、裁定等生效法律文书的执行工作，监狱、看守所的执法活动实行法律监督。检察机关行使法律监督职权的主要方式是通过调查核实，并依法提出抗诉、纠正意见、检察建议。而调查核实的方式主要包括调阅、借阅案卷材料和其他文件资料，查询、调取、复制相关证据资料，向有关单位及其工作人员了解情况，向当事人或者案外人询问取证等。新《人民检察院组织法》要求有关单位及时将采纳纠正意见、检察建议的情况书面回复人民检察院，对提升纠正意见、检察建议的监督实效具有重要意义。

新的《人民检察院组织法》还增加了规定检察长或者检察长委托的副检察长可以列席同级人民法院审判委员会会议。检察长列席同级人民法院审判委员会会议制度是中国特色社会主义司法制度的重要组成部分，是检察机关履行法律监督职能的重要方式，将这一制度写入《人民检察院组织法》是对司法改革成果的制度化、法律化。

第五，法律规定的其他职权。除了明确人民检察院行使的一般职权外，此次修改还规定了最高人民检察院行使的职权，具体包括：对最高法死刑复核活动实行监督；对报请核准追诉的案件进行审查、决定是否追诉；对属于检察工作中具体应用法律的问题进行解释；发布指导性案例。

人民检察院在刑事诉讼中享有上述职权的同时，也应承担相应的义务。各项职权的行使，必须严格依照法律进行。

3. 人民法院。

（1）人民法院的性质、任务及地位。人民法院是国家的审判机关，代表国家行使审判权。我国《宪法》《人民法院组织法》以及诉讼法律均明确规定审判权专属于人民法院。其他任何机关、团体或个人都不享有审判权。

2018年，《人民法院组织法》也进行了较大幅度的修改和完善。新的《人民法院组织法》规定，人民法院通过审判刑事案件、民事案件、行政案件以及法律规定的其他案件，惩罚犯罪，保障无罪的人不受刑事追究，解决民事、行政纠纷，保护个人和组织的合法权益，监督行政机关依法行使职权，维护国家安全和社会秩序，维护社会公平正义，维护国家法制统一、尊严和权威，保障中国特色社会主义建设的顺利进行。

在刑事诉讼的审判阶段，人民法院始终处于主导地位，负责主持和指挥刑事诉讼的全部活动，直至对刑事案件作出最终裁决。因此，在刑事诉讼中，人民法院通过刑事审判活动，惩罚犯罪，实现国家刑罚权。

（2）人民法院的设置与领导体制。在我国，依据《宪法》和《人民法院组织法》的规定，设立最高人民法院、地方各级人民法院和专门人民法院。

最高人民法院是我国最高的审判机关。审理在全国有重大影响的第一审案件、对高级人民法院和专门人民法院判决和裁定的上诉和抗诉案件、按照审判监督程序提起的再审案件、复核判处死刑的案件。同时，最高人民法院监督指导地方各级法院和专门人民法院的审判业务工作，并对在审判过程中如何具体应用法律、法令问题进行解释。

地方各级人民法院分为高级、中级和基层三级人民法院。高级人民法院设在省、自治区、直辖市一级，在地方各级人民法院中处于最高级。审理本辖区内有重大影响的第一审案件、对中级人民法院的第一审裁判提出的上诉、抗诉案件、按照审判监督程序提起的再审案件、下级法院移送的案件或必要时由高级法院提审的案件。中级人民法院设在省、自治区、直辖市辖区内较大的市和自治州。审理法律规定由其管辖的危害国家安全、恐怖活动案件和可能判处无期徒刑、死刑的第一审普通刑事案件、对下级法院裁判提出上诉、抗诉的案件、按照审判监督程序提起的再审案件以及下级法院移送或中级法院提审的案件。基层人民法院设在县、自治县、不设区的市和市辖区。

除法律规定由上级人民法院管辖的第一审案件外，均由基层人民法院管辖。上级人民法院监督指导下级人民法院的审判业务工作。

《人民法院组织法（修订草案）》在此基础上，根据党的十八届四中全会决定增加规定："经全国人民代表大会常务委员会决定，可以设立跨行政区划人民法院，审理跨地区案件。"新的《人民法院组织法》第19条规定："最高人民法院可以设巡回法庭，审理最高人民法院依法确定的案件。巡回法庭是最高人民法院的组成部分。巡回法庭的判决和裁定即最高人民法院的判决和裁定。"

专门人民法院是根据需要设立的特殊法院。《人民法院组织法》第15条明确规定专门人民法院包括军事法院和海事法院、知识产权法院以及金融法院等。此外，《人民法院组织法》第19条明确规定最高人民法院可以设巡回法庭，这些都为人民法院组织体系发展提供了广阔的空间。《人民法院组织法》第27条还规定，"人民法院根据审判工作需要，可以设必要的专业审判庭"。

法条链接

《人民法院组织法》第二十七条　人民法院根据审判工作需要，可以设必要的专业审判庭。法官员额较少的中级人民法院和基层人民法院，可以设综合审判庭或者不设审判庭。

人民法院根据审判工作需要，可以设综合业务机构。法官员额较少的中级人民法院和基层人民法院，可以不设综合业务机构。

就人民法院与国家权力机关的关系上看，最高人民法院对全国人民代表大会及其常务委员会负责，地方各级人民法院对产生它的国家权力机关负责。就人民法院系统内部来看，最高人民法院监督指导地方各级人民法院和专门人民法院的审判工作，上级人民法院监督指导下级人民法院的审判工作。

各级人民法院设立审判委员会，实行民主集中制。审判委员会的任务是总结审判经验，讨论重大的或者疑难的案件和其他有关审判工作的问题。各级人民法院审判委员会会议由院长或院长委托的副院长主持，本级人民检察院检察长或者检察长委托的副检察长可以列席。

法条链接

《人民法院组织法》第三十六条　各级人民法院设审判委员会。审判委员会由院长、副院长和若干资深法官组成，成员应当为单数。

审判委员会会议分为全体会议和专业委员会会议。

中级以上人民法院根据审判工作需要，可以按照审判委员会委员专业和工作分工，召开刑事审判、民事行政审判等专业委员会会议。

（3）人民法院在刑事诉讼中的职权与义务。在刑事诉讼中，人民法院是执行审判职能，行使审判权的唯一机关。未经人民法院依法审判，对任何人不得宣布有罪。因此，人民法院在刑事诉讼中的职权就是依法对刑事案件进行审判，完成对被告人是否有罪、应否处刑、处何种刑的具体工作。依据我国《宪法》《人民法院组织法》《刑事诉讼法》的规定，人民法院在刑事诉讼中主要享有以下诉讼权利：依照法律规定独立行使审判权；受理、审判刑事公诉案件并直接受理、审判刑事自诉案件；依法对被告人采取强制措施；主持法庭的审判活动；为调查核实证据进行勘验、检查、扣押、鉴定、查询和冻结；决定维持已生效裁判，对确有错误的案件进行重审；对生效的裁定交付执行机关执行；直接执行判处罚金和没收财产的判决；对执行中涉及的减刑、假释等问题进行审核；等等。

另外，《人民法院组织法》第 16 条明确规定最高人民法院可以审理按照全国人大常委会的规定提起的上诉、抗诉案件，为完善最高人民法院审判职能提供了重要的依据。第 19 条明确了最高人民法院巡回法庭审理的案件不再限于"跨行政区划重大行政、民商事案件"。特别值得关注的是，第 18 条明确规定了最高人民法院可以发布指导性案例，有效巩固了人民法院这些年在案例指导制度方面的改革探索，对统一全国法院的法律适用和裁判标准将发挥重大作用。

当然，人民法院行使上述职权必须严格依法进行，忠于事实、忠于法律、忠于人民。不枉不纵，公正裁判。

（二）刑事诉讼中的诉讼参与人

刑事诉讼中的诉讼参与人，是指除公安司法机关以外参加刑事诉讼活动，依法享有一定的诉讼权利，承担一定的诉讼义务的人。

我国《刑事诉讼法》第 108 条第 4 项明确指出，"诉讼参与人"是指当事人、法定代理人、诉讼代理人、辩护人、证人、鉴定人和翻译人员。各诉讼参与人在刑事诉讼中处于不同地位，发挥不同作用。因此，刑事诉讼参与人又有当事人和其他诉讼参与人之分。

在刑事诉讼中，当事人与其他诉讼参与人存在多方面的差别，最主要的是当事人同案件存在直接的利害关系，其他诉讼参与人同案件无直接利害关系。

1. 刑事诉讼中的当事人。所谓刑事诉讼当事人，是指在刑事诉讼中处于追诉或被追诉的地位，同案件事实及判决结果具有直接的利害关系而参加刑事诉讼的参与人。可见，我国刑事诉讼当事人具有三个特点：①该主体在刑事诉讼中处于追诉或被追诉的地位，是控诉职能与辩护职能的主要承担者。②该主体同案件事实具有切身利害关系，案件处理结果对其有直接影响。③该主体是公安司法机关工作人员以外的人，属于刑事诉讼参与人的范畴。依据我国《刑事诉讼法》第 108 条第 2 项的规定，当事人包括被害人、自诉人、犯罪嫌疑人、被告人、附带民事诉讼的原告人和被告人。

（1）被害人。刑事诉讼中的被害人，是指公诉案件中，正当权利或合法利益直接遭受犯罪行为侵害而参加刑事诉讼，要求追究被告人刑事责任的人。被害人分为刑事被害人与刑事诉讼中的被害人。直接遭受犯罪行为侵害的人是刑事被害人，这是一般意义上的被害人。而刑事诉讼中的被害人则是刑事诉讼法上的概念。刑事被害人成为刑事诉讼中的被害人，至少要具备两个条件：①参加刑事诉讼；②在刑事诉讼中行使诉讼权利、承担诉讼义务。

刑事诉讼中，被害人是当事人，属于控诉一方的诉讼参与人，具有独立的诉讼地位。享有当事人的诉讼权利、承担当事人的诉讼义务。根据我国《刑事诉讼法》和有关法律的规定，被害人的诉讼权利主要有：向公、检、法机关报案或控告犯罪行为；对不立案的决定不服申请复议；对不起诉决定不服依法提出申诉；提起附带民事诉讼；委托诉讼代理人；依法申请有关人员回避；参加法庭调查和法庭辩论；不服人民法院的未生效判决、裁定，请求人民检察院提出抗诉；等等。被害人的诉讼义务主要有：如实向公安司法机关陈述案情、提供证据；接受公安司法机关人身检查；在法庭接受询问；等等。

（2）自诉人。自诉人，是指在刑事自诉案件中，以个人名义直接向人民法院提起刑事诉讼，要求追究被告人刑事责任的当事人。

刑事自诉是相对于刑事公诉而言的，二者在诉讼的启动方式、诉讼的内容以及对案件的具体审理等很多方面存在本质的差异。我国《刑事诉讼法》明确规定了刑事自诉案件的范围，只有在法律规定的自诉案件中才存在自诉人。通常情况下，自诉人就是被害人。但被害人死亡或者丧失行为能力时，被害人的法定代理人、近亲属有权向人民法院起诉。在告诉才处理的案件中，被害人因受强制、威胁、恐吓等原因无法告诉时，被害人的近亲属也可以为维护被害人的合法权益以自己的名义告诉并参加诉讼。

自诉人作为刑事诉讼当事人的诉讼权利，主要包括：提起刑事及刑事附带民事诉讼；委托诉讼代理人代为参加诉讼；参加法庭调查和法庭辩论；申请回避；撤诉或者同被告人和解；阅读或听取审判笔录，对审判笔录予以补充或更正；提出上诉和申诉；对审判人员非法限制或剥夺其依法享有的诉讼权利、对其人身进行侮辱的行为向有关部门提出控告；等等。

刑事诉讼法赋予自诉人各项诉讼权利的同时，也为其设定了一定的诉讼义务：按时出庭，参加法庭审理；如实向人民法院提供案件真实情况；承担举证责任；执行人民法院生效的判决、裁定或调解协议；等等。

（3）犯罪嫌疑人、被告人。犯罪嫌疑人和被告人是对涉嫌犯罪而受到刑事追诉的人的两种称谓。其中，犯罪嫌疑人是指在公诉案件立案后，人民检察院提起公诉前，因涉嫌犯有某种罪行而依法接受刑事追究的当事人。被告人是指因被指控犯有某种罪行而被自诉人或人民检察院起诉到人民法院，接受审判的当事人。

公诉案件中，犯罪嫌疑人和被告人是同一种人在不同诉讼阶段的不同称谓。被追诉人在检察院向法院提起公诉之前，亦即在立案、侦查和审查起诉阶段被统称为犯罪嫌疑人。经人民检察院依法审查，正式向审判机关提起公诉后，亦即在审判阶段，犯罪嫌疑人便转化为被告人。在自诉案件中，被追诉人统称为被告人。

在刑事诉讼特别是公诉案件中，控方处于天然的强势地位，为达到控辩平衡的目的，刑事诉讼法赋予了犯罪嫌疑人、被告人一系列防御性和救济性诉讼权利，比如使用本民族语言文字进行诉讼；及时知悉自己被指控的内容和理由，知悉所享有的诉讼权利；委托辩护人；自行或在辩护人协助下获得辩护；等等。

在刑事诉讼中，与国家机关相比，犯罪嫌疑人、被告人处于天然的弱势地位，如何充分保护犯罪嫌疑人、被告人的权利，保障无罪的人不受刑事追究，是刑事诉讼法"尊重和保障人权"的最重要的体现，在这一思想指导下，我国《刑事诉讼法》在2012年修订时增加了一系列保护犯罪嫌疑人、被告人权利的规定，2018年《刑事诉讼法》再次修订时，新增了法律援助值班律师制度，在法院、看守所派驻值班律师，为犯罪嫌疑人、刑事被告人提供法律咨询、程序选择、申请变更强制措施等法律帮助。该项制度的主要目的是为进入刑事诉讼程序的犯罪嫌疑人或者被告人提供即时初步的服务，以其覆盖广、便利性等特点很好地体现了保障司法人权的刑事司法理念。

犯罪嫌疑人、被告人应承担的主要诉讼义务有：接受侦查机关依法对其采取的强制措施；配合侦查机关依法进行的检查、搜查、扣押等侦查行为；如实向司法机关陈述案情；如实回答公安司法机关工作人员的提问；依法行使诉讼权利；不得伪造、毁灭证据；执行人民法院的生效裁判；等等。

（4）附带民事诉讼的原告人和被告人。附带民事诉讼的原告人，是指因被告人的犯罪行为遭受物质损失，在刑事诉讼中提出赔偿请求的诉讼参与人。附带民事诉讼的原告人一般是被害人本人，某些情况下也可以是被害人的法定代理人、近亲属等人员。在审理对被告人如何定罪量刑的诉讼过程中，他行使控诉职能；审理如何赔偿因被告人的犯罪行为造成的物质损失的诉讼过程中，他行使民事诉讼原告的职权。

附带民事诉讼的被告人，是指在刑事诉讼中，对自己的犯罪行为造成的物质损失负有赔偿责任，被依法提起民事赔偿诉讼的诉讼参与人。附带民事诉讼的被告人一般就是刑事诉讼中的被告人，有时也可能是被告人的监护人、对被告人的赔偿负有责任的单位或其他未被追究刑事责任的共同侵害人等人员。在审理对被告人如何定罪量刑的诉讼过程中，他行使辩护职能；审理如何赔偿因被告人的犯罪行为造成的物质损失的诉讼过程中，他行使民事诉讼被告的职权。

附带民事诉讼的原告人和被告人除了享有刑事诉讼当事人共同的诉讼权利义务之外，还享有一些特殊的诉讼权利：原告人有权在刑事诉讼过程中，以口头或者书面的方式提起诉讼；原告人有权申请诉讼保全或先行给付；原、被告双方均可以委托诉讼代理人参加诉讼；原、被告双方均有权要求附带民事诉讼部分同刑事案件一并审判，及时处理；原、被告双方可以要求人民法院调解，也可以自行和解；原告人有权撤诉，被告人可以提起反诉；地方各级人民法院作出一审判决后，附带民事诉讼的当事人和他们的法定代理人如果对判决不服，可以对一审判决中的附带民事诉讼部分提起上诉。

2. 刑事诉讼中的其他诉讼参与人。所谓刑事诉讼的其他诉讼参与人，是指同案件没有直接的利害关系，基于刑事诉讼的某些需要而参加刑事诉讼的参与人。依据我国《刑事诉讼法》第108条第4项的规定，其他诉讼参与人应当包括法定代理人、诉讼代理人、辩护人、证人、鉴定人和翻译人员。

（1）法定代理人。法定代理人是指基于法律规定对被代理人负有专门保护义务并代理其进行诉讼活动的人。法定代理权是基于法律所规定的亲权、监护权，为无行为能力人或限制行为能力人设置的。法定代理人的范围一般与监护人的范围相一致。我国《刑事诉讼法》第108条第3项规定，法定代理人是指被代理人的父母、养父母、监护人和负有保护责任的机关、团体的代表。

在刑事诉讼中，鉴于法定代理人所处的特殊地位，被代理人享有的许多重要的诉讼权利他都享有，一般不受限制。当然，法定代理人行使诉讼权利必须严格依照法律进行，某些只能由被代理人履行的义务，法定代理人不能代为承担。

（2）诉讼代理人。诉讼代理人，是指接受有关当事人及其法定代理人或近亲属的委托，以被代理人的名义参加诉讼的人。

诉讼代理人不同于法定代理人，诉讼代理人是基于被代理人的委托参加诉讼的，而不是基于法律规定。其参加诉讼的目的是帮助被代理人行使诉讼权利，只能以被代理人的名义、在被代理人的授权范围内进行诉讼活动，既不能超越代理权限，也不能违背被代理人的意志。因此，与辩护人相比，其诉讼地位具有一定的从属性。

（3）辩护人。辩护人，是指接受犯罪嫌疑人、被告人及其法定代理人或近亲属的委托，或者接受人民法院指定，帮助犯罪嫌疑人、被告人行使辩护权以维护其合法权益而参加到刑事诉讼中来的诉讼参与人。《刑事诉讼法》第33条规定："犯罪嫌疑人、被告人除自己行使辩护权以外，还可以委托1~2人作为辩护人。下列的人可以被委托为辩护人：①律师；②人民团体或者犯罪嫌疑人、被告人所在单位推荐的人；③犯罪嫌疑人、被告人的监护人、亲友。正在被执行刑罚或者依法被剥夺、限制人身自由的人，不得担任辩护人。被开除公职和被吊销律师、公证员执业证书的人，不得担任辩护人，但系犯罪嫌疑人、被告人的监护人、近亲属的除外。"

（4）证人。刑事诉讼中的证人，是指当事人以外的向公安司法机关陈述自己所了解的案件情况的人。我国《刑事诉讼法》第62条规定："凡是知道案件情况的人，都有作证的义务。"

在刑事诉讼中，证人是独立的诉讼参与人。享有一定的诉讼权利，承担一定的诉讼义务。依据我国《刑事诉讼法》的规定，证人的诉讼权利主要包括：获得公安司法机关的安全保障；使用本民族语言、文字进行陈述；为其个人信息保密；阅读询问笔录，并可以要求补充或者修改；因为作证受到经济损失获得补偿；对公安司法人员侵犯其诉讼权利或者对其进行人身侮辱的行为进行控告；拒绝作伪证；抵制以非法手段收集证言的行为等。证人的诉讼义务主要有：向公安司法机关如实作证；对公安司法机关的询问的内容予以保密，回答公安司法人员和其他诉讼参与人的询问并接受质证等。

（5）鉴定人。鉴定人，是指在刑事诉讼中，接受公安司法机关指派或者聘请，对案件涉及的某些专门性问题，运用其掌握的专门知识或技能进行科学的分析论证并作出书面意见的人。

因为通常情况下，鉴定意见对案件的最终裁判有重要影响，因此，鉴定人应当具备以下条件：①必须是自然人。②必须与案件没有利害关系。③必须具有鉴定某项专门性问题所需要的专门知识或技能。④必须受到专门机关的指派或聘请。

在刑事诉讼中，鉴定人享有的诉讼权利主要有：查阅与鉴定事项有关的案卷材料；必要时，经公安司法人员许可，可以询问当事人和证人，参加勘验、检查；要求提供足够的鉴定材料；同一专门性问题有几个鉴定人共同鉴定时，可写出一个鉴定意见，也可分别写出各自鉴定意见；要求补充鉴定或重新鉴定；拒绝鉴定等。应承担的诉讼义务主要有：如实作出鉴定；出庭并接受有关人员询问，并回答有关问题；对因鉴定而了解的案件情况和他人隐私保密等。

（6）翻译人员。翻译人员，是指接受公安司法机关的指派或者聘请，在刑事诉讼中进行语言、文字或手语翻译的诉讼参与人。

依据我国法律规定，各民族公民都有权使用本民族语言文字进行诉讼。此外，刑事诉讼中往往存在某些特殊类型的参与人。针对这一实际，本着充分保障所有诉讼参与人在诉讼中的合法权益、保障诉讼程序得以顺利进行的宗旨，法律明确规定，公安司法机关对于不通晓当地通用的语言文字的诉讼参与人，应当为他们提供翻译。

在刑事诉讼中，翻译人员享有以下诉讼权利：了解同翻译内容有关的案件情况；查阅记载其翻译内容的笔录，并修改错误或补充遗漏内容；获取相应报酬等。承担的诉讼义务主要有：如实进行翻译；对参加诉讼获悉的案件情况和他人隐私予以保密等。

✦ 引例分析

此案中，主持和参与该案办理的国家专门机关有长安区公安分局、检察院，西安市公安局、检察院、中级法院，陕西省检察院、高级法院，最高人民法院等。它们分别在立案、侦查、采取强制措施、批捕、审查起诉、审判、死刑核准、执行等各诉讼环节，履行了各自的职能；药家鑫作为犯罪嫌疑人、刑事及刑事附带民事被告人，被害人的儿子、丈夫、父母作为刑事附带民事诉讼原告人处于当事人的法律地位，附带民事诉讼原告人的诉讼代理人张显、许涛，被告人药家鑫的辩护人暨诉讼代理人路刚、杨建花律师，还有案件的证人、鉴定人、勘验人等处于其他诉讼参与人的法律地位；被告人的父母尽管曾表示愿意赔偿附带民事诉讼原告人的经济损失，但按照《刑事诉讼法》的规定，他们并不属于当事人。

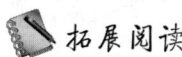 思考与练习

　　张某，男，29岁，无业。某年6月的一天晚上，张某无事闲逛到某区一个建筑工地，见看大门的值班人员不在，趁机溜进工地内。在工地靠公路的一侧，张某见到一大捆铜线圈，顿生歹意，想把铜线圈弄出去卖钱。于是，他把工地的围墙拆了一个洞，把线圈从洞里扔到了公路上，随后自己也爬了出来，正巧碰上该市该区下夜班回家的青年李某和孙某。李某拉住张某的衣领，威胁他要去派出所，张某十分害怕，就和李某商量，说卖了线圈后分一半钱给李某；李某欣然同意。孙某一直站在旁边，他看见张某、李某二人抬了线圈往废品收购站方向走去，自己就独自回家。张某想叫住他，李某说不用叫，他胆小，给钱也不会要，况且又是好朋友，肯定不会说出去。正当张某、李某二人抬着线圈往前走时，被该工地巡逻的保安人员发现，保安人员将二人抓获后送到当地派出所。该区公安分局得知消息后，组织侦查人员对二人进行了讯问，又赴工地作现场勘验，拍摄了相应的物证照片。侦查终结后，该区公安分局将此案移送该区人民检察院审查起诉。该区人民检察院审查后，在法定期间内向该区人民法院提起公诉。张某、李某分别委托了辩护律师。9月某日，该区人民法院开庭审理了此案，孙某出庭作了证。法院依法判处张某、李某有期徒刑各2年。张某、李某各自的父母在征得张某、李某的同意后，向该市中级人民法院提起上诉，市中级人民法院经过审理，驳回了上诉，维持原判。

　　问题：1. 此案中有哪些属于刑事诉讼中的专门机关？
　　2. 刑事诉讼各专门机关的职能是什么？
　　3. 此案中哪些人是诉讼参与人？各自的名称是什么？

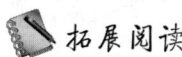 拓展阅读

刘桂安杀害证人血案呼唤完善证人制度[1]

　　几年前，山东省日照市发生了震惊全国的刘桂安报复杀害证人案。耐人寻味的是，作为该案加害人的凶手刘桂安，恰恰是此前一起强奸未遂案的受害人（法庭认定其是

〔1〕　参见张倩："证人被杀血案震惊全国　恶果频现保护成一纸空文"，载《青年周末》2010年1月14日。

加害人）；他坚称自己绝对没有做判决书中所指控他的"罪行"，但是法院根据村中一农妇未经当庭质证的证言，对他的所谓"强奸未遂"予以了认定；于是乎引发了后来的一系列惨剧。

据法院审理查明，被告人刘桂安于 1995 年 6 月因强奸罪（未遂）被县法院判处有期徒刑 3 年，村民胡秀娟在该案中作为证人依法出具了证言，被告人因此对胡秀娟怀恨在心。两年后，被告人刘桂安减刑释放回村。1998 年 7 月 9 日下午 3 点，被告人刘桂安途经胡家门口时，用随身携带的镢头将胡秀娟及其 8 岁的儿子刘绍星砸死。

记者调查得知，法庭当初审理刘桂安的强奸未遂罪案时，唯一的证人胡秀娟没有出庭质证，而是由警方出具了一张由其本人签名的证言。据受害人胡秀娟的丈夫告诉记者，警方办案人员三番五次到他家要求其妻子作证。他们夫妇只好在警方提供的文字上签了字。事实是，妻子的确没有亲眼看见刘桂安"强奸未遂"一事。仅是那起案件的女主角在事后的一次闲聊中告诉胡，某日刘桂安趁她丈夫不在，曾经去扒过墙头……不知怎么警方知道了胡是闻听者，就一定要她提供证人证言。他们以为签完字就完了，谁想后来却因此付出几条人命。

据说，庭审中宣读胡秀娟这份证言时，刘桂安愣住了，开始大叫冤枉。刘桂安的"鸣冤叫屈"，一直维持到他因杀害证人而被法庭宣判死刑，当审判长问他最后还有什么要说的时候，他再次请求能否对他原来的强奸未遂案进行重查。虽然在场的人都知道，这其实对他已没有任何意义。

因为有证人指证，刘桂安最后被以强奸未遂罪判处有期徒刑 3 年。一回到村子，就去找胡秀娟"理论"。他对她说："如果不是你作证，我怎么会坐牢？我希望你主动向有关部门自首，说清你并没亲眼看到所谓我强奸的事实，而只不过是听别人瞎说的。"在遭到拒绝后，他便扬言要报复："如果你不去为我澄清名声，我早晚有一天要杀了你！"屡屡碰壁之后，刘桂安便真的开始动手实施犯罪前的预备工作。据悉，杀人之前，他已经把老婆孩子安顿他乡，并且告知老婆另找一个老实人嫁掉。他的两个孩子已经长大成人，其中长子已近 20 岁。刘桂安反复强调，他最不能接受和容忍的是，自己是两个孩子的爹，如果是别的罪名他也就忍了，但是无中生有一个"强奸未遂"的帽子扣在自己头上，如果不能把它从自己头上摘去，他在家无法面对儿子，对外也无颜在村民乡亲面前露脸。在刘桂安多次劝胡秀娟为自己的名声"平反"无效后，便发生了这幕惨剧。

刘桂安报复杀害证人案在日照某法院开庭之前，法院事先给该案直接证人发了"出庭通知书"，他们都收到了，也按了手印。可开庭那天，4 名证人一个也没到庭。一进法庭，审判长便宣读了对刘桂安判处死刑、赔偿附带民事诉讼原告人共计 28 810 元的判决结果。因刘桂安自知杀人要偿命，他在杀人之前变卖、转移了所有值钱东西，安排一家老小全部外逃，这使法院作出让刘桂安赔偿近 3 万元的判决成为一纸空文。

审判长对记者说："关于证人利益的保护，我国目前的法律基本上是个空白。《刑法》第 308 条有一款很原则、笼统的规定，对于打击报复证人，情节严重的处 3 年以上 7 年以下有期徒刑。怎么叫情节严重？威胁、恐吓、摔摔打打算不算？遇到这样的报复，该如何保护证人？都没有具体可操作的办法。至于为证人提供车马费以及受害后相应的补偿，更是闻所未闻。"一位不愿透露姓名的法律界人士对记者说："这就是没有让证人必须亲自出庭并由对方辩护律师当庭质证的后患。如果胡秀娟当时真的作了伪证，法庭上一质证便能暴露出来；但现在只凭一张书面证据就定了罪，而很难对其证言的真实性进行考证。"

项目三 刑事诉讼的基本原则

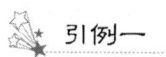 引例一

赵作海"故意杀人"案

1998 年 2 月 15 日，河南省商丘市柘城县老王集乡赵楼村赵振晌的侄子赵作亮到公安机关报案，称其叔父赵振晌于 1997 年 10 月 30 日离家后已失踪 4 个多月，怀疑被同村的赵作海杀害，公安机关随后进行了相关调查。1999 年 5 月 8 日，赵楼村在挖井时发现一具高度腐烂的无头、膝关节以下缺失的无名尸体，公安机关遂把赵作海作为重大嫌疑人于 5 月 9 日刑拘。1999 年 5 月 10 日~6 月 18 日，赵作海做了 9 次有罪供述。从赵作海被拘到商丘市人民检察院提起公诉，长达两年多的时间，该案被检察机关多次退回补充侦查。2002 年 8、9 月，公安机关在清理超期羁押专项检查活动中，将该案提交商丘市政法委研究。政法委组织专题研究会，最后，经过会议集体研究，结论是案件具备了起诉条件。

2002 年 10 月 22 日商丘市人民检察院以被告人赵作海犯故意杀人罪向商丘市中级人民法院提起公诉，2002 年 12 月 5 日商丘中院作出一审判决，以故意杀人罪判处被告人赵作海死刑，缓期二年执行，剥夺政治权利终身。河南省高级法院经复核，于 2003 年 2 月 13 日作出死刑复核裁定，核准商丘中院的上述判决。

2010 年 4 月 30 日，赵振晌回到赵楼村。商丘中院在得知赵振晌在本村出现后，立即会同检察人员赶赴赵楼村，经与村干部座谈、询问赵振晌本人及赵振晌的姐姐、外甥女等，确认赵振晌即是本案的"被害人"。5 月 9 日，"杀害"同村人在监狱已服刑多年的河南商丘村民赵作海，被宣告无罪释放。

问题：结合我国刑事诉讼的基本原则分析本案。

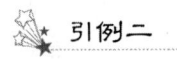 引例二

湄公河惨案6凶手在我国受审

2011年10月5日上午，"华平号"和"玉兴8号"两艘商船在湄公河金三角水域遭遇袭击。"华平号"上的6名中国船员和"玉兴8号"上的7名中国船员全部遇难。证据证明，造成13名中国船员在湄公河泰国水域被枪杀的"10·5"案件，是由糯康及其集团骨干成员与泰国个别不法军人勾结策划、分工实施的。

2011年10月31日，中国、老挝、缅甸、泰国在中国首都北京举行了四国湄公河流域执法安全合作会议。会议发表了《联合声明》，对进一步采取有力措施，加大联合办案力度，尽快彻底查清"10·5"案件案情，缉拿惩办凶手等事项达成广泛共识。经过半年的努力，中、老、缅、泰四国组织了多次围捕行动，先后抓获了伞康、依莱等一批糯康武装贩毒集团及"10·5"案件主犯，收集掌握了该集团的大量犯罪证据。2012年4月25日，湄公河惨案首犯糯康，在老挝被中老警方联手抓获，5月10日，被老挝移交中方。糯康（NawKham，又译"诺坎"），男，1969年11月8日生，掸族，原籍缅甸腊戌，外号"教父"，是盘踞"金三角"地区的特大武装贩毒集团"糯康集团"首犯。长期从事制贩毒品、绑架杀人等犯罪活动。

案犯移交中国后，按照中国的法律程序，开展审讯、审判等工作。9月20~21日，云南省昆明市中级人民法院对震惊中外的湄公河"10·5"案件进行了为期两天的公开开庭审理。

此前，昆明市人民检察院对糯康等6名被告人分别以涉嫌故意杀人罪、运输毒品罪、绑架罪、劫持船只罪依法向昆明市中级人民法院提起公诉。昆明市中级人民法院受理后，依法组成了合议庭负责审理此案，向6名被告人送达了起诉书副本、附带民事诉讼状及译本，并根据各被告人的权利和意愿为其指定了法律援助律师，为他们提供刑事辩护。根据主权原则，被告人只能请中国律师作为当辩护人。

两天的法庭审理，公诉人用了将近一个上午和一个下午的时间出示证据，申请13名证人到庭作证。除了被告人供述、证人证言，还有相关DNA检测、弹痕检测、枪弹鉴定、尸检报告等大量证据。公诉人认为，当庭出示的证据取证程序合法，客观真实，形成了完整、严密的证据体系。

糯康犯罪集团的6名被告人糯康、桑康·乍萨、依莱、扎西卡、扎波、扎拖波，向法庭供述了他们参与杀害13名中国船员的经过。法庭上，辩护律师分别为6人进行了辩护。鉴于本案6名被告人均非中国公民，不通晓汉语，昆明市中级人民法院聘请了傣语、拉祜语、老挝语等3个语种的翻译人员，并在庭审中首次采用了同声传译与现场翻译相结合的形式，保障了诉讼参与人的诉讼权利和庭审正常秩序。

糯康虽然在第一天的庭审中不承认自己的犯罪事实，但第二天，面对如山铁证，

他当场悔罪，请求中国政府从宽处理。在庭审的最后，被告人进行最后陈述时，6名被告都双手合十，面向法官、转向被害人家属说，他们做错了，希望中国政府能够对他们宽大处理，希望被害人家属能宽恕他们的罪行。法庭最后宣布鉴于案情重大，该案将择日宣判，等待6名被告人的终将是正义的审判和公正的判决。

问题：分析本案体现了刑事诉讼的哪些基本原则？其内容和意义是什么？

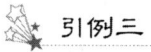 引例三

休宁县首例适用认罪认罚从宽制度[1]

2018年12月10日，休宁县检察院适用认罪认罚从宽制度的案件在休宁县人民法院开庭审理，法院适用速裁程序，采纳了检察机关的量刑建议，并当庭作出宣判。

新修改的我国《刑事诉讼法》增加速裁程序的规定后，这是该县检察院首例适用认罪认罚从宽制度办理的案件，也是该县法院首例刑事适用速裁程序判决的案件，检察院仅用8天时间就提起公诉，法院从向被告人送达起诉书副本到案件当庭宣判仅用20余分钟。

11月29日，该县检察院受理休宁县森林公安局移送审查起诉的张某某涉嫌滥伐林木一案。经依法查明：2015年7、8月，张某某在未领取林木采伐许可证的情况下，雇请汪某某等人将其流转的土名"上枧坑阳边"山场林木砍伐并出售，立木蓄积达11.719立方米。承办检察官在审查起诉案件过程中，依法告知了被告人张某某享有的权利义务和认罪认罚的法律规定，张某某对犯罪事实无异议，表示认罪悔罪，愿意接受法律的惩处，对检察院的量刑建议无异议，同意适用认罪认罚程序，并在律师在场的情况下签署了《认罪认罚具结书》。

12月7日，休宁县检察院将该案起诉至法院，同时建议法院适用速裁程序进行审理；法院受理后认为，被告人张某贵滥伐林木案，法定刑期在3年以下，同时案件事实清楚、证据确实充分，被告人认罪认罚，且公诉机关向法院提起公诉时一并移交了适用速裁程序建议书、量刑建议书和被告人签订的认罪认罚具结书，符合速裁程序的适用规则情形。故法院当庭作出判决，张某某因犯滥伐林木罪被判决单处罚金3000元。

该案的成功办理，是该县审判机关和检察机关积极贯彻落实新刑事诉讼法的体现，也是具体运用新程序办理案件的首次合作尝试。在今后的司法实践中，该县审判机关和检察机关将进一步不断探索创新，优化办案机制，深入落实刑事诉讼法相关规定，切实提高办案效率，节约司法资源。

问题：结合本案，说说认罪认罚从宽制度的主要意义是什么？

---

〔1〕　参见吴志松等："休宁县首例适用认罪认罚从宽制度和刑事速裁程序案件当庭审判"，载黄山长安网，http://www.hscaw.com/hscaw/bumendongtai/jianchayuan/2018 - 12 - 19/4909.html.

 基本原理

一、我国刑事诉讼的基本原则概述

（一）概念和特征

我国刑事诉讼的基本原则，是指我国《刑事诉讼法》规定的，贯穿于刑事诉讼的整个过程，对刑事诉讼活动具有普遍指导意义，公安司法机关和诉讼参与人进行刑事诉讼必须遵循的基本行为准则。

从我国《刑事诉讼法》的总体结构体系来看，在刑事诉讼的目的任务、基本原则和诉讼制度程序之间，刑事诉讼基本原则起着承上启下和桥梁纽带的作用：刑事诉讼的目的、任务决定了刑事诉讼法基本原则的内容和范围，而刑事诉讼基本原则是完成刑事诉讼的目的、任务的基本保障；刑事诉讼基本原则是公安司法机关和诉讼参与人进行刑事诉讼的基本行为准则，是诉讼制度、诉讼程序的实质精神的提炼和概括，而诉讼制度、诉讼程序则是各项基本原则的具体体现和实施机制。

我国刑事诉讼的基本原则具有以下显著特征：

1. 贯穿于刑事诉讼的整个过程，对刑事诉讼活动具有普遍指导意义。应当明确，只有适用于刑事诉讼的各个阶段，对国家专门机关和诉讼参与人的诉讼活动均具有指导意义的原则，才能成为刑事诉讼法的基本原则。反之，只适用于刑事诉讼的某个阶段，只对某个专门机关或某些诉讼参与人的诉讼活动具有指导意义的原则，则不能成为刑事诉讼法的基本原则，如公开审判原则、两审终审制、人民陪审员制度和司法协助制度，不符合刑事诉讼法基本原则的固有特征，而是属于审判原则或诉讼制度。

2. 由我国《刑事诉讼法》明确规定。作为部门法的刑事诉讼法，必须要有自己的基本原则，以指导刑事诉讼活动的正确、顺利进行。某些原则虽然对刑事诉讼活动具有重大的指导意义，但《刑事诉讼法》没有明确规定为刑事诉讼法基本原则的，则不属于刑事诉讼法基本原则，如宽严相济、有错必纠原则等。

3. 具有法律约束力。刑事诉讼法的基本原则虽然比较抽象和概括，但各自都有明确的内容和要求，是国家专门机关和诉讼参与人进行刑事诉讼的基本行为准则，如果违反这些原则就要承担相应的法律后果。

（二）我国刑事诉讼基本原则的内容和分类

我国刑事诉讼的基本原则是由我国《刑事诉讼法》明确规定的。我国《刑事诉讼法》在第一编第一章"任务和基本原则"标题下，规定了以下十四项基本原则：①侦查权、检察权、审判权由专门机关依法行使；②人民法院、人民检察院依法独立行使职权；③依靠群众；④以事实为根据，以法律为准绳；⑤对一切公民在适用法律上一律平等；⑥分工负责，互相配合，互相制约；⑦人民检察院依法对刑事诉讼实行法律

监督；⑧各民族公民有权使用本民族语言文字进行诉讼；⑨犯罪嫌疑人、被告人有权获得辩护；⑩未经人民法院依法判决，对任何人都不得确定有罪；⑪保障诉讼参与人的诉讼权利；⑫法定情形不予追究刑事责任；⑬认罪认罚可以依法从宽处理；⑭追究外国人的刑事责任适用我国刑事诉讼法。

以上十四项基本原则大体可分为三类：①三大诉讼共有原则。包括以事实为根据、以法律为准绳，一切公民在适用法律上一律平等，使用本民族语言文字进行诉讼，保障诉讼参与人的诉讼权利等。②刑事诉讼特有原则。包括侦查权、检察权、审判权由专门机关行使，审判权和检察权依法独立行使，依靠群众，犯罪嫌疑人、被告人有权获得辩护，未经人民法院依法判决对任何人不得确定有罪，具有法定情形不予追究刑事责任，刑事案件认罪认罚可以依法从宽处理。③涉外原则。亦即追究外国人刑事责任适用我国刑事诉讼法。

（三）我国刑事诉讼基本原则的意义

我国《刑事诉讼法》确定的各项基本原则是对公安司法机关办理刑事案件优良传统和成功经验的科学总结，同时也是对世界各国刑事诉讼立法与司法实践经验的学习借鉴，贯穿了实事求是的科学精神和民主公正的现代司法理念，同时也反映了刑事诉讼的客观规律和基本要求，对于正确理解刑事诉讼法的各项具体规定和保障刑事诉讼法的正确、有效实施，对于规范公安司法人员和诉讼参与人的诉讼行为，均具有十分重要的意义。

二、共有原则

（一）以事实为根据，以法律为准绳

"以事实为根据，以法律为准绳"是我国三大诉讼共有的基本原则之一。其中在刑事诉讼中，由于关系到客观公正地实现国家刑罚，关系到公民个人的人身和财产权利，坚持该原则显得尤为重要。

以事实为根据，就是将客观存在的情况作为处理案件的根据，处理案件不能违背已经查明的事实，也不能在没有查明事实的情况下主观臆断。它要求公安司法机关进行刑事诉讼时，必须忠实于事实真相，查明案件的真实情况，而认定案件事实必须有确实充分的证据，不能凭主观想象、怀疑、推断或查无实据的设想、说法来处理问题。以事实为根据，最核心的问题就是重证据，重调查研究，以证据为判定案件事实的唯一手段。

以法律为准绳，就是对刑事案件的实体和程序问题的处理，必须以刑事实体法、刑事诉讼法和其他法律的有关规定为基准。它要求公安司法机关在查明案件事实的基础上，应该以法律为尺度来衡量案件的具体事实和情节，按照法律的规定对案件做出正确处理，而不能凭个人好恶或一时情绪来定案，也不能根据其他因素，如外界压力、自己的利益来定案。以法律为准绳还要求公安司法机关及其工作人员严格按照刑事诉讼法规定的原则、制度和程序办案。

以事实为根据，以法律为准绳，两者紧密联系，互相依存，不能忽视其中任何一方面。只有以事实为根据，才能查明案件真实情况，准确认定案件事实。在此基础上正确适用法律，才能对案件做出正确处理。如果事实不清，情况不明，适用法律就无从谈起，以法律为准绳便失去意义。反之，如果忽视了以法律为准绳，即使查明案件事实，案件也得不到正确处理。无论何种情况，都会给刑事诉讼造成严重不良后果，导致冤假错案的发生，不是轻纵犯罪，就是伤害无辜。所以，以事实为根据，以法律为准绳，是一个有机的整体，必须在刑事诉讼中全面地贯彻执行。

（二）对一切公民在适用法律上一律平等

我国《宪法》所确定的"中华人民共和国公民在法律面前一律平等"的原则，明确了全体公民在法律适用上一律平等的精神，《刑事诉讼法》第6条规定："人民法院、人民检察院和公安机关进行刑事诉讼……对于一切公民，在适用法律上一律平等，在法律面前，不允许有任何特权。"这一规定就是宪法这一原则在刑事诉讼中的具体体现。

这一原则要求，公安司法机关在进行刑事诉讼时，对于一切公民，不分民族、种族、性别、年龄、职业、家庭出身、宗教信仰、受教育程度、财产状况等，在适用法律上一律平等，一视同仁，不允许有任何特权，同时也不允许有任何歧视，对所有公民都要采取同样的原则、程序，适用同样的实体法，对触犯刑法构成犯罪的，都同样追究刑事责任。

（三）使用本民族语言文字进行诉讼

我国《刑事诉讼法》第9条规定："各民族公民都有用本民族语言文字进行诉讼的权利。人民法院、人民检察院和公安机关对于不通晓当地通用的语言文字的诉讼参与人，应当为他们翻译。在少数民族聚居或者多民族杂居的地区，应当用当地通用的语言进行审讯，用当地通用的文字发布判决书、布告和其他文件。"这一原则体现了对各民族文化的尊重，对该原则可以从以下几个方面理解：

1. 各民族公民参加诉讼，无论是当事人还是其他诉讼参与人，都有用本民族语言文字进行诉讼的权利。有权用本民族的语言回答公安司法人员和其他诉讼参与人的问话，发表自己的意见；有权用本民族的文字书写有关的案件材料。

2. 在少数民族聚居或者多民族杂居的地区，公安司法机关应当用当地通用的语言进行审讯，用当地通用的文字发布判决书、布告和其他文件。

3. 诉讼参与人如果不通晓当地通用的语言文字，公安司法机关应当为他们指定或者聘请翻译。

使用本民族语言文字进行诉讼，是我国刑事诉讼的一项基本原则，同时也是诉讼参与人的一项重要诉讼权利，在刑事诉讼中贯彻各民族公民有权使用本民族语言文字进行诉讼原则，具有十分重要的意义。

（四）人民检察院依法实行法律监督

根据《宪法》和《人民检察院组织法》的规定，人民检察院是国家的法律监督机关，对宪法和法律的实施实行监督。从现行立法来看，人民检察院除了对国家工作人员的职务犯罪依法进行查处外，其职能主要表现在对诉讼活动是否合法进行法律监督。

我国《刑事诉讼法》第8条规定："人民检察院依法对刑事诉讼实行法律监督。"人民检察院依法对刑事诉讼实行法律监督原则也称法律监督原则，是指在刑事诉讼中人民检察院除行使法律赋予的职权、履行自身的诉讼职能外，还要依法对整个刑事诉讼活动实行法律监督，包括对立案、侦查、审判、执行等诉讼环节实行全面的、全方位的法律监督。这是由刑事诉讼的性质和人民检察院在我国国家机构中的地位所决定的，是加强刑事诉讼民主、健全刑事诉讼法制的重要举措。

人民检察院对刑事诉讼的法律监督贯穿在刑事诉讼的全过程，我国《刑事诉讼法》对人民检察院在每一个诉讼阶段进行监督的范围、对象、方式和程序均作了具体规定。概括起来，人民检察院的法律监督主要体现在以下几个方面：

1. 立案监督。人民检察院认为公安机关对应当立案侦查的案件而不立案侦查的，应当要求公安机关说明不立案的理由；人民检察院认为公安机关不立案的理由不能成立的，应当通知公安机关立案，公安机关接到通知后应当立案。

2. 侦查监督。人民检察院审查逮捕、审查起诉时，应当审查公安机关的侦查活动是否合法，发现违法情况，应当通知公安机关纠正，公安机关应当将纠正情况通知人民检察院。同时，人民检察院根据情况可以派员参加公安机关对重大案件的讨论和其他侦查活动，发现违法行为，应当及时纠正。

3. 审判监督。人民法院审判公诉案件，人民检察院应当派员出庭支持公诉，并对审判活动是否合法进行监督。人民检察院发现人民法院审理案件违反法定的诉讼程序，有权向法院提出纠正意见。对人民法院的判决、裁定认为确有错误的，有权提起二审抗诉或再审抗诉。

4. 执行监督。人民检察院对执行机关执行刑罚的活动是否合法实行监督，如果发现有违法的情况，应当通知执行机关纠正。如果认为司法行政机关对罪犯暂予监外执行的决定或人民法院减刑、假释的裁定不当，应当书面提出纠正意见，有关机关应当在法定期限内重新审查处理。

当然，这一原则以诉讼中存在违法行为为基础，以人民检察院能够正确执行法律、公正无私地监督法律的执行为假设。不过，这种制度设计中也存在着悖论：谁来监督监督者？如果无人监督监督者，监督者就很可能滥用职权；如果监督者不会滥用职权，那么有什么理由假定被监督者一定会滥用职权呢？

（五）保障诉讼参与人的诉讼权利

我国《刑事诉讼法》第 14 条规定："人民法院、人民检察院和公安机关应当保障犯罪嫌疑人、被告人和其他诉讼参与人依法享有的辩护权和其他诉讼权利。诉讼参与人对于审判人员、检察人员和侦查人员侵犯公民诉讼权利和人身侮辱的行为，有权提出控告。"此项原则主要包含三方面的内容：

1. 诉讼参与人依法享有并充分行使诉讼权利是刑事诉讼顺利进行的必要条件，公安司法机关有义务保障其行使这些权利。包括：承担告知义务，告知诉讼参与人其享有特定的诉讼权利；对诉讼参与人行使诉讼权利提供便利；采取措施制止妨碍诉讼参与人行使诉讼权利的行为；对诉讼参与人的权利，公安司法机关不得以任何理由和方式加以剥夺。

2. 诉讼参与人有权采取法律手段维护自己的合法权益，对公安司法人员侵犯自己诉讼权利和人身侮辱的行为，有权提出控告。有关机关对侵犯、剥夺诉讼参与人的诉讼权利和人身侮辱行为应当予以制止，并追究行为人的法律责任。

依法保障当事人及其他诉讼参与人的诉讼权利，是程序公正的必然要求，是司法文明的重要标志。贯彻本原则有两个方面的作用：一是明确了专门机关不能滥用职权，不能随意对诉讼参与人诉讼权利的行使设置障碍；二是对诉讼参与人诉讼权利的保障有利于诉讼的顺利进行，有利于刑事诉讼法的规定得到切实的实施。

三、特有原则

（一）侦查权、检察权、审判权由国家专门机关行使

我国《刑事诉讼法》第 3 条规定："对刑事案件的侦查、拘留、执行逮捕、预审，由公安机关负责。检察、批准逮捕、检察机关直接受理的案件的侦查、提起公诉，由人民检察院负责。审判由人民法院负责。除法律特别规定的以外，其他任何机关、团体和个人都无权行使这些权力。人民法院、人民检察院和公安机关进行刑事诉讼，必须严格遵守本法和其他法律的有关规定。"[1]这一规定是侦查权、检察权、审判权由国家专门机关行使原则的基本法律依据。该原则包含以下内容：

1. 根据法律规定，只有公、检、法三机关有权分别行使侦查权、检察权和审判权，其他机关、团体和个人都无权行使这些权力。即这些权力具有专属性，权力主体具有排他性。侦查权、检察权和审判权是国家权力的重要组成部分，是国家实现刑罚权的重要保障，事关国家安危、政权稳固、社会安定，事关公民财产权、人身权、甚至生

[1] 所谓"除法律特别规定的以外"，是指在法律有特别规定的情况下，公、检、法三机关以外的机关才可以行使这些权力。根据我国现行法律的规定，下列四个机关对特定范围内发生的刑事案件行使侦查权：①国家安全机关对危害国家安全的刑事案件行使侦查权；②中国海警局对于海上走私等刑事案件行使侦查权；③监狱对罪犯在监狱内犯罪的案件行使侦查权；④军队保卫部门对军队内部发生的刑事案件行使侦查权。所以，这里的"公安机关"是从广义上使用的，还包括国家安全机关、海关缉私部门、军队保卫部门、监狱。

命权，如果行使不当，很可能造成严重后果。法律规定这些权力只能由专门机关行使，将行使这些权力的机关和人员特定化，可有效防止外部力量非法干扰专门机关行使权力。

2. 公、检、法三机关只能分别行使各自的职权，不能混淆或互相代替。因为贯彻这一原则，不仅要防止其他机关、社会团体和个人对刑事司法权的外部干涉，而且也要防止公安司法机关内部混淆刑事诉讼的职能分工。

3. 公、检、法三机关必须依法行使职权，严格依照《刑事诉讼法》以及相关法律规定的权限、条件和程序等要求办理案件。公、检、法等机关在行使职权时违反法律规定的，任何单位和个人都有权进行抵制，并向有关机关提出控告或举报，乃至要求赔偿。

确立和实行这一原则，主要有以下三个方面的意义：首先，侦查权、检察权、审判权由专门机关依法行使，可以防止其他任何机关、团体和个人擅自拘人捕人、私设公堂、抄家搜身、滥纠无辜，避免在追诉犯罪问题上发生混乱状态，以维护国家法律的正确实施和尊严，保护国家、集体利益和公民合法权益。其次，侦查权、检察权、审判权由专门机关依法行使，有利于突出国家权力同犯罪作斗争的主导地位和职能作用，实现犯罪追诉的专业化，加强专门机关揭露犯罪、证实犯罪的能力，进而不断提高刑事诉讼的效率，从而有效地打击敌人、惩罚犯罪和保护人民。再次，侦查权、检察权、审判权由专门机关分别行使，有利于建立公、检、法机关彼此的制约机制，有效防止权力滥用、维护司法的廉洁与公正。

（二）审判权和检察权依法独立行使

我国《刑事诉讼法》第5条规定："人民法院依照法律规定独立行使审判权，人民检察院依照法律规定独立行使检察权，不受行政机关、社会团体和个人的干涉。"我国《宪法》和《人民法院组织法》《人民检察院组织法》均对此作了相同的规定。这些规定确立了"人民法院、人民检察院依法独立行使职权"的原则。这一原则包含两个方面的内容：一是人民法院依法独立行使审判权，即审判独立；二是人民检察院依法独立行使检察权，即检察独立。

实行人民法院、人民检察院独立行使职权原则，可以保障人民法院、人民检察院在刑事诉讼中正确行使法律赋予的职权，充分发挥其职能作用，排除干扰，维护司法行为的纯洁性，树立司法权威。但是不难看出，我国的法院体制还存在一些问题，需要通过体制改革和调整，为增进司法机关的独立性创造条件。我们认为要从以下方面予以改革和完善：

第一，处理好依法独立行使审判权与坚持党的领导之间的关系。中国共产党是执政党，党的方针政策是国家制定法律的根据，国家法律是党领导制定的，因此，人民法院依法独立审判同正确执行党的方针政策是一致的。换言之，法院依照法律独立审判，就是坚持党的领导。党对司法工作的领导主要应是通过制定正确的司法方针政策，通过建设高素质的司法干部队伍，亦即政治上和组织上的领导，而不能通过审批案件、参与办案等方式领导或代替司法机关办案。否则，势必妨碍司法工作的进行，并最终损害党的领导和党的威信。

第二，逐步强化合议庭独立行使职权的职能。审判委员会讨论案件和下级法院向上级法院请示汇报做法的泛化，在一定程度上造成了"审者不判""判者不审""审判分离"甚至审判"走过场"的现象。因此，在近年讨论司法改革的过程中，法学界主张逐步废除审判委员会以及立即停止上下级法院请示汇报制度的呼声渐高。逐步强化合议庭职能，由合议庭独立作出裁判，有利于减少司法运作的内部环节，提高司法效率，并落实诉讼中的直接、言词原则，保障法官审判的独立性。

（三）依靠群众

我国《刑事诉讼法》第6条规定："人民法院、人民检察院和公安机关进行刑事诉讼，必须依靠群众……"依靠群众原则是指公安司法机关进行刑事诉讼，必须走群众路线，相信群众、依靠群众，发挥人民群众的智慧和力量，把专门机关的业务工作与人民群众的积极性结合起来。这是我党走群众路线的优良传统在刑事诉讼法中的体现。

作为一项法律原则，依靠群众的精神和内容体现在一系列的刑事诉讼制度和程序中，公安司法机关在刑事诉讼中应当贯彻执行。《刑事诉讼法》第52条明确规定："……必须保证一切与案件有关或者了解案情的公民，有客观地充分地提供证据的条件，除特殊情况外，可以吸收他们协助调查。"对于现行犯、通缉在案的人、越狱逃跑罪犯或正在被追捕的人，任何公民都可以立即将其扭送至公安机关。在刑事审判中，可以吸收公民参加陪审，允许公民旁听公开审判的案件。在执行阶段，如监外执行的群众监督，管制刑的执行等，都体现了依靠群众的原则。

贯彻依靠群众原则，必须正确处理好专门机关与依靠群众的关系。公安司法机关在办案中，一方面要相信群众、尊重群众、宣传组织群众，为群众参加诉讼提供方便，并接受群众监督；另一方面要加强自身的专门工作，加强自身的思想、组织和业务建设，提高自身的政治和业务素质，利用先进的技术和设备去发现线索、探究事实真相。公安司法机关忽视群众的作用或者自身的专门工作，都不能很好地完成刑事诉讼法的任务。

（四）公检法分工负责，互相配合，互相制约

我国《刑事诉讼法》第7条规定："人民法院、人民检察院和公安机关进行刑事诉讼，应当分工负责，互相配合，互相制约，以保证准确有效地执行法律。"

该原则的具体内容，可以从以下三个方面理解：

1. 分工负责，是指在刑事诉讼中公安机关、人民检察院和人民法院分别按照法律规定的职权分工，各负其责，各尽其职，不能超越自己的职权，不能互相包办和代替。

任何超越职权的诉讼行为都违反了该原则。公、检、法三机关的职权按照《刑事诉讼法》第3条的规定进行分工。

2. 互相配合，是指公检法三机关进行刑事诉讼应当在分工负责的基础上，通力合作、协调一致，共同完成查明案件事实，追究、惩罚犯罪的目的。例如：对人民检察院和人民法院决定的逮捕，公安机关应当予以执行；对于人民检察院提起的诉讼，人民法院应当审理并作出判决。各机关不应各自为战，互不联系，更不应推诿扯皮。

3. 互相制约，是指公检法三机关在分工负责、互相配合的基础上，不仅应认真履行自己的职责，而且应对其他机关发生的错误和偏差予以纠正，对重要的刑事诉讼活动或措施，由其他机关予以把关，以达到互相牵制、互相约束的目的，防止权力的滥用导致司法腐败。

分工负责、互相配合、互相制约，三者是密切相关、缺一不可的。其中分工负责是前提，配合和制约是三机关依法行使职权，顺利进行刑事诉讼的保证。分工负责、互相配合、互相制约原则贯穿于刑事诉讼的始终，其最终的目的是保证准确有效地执行法律。

但需要注意的是，理论界提出对该原则需要进行反思。无论是分工负责，还是互相配合、互相制约，都反映了我国刑事诉讼法将公安机关、人民法院和人民检察院一道视为刑事诉讼中的司法机关的观念。只有当它们平等地被视为司法机关的时候，才能谈得上分工负责，才有资格互相配合，才有能力互相制约。尤其其中的"互相配合"一词，充分体现了公安机关、人民检察院与人民法院一道，联合起来对付被指控犯罪的犯罪嫌疑人和被告人的观念，使得诉讼成为一种单向度的治罪活动。这与现代诉讼中的程序正义原则、无罪推定原则均相违背，因为如果人民法院与公安机关配合，极易导致有罪推定。

（五）犯罪嫌疑人、被告人有权获得辩护

我国《刑事诉讼法》第11条规定："……被告人有权获得辩护，人民法院有义务保证被告人获得辩护。"由于犯罪嫌疑人和被告人是在刑事诉讼中不同诉讼阶段对刑事被追诉者的两种不同的称谓，为了全面理解这一原则，我们将其概括为犯罪嫌疑人、被告人有权获得辩护原则。

辩护是指在刑事诉讼中犯罪嫌疑人、被告人及其辩护人从事实和法律上反驳控诉，指出有利于犯罪嫌疑人、被告人的材料和意见的诉讼活动。犯罪嫌疑人、被告人有权获得辩护原则，是指在法律上确认犯罪嫌疑人、被告人享有辩护权，并在诉讼中保障犯罪嫌疑人、被告人行使辩护权。

根据《刑事诉讼法》的有关规定，该原则包括以下含义：①犯罪嫌疑人、被告人在刑事诉讼过程中既可以自行辩护，也可以委托辩护。②犯罪嫌疑人、被告人在刑事诉讼全过程中均有权获得辩护。③公安司法机关有义务保证犯罪嫌疑人或被告人刑事诉讼中获得辩护。④犯罪嫌疑人、被告人因为经济困难或者其他原因无力聘请辩护人时，有权获得国家的法律援助。

辩护权是犯罪嫌疑人、被告人的一项重要宪法权利，任何机关和个人都不得加以剥夺。犯罪嫌疑人、被告人有权获得辩护原则，具有保障司法公正的重要意义。具体表现为：首先，有利于公安司法机关全面了解有关案件的情况，听取不同意见，对案件作出正确的判断和处理。其次，有利于制约国家专门机关，确保公安司法人员严格依法进行诉讼活动，维护犯罪嫌疑人、被告人的合法权利。再次，可以使刑事诉讼结构合理化，形成控诉与辩护之间有效的诉讼对抗，以控诉、辩护、审判的三角形结构保障司法公正的实现。最后，辩护权的充分行使体现了程序正义，程序正义的实现有利于社会公众甚至犯罪嫌疑人、被告人对国家专门机关及其诉讼活动保持信赖和尊重。

（六）未经人民法院依法判决对任何人不得确定有罪

我国《刑事诉讼法》第12条规定："未经人民法院依法判决，对任何人都不得确定有罪。"对此规定是否为无罪推定原则，理论界尚有争议。我们认为，该原则是对我国刑事诉讼制度的重大发展，它吸收了西方无罪推定原则的精神，明确了只有人民法院才享有定罪权的法治要求。

这一原则包含以下两层含义：①确定被告人有罪的权力由法院统一行使，其他任何机关、团体和个人均无权行使。这是世界各国的立法通例，也是刑事审判权应有之义。刑事审判就是要通过法庭审理，在查清事实、核实证据的基础上适用法律，判定被告人是否有罪、应否处刑。定罪权是刑事审判权的核心，人民法院作为我国唯一的审判机关，代表国家统一独立行使刑事审判权。与增设这一原则相呼应，立法取消了免予起诉制度，以维护人民法院刑事案件审判权的统一和完整。②人民法院必须依法以判决的形式确定有罪。定罪判决必须依法作出，即需要根据经过法庭正式调查核实的证据所认定的事实，在正式的法庭审判中听取控辩双方的意见，认为达到法定的证明被告人有罪的标准，并符合刑法的有关规定，方能确定一个人有罪。

为了贯彻这一原则，《刑事诉讼法》从以下几方面作出了相应的规定：①严格区分了"犯罪嫌疑人"和"被告人"这两种称谓，被追诉者自侦查机关立案到检察院提起公诉前这段时期，称为"犯罪嫌疑人"，在人民检察院向人民法院提起公诉后，称为"被告人"，不再笼统地称为"被告人"甚至"人犯"。②明确由控诉方承担举证责任，公诉人在法庭调查中有义务提出证据，对被告人有罪承担证明责任，并达到确实充分的程度，而被追诉者则没有证明自己有罪或无罪的责任。③《刑事诉讼法》摒弃过去长时期司法实践中形成的，与宁枉勿纵、有罪推定观念相联系的疑案从有、疑案从轻原则，确立了疑罪从无原则。凡是证据不足、事实不清的案件，在审查起诉阶段，人民检察院可以作出不起诉决定，在审判阶段，人民法院应当作出证据不足、指控罪名不成立的无罪判决。

我国这一原则与西方的无罪推定（Presumption of innocence）原则既相近，又有明显区别。无罪推定又称为"无罪假定""无辜假定"，是指在刑事诉讼中任何被怀疑犯罪或者受到刑事指控的人在未经司法程序最终确认有罪之前，在法律上应被推定或假定为无罪。无罪推定中的"推定"既不是对事实的推定，也不是对法律的推定，而是对被告人的一种保护性假定。

无罪推定是资产阶级针对封建专制刑事诉讼的有罪推定提出来的，发展至今已成为一项现代法治国家普遍承认和确立的刑事诉讼原则，也是在国际范围内得到确认和保护的一项基本人权。法国1789年8月制定的《人权宣言》第9条规定，任何人在其未被宣告有罪之前应被推定为无罪。此后，各国纷纷效仿，相继在宪法和法律中对无罪推定作出规定，使其成为刑事诉讼中的一项基本原则，即使有些国家在立法上没有明文规定，在理论和司法实践上都对无罪推定原则予以确认。

为切实贯彻无罪推定原则，许多国家的法律和国际条约提出了保障被告人诉讼权利的具体要求和措施，主要有：①控诉一方承担证明被告人有罪的责任，被告人没有证明自己无罪的义务。如果控诉一方不能证明被告人有罪，则应判决被告人无罪。②被告人有权拒绝陈述，即享有沉默权。既不能强迫被告人自己证明有罪，也不能因被告人沉默而认定其有罪。③疑案应作为无罪处理。控方证据不能确切证明被告人有罪，或者对被告人有罪的证明存在合理怀疑时，应作有利于被告人的解释，对被告人按无罪处理。

（七）认罪认罚从宽

《刑事诉讼法》第15条规定："犯罪嫌疑人、被告人自愿如实供述自己的罪行，承认指控的犯罪事实，愿意接受处罚的，可以依法从宽处理。"第174条规定："犯罪嫌疑人自愿认罪，同意量刑建议和程序适用的，应当在辩护人或者值班律师在场的情况下签署认罪认罚具结书。"《刑事诉讼法》对认罪认罚从宽制度的适用范围和条件作出了规定。

认罪认罚从宽制度是指犯罪嫌疑人、被告人自愿如实供述自己的犯罪，对于指控犯罪事实没有异议，同意检察机关的量刑意见并签署具结书的案件，可以依法从宽处理的制度。所谓"认罪"，是指"犯罪嫌疑人、被告人自愿如实供述自己的罪行，对指控的犯罪事实没有异议"。同时，"认罪"还应当包含"悔罪"，即既要认罪，又要真诚悔过，不再实施危害社会的行为。因此对"认罪"的判断，要从"坦白""认识到犯罪"和"悔罪"三方面来掌握。"认罚"是指犯罪嫌疑人、被告人对量刑建议的主刑、附加刑、是否适用缓刑等全部认同。

认罪认罚从宽与《刑法》第67条所规定的自首从宽一样，是指可以从宽，关于如何把握"从宽"的原则，我们认为，一是应遵循"先认罪宽于后认罪，主动认罪宽于被动认罪，彻底认罪宽于不彻底认罪"的原则。二是正确处理坦白、自首、立功和认罪认罚等从宽情节的关系。保障犯罪嫌疑人、被告人在自愿的前提下认罪认罚，是认罪认罚从宽制度能否取得实效的关键。《刑事诉讼法》第120、173、190条对此作出相关规定。

第一，公检法都有义务保障犯罪嫌疑人、被告人及时获得有效法律帮助。审查起诉阶段，犯罪嫌疑人认罪认罚的，检察机关应当告知其享有的诉讼权利和认罪认罚导致的后果，对没有辩护人的，应当通知值班律师为其提供法律咨询、程序选择、申请变更强制措施等法律帮助。符合应当指定辩护条件的，依法通知法律援助机构指派律师为其提供辩护。

第二，犯罪嫌疑人认罪认罚的，检察机关应当就相关事项，包括涉嫌的犯罪事实、罪名及适用的法律规定；从轻、减轻或者免除处罚等从宽处罚的建议；认罪认罚后案件处理适用的程序等，听取犯罪嫌疑人及其辩护人或者值班律师的意见。

第三，必须启动认罪认罚自愿性的审查。在审查起诉阶段，检察机关应对侦查阶段认罪认罚自愿性进行审查。如果犯罪嫌疑人或者其辩护人提出在侦查阶段认罪认罚非系自愿，检察机关可以重新就认罪认罚事项与犯罪嫌疑人及其辩护人进行沟通，记录在案并附卷。若经审查，认定侦查机关采取刑讯逼供等非法手段强迫犯罪嫌疑人违背意愿认罪认罚的，则认罪认罚的供述应当作为非法证据予以排除。

人民检察院办理认罪认罚案件必须听取被害人及其诉讼代理人意见。对于犯罪嫌疑人认罪认罚，但没有赔礼道歉、退赃退赔、赔偿损失，未能与被害人达成调解或者和解协议取得谅解的，检察机关在考虑如何从宽时要有所区别。确实因被告人确无赔偿能力不能满足被害人不合理要求，而未能达成和解协议的，不影响认罪认罚从宽制度的适用。

实施刑事案件认罪认罚从宽原则，是落实党的十八届四中全会关于完善刑事诉讼中认罪认罚从宽制度改革部署的重大举措，是依法推动宽严相济刑事政策具体化、制度化的重要探索。

（八）具有法定情形不予追究刑事责任

具有法定情形不予追究刑事责任原则的法律依据是《刑事诉讼法》第16条。根据该条规定，具有下列情形之一的，不追究刑事责任，已经追究的，应当撤销案件，或者不起诉，或者终止审理，或者宣告无罪：①情节显著轻微、危害不大，不认为是犯罪的；②犯罪已过追诉时效期限的；③经特赦令免除刑罚的；④依照刑法告诉才处理的犯罪，没有告诉或者撤回告诉的；⑤犯罪嫌疑人、被告人死亡的；⑥其他法律规定免予追究刑事责任的。

根据该原则，对于具有不应追究刑事责任法定情形的案件，应根据案件的不同情况及所处的诉讼阶段做出不同处理：在立案阶段，应当作出不立案的决定；在侦查阶段，应作出撤销案件的决定；在审查起诉阶段，应作出不起诉的决定；在审判阶段，

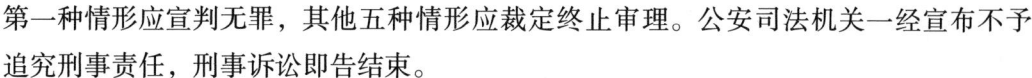

第一种情形应宣判无罪，其他五种情形应裁定终止审理。公安司法机关一经宣布不予追究刑事责任，刑事诉讼即告结束。

四、涉外原则

我国《刑事诉讼法》第 17 条规定："对于外国人犯罪应当追究刑事责任的，适用本法的规定。对于享有外交特权和豁免权的外国人犯罪应当追究刑事责任的，通过外交途径解决。"这一原则明确了我国《刑事诉讼法》对外国人的效力，是国家主权原则在刑事诉讼中的具体体现。

该原则的具体含义包括以下两个方面：

1. 作为一般原则，外国人（包括无国籍人）犯罪，依照我国刑法规定应当追究刑事责任的，依照我国刑事诉讼法规定的程序进行追诉。依我国刑法规定外国人犯罪须追究刑事责任的情形主要有：①依据属地管辖权，外国人在我国领域内（或我国船舶、航空器内）犯罪的，除法律有特别规定外，皆适用我国刑法；②依据保护管辖权，外国人在我国领域外对我国国家或公民犯罪，按我国刑法，最低刑为 3 年以上有期徒刑的，可适用我国刑法，但按犯罪地法律不受处罚的除外；③依据普遍管辖权原则，对于我国缔结或参加的国际条约所规定的罪行，我国在所承担条约义务范围内行使刑事管辖权的，适用我国刑法；④一般而言，对于反和平罪、战争罪、反人道罪、非法使用武器罪等战争犯罪，以及非法劫持航空器罪、劫持人质罪，适用我国刑法。

2. 对于享有外交特权和豁免权的外国人犯罪应当追究刑事责任的，通过外交途径解决。这是对国际惯例和国家互惠原则的尊重。根据 1986 年我国通过的《中华人民共和国外交特权与豁免条例》，享有外交特权和豁免权的外国人包括：外国驻中国使馆的外交代表不受逮捕或拘留，享有刑事管辖豁免权；与外交代表共同生活的配偶及未成年子女，如果不是中国公民，享有与外交代表相同的特权和豁免权；来中国访问的外国国家元首、政府首脑、外交部长及其他同等身份的官员；途经中国的外国驻第三国的外交代表和与其共同生活的配偶及未成年子女；持有中国外交签证或者持有外交护照（仅限互免签证的国家）来中国的外交官员；经中国政府同意给予外交特权和豁免的其他来中国访问的外国人士。所谓"通过外交途径处理"，一般是指建议派遣国依法处理；宣布为不受欢迎的人；责令限期出境；宣布驱逐出境等。

我国是一个主权独立的社会主义国家，在我国司法权管辖范围内，一切外国人都必须遵守我国的法律，对于外国人犯罪应当追究刑事责任的适用我国法律，不允许他们享有任何非法特权。因此，确立和实施这一原则，有利于维护我国国家主权和民族尊严，符合我国人民的根本利益。同时采用外交途径处理享有外交特权和豁免权的外国人的犯罪问题，符合国际惯例和互惠原则，有利于开展和保持国家间的正常交往与和睦相处。

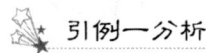 引例一分析

第一，该案的处理明显违反了侦查权、检察权、审判权由国家专门机关行使的原则和人民法院、人民检察院依法独立行使职权原则。我国《刑事诉讼法》第 5 条规定："人民法院依照法律规定独立行使审判权，人民检察院依照法律规定独立行使检察权，不受行政机关、社会团体和个人的干涉。"但此案中，地方党委政法委以组织专题研究会的方式代替司法机关办案，明显违背了司法机关依法行使职权的原则。虽然案件"被检察机关多次退回补充侦查"，但显然，检察机关最后屈从了政法委的个别领导。

第二，该案的处理明显违反了以事实为根据，以法律为准绳原则。我国《刑事诉讼法》第 6 条规定："人民法院、人民检察院和公安机关进行刑事诉讼，必须以事实为根据，以法律为准绳。……"处理案件不能违背已经查明的事实，也不能在没有查明事实的情况下武断处理案件。该案有很多疑点，但最后出现了这样的判决，三家办案机关都是有责任的，没有很好地坚持以事实为依据，以法律为准绳的原则。

第三，该案的处理明显违反了分工负责，互相配合，互相制约的原则。我国《刑事诉讼法》第 7 条规定："人民法院、人民检察院和公安机关进行刑事诉讼，应当分工负责，互相配合，互相制约，以保证准确有效地执行法律。"但本案中明显表现出，公安机关、人民检察院与人民法院一道，联合起来对付被指控犯罪的被告人，使诉讼成为一种单向度的治罪活动。是明显地互相配合有余，互相制约不足。

第四，该案在一定程度上违反了人民检察院依法对刑事诉讼实行法律监督的原则。本案中，虽然案件被检察机关多次退回补充侦查，但案件的处理结果表明，检察院的监督不到位、不彻底。

第五，该案的处理明显违反了保障诉讼参与人的诉讼权利的原则。1999 年 5 月 10 日~6 月 18 日，赵作海做了 9 次有罪供述。案件明显存在刑讯逼供的迹象，后来的事实也说明了这一点。

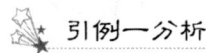 引例二分析

该案主要体现了我国《刑事诉讼法》的以下一些基本原则：侦查权、检察权、审判权由专门机关依法行使的原则；人民法院、人民检察院依法独立行使职权的原则；以事实为根据，以法律为准绳的原则；各民族公民有权使用本民族语言文字进行诉讼的原则（法院聘请了傣语、拉祜语、老挝语等 3 个语种的翻译人员，并在庭审中首次采用了同声传译与现场翻译相结合的形式）；犯罪嫌疑人、被告人有权获得辩护的原则（根据各被告人的权利和意愿为其指定了法律援助律师，为他们提供刑事辩护）；保障诉讼参与人诉讼权利的原则；特别是体现了追究外国人的刑事责任适用我国刑事诉讼法的原则。

依照国际条约和中国法律，具有一国国籍的船舶或航空器，均视同并确为国家主权所能管辖的领域，即所谓的"浮动领土"。在船舶上和航空器内的犯罪均被认为是国

家领域内的犯罪，从而该国拥有刑事管辖权。糯康团伙成员虽然是外国人，犯罪地点也在境外，但他们侵犯的是中国公民的合法权益，作案地点也是在中国注册、悬挂中国国旗的船只上，因此中国对案件拥有不可辩驳的管辖权。此案从跨国侦查、抓捕、移交糯康到公开审理，都宣示了中国依法行使司法主权、捍卫本国公民合法权益的坚定态度和决心。当然，这也是中国与大湄公河次流域国家长期友好合作的结果，是相关各国进行密切司法协助后的必然结果。正像公诉人在法庭上所指出的，任何对中华人民共和国国家及其公民的犯罪，不管犯罪人为何人，并且藏身何处，中华人民共和国都有能力、有责任，以正当的程序，将其绳之以法。

引例三分析

本案检察院适用认罪认罚从宽制度办理案件，法院适用速裁程序进行审理并作出判决，提高了办案效率，节约了司法资源。

认罪认罚从宽制度有助于鼓励犯罪嫌疑人、被告人认罪伏法，接受教育改造，实现预防再犯罪的刑罚目的。同时实现了刑事案件的繁简分流，节约了司法资源，有助于简案快审、难案精审，实现公正和效率的统一。认罪认罚从宽制度推动了我国刑事诉讼各项制度的改革，对我国刑事审判制度，乃至整个刑事诉讼结构产生了广泛而深远的影响。

思考与练习

1. 被告人金某，朝鲜人，因抢劫罪被公安机关抓获。侦查终结后，人民检察院依法审查并向人民法院提起公诉。在此前的审讯中，金某一直都用流利的汉语回答公安司法机关工作人员的提问。人民法院对此案依法进行了公开审判。在庭审中，金某提出用朝鲜语进行陈述。对此合议庭在讨论中有两种意见：一种意见认为金某虽是朝鲜人，但通晓汉语且在审前均未要求使用朝鲜语，况且合议庭又不懂朝鲜语，如果其使用朝鲜语势必要聘请翻译，为了节省时间、提高效率，合议庭对金某的要求应不予准许；另一种意见认为，虽然金某懂汉语且在侦查、起诉阶段一直用汉语进行陈述，但使用本民族语言文字进行诉讼是其应有的诉讼权利，不能因为影响审理时间而剥夺其应享有的权利，故其要求应当允许。

问题：请你运用刑事诉讼法的基本原则的理论知识对以上两种意见进行评论。

2. 1998年12月18日，湖南省常宁市官岭镇干部邓先军、欧青山、周清贵等人因向农民征收上缴款与村民发生冲突，推搡当中，村民滕国平将欧青山的头打破，为此滕国平被关进看守所。1998年12月27日官岭镇政府以滕国平犯了故意伤害罪应当接受教育为由，擅自将滕从看守所带走，在其身上挂一写有"故意伤害罪"的牌子，拉到各乡进行游行。1999年1月15日，滕国平以涉嫌故意伤害罪被逮捕，1月25日，常宁市检察院在未查清案件事实的情况下，以嫌疑人滕国平犯故意伤害罪向常宁市人民法院提起公诉。常宁市人民法院在审理中只采纳公安机关的讯问笔录和镇、村干部的一面之词，对辩护人出示的证人证言一概不理。最终判决被告人犯故意伤害罪判处有期徒刑1年。

问题：结合本案谈谈你对"未经人民法院依法判决，对任何人都不得确定有罪"的原则及含义的理解。

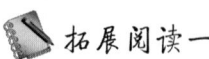 拓展阅读一

上海市三中院首例适用认罪认罚从宽制度案件一审宣判[1]

2017年6月16日上午，三中院公开开庭审理并当庭宣判苏州罗某服装有限公司、史某某走私普通货物罪一案。这是2016年全国人大常委会《关于授权最高人民法院、最高人民检察院在部分地区开展刑事案件认罪认罚从宽制度试点工作的决定》实施以来，三中院第一起适用该制度审理的案件。庭审中，合议庭重点审查了《认罪认罚具结书》的合法性和自愿性。法庭按照认罪认罚从宽制度的相关规定，依法适当简化诉讼程序，组织控辩双方查明案件事实，组织法庭辩论，并听取被告单位和被告人的最后陈述。经过评议，合议庭当庭作出一审判决，认为被告单位和被告人的行为均已构成走私普通货物罪，均具有自首情节，依法可从轻处罚；被告单位和被告人均自愿认罪认罚，被告单位于庭前缴纳了暂扣款和罚金，可以依法从宽处理。鉴于史某某的犯罪事实、性质、情节和对社会的危害程度等，可对其适用缓刑。综上，以走私普通货物罪当庭判处苏州罗某服装有限公司罚金人民币63万元，判处史某某有期徒刑6个月，缓刑1年。在本案的审理中，三中院注重保障被告人的相关权益，在送达起诉书副本和庭审时，反复询问被告单位和被告人是否系在辩护人在场的情况下，自愿签署《认罪认罚具结书》；明确告知被告单位和被告人认罪认罚的法律后果；保障被告单位和被告人申请回避和最后陈述的权利等。本案由上海三中院院长王某担任审判长，上海市人民检察院第三分院检察长陆某出庭担任公诉人。案件庭审情况通过中国庭审公开网进行了视频直播，取得了较好的法律效果和社会效果。

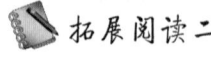 拓展阅读二

米兰达诉亚利桑那州案[2]

米兰达于1963年因涉嫌对一名18岁女性居民实施抢劫、绑架和强奸而被警察逮捕。他在警局接受了两个小时的讯问并在一份自白书上签名，在其后进行的非常简短

---

〔1〕 http：//www.shszfy.gov.cn/tpxx.jhtml？id=669.

〔2〕 参见曹立群："改变美国警察执法的三大案例"，载《政法论坛》2004年第2期。

的审判中法庭根据米兰达的供词而判其有罪。

其后美国公民自由联盟（American Civil Liberties Union，ACLU）接受了米兰达的委托进行了上诉，声称米兰达的供述是伪造的和受到胁迫的，其在被讯问前未知晓其有不被强迫自证其罪的特权，而且警察也未进行告知。1966年首席大法官沃伦在联邦最高法院作出裁决（5 v. 4，Harlan，Stewart，White，CLARK大法官附上了异议），确认米兰达在接受讯问以前有权知道自己的宪法第五修正案权利，警察有义务将它告知嫌疑人，告知权利之后，才能讯问，并将该案发回重审。因此，联邦最高法院明确规定，在审讯之前，警察必须明确告诉被讯问者：①有权保持沉默；②如果选择回答，那么所说的一切都可能作为对其不利的证据；③有权在审讯时要求律师在场；④如果没有钱请律师，法庭有义务为其指定律师。这就是米兰达诉亚利桑那州一案所产生的著名的"米兰达警告"。如果警察在审讯时没有预先作出以上4条警告，那么，被讯问人的供词一律不得作为证据进入司法程序。

随后，法院对米兰达的案子进行了重新开庭，重新选择了陪审员，重新递交了证据，而米兰达之前的"证言"将不作为证据使用。但米兰达的女友被作为证人，并提供了对其不利的证词以及其他证据。米兰达再次被判有罪，并入狱11年。1972年，米兰达获假释出狱。

在此后的1976年，米兰达在酒吧的一次斗殴事件中被刺杀身亡。警察逮捕了一位嫌疑犯。在向嫌疑犯传达了"米兰达警告"以后，嫌疑犯选择保持沉默，警察无法得到其他更有力的证据。没有人为此而被起诉。

这个案例实际上反映了一个实体公正和程序公正的问题。审理米兰达案的沃伦大法官对于米兰达逃脱了惩罚的回应是：判处米兰达20年刑期，是不公正的程序产生了公正的实体；而释放米兰达，虽是实体的不公，却维护了程序的公正。实体不公，只是个案正义的泯灭，而程序不公，则是全部司法制度正义性的普遍丧失。"程序公正优先"符合现代法律制度的发展趋势，已成为法治的基本要求，也是我们建设社会主义法治国家必须坚持的原则。尽管程序公正不能确保所有个案的实体公正，但它能确保整体司法制度的实体公正。前最高人民法院院长、首席大法官肖扬说过："司法活动讲究程序性，严格的程序始终是司法的一个重要特点……因此，要求做到程序与实体并重，反对重实体轻程序的现象。"

米兰达规则包括两个方面的内容：①沉默权。这已为世人所共知，并成为保护犯罪嫌疑人基本人权的强有力的工具。沉默权，即对提问可以不回答，从而减少和避免刑讯逼供、诱供或惧于强权的假供，是当今世界各国普遍确立的无罪推定原则下犯罪嫌疑人拥有的一项重要权利，它肯定了犯罪嫌疑人不得被迫自证有罪。②获得律师帮助的权利。嫌疑人个人的力量不足以保障讯问的"正常"进行，律师的参与对讯问程序的合法有效起到监督保障作用，在一定程度上是必不可少的，因此对无力聘请律师的，应由政府免费提供，以确保法律面前人人平等。

单 元 二

刑事诉讼的基本制度

 **知识目标**

1. 明确管辖的概念。
2. 明确回避的适用对象和理由。
3. 明确辩护的种类、值班律师的职责。
4. 明确有权委托诉讼代理人的主体。

能力目标

1. 掌握立案管辖和级别管辖。
2. 掌握回避的程序。
3. 掌握辩护人的范围、权利和义务。
4. 掌握代理人的种类。

内容结构图

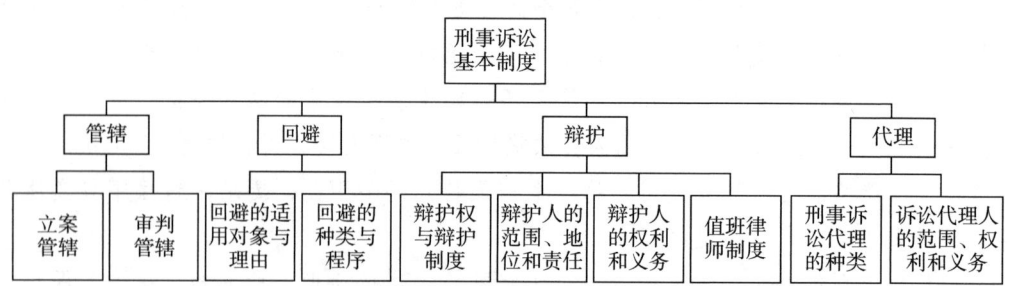

项目一 管辖

 **引例**

某区人民检察院接举报称该市经贸局局长黄某涉嫌贪污和持有假币，决定对其立

案侦查。经侦查、审查，区人民检察院认为黄某利用职务上的便利侵吞公共财物价值达 80 万元并持有总面额 18 万元的假币，犯罪事实清楚，证据确实充分，遂向区人民法院提起公诉。

问题：该区检察院的做法合法吗？

基本原理

我国刑事诉讼中的管辖，指公安机关、检察机关和审判机关等在直接受理刑事案件上的权限划分，以及审判机关系统内部在审理第一审刑事案件上的权限划分。刑事诉讼的管辖可以划分为立案管辖和审判管辖。审判管辖又可以划分为级别管辖、地区管辖、指定管辖、专门管辖。

一、立案管辖

立案管辖，又称为职能管辖、部门管辖，指公安机关（包括国家安全机关）、人民检察院和人民法院之间在直接受理刑事案件范围上的权限分工。立案管辖所要解决的问题，是对哪一类具体案件应由公、检、法三机关中的哪一个机关首先立案受理，即确定哪些刑事案件不需要经过侦查，由人民法院直接受理；哪些刑事案件由人民检察院立案侦查；哪些刑事案件由公安机关或其他侦查机关立案侦查。

为了使公安司法机关的任务同其职责相适应，以便准确、及时查明案情，有效惩治犯罪，《刑事诉讼法》对公、检、法各机关直接受理刑事案件的权限作出了明确的划分。一般比较重大、复杂的案件，由公安机关立案侦查；涉及司法工作人员利用职权实施的侵犯公民权利、损害司法公正的犯罪，由人民检察院立案侦查；不需要侦查的轻微刑事案件，由人民法院立案审理。

（一）公安机关直接受理的刑事案件

《刑事诉讼法》第 19 条第 1 款规定："刑事案件的侦查由公安机关进行，法律另有规定的除外。"由此可见，绝大多数的刑事案件由公安机关负责立案侦查，除非"法律另有规定"的案件外。这里的"法律另有规定"是指：

1. 《刑事诉讼法》第 19 条第 2 款规定的人民检察院直接受理立案侦查的刑事案件；

2. 《刑事诉讼法》第 19 条第 3 款规定的人民法院直接受理的刑事案件；

3. 《刑事诉讼法》第 4 条规定的国家安全机关办理危害国家安全的刑事案件；

4. 《刑事诉讼法》第 308 条第 1 款规定的军队保卫部门对军队内部发生的刑事案件负责侦查；

5. 《刑事诉讼法》第 308 条第 2 款规定的中国海警局对海上发生的刑事案件负责侦查；

6.《刑事诉讼法》第 308 条第 3 款规定的监狱对罪犯在监狱内犯罪的案件负责侦查。

法条链接

《刑事诉讼法》第四条 国家安全机关依照法律规定，办理危害国家安全的刑事案件，行使与公安机关相同的职权。

第二百一十条 自诉案件包括下列案件：

（一）告诉才处理的案件；

（二）被害人有证据证明的轻微刑事案件；

（三）被害人有证据证明对被告人侵犯自己人身、财产权利的行为应当依法追究刑事责任，而公安机关或者人民检察院不予追究被告人刑事责任的案件。

第三百零八条 军队保卫部门对军队内部发生的刑事案件行使侦查权。

中国海警局履行海上维权执法职责，对海上发生的刑事案件行使侦查权。

对罪犯在监狱内犯罪的案件由监狱进行侦查。

军队保卫部门、中国海警局、监狱办理刑事案件，适用本法的有关规定。

（二）人民检察院直接受理的刑事案件

《刑事诉讼法》第 19 条第 2 款规定："人民检察院在对诉讼活动实行法律监督中发现的司法工作人员利用职权实施的非法拘禁、刑讯逼供、非法搜查等侵犯公民权利、损害司法公正的犯罪，可以由人民检察院立案侦查。对于公安机关管辖的国家机关工作人员利用职权实施的重大犯罪案件，需要由人民检察院直接受理的时候，经省级以上人民检察院决定，可以由人民检察院立案侦查。"

根据最高人民法院、最高人民检察院、公安部、国家安全部、司法部、全国人民代表大会常务委员会法制工作委员会颁布的《关于实施刑事诉讼法若干问题的规定》《关于人民检察院立案侦查司法工作人员相关职务犯罪案件若干问题的规定》《人民检察院刑事诉讼规则》，对人民检察院直接受理立案侦查的案件作了明确规定，包括两种：

1. 人民检察院在对诉讼活动实行法律监督中，发现司法工作人员涉嫌利用职权实施的下列侵犯公民权利、损害司法公正的犯罪案件，可以立案侦查：①非法拘禁罪（非司法工作人员除外）；②非法搜查罪（非司法工作人员除外）；③刑讯逼供罪；④暴力取证罪；⑤虐待被监管人罪；⑥滥用职权罪（非司法工作人员滥用职权侵犯公民权利、损害司法公正的情形除外）；⑦玩忽职守罪（非司法工作人员玩忽职守侵犯公民权利、损害司法公正的情形除外）；⑧徇私枉法罪；⑨民事、行政枉法裁判罪；

⑩执行判决、裁定失职罪；⑪执行判决、裁定滥用职权罪；⑫私放在押人员罪；⑬ 失职致使在押人员脱逃罪；⑭徇私舞弊减刑、假释、暂予监外执行罪。

2. 国家机关工作人员利用职权实施的重大犯罪案件，需要由人民检察院直接受理的时候，经省级以上人民检察院决定，可以由人民检察院立案侦查。这种案件必须符合以下条件：①必须是国家机关工作人员利用职权实施的除监察委员会管辖以外的重大犯罪案件；②必须经过省级以上人民检察院决定；③确实需要由人民检察院直接受理的。即，当基层人民检察院或者分、州、市人民检察院需要直接立案侦查时，应当层报所在的省级人民检察院，并经该省级人民检察院检察委员会讨论作出是否立案侦查的决定。省级人民检察院可以决定由下级人民检察院直接立案侦查，也可以决定本院直接立案侦查。

法条链接

《刑法》第九十四条　本法所称司法工作人员，是指有侦查、检察、审判、监管职责的工作人员。

《人民检察院刑事诉讼规则》第九条　国家机关工作人员利用职权实施的其他重大犯罪案件，需要由人民检察院直接受理的时候，经省级以上人民检察院决定，可以由人民检察院立案侦查。

第十条　对本规则第九条规定的案件，基层人民检察院或者分、州、市人民检察院需要直接立案侦查的，应当层报省级人民检察院决定。分、州、市人民检察院对于基层人民检察院层报省级人民检察院的案件，应当进行审查，提出是否需要立案侦查的意见，报请省级人民检察院决定。

报请省级人民检察院决定立案侦查的案件，应当制作提请批准直接受理书，写明案件情况以及需要由人民检察院立案侦查的理由，并附有关材料。

省级人民检察院应当在收到提请批准直接受理书后的十日以内作出是否立案侦查的决定。省级人民检察院可以决定由下级人民检察院直接立案侦查，也可以决定直接立案侦查。

（三）人民法院直接受理的刑事案件

《刑事诉讼法》第19条第3款规定："自诉案件，由人民法院直接受理。"由人民法院直接受理的刑事案件，又称为自诉案件，指被害人及其法定代理人、近亲属，为追究被告人的刑事责任，直接向人民法院提出诉讼的案件。

根据《刑事诉讼法》第210条和《最高人民法院关于适用〈中华人民共和国刑事诉讼法〉的解释》第1条的规定，自诉案件包括：

1. 告诉才处理的案件。包括：侮辱、诽谤案（严重危害社会秩序和国家利益的除外），暴力干涉婚姻自由案，虐待案，侵占案。

被害人不起诉必须是其本人真实意思，告诉才处理的案件只有经被害人及其法定代理人提出控告和起诉，人民法院才予以受理。如果被害人及其法定代理人没有告诉或者告诉后又撤回告诉的，不追究被告人的刑事责任。但是，如果被害人因受到强制威吓等原因无法告诉的，人民检察院或者被害人的近亲属也可以告诉；如果被害人死亡或者丧失行为能力，被害人的法定代理人、近亲属有权向人民法院起诉，人民法院应当依法受理。

2. 被害人有证据证明的轻微刑事案件。包括：故意伤害案（轻伤），非法侵入住宅案，侵犯通信自由案，重婚案，遗弃案，生产、销售伪劣商品案（《刑法》分则第三章第一节规定的，但严重危害社会秩序和国家利益的除外），侵犯知识产权案（《刑法》分则第三章第七节规定的，但严重危害社会秩序和国家利益的除外），属于《刑法》分则第四章、第五章规定的，对被告人可能判处3年有期徒刑以下刑罚的案件。

这类案件必须是轻微的刑事案件，且被害人必须有相应的证据证明被告人有罪。上述所列八项案件中，被害人直接向人民法院起诉的，人民法院应当依法受理，对于其中证据不足、可由公安机关受理的，或者认为对被告人可能判处3年有期徒刑以上刑罚的，应当告知被害人向公安机关报案，或者移送公安机关立案侦查。

3. 被害人有证据证明对被告人侵犯自己人身、财产权利的行为应当依法追究刑事责任，而公安机关或者人民检察院不予追究被告人刑事责任的案件。

这类案件又称为"公诉转自诉"案件，必须具备三个条件：①被告人的行为侵犯了被害人的人身权利或财产权利，应当依法追究其刑事责任；②被害人有证据证明被告人的行为构成犯罪；③公安机关或者人民检察院作出了不立案、撤销案件或者不起诉等不予追究被告人刑事责任的书面决定。

🎓 法条链接

《刑事诉讼法》第一百一十四条　对于自诉案件，被害人有权向人民法院直接起诉。被害人死亡或者丧失行为能力的，被害人的法定代理人、近亲属有权向人民法院起诉。人民法院应当依法受理。

第一百八十条　对于有被害人的案件，决定不起诉的，人民检察院应当将不起诉决定书送达被害人。被害人如果不服，可以自收到决定书后七日以内向上一级人民检察院申诉，请求提起公诉。人民检察院应当将复查决定告知被害人。对人民检察院维持不起诉决定的，被害人可以向人民法院起诉。被害人也可以不经申诉，直接向人民法院起诉。人民法院受理案件后，人民检察院应当将有关案件材料移送人民法院。

二、审判管辖

审判管辖，又称法院管辖，指各级人民法院之间、同级人民法院之间、普通人民法院与专门人民法院之间、各专门人民法院之间在审判第一审刑事案件上的职权划分，简单来说，就是刑事案件在人民法院系统内部的分工。审判管辖所要解决的问题，是某个刑事案件具体应该由哪一个人民法院进行第一审。审判管辖包括了级别管辖、地区管辖、指定管辖和专门管辖。

（一）级别管辖

级别管辖，指各级人民法院之间在审判第一审刑事案件上的权限分工。通常根据案件的性质、涉及面和影响、罪行的轻重和可能判处刑罚的轻重，不同级别法院在审判体系中的地位、职责和条件等进行级别管辖划分。《刑事诉讼法》对此作了明确的规定。

1. 基层人民法院管辖的第一审刑事案件。《刑事诉讼法》第 20 条规定，基层人民法院管辖第一审普通刑事案件，但是依照本法由上级人民法院管辖的除外。因此，绝大多数刑事案件都是由基层人民法院进行第一审。根据《人民法院组织法》第 24 条和第 26 条的规定，我国基层人民法院包括：县、自治县人民法院；不设区的市人民法院；市辖区人民法院。基层人民法院根据地区、人口和案件情况，可以设立若干人民法庭。

2. 中级人民法院管辖的第一审刑事案件。《刑事诉讼法》第 21 条规定，中级人民法院管辖下列第一审刑事案件：

（1）危害国家安全、恐怖活动案件。危害国家安全案件，是指《刑法》分则第一章规定的危害国家安全的案件。恐怖活动案件，主要依据《刑法》分则规定的罪名予以明确。《反恐怖主义法》第 3 条对恐怖活动作了较为明确的规定。

法条链接

《反恐怖主义法》第三条　本法所称恐怖主义，是指通过暴力、破坏、恐吓等手段，制造社会恐慌、危害公共安全、侵犯人身财产，或者胁迫国家机关、国际组织，以实现其政治、意识形态等目的的主张和行为。

本法所称恐怖活动，是指恐怖主义性质的下列行为：

（一）组织、策划、准备实施、实施造成或者意图造成人员伤亡、重大财产损失、公共设施损坏、社会秩序混乱等严重社会危害的活动的；

（二）宣扬恐怖主义，煽动实施恐怖活动，或者非法持有宣扬恐怖主义的物品，强制他人在公共场所穿戴宣扬恐怖主义的服饰、标志的；

（三）组织、领导、参加恐怖活动组织的；

（四）为恐怖活动组织、恐怖活动人员、实施恐怖活动或者恐怖活动培训提供信息、资金、物资、劳务、技术、场所等支持、协助、便利的；

（五）其他恐怖活动。

本法所称恐怖活动组织，是指三人以上为实施恐怖活动而组成的犯罪组织。

本法所称恐怖活动人员，是指实施恐怖活动的人和恐怖活动组织的成员。

本法所称恐怖事件，是指正在发生或者已经发生的造成或者可能造成重大社会危害的恐怖活动。

（2）可能判处无期徒刑、死刑的案件。根据《最高人民法院关于适用〈中华人民共和国刑事诉讼法〉的解释》第12条的规定，人民检察院认为可能判处无期徒刑、死刑，向中级人民法院提起公诉的案件，中级人民法院受理后，认为不需要判处无期徒刑、死刑的，应当依法审判，不再交基层人民法院审判。

立法上将上述案件划由中级及以上人民法院进行一审审判，是因为这些案件性质严重，或者案情重大复杂，或者影响范围广，或者处罚较重，由级别高的人民法院审理，有利于保证办案质量。

3. 高级人民法院管辖的第一审刑事案件。《刑事诉讼法》第22条规定，高级人民法院管辖的第一审刑事案件，是全省（自治区、直辖市）性的重大刑事案件。立法上没有规定全省（自治区、直辖市）性重大刑事案件的标准，具体由高级人民法院认定和把握。实际上由高级人民法院审理的第一审刑事案件很少。

4. 最高人民法院管辖的第一审刑事案件。《刑事诉讼法》第23条规定，最高人民法院管辖的第一审刑事案件，是全国性的重大刑事案件。立法上只是对最高人民法院管辖的第一审刑事案件作了原则性的规定，在司法实践中由最高人民法院审判的第一审刑事案件非常罕见。

5. 《最高人民法院关于适用〈中华人民共和国刑事诉讼法〉的解释》第13条规定，一人犯数罪、共同犯罪和其他需要并案审理的案件，其中一人或者一罪属于上级人民法院管辖的，全案由上级人民法院管辖。

（二）级别管辖的变通

《刑事诉讼法》第24条规定，上级人民法院在必要的时候，可以审判下级人民法院管辖的第一审刑事案件；下级人民法院认为案情重大、复杂需要由上级人民法院审判的第一审刑事案件，可以请求移送上一级人民法院审判。这是人民法院级别管辖的变通规定。人民法院对自己管辖的一审刑事案件，必要时可以改变案件的管辖。包括两种情况：

1. 上级人民法院提级管辖第一审刑事案件。上级人民法院认为有必要审理下级人民法院管辖的第一审刑事案件时，应当向下级人民法院下达改变管辖决定书，并书面通知同级人民检察院、被告人的羁押场所和当事人。

2. 下级法院请求上级人民法院管辖第一审刑事案件。下级人民法院认为案件需要由上级人民法院审判时，可以在案件审理期限届满15日以前书面请求移送，上级人民法院应当在接到移送申请10日内作出决定。

《最高人民法院关于规范上下级人民法院审判业务关系的若干意见》第3条和第5条对这两种情况作了具体的解释，且明确所指的第一审刑事案件包括了四种情形：①重大、疑难、复杂案件；②新类型案件；③具有普遍法律适用意义的案件；④有管辖权的人民法院不宜行使审判权的案件。

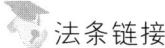 法条链接

《最高人民法院关于适用〈中华人民共和国刑事诉讼法〉的解释》第十五条 基层人民法院对可能判处无期徒刑、死刑的第一审刑事案件，应当移送中级人民法院审判。

基层人民法院对下列第一审刑事案件，可以请求移送中级人民法院审判：

（一）重大、复杂案件；

（二）新类型的疑难案件；

（三）在法律适用上具有普遍指导意义的案件。

需要将案件移送中级人民法院审判的，应当在报请院长决定后，至迟于案件审理期限届满十五日前书面请求移送。中级人民法院应当在接到申请后十日内作出决定。不同意移送的，应当下达不同意移送决定书，由请求移送的人民法院依法审判；同意移送的，应当下达同意移送决定书，并书面通知同级人民检察院。

需要特别注意的是，为了保证刑事案件的审判质量，刑事诉讼中的管辖权转移（或者变通），只能由下级法院向上级法院转移，而不能由上级法院向下级法院转移。也就是说，上级人民法院在必要的时候可以审理下级法院管辖的第一审刑事案件；但是，在任何情况下，下级法院都无权审判由上级法院管辖的第一审刑事案件。这和民事诉讼中的管辖权转移有着重大的区别。根据《民事诉讼法》第38条的规定，在民事诉讼中，上级人民法院可以审判下级人民法院管辖的第一审民事案件，上级人民法院在必要的时候也可以将自己管辖的第一审民事案件交由下级人民法院审判。也就是说，在民事诉讼中，管辖权既可以由下向上转，也可以由上向下转。而刑事诉讼中，只能由下向上转。即，民事诉讼中管辖权转移是上下双向的，刑事诉讼中管辖权转移只能由下向上单向转。

（三）地区管辖

地区管辖，指不同地区的同级人民法院之间在审判第一审刑事案件上的权限划分。确定地区管辖的原则有两个：

1. 以犯罪地人民法院管辖为主，被告人居住地人民法院管辖为辅原则。《刑事诉讼法》第 25 条规定，刑事案件由犯罪地的人民法院管辖。如果由被告人居住地的人民法院审判更为适宜的，可以由被告人居住地的人民法院管辖。

（1）《最高人民法院关于适用〈中华人民共和国刑事诉讼法〉的解释》第 2 条规定，犯罪地包括犯罪行为发生地和犯罪结果发生地。针对或者利用计算机网络实施的犯罪，犯罪地包括犯罪行为发生地的网站服务器所在地，网络接入地，网站建立者、管理者所在地，被侵害的计算机信息系统及其管理者所在地，被告人、被害人使用的计算机信息系统所在地，以及被害人财产遭受损失地。

（2）被告人居住地包括被告人的户籍所在地和经常居住地。由被告人居住地的人民法院管辖更为适宜的情况，主要是考虑案件和被告人的具体情况，包括：①被告人流窜作案，主要犯罪地难以确定，而其居住地的群众更为了解案件的情况；②被告人在居住地民愤极大，当地群众强烈要求在当地审判；③可能对被告人适用缓刑、管制或者单独适用剥夺政治权利等刑罚，因而需要在其居住地进行监督改造和考察。

（3）根据《刑事诉讼法》第 299 条、第 300 条的规定，犯罪嫌疑人、被告人逃匿、死亡，需要没收其违法所得及其他涉案财产的案件，由犯罪地或者犯罪嫌疑人、被告人居住地的中级人民法院管辖。

2. 以最初受理的人民法院审判为主，主要犯罪地人民法院审判为辅的原则。《刑事诉讼法》第 26 条规定，几个同级人民法院都有权管辖的案件，由最初受理的人民法院审判。在必要的时候，可以移送主要犯罪地的人民法院审判。

这一原则是上一原则的补充。一个犯罪可能涉及几个地点，若按照犯罪地原则来确定管辖，几个人民法院都有权审判，若按照被告人居住地来确定管辖，也可能出现几个人民法院都具有管辖权的情形。因此，我国法律规定，两个以上同级人民法院都有权管辖的案件，由最初受理的人民法院管辖。尚未开庭审判的，在必要的时候，可以移送被告人主要犯罪地的人民法院审判。主要犯罪地，既包括案件涉及多个地点时对该犯罪成立起主要作用的行为地，也包括一人犯数罪时，主要罪行的实行地。必要的时候，是指对查清主要犯罪事实以及及时处理案件更为有利等情况。

3. 特殊地区管辖。前两大原则并非适用于全部刑事案件。《最高人民法院关于适用〈中华人民共和国刑事诉讼法〉的解释》第 3～11 条还作了特殊规定：

（1）单位犯罪的刑事案件，由犯罪地的人民法院管辖。如果由被告单位住所地的人民法院管辖更为适宜的，可以由被告单位住所地的人民法院管辖。被告单位登记的住所地为其居住地。主要营业地或者主要办事机构所在地与登记的住所地不一致的，主要营业地或者主要办事机构所在地为其居住地。

（2）涉及正在服刑罪犯的刑事案件，包括三种情况：①正在服刑的罪犯在判决宣告前还有其他罪没有判决的，由原审地人民法院管辖；由罪犯服刑地或者犯罪地的人民法院审判更为适宜的，可以由罪犯服刑地或者犯罪地的人民法院管辖。②罪犯在服刑期间又犯罪的，由服刑地的人民法院管辖。③罪犯在脱逃期间犯罪的，由服刑地的人民法院管辖。但是，在犯罪地抓获罪犯并发现其在脱逃期间的犯罪的，由犯罪地的人民法院管辖。

（3）外国人犯罪的刑事案件，包括三种情况：①外国人在中国领域内犯罪的，按照《刑事诉讼法》规定的确定地域管辖的基本原则来管辖；②外国人在中国领域外对中国国家或者公民犯罪，根据我国《刑法》应当受处罚的，由该外国人入境地、入境后居住地或者被害中国公民离境前居住地的人民法院管辖；③对于中华人民共和国缔结或者参加的国际条约所规定的罪行，中华人民共和国在所承担条约义务的范围内，行使刑事管辖权。该类案件由被告人被抓获地的人民法院管辖。

（4）在中国领域外的我国运输工具上犯罪的刑事案件，包括三种情况：①在中华人民共和国领域外的中国船舶内的犯罪，由犯罪发生后该船舶最初停泊的中国口岸所在地的人民法院管辖；②在中华人民共和国领域外的中国航空器内的犯罪，由犯罪发生后该航空器在中国最初降落地的人民法院管辖；③在国际列车上的犯罪，按照我国与相关国家签订的有关管辖协定确定管辖。没有协定的，由犯罪发生后该列车最初停靠的中国车站所在地或者目的地的铁路运输法院管辖。

（5）中国公民在驻外中国使领馆内、国外犯罪的刑事案件，包括两种情况：①在驻外的中国使、领馆内的犯罪，由该公民主管单位所在地或者其原户籍所在地的人民法院管辖；②在中国领域外的犯罪，由该公民入境地或者离境前的居住地的人民法院管辖；被害人是中国公民的，也可由被害人离境前居住地的人民法院管辖。

（四）指定管辖

指定管辖，是指当管辖不明或者有管辖权的法院不宜行使管辖权时，由上级人民法院以指定的方式确定案件的管辖。

1.《刑事诉讼法》第27条规定，上级人民法院可以指定下级人民法院审判管辖不明的案件，也可以指定下级人民法院将案件移送其他人民法院审判。

2.《最高人民法院关于适用〈中华人民共和国刑事诉讼法〉的解释》第16条规定，有管辖权的人民法院因案件涉及本院院长需要回避等原因，不宜行使管辖权的，可以请求移送上一级人民法院管辖。上一级人民法院可以管辖，也可以指定与提出请求的人民法院同级的其他人民法院管辖。该解释第17条规定，两个以上同级人民法院都有管辖权的案件，由最初受理的人民法院审判。必要时，可以移送被告人主要犯罪地的人民法院审判。管辖权发生争议的，应当在审理期限内协商解决；协商不成的，由争议的人民法院分别层报共同的上级人民法院指定管辖。

根据法律规定，几个同级法院就同一案件管辖权发生争议时，首先应当协商解决，协商不成时由最初受理的人民法院在审限内报争议各方共同上级人民法院指定管辖。争议各方共同上级人民法院应当在开庭前将指定管辖决定书分别送达被指定管辖的人民法院及其他对管辖有争议的人民法院。

（五）专门管辖

专门管辖，是指专门人民法院与普通人民法院之间，以及各专门人民法院系统内部在受理第一审刑事案件上的权限分工。在我国，管辖刑事案件的专门人民法院包括军事法院和铁路运输法院。

1. 军事法院管辖的案件。

（1）现役军人（含军内在编职工，下同）和非军人共同犯罪的，分别由军事法院和地方人民法院或者其他专门法院管辖；涉及国家军事秘密的，或者军人犯违反职责罪的，全案由军事法院管辖。

（2）下列案件由地方人民法院或者军事法院以外的其他专门法院管辖：①非军人、随军家属在部队营区内犯罪的；②军人在办理退役手续后犯罪的；③现役军人入伍前犯罪的（需与服役期内犯罪一并审判的除外）；④退役军人在服役期内犯罪的（犯军人违反职责罪的除外）。

2. 铁路运输法院管辖的案件。由铁路系统公安机关负责侦破的刑事案件。主要包括：①危害和破坏铁路运输和生产的案件；②破坏铁路交通设施的案件；③火车上发生的犯罪案件；④违反铁路运输法规、制度造成重大事故或严重后果的案件。

需要特别注意的是，铁路运输法院与地方人民法院因管辖不明而发生争议的案件，一般由地方人民法院审判。根据最高人民法院 2012 年 7 月 17 日颁布的《关于铁路运输法院案件管辖范围的若干规定》，铁路运输法院刑事案件的管辖范围，除涉及铁路运输犯罪的各类公诉案件外，还包括有关刑事自诉案件；民事案件的管辖范围除涉及铁路运输、铁路安全、铁路财产等各类民事案件外，经驻在地高级人民法院指定管辖，铁路运输法院还可受理其他民事案件和执行案件。

⭐ 引例分析

该区检察院的做法不合法。首先，对于黄某涉嫌持有假币的犯罪事实，检察院没有立案管辖权，应当移送公安机关立案侦查。其次，黄某贪污 80 万元的犯罪事实，根据 2018 年修订的《刑事诉讼法》的规定，检察院没有立案管辖权，应当移送监察委员会立案调查。

思考与练习

1. 公安机关、检察机关、法院、国家安全机关、军队保卫部门、中国海警局、监狱各部门立案侦查的刑事案件范围有什么区别？

2. 审判管辖具体包括了哪几种？

拓展阅读

国家监察委员会是最高监察机关，由全国人民代表大会产生，负责全国监察工作。省、自治区、直辖市、自治州、县、自治县、市、市辖区设立监察委员会，地方各级监察委员会由本级人民代表大会产生，负责本行政区域内的监察工作。国家监察委员会对全国人民代表大会及其常务委员会负责，并接受其监督。地方各级监察委员会对本级人民代表大会及其常务委员会和上一级监察委员会负责，并接受其监督。国家监察委员会领导地方各级监察委员会的工作，上级监察委员会领导下级监察委员会的工作。国家监察委员会统筹协调与其他国家、地区、国际组织开展的反腐败国际交流、合作，组织反腐败国际条约实施工作。

各级监察委员会是行使国家监察职能的专责机关，依照法律规定对所有行使公权力的公职人员进行监察，调查职务违法和职务犯罪，开展廉政建设和反腐败工作，维护宪法和法律的尊严。

监察委员会依照法律规定独立行使监察权，不受行政机关、社会团体和个人的干涉。国家监察工作严格遵照宪法和法律，以事实为根据，以法律为准绳；在适用法律上一律平等，保障当事人的合法权益；权责对等，严格监督；惩戒与教育相结合，宽严相济。国家监察工作坚持标本兼治、综合治理，强化监督问责，严厉惩治腐败；深化改革、健全法制，有效制约和监督权力；加强法制教育和道德教育，弘扬中华优秀传统文化，构建不敢腐、不能腐、不想腐的长效机制。

监察委员会依照有关法律规定履行监督、调查、处置职责：①对公职人员开展廉政教育，对其依法履职、秉公用权、廉洁从政从业以及道德操守情况进行监督检查；②对涉嫌贪污贿赂、滥用职权、玩忽职守、权力寻租、利益输送、徇私舞弊以及浪费国家资财等职务违法和职务犯罪进行调查；③对违法的公职人员依法作出政务处分决定；④对履行职责不力、失职失责的领导人员进行问责；⑤对涉嫌职务犯罪的，将调查结果移送人民检察院依法审查、提起公诉；⑥向监察对象所在单位提出监察建议。[1]

---

〔1〕 https：//baike. baidu. com/item/% E7% 9B% 91% E5% AF% 9F% E6% 9C% BA% E5% 85% B3/4699598？ fr = aladdin.

项目二 回避

 引例

某区人民法院开庭审理被告人郭某抢夺一案。法庭审理过程中，被告人郭某以公诉人罗某与被害人刘某是近亲属为由，要求罗某回避。合议庭报请院长决定后，驳回了郭某的回避申请。

问题：该区法院的做法是否合法？

基本原理

刑事诉讼中的回避，指根据《刑事诉讼法》和有关法律的规定，侦查人员、检察人员、审判人员以及书记员、翻译人员和鉴定人等同案件或案件的当事人有法定利害关系或者其他可能影响案件公正处理的关系的，不得参与办理该案件或者参与该案其他诉讼活动的一项诉讼制度。

一、回避的适用对象与理由

（一）回避的适用对象

回避的适用对象，指在法律规定的回避情形下，应当回避的公安司法人员和其他人员的范围。范围不仅仅指具体承办案件的人员，一切对案件的处理有决定权的人都存在回避问题。

根据《刑事诉讼法》第29、32条以及最高人民法院、最高人民检察院相关司法解释的规定，适用回避制度的人员有六类：审判人员、检察人员、侦查人员以及在侦查、起诉、审判活动中的书记员、鉴定人员和翻译人员。

1. 审判人员，指各级人民法院直接负责审判本案的审判员、人民陪审员、助理审判员，有权参与本案讨论和作出处理决定的法院院长、副院长、庭长、副庭长和审判委员会委员，在本院执行职务的人民陪审员，以及其他在法院中占行政编制的工作人员。

2. 检察人员，指各级人民检察院直接负责本案审查批捕和审查起诉的检察员、助理检察员，有权参与讨论和作出处理决定的检察长、副检察长和检察委员会的全体委员，以及其他司法行政人员。

3. 侦查人员，指直接负责本案侦查工作的公安机关和检察院的侦查人员，有权参与讨论和作出处理决定的检察长、副检察长、检察委员会委员和公安机关负责人。

4. 书记员，指在侦查、起诉和审判阶段担任记录工作的书记员。

5. 鉴定人员，指所有诉讼阶段担任本案某个专门问题的鉴定工作，并提供鉴定结

论的人员。

6. 翻译人员，指在法庭审判阶段担任翻译工作的人员，以及在侦查、起诉阶段讯问被告人和询问证人、被害人时担任翻译工作的人员。

（二）回避的理由

回避的理由，指由法律规定实施回避所必须具备的根据。根据《刑事诉讼法》的规定，审判人员、检察人员、侦查人员有下列情形之一的，应当自行回避，当事人及其法定代理人也有权要求他们回避：

1. 是本案的当事人或者是当事人的近亲属的。当事人是指被害人、自诉人、犯罪嫌疑人、被告人、附带民事诉讼的原告人和被告人；近亲属是指夫、妻、父、母、子、女、同胞兄弟姊妹。《最高人民法院关于审判人员在诉讼活动中执行回避制度若干问题的规定》第 1 条有更详细的解释，规定近亲属包括与审判人员有夫妻、直系血亲，三代以内旁系血亲及近姻亲关系的亲属。另外，与本案的诉讼代理人、辩护人有夫妻、父母、子女或者同胞兄弟姐妹关系的审判人员，应当回避。

2. 本人或者他的近亲属和本案有利害关系的。所谓利害关系，是指本案的处理结果会影响到审判人员、检察人员、侦查人员以及书记员、翻译人员、鉴定人或其近亲属的利益。特别注意证人不适用回避制度，不论证人与案件是否有利害关系，只要知道案件情况且能够辨别是非、正确表达，就有作证的义务，其证言都可以作为定案的依据。

3. 担任过本案的证人、翻译人员、勘验人、鉴定人、辩护人、诉讼代理人的。在同一个案件中，曾经担任证人、鉴定人、辩护人或诉讼代理人的人对案件事实往往已经形成自己的看法，如果再以其他办案人员的身份参与对该案件的处理，很难做到客观公正。

4. 与本案当事人有其他关系，可能影响公正处理案件的。这类关系既可以是同学、朋友等友好关系，也可以是仇恨、纠纷等不睦关系，具体由公安司法机关裁量决定。同时，此类关系必须达到影响案件公正处理的程度时才应当回避。

5. 接受当事人及其委托的人的请客送礼或者违反规定会见当事人及其委托的人。《刑事诉讼法》第 30 条规定，审判人员、检察人员、侦查人员不得接受当事人及其委托的人的请客送礼，不得违反规定会见当事人及其委托的人。审判人员、检察人员、侦查人员违反前款规定的，应当依法追究法律责任。当事人及其法定代理人有权要求他们回避。《最高人民法院关于审判人员在诉讼活动中执行回避制度若干问题的规定》第 2 条作了进一步的说明，当事人及其法定代理人发现审判人员违反规定，具有下列情形之一的，有权申请其回避：①私下会见本案一方当事人及其诉讼代理人、辩护人的；②为本案当事人推荐、介绍诉讼代理人、辩护人，或者为律师、其他人员介绍办理该案件的；③索取、接受本案当事人及其受托人的财物、其他利益，或者要求当事人及其受托人报销费用的；④接受本案当事人及其受托人的宴请，或者参加由其支付费用的各项活动的；⑤向本案当事人及其受托人借款，借用交通工具、通讯工具或者其他物品，或者索取、接受当事人及其受托人在购买商品、装修住房以及其他方面给予的好处的；⑥有其他不正当行为，可能影响案件公正审理的。

6. 参与过本案侦查、起诉的侦查、检察人员不能再担任本案的审判人员，或者参加过本案侦查的侦查人员，不能再担任本案的检察人员。《最高人民法院关于适用〈中华人民共和国刑事诉讼法〉的解释》第25条规定，参与过本案侦查、审查起诉工作的侦查、检察人员，调至人民法院工作的，不得担任本案的审判人员。最高人民检察院公布的《人民检察院刑事诉讼规则》第30、33条规定，参加过本案侦查的侦查人员，不得承办本案的审查逮捕、起诉和诉讼监督工作。该规定适用于书记员、司法警察和人民检察院聘请或者指派的翻译人员、鉴定人。

7. 在一个审判程序中参与过本案审判工作的合议庭成员，不能再参与本案其他程序的审判。《最高人民法院关于适用〈中华人民共和国刑事诉讼法〉的解释》第25条第2款规定，在一个审判程序中参与过本案审判工作的合议庭组成人员或者独任审判员，不得再参与本案其他程序的审判。但是，发回重新审判的案件，在第一审人民法院作出裁判后又进入第二审程序或者死刑复核程序的，原第二审程序或者死刑复核程序中的合议庭组成人员不受本款规定的限制。

二、回避的种类与程序

(一) 回避的种类

根据回避实施方式的不同，通常将回避划分为三种：自行回避、申请回避和指令回避。

1. 自行回避。指审判人员、检察人员、侦查人员等在刑事诉讼中遇有法定的回避情形时，自行提出申请，主动要求退出诉讼活动的制度。

2. 申请回避。指当事人及其法定代理人、辩护人、诉讼代理人认为审判人员、检察人员、侦查人员等有法定应当回避的情形时，向人民法院、人民检察院或者公安机关等提出申请，要求他们退出诉讼活动的制度。

3. 指令回避。指审判人员、检察人员、侦查人员等遇有法定的回避情形时，没有自行回避，当事人等也没有申请回避，其所在机关的有关组织（检察委员会或者审判委员会）或负责人可以依职权命令其退出案件诉讼活动的制度。

(二) 回避的程序

1. 回避的提出。根据《刑事诉讼法》第29、32条规定，申请回避主体包括了当事人及其法定代理人、辩护人、诉讼代理人。申请回避权是当事人及法定代理人、辩护人、诉讼代理人的诉讼权利。《刑事诉讼法》没有明确规定提出回避的时间，因此，在诉讼程序开始后的任何阶段均可以提出回避的申请。回避可以采取口头或者书面两种方式提出。公安机关、人民检察院以及人民法院负有告知当事人及其法定代理人有权申请有关人员回避的义务。

2. 回避的决定权。根据《最高人民法院关于适用〈中华人民共和国刑事诉讼法〉的解释》、最高人民检察院公布的《人民检察院刑事诉讼规则》等文件的规定，有权决定回避的主体分为以下四种情况：

（1）审判人员、检察人员、侦查人员的回避，应当分别由院长、检察长、县级以上公安机关负责人决定。

（2）人民法院院长的回避，由本院审判委员会决定。审判委员会讨论院长回避时，由副院长主持，院长不得参加。

（3）检察长和公安机关负责人的回避，由同级人民检察院检察委员会决定。这里的公安机关负责人，是指公安机关的正职负责人，对公安机关副职负责人的回避，由正职负责人决定。检察委员会讨论检察长回避问题时，由副检察长主持，检察长不得参加。

（4）书记员、翻译人员和鉴定人的回避，一般应当按照诉讼进行的阶段，分别由公安机关负责人、检察长或法院院长决定。当事人及其法定代理人在法庭上对出庭的检察人员、书记员提出回避申请的，人民法院应通知指派该检察人员出庭的人民检察院，由该院检察长或者检察委员会决定。对于鉴定人、翻译人员，谁聘请的由谁决定其回避。

各诉讼阶段回避的适用对象及决定主体如下：

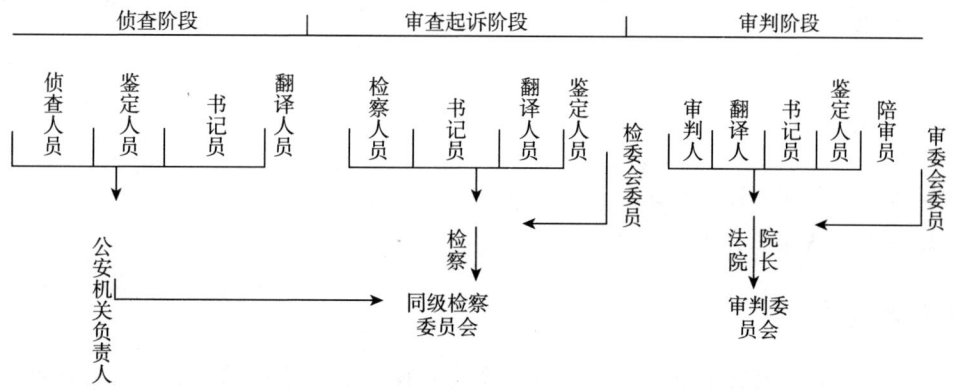

3. 回避提出后的法律后果。有关的检察人员、审判人员等应当暂时停止执行职务，等候审查决定；对侦查人员的回避作出决定前，为了保持侦查工作的连续性、及时性，侦查人员不能停止对案件的侦查，继续执行职务。

4. 回避的决定与复议。

（1）回避的决定，可以采用口头方式或者书面方式作出。采用口头方式的，必须将决定记录在案。回避决定作出以后，被决定回避的有关人员应立即退出该案件的侦查、检察或审判工作。侦查人员、检察人员在回避决定作出以前所取得的证据和进行的诉讼行为是否有效，由侦查机关负责人、检察长、检察委员会根据案件具体情况来决定。

（2）回避的复议。

第一，当事人及其法定代理人、辩护人、诉讼代理人对驳回申请回避的决定不服，可以申请复议一次。申请复议的期限是 48 小时，对复议的处理决定，应及时告知提请复议的当事人及其法定代理人、辩护人、诉讼代理人。

第二，被决定回避的审判、检察、侦查人员，对决定有异议的，可以在 48 小时内申请复议一次。在审查复议申请期间，一般不影响诉讼程序的进行。

第三，对于不属于《刑事诉讼法》第 29、30 条所列情形的回避申请，由法庭当庭驳回，并不得申请复议。

5. 回避前诉讼活动的法律效力。根据《公安机关办理刑事案件程序规定》第 37 条规定，被决定回避的公安机关负责人、侦查人员在回避决定作出以前所进行的诉讼活动是否有效，由作出决定的机关根据案件情况决定。

根据《人民检察院刑事诉讼规则》第 31 条规定，被决定回避的检察人员，在回避决定作出以前所取得的证据和进行的诉讼行为是否有效，由检察委员会或者检察长根据案件具体情况决定。

引例分析

该区法院的做法不合法。公诉人属于检察机关人员，对于检察人员的回避决定，应当由检察长（或检察委员会）作出。因此，区法院的正确做法应当是决定延期审理，由检察长（或检察委员会）对该公诉人作出回避与否的决定。

思考与练习

1. 回避的适用对象是什么？
2. 回避的决定主体是什么？

拓展阅读

中国古代的回避制度中，官员回避制度的具体内容在不同朝代、不同时期不大一样，总体来说可以概括为这样几类：一是地理回避，即官员的籍贯与就任地区不得相同或接邻；二是亲属回避，即有直接血缘关系和姻亲关系的人员应避免在同一衙门，或有上下级关系的衙门，或互为监察的单位担任职务。后一种回避制度至今仍然存在，大家也比较熟悉，可是前一种至今仍然沿袭的范围有限。不过仔细研究之下，地区回避制度似乎对于遏制腐败尤其是防止地方保护主义应该有一定的积极作用。三是用人回避、科场回避、诉讼回避等其他方面的回避。

诉讼回避，即主审官凡遇有亲属诉讼案件，或主审官与当事人素有仇隙，此案须更换他人去审。诉讼回避在古代称为"换推制"。诉讼回避立法首见于《唐六典》："凡鞫狱官与被鞫狱人有亲属仇嫌者，皆听更之。"发展到宋代，诉讼回避的范围更广，规定也更为细致。南宋时期，法律对于有应回避情形而不回避的，还要科以杖一百的处罚。[1]

项目三　辩护

引例

犯罪嫌疑人邓某因婚姻情感受挫，产生在旅客列车上纵火之念。2008 年 6 月 12 日，邓某携带三瓶装有 90 号汽油的饮料瓶上车。列车开动三小时以后，邓某将装有汽油的饮料瓶盖拧松使汽油溢出，并用打火机点燃，汽油迅速燃烧，火灾致 5 号车厢 93 号、94 号座席及座席下地板焚毁，所幸列车乘务人员及时将火扑灭，未造成人员伤亡。林某是邓某的朋友，曾因故意犯罪受到刑事处罚被吊销了律师执业证书。邓某涉嫌破坏交通工具罪，在检察机关审查起诉时，他希望委托林某作为其辩护人。

问题：1. 什么人可以担任辩护人？

2. 林某能否担任邓某的辩护人？

基本原理

刑事诉讼中的辩护，指犯罪嫌疑人、被告人对公诉机关或者自诉人指控他们的犯罪事实，自己或者委托他人依法进行辩护，从实体和程序上提出有利于自己的事实和理由，以证明自己无罪、罪轻，或者应当从轻、减轻、免除刑事处罚的诉讼活动。

一、辩护权与辩护制度

（一）辩护权

辩护权是法律赋予受到刑事追诉的人针对所受到的指控进行反驳、辩解和申辩，以维护其合法权益的一种诉讼权利。我国《宪法》第 130 条规定，被告人有权获得辩护。因此，辩护权是犯罪嫌疑人、被告人所享有的一项宪法性权利。

为了保证及时查明案件，正确适用法律，准确惩罚犯罪者，保障无罪的人不受刑事追究，法律应当赋予并充分保障犯罪嫌疑人、被告人的辩护权。辩护权是犯罪嫌疑人、被告人各项诉讼权利中最为基本的权利，在各项权利中居于核心地位。辩护权在刑事诉讼中可以不受以下限制：一是辩护权不受诉讼阶段的限制，贯穿整个刑事诉讼

---

〔1〕　http：//www. mirror. gov. cn/detail. asp？id＝5554&sjb＝sixkind.

的过程；二是辩护权不受犯罪嫌疑人、被告人是否有罪以及罪行轻重的限制；三是辩护权不受案件调查情况的限制，无论案件事实是否清楚，证据是否确实充分；四是辩护权不受犯罪嫌疑人、被告人认罪态度的限制，无论他们是否认罪，是否坦白交代；五是辩护权的行使不受辩护理由的限制，不论具体案件的犯罪嫌疑人、被告人是否具备充分合理的辩护理由。

（二）辩护制度的基本内容

辩护制度，是法律规定的关于犯罪嫌疑人、被告人行使辩护权和公安司法机关等有义务保障他们行使辩护权的一系列规则的总称，包括辩护权、辩护种类、辩护方式、辩护人的范围、辩护人的责任、辩护人的权利与义务等。

（三）辩护的种类和方式

根据《刑事诉讼法》第 33~35 条的规定，辩护可分为三种：

1. 自行辩护。指犯罪嫌疑人、被告人自己针对指控进行反驳、申辩和辩解的行为。自行辩护是犯罪嫌疑人、被告人行使辩护权的重要方式，它贯穿于刑事诉讼始终，无论是在侦查阶段，还是在起诉、审判阶段，犯罪嫌疑人、被告人都有权自行辩护。

2. 委托辩护。指在审查起诉和审判阶段，犯罪嫌疑人、被告人为维护其合法权益，依法委托律师或其他公民协助其进行辩护的行为。犯罪嫌疑人、被告人可以自己委托辩护人。犯罪嫌疑人、被告人在押的，也可以由其监护人、近亲属代为委托辩护人。

根据《刑事诉讼法》第 34 条规定，委托辩护分为两种情形：①公诉案件的犯罪嫌疑人在被侦查机关第一次讯问或者采取强制措施之日起，有权委托辩护人。但侦查期间，只能委托律师担任辩护人。②被告人有权随时委托辩护人为自己辩护。

对于犯罪嫌疑人、被告人委托辩护人的权利，侦查机关、检察机关和人民法院负有告知义务。《刑事诉讼法》第 34 条第 2 款规定："侦查机关在第一次讯问犯罪嫌疑人或者对犯罪嫌疑人采取强制措施的时候，应当告知犯罪嫌疑人有权委托辩护人。人民检察院自收到移送审查起诉的案件材料之日起 3 日以内，应当告知犯罪嫌疑人有权委托辩护人。人民法院自受理案件之日起 3 日以内，应当告知被告人有权委托辩护人。犯罪嫌疑人、被告人在押期间要求委托辩护人的，人民法院、人民检察院和公安机关应当及时转达其要求。"转达的对象包括犯罪嫌疑人、被告人的近亲属，指定的辩护律师，其他辩护人及律师事务所等相关单位。

3. 指定辩护。指犯罪嫌疑人、被告人及其近亲属因经济困难或者其他原因没有委托辩护人而向法律援助机构申请的，或者犯罪嫌疑人、被告人没有委托辩护人且具备法定情形时由公检法机关直接通知法律援助机构指派承担法律援助义务的律师为其提供辩护。

根据《刑事诉讼法》第 35 条、第 278 条规定，指定辩护分为两种：①申请法律援助，指犯罪嫌疑人、被告人因经济困难或者其他原因没有委托辩护人的，本人及其近亲属可以向法律援助机构提出申请。对符合法律援助条件的，法律援助机构应当指派律师为其提供辩护。申请法律援助，法律不作强制性规定。②通知法律援助，指在具备法定情形时，由侦查机关、检察机关和人民法院直接通知法律援助机构指派律师提供辩护。通知法律援助具有强制性，一旦具备法定情形，根据案件所处的诉讼阶段，相应的办案机关应当承担通知法律援助机构的义务，而法律援助机构接到通知后应及时指派律师。法定情形指的是犯罪嫌疑人、被告人是盲、聋、哑人，或者是尚未完全丧失辨认或者控制自己行为能力的精神病人，或者可能被判处无期徒刑、死刑，或者是未成年人。

二、辩护人的范围、地位和责任

辩护人，指接受犯罪嫌疑人、被告人的委托或人民法院的指定，帮助犯罪嫌疑人、被告人行使辩护权，以维护其合法权益的人。

（一）辩护人的范围

根据《刑事诉讼法》第33条规定，辩护人的范围包括：

1. 律师。律师是指依照法定程序取得律师资格，并且经过登记注册，为社会提供法律服务的执业人员。虽然取得律师资格但未登记注册的，仍不得以律师身份接受委托担任辩护人。律师担任辩护人有以下限制：①律师担任各级人民代表大会常务委员会组成人员期间，不得执业；②曾担任法官、检察官的律师，从人民法院、人民检察院离任后2年内，不得担任诉讼代理人或辩护人；③现役军人成为犯罪嫌疑人、被告人的，可以聘请军队中或者地方的律师作为辩护人；④外国人、无国籍的犯罪嫌疑人、被告人委托律师辩护的，只能委托中国律师作为辩护人。

2. 人民团体或者犯罪嫌疑人、被告人所在单位推荐的人。为了更有效地维护犯罪嫌疑人、被告人的合法权益，工会、妇联、共青团、学联等群众性团体以及犯罪嫌疑人、被告人所在单位，可以推荐非律师的公民担任辩护人。

3. 犯罪嫌疑人、被告人的监护人、亲友。监护人是指对未成年人、无民事行为能力或者限制民事行为能力的精神病人的人身、财产以及其他一切合法权益依法进行监督和保护的人或单位。考虑到监护人、亲友同犯罪嫌疑人、被告人关系比较亲近，较为了解情况，可以允许他们担任辩护人。

律师、人民团体、被告人所在单位推荐的公民以及被告人的监护人、亲友，被委托为辩护人的，人民法院应当核实其身份证明和辩护委托书。

（二）不能担任辩护人的范围

根据《刑事诉讼法》第33条和《最高人民法院关于适用〈中华人民共和国刑事诉讼法〉的解释》第35条规定，下列人员不得被委托担任辩护人：①正在被执行刑罚或者处于缓刑、假释考验期间的人；②依法被剥夺、限制人身自由的人；③无行为能力或者限制行为能力的人；④人民法院、人民检察院、公安机关、国家安全机关、监狱的现职人员；⑤人民陪审员；⑥与本案审理结果有利害关系的人；⑦外国人或者无国籍人；⑧被开除公职和被吊销律师、公证员执业证书的人。其中，上述第④、⑤、⑥、⑦、⑧项规定的人员，如果是犯罪嫌疑人、被告人的近亲属或者监护人，由被告人委托担任辩护人的，人民法院可以准许。

（三）辩护人的人数

根据《刑事诉讼法》第33条和《最高人民法院关于适用〈中华人民共和国刑事诉讼法〉的解释》第38条规定，一名犯罪嫌疑人、被告人可以委托1~2人作为辩护人。一名辩护人不得为两名以上的同案被告人，或者未同案处理但犯罪事实存在关联的被告人辩护。

（四）辩护人的诉讼地位和责任

1. 辩护人在刑事诉讼中的法律地位是独立的诉讼参与人。辩护人依自己的意志依法进行辩护，独立履行职责，维护犯罪嫌疑人、被告人的合法权益，但不得为委托人谋求非法权益。

辩护人的辩护职能独立于控诉职能和审判职能。辩护人与出庭公诉的检察人员的诉讼地位应当是平等的，他们均服从法庭审判人员的指挥，依法履行各自的诉讼职能，任何机关、团体和个人不得非法干涉。因此，作为具有独立诉讼参与人身份的辩护人既不受公诉人意见的左右，也不受犯罪嫌疑人、被告人意志左右。

2. 辩护人的责任。《刑事诉讼法》第37条规定，辩护人的责任是根据事实和法律，提出犯罪嫌疑人、被告人无罪、罪轻或者减轻、免除其刑事责任的材料和意见，维护犯罪嫌疑人、被告人的诉讼权利和其他合法权益。辩护人的责任具体包括以下几个方面：

（1）只能依据事实和法律进行辩护，不得捏造事实和歪曲法律，不得教唆犯罪嫌疑人、被告人翻供，帮助犯罪嫌疑人、被告人威胁、引诱证人改变证言或者进行其他妨碍诉讼的活动。

（2）提出证明犯罪嫌疑人、被告人无罪、罪轻或者减轻、免除其刑事责任的材料和意见，帮助公安司法机关全面了解案情，正确适用法律，依法公正处理案件。

（3）辩护人只有辩护的职责，没有控诉的义务。辩护人维护的必须是犯罪嫌疑人、被告人的合法权益，而不是非法权益，更不能为其当事人谋取非法利益。辩护人在刑事诉讼中一般不能检举、揭发犯罪嫌疑人、被告人已经实施的犯罪行为。

（4）帮助犯罪嫌疑人、被告人依法正确行使自己的诉讼权利，并在发现犯罪嫌疑人、被告人的诉讼权利受到侵犯时，向公安司法机关提出意见，要求依法制止，或向有关单位提出控告。

（5）为犯罪嫌疑人、被告人提供其他法律帮助。辩护人应当解答犯罪嫌疑人、被告人提出的有关法律问题，为犯罪嫌疑人、被告人代写有关文书，案件宣判后，应当了解被告人的态度，征求其对判决的意见以及是否提起上诉等。

三、辩护人的权利和义务

（一）辩护人的权利

1. 了解案件情况的权利。《刑事诉讼法》第 38 条规定，辩护律师在侦查期间可以为犯罪嫌疑人提供法律帮助；代理申诉、控告；申请变更强制措施；向侦查机关了解犯罪嫌疑人涉嫌的罪名和案件有关情况，提出意见。因此，辩护律师在侦查阶段可以会见在押的犯罪嫌疑人，了解案件有关情况，提供法律咨询等。

2. 会见通信权。《刑事诉讼法》第 39 条规定，辩护律师可以同在押的犯罪嫌疑人、被告人会见和通信。其他辩护人经人民法院、人民检察院许可，也可以同在押的犯罪嫌疑人、被告人会见和通信。危害国家安全犯罪、恐怖活动犯罪案件，在侦查期间辩护律师会见在押的犯罪嫌疑人，应当经侦查机关许可。上述案件，侦查机关应当事先通知看守所。辩护律师会见在押的犯罪嫌疑人、被告人，可以了解案件有关情况，提供法律咨询等；自案件移送审查起诉之日起，可以向犯罪嫌疑人、被告人核实有关证据。辩护律师同被监视居住的犯罪嫌疑人、被告人会见、通信，适用以上规定。《刑事诉讼法》还补充了对会见通信权的限制与保障：①辩护律师持律师执业证书、律师事务所证明和委托书或者法律援助公函要求会见在押的犯罪嫌疑人、被告人的，看守所应当及时安排会见，至迟不得超过 48 小时。②辩护律师会见犯罪嫌疑人、被告人时不被监听。

3. 阅卷权。《刑事诉讼法》第 40 条规定，辩护律师自人民检察院对案件审查起诉之日起，可以查阅、摘抄、复制本案的案卷材料。其他辩护人经人民法院、人民检察院许可，也可以查阅、摘抄、复制上述材料。案卷材料是指案卷中的所有材料。案件在审查起诉阶段时，辩护人应当到人民检察院阅卷；案件起诉到人民法院后，辩护人应当到人民法院阅卷。

4. 调查取证权。《刑事诉讼法》第 41 条规定，辩护人认为在侦查、审查起诉期间公安机关、人民检察院收集的证明犯罪嫌疑人、被告人无罪或者罪轻的证据材料未提交的，有权申请人民检察院、人民法院调取。

《刑事诉讼法》第 43 条规定，辩护律师经证人或者其他有关单位和个人同意，可以向他们收集与本案有关的材料，也可以申请人民检察院、人民法院收集、调取证据，或者申请人民法院通知证人出庭作证。辩护律师经人民检察院或者人民法院许可，并且经被害人或者其近亲属、被害人提供的证人同意，可以向他们收集与本案有关的材料。

5. 人身保障权。《刑事诉讼法》第 44 条第 2 款规定，辩护人涉嫌犯罪的，应当由办理辩护人所承办案件的侦查机关以外的侦查机关办理。辩护人是律师的，应当及时通知其所在的律师事务所或者所属的律师协会。对于辩护人在履行辩护职责时涉嫌犯罪的，在应当追究刑事责任的同时，也应给予辩护人相应的人身权利保障。

6. 申诉控告权。《刑事诉讼法》第 49 条规定，辩护人、诉讼代理人认为公安机关、人民检察院、人民法院及其工作人员阻碍其依法行使诉讼权利的，有权向同级或者上一级人民检察院申诉或者控告。人民检察院对申诉或者控告应当及时进行审查，情况属实的，通知有关机关予以纠正。

7. 申请变更、解除强制措施权。根据《刑事诉讼法》第 97、99 条的规定：

（1）犯罪嫌疑人、被告人及其法定代理人、近亲属或者辩护人有权申请变更强制措施。

（2）犯罪嫌疑人、被告人及其法定代理人、近亲属或者辩护人对于人民法院、人民检察院或者公安机关采取强制措施法定期限届满的，有权要求解除强制措施。

8. 获得通知权。根据《刑事诉讼法》第 162、187、202 条的规定：

（1）公安机关侦查终结移送审查起诉时，应当同时将案件移送情况告知犯罪嫌疑人及其辩护律师。

（2）人民法院决定开庭审判后，应当确定合议庭的组成人员，将人民检察院的起诉书副本至迟在开庭 10 日以前送达被告人及其辩护人。人民法院确定开庭日期后，应当将开庭的时间、地点通知人民检察院，传唤当事人，通知辩护人、诉讼代理人、证人、鉴定人和翻译人员，传票和通知书至迟在开庭 3 日以前送达。

（3）判决书应当同时送达辩护人、诉讼代理人。

9. 参加法庭调查和辩论权。根据《刑事诉讼法》第 194、197、198 条的规定：

（1）在法庭调查阶段，辩护人在公诉人讯问被告人后经审判长许可，可以向被告人发问；经审判长许可，可以对证人、鉴定人发问。

（2）法庭审理过程中，辩护人有权申请通知新的证人到庭，调取新的物证，重新鉴定或者勘验。

（3）在法庭辩论阶段，辩护人可以对证据和案件情况发表意见并且可以和控方展开辩论。

10. 提出意见权。根据《刑事诉讼法》第 88、161、173、187、224、251、280 条的规定：

（1）人民检察院审查批准逮捕，可以听取辩护律师的意见；辩护律师提出要求的，应当听取辩护律师的意见。对未成年人审查批捕，应当听取辩护人意见。

（2）在案件侦查终结前，辩护律师提出要求的，侦查机关应当听取辩护律师的意见，并记录在案。辩护律师提出书面意见的，应当附卷。

（3）人民检察院审查案件，应当讯问犯罪嫌疑人，听取辩护人或者值班律师、被害人及其诉讼代理人的意见，并记录在案。辩护人或者值班律师、被害人及其诉讼代理人提出书面意见的，应当附卷。

（4）适用速裁程序审理案件，一般不进行法庭调查、法庭辩论，但在判决宣告前应当听取辩护人的意见和被告人的最后陈述意见，并当庭宣判。

（5）在开庭以前，审判人员可以召集公诉人、当事人和辩护人、诉讼代理人，对回避、出庭证人名单、非法证据排除等与审判相关的问题，了解情况，听取意见。

（6）最高人民法院复核死刑案件，应当讯问被告人，辩护律师提出要求的，应当听取辩护律师的意见。

11. 拒绝辩护权。根据《刑事诉讼法》和《律师法》的规定，拒绝辩护的情形有两种：一种是犯罪嫌疑人、被告人拒绝辩护人继续辩护。《刑事诉讼法》第45条规定："在审判过程中，被告人可以拒绝辩护人继续为他辩护，也可以另行委托辩护人辩护。"另一种是辩护人具有法定理由不再为犯罪嫌疑人、被告人辩护。《律师法》第32条第2款规定："律师接受委托后，无正当理由的，不得拒绝辩护或者代理。但是，委托事项违法、委托人利用律师提供的服务从事违法活动或者委托人故意隐瞒与案件有关的重要事实的，律师有权拒绝辩护或者代理。"

12. 见证权。《刑事诉讼法》第174条规定，犯罪嫌疑人自愿认罪，同意量刑建议和程序适用的，应当在辩护人或者值班律师在场的情况下签署认罪认罚具结书。认罪认罚具结书的效力是进入审判程序后，法院一般应当采纳人民检察院指控的罪名和量刑建议。

（二）辩护人的义务

根据《刑事诉讼法》第34、37、42、43、44、48条及相关司法解释，辩护人的义务主要包括：

1. 辩护人接受犯罪嫌疑人、被告人委托后，应当及时告知办理案件的机关。

2. 辩护人有义务根据事实和法律，提出证明犯罪嫌疑人、被告人无罪、罪轻或者减轻、免除其刑事责任的材料和意见，依法维护犯罪嫌疑人、被告人的诉讼权利和其他合法权益。

3. 辩护人收集的有关犯罪嫌疑人不在犯罪现场、未达到刑事责任年龄、属于依法不负刑事责任的精神病人的证据，应当及时告知公安机关、人民检察院。

4. 辩护人或者其他任何人，不得帮助犯罪嫌疑人、被告人隐匿、毁灭、伪造证据或者串供，不得威胁、引诱证人作伪证以及进行其他干扰司法机关诉讼活动的行为。

5. 辩护律师对在执业活动中知悉的委托人的有关情况和信息，有权予以保密。但是，辩护律师在执业活动中知悉委托人或者其他人，准备或者正在实施危害国家安全、公共安全以及严重危害他人人身安全的犯罪的，应当及时告知司法机关。

6. 未经人民检察院或者人民法院许可，且未经被害人或者其近亲属、被害人提供的证人同意，不可以向他们收集与本案有关的材料。

7. 会见在押犯罪嫌疑人、被告人时，应当遵守看管场所的规定；参加法庭审判时要遵守法庭规则。

《律师法》第32、40条还规定了辩护律师在执业活动中应当履行的义务：

第一，律师接受委托后，无正当理由的，不得拒绝辩护或者代理。但是，委托事项违法、委托人利用律师提供的服务从事违法活动或者委托人故意隐瞒与案件有关的重要事实的，律师有权拒绝辩护或者代理。

第二，律师在执业活动中不得有下列行为：①私自接受委托、收取费用，接受委托人的财物或者其他利益；②利用提供法律服务的便利牟取当事人争议的权益；③接受对方当事人的财物或者其他利益，与对方当事人或者第三人恶意串通，侵害委托人的权益；④违反规定会见法官、检察官、仲裁员以及其他有关工作人员；⑤向法官、检察官、仲裁员以及其他有关工作人员行贿，介绍贿赂或者指使、诱导当事人行贿，或者以其他不正当方式影响法官、检察官、仲裁员以及其他有关工作人员依法办理案件；⑥故意提供虚假证据或者威胁、利诱他人提供虚假证据，妨碍对方当事人合法取得证据；⑦煽动、教唆当事人采取扰乱公共秩序、危害公共安全等非法手段解决争议；⑧扰乱法庭、仲裁庭秩序，干扰诉讼、仲裁活动的正常进行。

四、值班律师制度

法律援助值班律师制度最早起源于英国，目前已成为世界上很多国家和地区法律援助制度的重要组成部分。中国法律援助值班律师制度探索始于1994年，1996年《刑事诉讼法》和《律师法》明确该制度的法律地位，国务院2003年出台的《法律援助条例》提出基本框架和各项原则。值班律师制度，是指由法律援助机构确定承担值班任务的律师，派驻到人民法院、看守所等场所，充分发挥律师职能，依法维护犯罪嫌疑人、刑事被告人的诉讼权利的制度。法律援助值班律师制度设立的目的在于为刑事诉讼程序中的犯罪嫌疑人、被告人提供即时初步的法律服务，以保障他们的刑事辩护权，彰显司法人权。它是刑事诉讼中保障人权的重要内容，也是适用刑事案件速裁程序的有效保障。2018年《刑事诉讼法》首次明确了值班律师的定位，第36、173、174条作了具体规定。

（一）值班律师的职责

值班律师不同于辩护律师，其职责是为犯罪嫌疑人、被告人提供"法律帮助"，而非提供"辩护"，是一种新型的法律援助服务。因此，值班律师提供法律帮助的前提是犯罪嫌疑人、被告人没有委托辩护人，法律援助机构没有指派律师为其提供辩护。值班律师的主要职责包括：

1. 解答法律问题，为犯罪嫌疑人、被告人提供法律咨询，帮助其了解有关法律规定，向其解释有关法律问题。具体到认罪认罚案件，就是告知、释明相关法律规定，包括犯罪嫌疑人、被告人享有的诉讼权利和认罪认罚的法律后果、诉讼程序等。

2. 提供程序性法律帮助，包括为犯罪嫌疑人、被告人申请变更强制措施，为其选择适用程序提供建议，引导犯罪嫌疑人、被告人申请法律援助，对刑讯逼供、非法取证情形代理申诉控告等。对于认罪认罚案件，犯罪嫌疑人签署认罪认罚具结书时应当有值班律师在场。

3. 提供实体性法律帮助，在认罪认罚案件中，主要指对犯罪嫌疑人涉嫌的犯罪事实、罪名和检察机关从宽处罚建议等提出意见。

值得注意的是，值班律师的职责仅仅是为犯罪嫌疑人、被告人提供法律帮助，不享有辩护律师的会见权、阅卷权、调查取证权、参加法庭调查和法庭辩论权。犯罪嫌疑人、被告人有权约见值班律师，但此约见权仍不同于辩护律师的会见权，约见的主动权掌握在犯罪嫌疑人、被告人手中，即双方见面仅可由犯罪嫌疑人、被告人一方启动，值班律师一方并无主动权。而在实践中，辩护律师的会见一般是辩护律师主动去见被羁押的犯罪嫌疑人、被告人。

4. 人民法院、人民检察院、看守所应当告知犯罪嫌疑人、被告人有权约见值班律师，并为犯罪嫌疑人、被告人约见值班律师提供便利。在侦查、起诉、审判各个阶段，依犯罪嫌疑人、被告人申请，值班律师可以会见犯罪嫌疑人、被告人，既符合其职责定位，也能满足履职需要。

5. 人民检察院审查起诉案件应当听取值班律师的意见，并提前为值班律师了解案件有关情况提供必要的便利。值班律师不享有辩护律师的会见权、阅卷权、调查取证权等，因此，提供必要的便利有利于保障听取值班律师的意见。

6. 犯罪嫌疑人自愿认罪，同意量刑建议和程序适用的，应当在值班律师在场的情况下签署认罪认罚具结书。值班律师的参与可以为犯罪嫌疑人、被告人提供有效的法律帮助，确保认罪认罚的自愿性与合法性，有效保障当事人的合法权益。

（二）值班律师的义务

值班律师应当认真履行好法律帮助义务，在认罪认罚案件中，应当向犯罪嫌疑人解释清楚认罪认罚的具体含义及法律后果，确保其认罪认罚和签署认罪认罚具结书的真实自愿性，帮助其同公安、司法机关进行有效沟通，为犯罪嫌疑人争取有利的量刑建议。

尽管2018年《刑事诉讼法修正案》创设了值班律师制度，但目前仅有第36条、第173条、第174条明确使用了"值班律师"这一概念，这就给值班律师在刑事诉讼中的地位作用及执业权利范围带来了极大的争议。实践中值班律师往往不跟案、多为值班制，不同诉讼阶段由不同律师担任，无法参与案件诉讼全程，工作缺乏连续性，实质参与度不够，发挥作用有限。另外，值班律师是否享有辩护人的权利，有没有会见权、阅卷权、通信权等问题都需要进一步予以明确。

引例分析

本案例涉及哪些人能担任刑事诉讼辩护人的问题。根据《刑事诉讼法》第33条规定，犯罪嫌疑人、被告人除自己行使辩护权以外，还可以委托1~2人作为辩护人。下列的人可以被委托为辩护人：①律师；②人民团体或者犯罪嫌疑人、被告人所在单位推荐的人；③犯罪嫌疑人、被告人的监护人、亲友。正在被执行刑罚或者依法被剥夺、限制人身自由的人，不得担任辩护人。被开除公职和被吊销律师、公证员执业证书的人，不得担任辩护人，但系犯罪嫌疑人、被告人的监护人、近亲属的除外。

因此，本案中，林某不能担任邓某的辩护人。

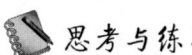 思考与练习

1. 辩护人的诉讼权利有哪些？
2. 值班律师的权利有哪些？

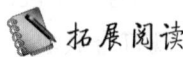 拓展阅读

最高人民法院　最高人民检察院　公安部　国家安全部　司法部
关于开展法律援助值班律师工作的意见[1]

为深入贯彻落实中共中央办公厅、国务院办公厅《关于完善法律援助制度的意见》（中办发〔2015〕37号），充分发挥法律援助值班律师在以审判为中心的刑事诉讼制度改革和认罪认罚从宽制度改革试点中的职能作用，依法维护犯罪嫌疑人、刑事被告人诉讼权利，加强人权司法保障，促进司法公正，现提出以下意见。

一、法律援助机构在人民法院、看守所派驻值班律师，为没有辩护人的犯罪嫌疑人、刑事被告人提供法律帮助。

人民法院、人民检察院、公安机关应当告知犯罪嫌疑人、刑事被告人有获得值班律师法律帮助的权利。犯罪嫌疑人、刑事被告人及其近亲属提出法律帮助请求的，人民法院、人民检察院、公安机关应当通知值班律师为其提供法律帮助。

二、法律援助值班律师应当依法履行下列工作职责：

（一）解答法律咨询。

（二）引导和帮助犯罪嫌疑人、刑事被告人及其近亲属申请法律援助，转交申请材料。

（三）在认罪认罚从宽制度改革试点中，为自愿认罪认罚的犯罪嫌疑人、刑事被告

---

〔1〕　http：//www.legaldaily.com.cn/zfzz/content/2017-08/29/content__7297934.htm.

人提供法律咨询、程序选择、申请变更强制措施等法律帮助，对检察机关定罪量刑建议提出意见，犯罪嫌疑人签署认罪认罚具结书应当有值班律师在场。

（四）对刑讯逼供、非法取证情形代理申诉、控告。

（五）承办法律援助机构交办的其他任务。

法律援助值班律师不提供出庭辩护服务。符合法律援助条件的犯罪嫌疑人、刑事被告人，可以依申请或通知由法律援助机构为其指派律师提供辩护。

三、法律援助机构可以根据人民法院、人民检察院、看守所实际工作需要，通过设立法律援助工作站派驻值班律师或及时安排值班律师等形式提供法律帮助。

工作站应当悬挂统一标牌，配备必要的办公设施，设立指引标识，并放置法律援助格式文书以及相关业务介绍资料。

工作站应当公示法律援助范围、条件、值班律师工作职责及当日值班律师基本信息等。

四、法律援助机构综合社会律师和法律援助机构律师政治素质、职业道德水准、业务能力、执业年限等确定法律援助值班律师人选，建立法律援助值班律师名册。有条件的地方可以组建法律援助值班律师库。

五、法律援助机构根据人民法院、看守所法律援助工作站法律咨询需求量和当地律师资源状况，合理安排值班律师工作时间。律师值班可以相对固定专人或者轮流值班，在律师资源短缺地区可以探索采用现场值班和电话、网络值班相结合的方式。

六、法律援助机构应当将值班律师名册或人员信息送交或告知人民法院、人民检察院、公安机关及看守所。法律援助值班律师在人民法院、看守所法律援助工作站提供值班律师服务应持律师执业证书，实行挂牌上岗，向当事人表明法律援助值班律师身份。

值班律师在接待当事人时，应当现场记录当事人咨询的法律问题和提供的法律解答，解释法律援助的条件和范围，对认为初步符合法律援助条件的当事人引导其申请法律援助。

社会律师和法律援助机构律师应当接受法律援助机构的安排提供值班律师服务。值班律师应当遵守相关法律规定、职业道德、执业纪律，不得误导当事人诉讼行为，严禁收受财物，严禁利用值班便利招揽案源、介绍律师有偿服务及其他违反值班律师工作纪律的行为。值班律师应当依法保守工作中知晓的国家秘密、商业秘密和当事人隐私，犯罪嫌疑人、刑事被告人或者其他人准备或者正在实施危害国家安全、公共安全以及严重危害他人人身安全的犯罪事实和信息除外。

七、法律援助机构要加强对法律援助值班律师工作运行的业务指导，组织开展对值班律师职责、服务内容、执业纪律、刑事诉讼法律知识方面的业务培训，及时统计汇总犯罪嫌疑人、刑事被告人涉嫌罪名、简要案情、咨询意见等信息，定期运用征询所驻单位意见、当事人回访等措施了解值班律师履责情况，对值班律师实行动态化管理。

法律援助机构要向律师协会通报法律援助值班律师履责情况。律师协会要将法律援助值班律师履责情况纳入律师年度考核及律师诚信服务记录。

司法行政机关要加强对律师提供值班律师服务的日常监督管理，总结并不断提升值班律师服务质量水平。对律师在值班律师工作中违反职业道德和执业纪律的行为依法依规处理。

八、人民法院、人民检察院、看守所为法律援助工作站提供必要办公场所和设施。看守所为法律援助值班律师会见提供便利。

人民法院、人民检察院、公安机关、国家安全机关、司法行政机关建立刑事法律援助工作联席会议制度，定期沟通法律援助值班律师工作情况。

九、对于律师资源短缺的地区和单位，法律援助机构要根据律师资源和刑事法律援助需求等，统筹调配律师资源，探索建立政府购买值班律师服务机制，保障法律援助值班律师工作正常有序开展。

十、国家安全机关适用本意见中有关公安机关的规定。

项目四　代理

 引例

李某（19岁）和王某（15岁）是邻居，经常因生活中的小事吵架。某天李某把王某打成了重伤。该区人民检察院经立案侦查审查后向法院提起公诉，同时王某还提起附带民事诉讼，要求李某赔偿损失。李某的哥哥曾经是公证员，但因职务过失犯罪受过刑事处罚而被吊销了公证员执业证书。李某希望他的哥哥作为他的附带民事诉讼的代理人。

问题：1. 哪些人员可以委托诉讼代理人？

2. 李某的哥哥能作为他的诉讼代理人吗？

基本原理

刑事诉讼中的代理，指代理人接受公诉案件的被害人及其法定代理人或者近亲属、自诉案件的自诉人及其法定代理人、附带民事诉讼的当事人及其法定代理人的委托，以被代理人的名义参加诉讼，由被代理人承担代理行为的法律后果的一项诉讼活动。

一、刑事诉讼代理的种类

从产生的方式来划分，刑事诉讼中的代理可分为两种：一是法定代理，即基于法律规定而产生的代理；二是委托代理，即基于被代理人的委托、授权而产生的代理。法定代理与委托代理的不同点在于代理人的范围、权利和义务等方面。相同点则在于所有代理人都必须在代理权限范围内进行活动，其诉讼行为与委托人自己的诉讼行为

具有同等的法律效力，法律后果都由被代理人承担。

从委托主体来划分，刑事诉讼中的代理分为：公诉案件被害人的代理，自诉案件的代理，附带民事诉讼当事人的代理，犯罪嫌疑人、被告人逃匿、死亡案件违法所得没收程序中的代理，依法不负刑事责任的精神病人的强制医疗程序中的代理和刑事申诉的代理六种情况。

1. 公诉案件被害人的代理。《刑事诉讼法》第46条规定，公诉案件的被害人及其法定代理人或者近亲属，自案件移送审查起诉之日起，有权委托诉讼代理人。人民检察院自收到移送审查起诉的案件材料之日起3日以内，应当告知被害人及其法定代理人或者其近亲属有权委托诉讼代理人。

2. 自诉案件的代理。《刑事诉讼法》第46条规定，自诉案件的自诉人及其法定代理人有权随时委托诉讼代理人。人民法院自受理自诉案件之日起3日以内，应当告知自诉人及其法定代理人有权委托诉讼代理人。需要特别注意的是，在自诉案件中，被告人依法有权提起反诉，反诉的当事人同样可以委托代理人。反诉案件的代理人一般都具有双重身份，既是被告人的辩护人，又是反诉的诉讼代理人。因此必须办理双重委托手续，明确代理权限。

3. 附带民事诉讼当事人的代理。《刑事诉讼法》第46条规定，公诉案件附带民事诉讼的当事人及其法定代理人，自案件移送审查起诉之日起，有权委托诉讼代理人。人民检察院自收到移送审查起诉的案件材料之日起3日以内，应当告知附带民事诉讼的当事人及其法定代理人有权委托诉讼代理人。人民法院自受理自诉案件之日起3日以内，应当告知附带民事诉讼的当事人及其法定代理人有权委托诉讼代理人。

4. 犯罪嫌疑人、被告人逃匿、死亡案件违法所得没收程序中的代理。《刑事诉讼法》第299条第2款规定，人民法院受理没收违法所得的申请后，应当发出公告。公告期间为6个月。犯罪嫌疑人、被告人的近亲属和其他利害关系人有权申请参加诉讼，也可以委托诉讼代理人参加诉讼。

5. 强制医疗程序中的代理。《刑事诉讼法》第304条第2款规定，人民法院审理强制医疗案件，应当通知被申请人或者被告人的法定代理人到场。被申请人或者被告人没有委托诉讼代理人的，人民法院应当通知法律援助机构指派律师为其提供法律帮助。

6. 刑事申诉的代理。当事人及其法定代理人、近亲属对人民法院已经发生法律效力的刑事判决、裁定和人民检察院诉讼终结的刑事处理决定不服，委托代理人向人民法院或人民检察院提出重新处理的请求。

二、诉讼代理人的范围、权利和义务

(一) 诉讼代理人的范围

在刑事诉讼中，诉讼代理人的范围与辩护人的范围是一样的，可以委托1～2名律师、人民团体或者被代理人所在单位推荐的人、被代理人的监护人或亲友。不能担任辩护人的人，同样不能被委托为诉讼代理人。

（二）诉讼代理人的权利

根据《刑事诉讼法》第49条和《最高人民法院关于适用〈中华人民共和国刑事诉讼法〉的解释》的有关规定，诉讼代理人享有以下权利：

1. 查阅权。律师担任诉讼代理人，可以查阅、摘抄、复制与本案有关的材料，了解案情。其他诉讼代理人经人民法院准许，也可以查阅、摘抄、复制本案有关材料，了解案情。

2. 调查取证权。

（1）代理律师向证人或者其他有关单位和个人收集、调取与本案有关的材料，因证人、有关单位和个人不同意，申请人民法院收集、调取，人民法院认为有必要的，应当同意。

（2）代理律师直接申请人民法院收集、调取证据，人民法院认为代理律师不宜或者不能向证人或者其他有关单位和个人收集、调取，并确有必要的，应当同意。人民法院根据代理律师的申请收集、调取证据时，申请人可以在场。人民法院根据代理律师的申请收集、调取的证据，应当及时复制移送申请人。

3. 申诉控告权。诉讼代理人认为公安机关、人民检察院、人民法院及其工作人员阻碍其依法行使诉讼权利的，有权向同级或者上一级人民检察院申诉或者控告。人民检察院对申诉或者控告应当及时进行审查，情况属实的，通知有关机关予以纠正。

（三）诉讼代理人的义务

诉讼代理人的责任是根据事实和法律，维护被害人、自诉人或者附带民事诉讼当事人的合法权益。《律师法》第30、32、39条还规定了律师在诉讼代理中应当履行的义务：

1. 律师担任诉讼法律事务代理人或者非诉讼法律事务代理人的，应当在受委托的权限内，维护委托人的合法权益。

2. 律师接受委托后，无正当理由的，不得拒绝代理。但是，委托事项违法、委托人利用律师提供的服务从事违法活动或者委托人故意隐瞒与案件有关的重要事实的，律师有权拒绝代理。

3. 律师不得在同一案件中为双方当事人担任代理人，不得代理与本人或者其近亲属有利益冲突的法律事务。

★ 引例分析

可以委托诉讼代理人的主体有：①公诉案件中有权委托代理人的主体为被害人及其法定代理人或者近亲属。②附带民事诉讼中有权委托代理人的主体为当事人及其法定代理人。③自诉案件中有权委托代理人的主体为自诉人及其法定代理人。

本案中，首先，在公诉案件中，李某作为被告人只能请辩护人，而无权请诉讼代理人，由于被害人王某才 15 岁，未成年，不具有完全民事行为能力，王某及其法定代理人或者近亲属都有权委托代理人；其次，在附带民事诉讼中，被告人李某已成年，不存在法定代理人的问题，其有权委托代理人，原告人王某及其法定代理人有权委托代理人；最后，诉讼代理人的范围与辩护人的范围是一样的。虽然被告人李某的哥哥被吊销了公证员执业证书，但他作为被告人的近亲属可以作为李某的诉讼代理人。

📓 思考与练习

1. 刑事诉讼中的法定代理和委托代理的区别有哪些？
2. 刑事诉讼中辩护人与诉讼代理人的区别有哪些？

📓 拓展阅读

1. 朱加宁、叶连友：《中国律师办案全程实录——刑事诉讼被害人代理与附带民事诉讼》，法律出版社 2009 年版。
2. 郭华主编：《辩护与代理制度》，中国人民公安大学出版社 2011 年版。
3. 徐志新主编：《刑事诉讼与辩护代理》，中国民主法制出版社 2014 年版。

实训　职能管辖和法院管辖的确定

✨ 情景设计

2016 年 11 月 19 日上午，王学武带领七八个外地民工雇佣一辆卡车，来到某智通商务展览服务有限公司（下称智通公司）设在金沙江路上的工地，把正在值班的一名公司员工推到一边，威胁他不许乱动。接着，王学武带领民工砸开工地铁门，强行闯入工地，撬开库房铁网围栏，将价值 2.5 万余元的一台刨床抢去，随后离开现场。当日，智通公司即向公安局派出所报案。公安局受理后经审查认为，王学武的行为不构成抢劫，于 12 月 12 日向智通公司发出"不予立案通知书"。[1]

智通公司对此表示不服。一部分人认为，作为刑事案件，理应由公安机关立案侦查管辖，应该申请复议该公安局作出的不予立案通知书。另一部分人认为，既然公安机关不受理，不如直接向法院提起刑事自诉。

---

〔1〕　参见"从本案谈第三类自诉案件的处理"，载找法网，http：//china. findlaw. cn/info/case/xsal/114810. html.

⌐ 工作任务

任务一：根据案件基本情况，确定公安机关是否有案件管辖权。

步骤一：审查案件基本情况，确定案件性质。

步骤二：根据《刑事诉讼法》关于管辖的规定，确定案件是否由公安机关管辖。

步骤三：该公安局认为不构成犯罪，制作一份不予立案通知书。

步骤四：如果智通公司坚持认为应由公安局立案侦查管辖，制作不服不予立案通知书的复议申请书。

任务二：根据案件基本情况，确定法院是否有案件管辖权。

步骤一：审查案件基本情况，确定案件性质。

步骤二：根据《刑事诉讼法》关于管辖的规定，确定案件是否由法院管辖，并明确案件应由哪一级法院管辖。

步骤三：智通公司不服，直接向法院提起刑事自诉，要求追究王学武抢劫罪的刑事责任，提交一份刑事自诉状。

步骤四：此自诉案件缺乏罪证，智通公司又无法提出补充证据，法院作出驳回自诉的刑事裁定书。

⌐ 训练方法

参训学生 5～10 名为一组，分角色扮演。由 1～2 名学生模拟王学武，2～3 名学生模拟智通公司代表，1～2 名学生模拟公安人员，1～3 名学生模拟法官。

⌐ 考核标准

1. 学生能够掌握刑事案件的立案管辖，学会运用法律和事实判断哪些刑事案件应该由哪个部门管辖，能够确定由法院管辖的刑事案件应该由哪一级别的法院管辖。

2. 熟练处理管辖争议的相关诉讼活动。

3. 制作的法律文书格式正确，内容完备，表述清楚。

单 元 三

诉讼保障

知识目标

1. 明确强制措施的种类及概念。
2. 明确取保候审的条件及适用方式。
3. 明确拘留、逮捕的程序。

能力目标

1. 掌握拘传、取保候审、监视居住的概念。
2. 掌握拘留的条件及程序。
3. 掌握逮捕的条件及程序。

内容结构图

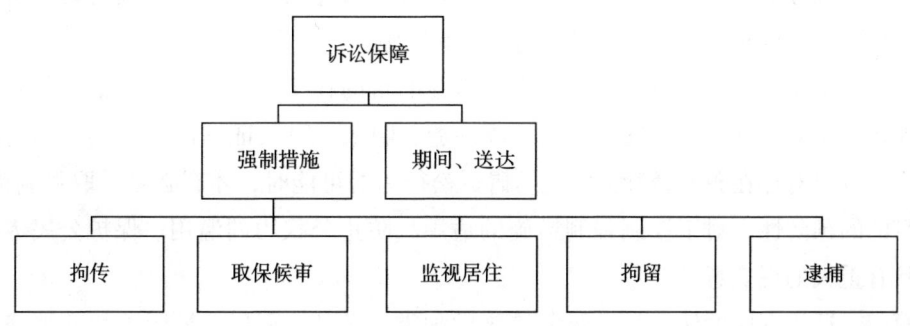

项目一　强制措施

引例

2006 年 4 月 21 日，山西籍在穗打工青年许某与朋友郭某在广州利用某商业银行 ATM 机故障取款，许某共取款 17.5 万元，郭某取款 1.8 万元。事发后，郭某主动自首。2007 年 5 月许某潜逃一年在陕西落网。2007 年 12 月许某被广州中院一审判处无期徒刑。2008 年 1 月 16 日，广东省高院裁定许某案"事实不清，证据不足"，发回广州中院重审。接到裁定书后，许某的辩护律师当即向广州中院递交了一份以许某的父亲许某某作为担保人的取保候审申请书，希望法院获准许某外出。2008 年 1 月 24 日，广州市中级法院通知许某的辩护律师，许某案因"不符合取保候审的相关法律规定"，不能取保候审。

问题：什么是取保候审？

基本原理

刑事强制措施是指国家为了保障刑事诉讼中侦查、起诉和审判的顺利进行，而授权侦查、检察和审判等司法机关对犯罪嫌疑人、被告人采取的在一定期限内限制或剥夺其人身自由的强制方法。强制措施是为了保障侦查、起诉、审判过程的顺利进行而设置，其手段或多或少会损害犯罪嫌疑人、被告人的某些权益，因此，违法适用强制措施必然会侵犯公民的合法权益及《宪法》赋予的权利，甚至损害社会公益。基于此，《刑事诉讼法》对强制措施的适用条件作出了严格而明确的规定。刑事强制措施具有如下特征：

第一，权力主体的特定性。强制措施只能由法定的专门机关适用，具体除了公安机关、人民检察院和人民法院外，依法对特定案件享有侦查权的国家安全机关、军队保卫部门、监狱以及中国海警局，在侦查其管辖的案件时，也有权适用强制措施。

第二，适用对象的唯一性。强制措施只能适用于犯罪嫌疑人、被告人，包括现行犯和重大嫌疑分子。对其他诉讼参与人，即使其严重违反诉讼程序，或有妨害诉讼的行为，只要不构成犯罪，都不得对其适用强制措施。

第三，适用目的的预防性。适用强制措施的目的在于保障刑事诉讼活动的顺利进行，即防止犯罪嫌疑人实施逃跑、藏匿或伪造、隐藏、毁灭证据以及串供等妨碍诉讼的行为，故只有存在犯罪嫌疑人实施妨碍诉讼行为的可能时，才有必要采取强制措施。强调目的的预防性，对于控制强制措施的适用、防止公权力的滥用、保护公民人身自由，具有重大的现实意义。

第四，适用程序的法定性。强制措施的种类、条件、程序、期限等均有严格的制度规范，司法机关必须依法行使权力。

第五，措施内容的人身性。强制措施的内容就是限制或者剥夺犯罪嫌疑人的人身自由，不涉及财产、名誉等其他公民权利。

强制措施在不同程度上限制甚至剥夺犯罪嫌疑人的人身自由，为免公民合法权利遭受侵犯，《刑事诉讼法》界定了拘传、取保候审、监视居住、拘留和逮捕五种强制措施，严格规定了各种强制措施的适用对象和条件、程序，平衡打击犯罪与人权保障的需要。

一、拘传

拘传是指人民法院、人民检察院和公安机关对于经过传唤没有正当理由不到案的犯罪嫌疑人或经依法传唤拒不到庭的被告人或根据案件情况需要强制犯罪嫌疑人、被告人到指定地点接受讯问的一种强制措施。拘传是刑事强制措施中严厉程度最轻的措施，只适用于没有被拘留、逮捕，没有采取取保候审、监视居住的犯罪嫌疑人、被告人。对已采取其他强制措施的犯罪嫌疑人、被告人进行讯问，可随时进行，不需要通过拘传的程序。

拘传是一种强制措施，合法的传唤不是拘传的必经程序，公、检、法机关既可以先行传唤，在被传唤人没有正当理由不到案的情况下改为拘传，也可以直接适用拘传，这要根据案件的具体情况来定。

（一）拘传的程序

1. 填写《拘传证》，并报公、检、法机关负责人审查批准。在刑事诉讼过程中，办案人员根据案件情况，认为需要采取拘传措施的，应首先填写《拘传证》，填写内容包括：被拘传人的姓名、性别、年龄、籍贯、住址、工作单位、拘传的理由等内容。《拘传证》需报请公安机关、人民检察院、人民法院的负责人审查批准。

2. 拘传的执行。拘传由侦查人员或司法警察执行。执行拘传的人员不得少于2人。拘传时，应当向被拘传人出示拘传证，对抗拒拘传的，可以使用械具，强制到案。

3. 拘传的次数和时间。法律没有明文规定拘传的次数，由办案机关根据具体情况自己掌握。但是《刑事诉讼法》规定，不得以连续拘传的方式变相拘禁犯罪嫌疑人、被告人，两次拘传之间要有一个间隔时间，这个间隔时间法律没有明文规定，通常不少于12小时；拘传持续的时间不得超过12小时；案情特别重大、复杂，需要采取拘留、逮捕措施的，拘传持续的时间不得超过24小时。拘传时间从被拘传人到案时开始计算。拘传到达法定时间，即使讯问没有结束，也必须立即将人放回。

4. 拘传的地点。法律没有规定具体的拘传地点，一般在犯罪嫌疑人、被告人所在的市、县以内进行拘传。如果犯罪嫌疑人的工作单位、户籍地与居住地不在同一市、县的，拘传应当在犯罪嫌疑人的工作单位所在地的市、县进行；特殊情况下，也可以在犯罪嫌疑人户籍地或者居住地所在的市、县内进行。

（二）拘传应注意的问题

1. 拘传的目的。拘传的最终目的是保证刑事诉讼活动的顺利进行，但其直接目的是讯问被拘传人。因为拘传不具有羁押的性质，因此在讯问后，应当将被拘传人立即放回。

2. 拘传的结果。对被拘传人讯问结束后，应根据案件的情况作出不同的处理：认为依法应当限制或剥夺其人身自由的，可以采用其他强制措施；认为不需要限制或剥夺人身自由的，应立即释放，不得变相扣押。

二、取保候审

取保候审是指公安机关、人民检察院、人民法院等司法机关在刑事诉讼过程中，责令犯罪嫌疑人、被告人提出保证人或交纳保证金，保证其不逃避侦查、起诉和审判，并随传随到的一种强制措施。取保候审是一种限制人身自由的强制措施。由于无需进行羁押，减轻了羁押场所的工作压力，对被取保人的生活、家庭的影响也小，更有利于保障犯罪嫌疑人、被告人的合法权益。

（一）取保候审的适用对象

根据我国《刑事诉讼法》第 67 条的规定，人民法院、人民检察院和公安机关对有下列情形之一的犯罪嫌疑人、被告人，可以取保候审：

1. 可能判处管制、拘役或者独立适用附加刑的。这里所说的"可能"是以办案人员和司法机关负责人的角度来说的。因为尚未作出生效判决，办案人员只能根据案件的情况作出主观推测。如果办案人员认为犯罪嫌疑人、被告人的人身危险性较小，罪行较轻，可以适用管制、拘役或者独立适用附加刑等刑罚，则可考虑对其取保候审。

2. 可能判处有期徒刑以上刑罚，采取取保候审不致发生社会危险性的。我国有期徒刑的刑期跨度较大，一般情况下为 6 个月到 15 年，其中不乏罪行较轻的人，如果其人身危险性较小，完全可以采取取保候审；对于某些罪行较重的人，也可以适用有期徒刑，其中有些人人身危险性较小，再犯罪的可能性也很小，仍然可以考虑采取取保候审。但如果犯罪嫌疑人、被告人可能判处无期徒刑或死刑，则不符合取保候审的条件。

3. 患有严重疾病、生活不能自理，怀孕或者正在哺乳自己婴儿的妇女，采取取保候审不致发生社会危险性的。这些犯罪嫌疑人、被告人由于生理上的特殊情况，其人身危险性也随之减弱，对社会的危害性也相应更小，对其实施取保候审既符合其身体条件也是基于人道主义的考虑。当然，如果仍有社会危险性，可以不予取保候审。

4. 羁押期限届满，案件尚未办结，需要采取取保候审的。对于被拘留、逮捕的犯罪嫌疑人、被告人，在法定羁押期限届满之时需立即释放，但是由于案件尚未办结，需要继续对犯罪嫌疑人、被告人采取一定措施的，可以取保候审。

对累犯、犯罪集团的主犯，以自伤、自残办法逃避侦查的犯罪嫌疑人，危害国家安全的犯罪、暴力犯罪，严重危害社会治安的犯罪嫌疑人，以及其他犯罪性质恶劣、情节严重的犯罪嫌疑人不得取保候审。

（二）取保候审的保证方式

《刑事诉讼法》第 68 条规定了两种取保候审的方式：保证人担保和保证金担保。但是，对同一犯罪嫌疑人、被告人，不得同时责令其提出保证人和交纳保证金。

1. 保证人担保。保证人担保，又称人保，是指人民法院、人民检察院、公安机关在刑事诉讼中，责令犯罪嫌疑人、被告人提出保证人，并由保证人出具保证书，保证被保证人不逃避侦查、起诉和审判，随传随到的保证方式。保证人的保证方式可以通过保证人与被取保候审人之间的关系，对被取保候审人实行精神上和心理上的强制，利用保证人监督被取保候审人的活动，从而达到保障刑事诉讼顺利进行的目的。

（1）保证人应具备的条件。根据《刑事诉讼法》的规定，保证人必须同时具备以下四个条件：

第一，保证人必须与本案无牵连。保证人应当与被追究的案件事实之间无牵连，不是本案当事人或其他诉讼参与人。至于保证人与被保证人之间有无密切的人身关系对于是否成为保证人没有关联。事实上，大多数保证人都与被保证人有着密切的人身关系。

第二，保证人必须有能力履行保证义务。保证人应当年满18周岁，精神正常，具有完全的行为能力。这是对保证人个人情况的基本要求。

第三，保证人必须享有政治权利，人身自由未受到限制。政治权利、人身自由是普通公民最基本的权利。在我国，只有违反了刑法、治安管理处罚法或者严重妨害诉讼活动的行为才可能被剥夺政治权利或者限制人身自由，这类人既然不能有效控制自己的行为，当然也不可能担保其他人的行为。

第四，保证人必须有固定的住处和收入。保证人是要为犯罪嫌疑人、被告人担保的，如果保证人没有固定的住处和收入，担保就成了一句空话，找不到的保证人不可能有足够的责任心，没有固定收入的保证人也无法承担不利的法律后果。

以上四个条件必须同时具备，才能成为保证人。保证人必须是自愿的，公、检、法机关应当审查犯罪嫌疑人、被告人提出的保证人的意愿。在取保候审期间，保证人如果不愿意继续担保或丧失了担保条件的，应当责令犯罪嫌疑人重新提出保证人或者变更为保证金担保方式。

（2）保证人的义务根据。根据《刑事诉讼法》第70条的规定，保证人在担保期间，应履行下列义务：

第一，保证人必须监督被保证人遵守《刑事诉讼法》规定的被取保候审人的义务；

第二，保证人如果发现被保证人可能发生或者已经发生违反被取保候审人的义务的行为时，应当及时向执行机关报告。

保证人如果不认真履行义务，应承担一定的法律责任。根据《最高人民法院、最高人民检察院、公安部、国家安全部关于取保候审若干问题的规定》第16条的相关规定，采取保证人形式取保候审的，被取保候审人有违反《刑事诉讼法》第71条规定的行为，保证人未及时报告的，经查证属实后，由县级以上执行机关对保证人处1000元以上2万元以下罚款，并将有关情况及时通知决定机关。另外，《人民检察院刑事诉讼规则》也规定，人民检察院发现保证人没有履行法定的义务，对被保证人违反《刑事诉讼法》的规定的行为未及时报告的，应当通知公安机关，要求公安机关对保证人作出罚款决定。构成犯罪的，依法追究保证人的刑事责任。

2. 保证金担保。保证金担保，又称财产保，是指人民法院、人民检察院、公安机关在刑事诉讼中，责令犯罪嫌疑人、被告人交纳保证金，保证其在取保候审期间不逃避侦查、起诉和审判，并随传随到的保证方式。

采取保证金担保方式的，决定机关可以根据犯罪的性质和情节、社会危害性以及可能判处刑罚的轻重，被取保候审人的社会危险性、经济状况和涉嫌犯罪数额以及当地的经济发展水平等情况，综合考虑应当收取的保证金数额。保证金起点数额为1000元，其上限未作规定，但并不是越多越好，决定机关应当以保证被取保候审人不逃避、不妨碍刑事诉讼活动为原则，综合考虑被取保候审人的社会危害性、案件性质以及被取保候审人的经济情况作出决定。保证金保证方式通过对被取保候审人施加一定的经济压力，保证其自己履行义务，不致妨碍刑事诉讼的进行。

保证金应当以人民币的形式交纳。保证金可以由犯罪嫌疑人或者其亲友、法定代理人、单位向执行机关指定的银行专门账户交纳，保证金统一由县级以上执行机关收取和管理。在通知犯罪嫌疑人交纳保证金时，应当告知其必须遵守的规定以及违反规定应当承担的后果。根据《刑事诉讼法》第73条的规定，犯罪嫌疑人、被告人在取保候审期间未违反本法第71条规定的，取保候审结束的时候，凭解除取保候审的通知或者有关法律文书到银行领取退还的保证金。

（三）取保候审的程序

1. 取保候审的提出或申请。取保候审程序的启动有两种情况，其一是由公、检、法机关根据案件情况，由办案人员提出适用取保候审；其二是由被羁押的犯罪嫌疑人、被告人及其法定代理人、近亲属和聘请的律师向公、检、法机关申请取保候审。申请取保候审的，应当以书面的方式提出。

2. 取保候审的决定。根据法律的规定，公、检、法机关都有权决定对犯罪嫌疑人、被告人适用取保候审。第一种情况是由公、检、法机关的办案人员提出取保候审意见，该机关直接作出决定即可。第二种情况是公检法机关根据申请决定取保候审。对于被羁押的犯罪嫌疑人、被告人提出的申请，或者其法定代理人、近亲属和聘请的律师提出的申请，公、检、法机关应当在7日内作出是否同意的答复。经审查符合取保候审条件的，要确定采取何种担保方式，并对被羁押的犯罪嫌疑人、被告人依法办理取保候审手续；经审查不符合取保候审条件的，应当书面告知申请人，并说明不同意取保候审的理由。

决定机关作出取保候审的决定后，应当向被取保候审人宣读《取保候审决定书》，并告知其应当遵守的规定及承担的义务、违反规定应负的法律责任。以保证人担保的，还应当告知保证人的义务及责任，同时让保证人出具保证书；以保证金方式担保的，应责令其向执行机关指定的银行一次性交纳保证金。

决定机关核实保证金已经交纳到执行机关指定银行的凭证后，应当将《取保候审决定书》《取保候审执行通知书》和银行出具的收款凭证及其他有关材料一并送交执行机关执行。以保证人方式担保的，应当将取保候审保证书同时送达执行机关。

对县级以上的各级人民代表大会代表采取取保候审的，应当经该级人民代表大会主席团或者人民代表大会常务委员会许可。对乡、民族乡、镇的人民代表大会代表取保候审的，执行机关应当立即报告乡、民族乡、镇的人民代表大会。

3. 取保候审的执行。

（1）公安机关、人民检察院、人民法院决定取保候审的，由公安机关执行。国家安全机关决定取保候审的，以及人民检察院、人民法院在办理国家安全机关移送的犯罪案件时决定取保候审的，由国家安全机关执行。公安机关执行取保候审的，应当及时通知或指定犯罪嫌疑人、被告人居住地派出所执行。执行取保候审的派出所应当指定专人负责对被取保候审人进行监督考察，并将取保候审的执行情况报告所属县级公安机关通知决定取保候审的检察院、法院。

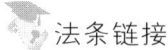 法条链接

《公安机关办理刑事案件程序规定》第八十九条　执行取保候审的派出所应当履行下列职责：

（一）告知被取保候审人必须遵守的规定，及其违反规定或者在取保候审期间重新犯罪应当承担的法律后果；

（二）监督、考察被取保候审人遵守有关规定，及时掌握其活动、住址、工作单位、联系方式及变动情况；

（三）监督保证人履行保证义务；

（四）被取保候审人违反应当遵守的规定以及保证人未履行保证义务的，应当及时制止、采取紧急措施，同时告知决定机关。

（2）根据《刑事诉讼法》第71条的规定，被取保候审的犯罪嫌疑人、被告人应当遵守以下规定：①未经执行机关批准不得离开所居住的市、县；②住址、工作单位和联系方式发生变动的，在24小时以内向执行机关报告；③在传讯的时候及时到案；④不得以任何形式干扰证人作证；⑤不得毁灭、伪造证据或者串供。该条第2款规定，人民法院、人民检察院和公安机关可以根据案件情况，责令被取保候审的犯罪嫌疑人、被告人遵守以下一项或者多项规定：①不得进入特定的场所；②不得与特定的人员会见或者通信；③不得从事特定的活动；④将护照等出入境证件、驾驶证件交执行机关保存。

除了对人身限制的规定,《刑事诉讼法》第 71 条第 3 款和第 4 款规定了被取保候审的犯罪嫌疑人、被告人违反义务所应承担的法律后果。违反前两款规定,已交纳保证金的,没收部分或者全部保证金,并且区别情形,责令犯罪嫌疑人、被告人具结悔过、重新交纳保证金、提出保证人,或者监视居住、予以逮捕。对违反取保候审规定,需要予以逮捕的,可以对犯罪嫌疑人、被告人先行拘留。

法条链接

最高人民法院 最高人民检察院 公安部 国家安全部《关于取保候审若干问题的规定》第十二条 被取保候审人没有违反刑事诉讼法第七十一条的规定,但在取保候审期间涉嫌重新犯罪被司法机关立案侦查的,执行机关应当暂扣其交纳的保证金,待人民法院判决生效后,决定是否没收保证金。对故意重新犯罪的,应当没收保证金;对过失重新犯罪或者不构成犯罪的,应当退还保证金。

被取保候审的犯罪嫌疑人、被告人有正当理由需离开所居住的市、县或者住处的,应当经执行机关批准。如果取保候审是由人民检察院、人民法院决定的,执行机关在批准犯罪嫌疑人、被告人离开所居住的市、县或者住处前,应当征得决定机关同意。

被取保候审人在取保候审期间违反有关规定的,执行机关应当根据其违法行为的情节,决定没收部分或者全部保证金,并且区别情形,责令其具结悔过、重新交纳保证金、提出保证人,或者变更为监视居住,或者提请人民检察院批准予以逮捕。对于采取保证金担保的犯罪嫌疑人、被告人,违反刑事诉讼法的相关规定,依法应当没收保证金的,由县级以上执行机关作出没收部分或者全部保证金的决定,并通知决定机关;对需要变更强制措施的,应当同时提出变更强制措施的意见,连同有关材料一并送交决定机关。没收保证金的决定由执行机关宣布,被取保候审人如不服该决定,可以在收到《没收保证金决定书》后的 5 日以内,向执行机关的上一级主管机关申请复核一次。上一级主管机关应当在 7 日内作出复核决定。没收的保证金由县级以上执行机关通知银行按照国家的有关规定上缴国库。决定机关收到执行机关已没收保证金的书面通知,或者变更强制措施的意见后,应当在 5 日内作出变更强制措施或者责令犯罪嫌疑人重新交纳保证金、提出保证人的决定,并通知执行机关。

采取保证人形式取保候审的,被取保候审人违反《刑事诉讼法》第 71 条的规定,保证人未及时报告的,经查证属实后,由县级以上执行机关对保证人处以罚款,并将有关情况及时通知决定机关。保证人不服的,可以在收到《对保证人罚款决定书》后的 5 日以内,向执行机关的上一级主管机关申请复核一次。上一级主管机关收到复核申请后,应当在 7 日内作出复核决定。当事人如不服复核决定,可以依法向有关机关提出申诉。

被取保候审人在取保候审期间没有违反《刑事诉讼法》第71条的规定，也没有故意重新犯罪的，在解除取保候审或者执行刑罚的同时，县级以上执行机关应当制作《退还保证金决定书》，通知银行如数退还保证金，并书面通知决定机关。执行机关应当向被取保候审人宣布退还保证金的决定，并书面通知其到银行领取退还的保证金。采取保证人形式取保候审的，保证人的保证义务也同时解除。

4. 取保候审的期限。为了保障被取保候审人的合法权益，防止案件久拖不决，根据《刑事诉讼法》第79条的规定，取保候审最长不得超过12个月。在司法实践中，公、检、法机关将此解释为在诉讼的不同阶段各机关采取取保候审最长不得超过12个月。

5. 取保候审的变更和撤销。人民法院、人民检察院和公安机关如果发现对犯罪嫌疑人、被告人采取取保候审不当的，应当及时撤销或者变更。

对犯罪嫌疑人、被告人采取取保候审不当的原因有很多：发现不应当对被取保候审人采取强制措施的，应当及时撤销；对于采取保证金担保方式的，被取保候审人拒绝交纳保证金或者交纳保证金不足决定数额时，决定机关应当作出变更强制措施、变更保证方式或者变更保证金数额的决定；采取保证人形式取保候审的，如果保证人丧失了担保条件的，决定机关应当责令被取保候审人重新提出保证人或者交纳保证金，或者作出变更强制措施的决定；被取保候审人在取保候审期间违反《刑事诉讼法》第71条规定的，决定机关可以责令犯罪嫌疑人、被告人具结悔过，重新交纳保证金、提出保证人，也可以变更强制措施；被取保候审人在取保候审期间故意实施了新的犯罪行为，应当由人民检察院决定或批准逮捕；在侦查或者审查起诉阶段已经采取取保候审的，案件移送至审查起诉或者审判阶段时，受案机关可以决定继续取保候审，也可以变更保证方式或者采取其他强制措施。执行机关收到决定机关的撤销或变更强制措施的通知后，应当立即执行，并将执行情况通知决定机关。

6. 取保候审的解除。根据《刑事诉讼法》第79条的规定，公、检、法机关对于不应当追究刑事责任或者取保候审期限届满的，应当及时解除取保候审。由此可知，解除取保候审的原因有两个：①公检法机关发现被取保候审人不应当被追究刑事责任。即被取保候审人已查明无罪或者是符合《刑事诉讼法》第16条规定的6种情形之一的。②取保候审期限届满。我国刑事诉讼法规定取保候审的最长期限不得超过12个月，如果期限届满，应当及时解除取保候审。截止期限届满，仍未解除强制措施的，犯罪嫌疑人、被告人及其法定代理人、近亲属或者辩护人有权要求解除取保候审。

法条链接

《刑事诉讼法》第十六条　有下列情形之一的，不追究刑事责任，已经追究的，应当撤销案件，或者不起诉，或者终止审理，或者宣告无罪：

（一）情节显著轻微、危害不大，不认为是犯罪的；

（二）犯罪已过追诉时效期限的；

（三）经特赦令免除刑罚的；

（四）依照刑法告诉才处理的犯罪，没有告诉或者撤回告诉的；

（五）犯罪嫌疑人、被告人死亡的；

（六）其他法律规定免予追究刑事责任的。

需要解除取保候审的，由原决定机关制作解除取保候审决定书、通知书，送达执行机关。执行机关应当及时通知被取保候审人、保证人。特殊情况下，可以不办理解除手续，原取保候审自动解除。如案件移送至审查起诉或者审判阶段时，受案机关作出继续取保候审或者变更保证方式决定的，原取保候审自动解除；取保候审变更为拘留、逮捕的，在变更的同时，原取保候审自动解除，不再办理解除的法律手续。

三、监视居住

监视居住是指人民法院、人民检察院、公安机关在刑事诉讼中责令犯罪嫌疑人、被告人在规定的期限内未经批准不得离开住处或者指定居所，并对其行动加以监视，限制其人身自由的一种强制措施。

（一）监视居住的适用对象

监视居住的适用条件通常比取保候审的适用条件更严格。一般情况下，监视居住适用于符合逮捕条件并具备特定情形的犯罪嫌疑人和被告人，但是，对于符合取保候审条件的犯罪嫌疑人、被告人，如果其不能提出保证人或交纳保证金的，也可以适用监视居住。

《刑事诉讼法》第74条规定，人民法院、人民检察院和公安机关对符合逮捕条件，有下列情形之一的犯罪嫌疑人、被告人，可以监视居住：①患有严重疾病、生活不能自理的；②怀孕或者正在哺乳自己婴儿的妇女；③系生活不能自理的人的唯一扶养人；④因为案件的特殊情况或者办理案件的需要，采取监视居住措施更为适宜的；⑤羁押期限届满，案件尚未办结，需要采取监视居住措施的。由此可见，监视居住的对象必须符合逮捕条件，即罪该逮捕但因为特殊原因而不适合羁押的情形。对于符合取保候审条件的犯罪嫌疑人、被告人，既不能提出保证人，也不交纳保证金的，可以监视居住。

（二）监视居住的程序

1. 监视居住的决定。人民法院、人民检察院和公安机关都有权决定对犯罪嫌疑人、被告人适用监视居住的措施。一般由办案人员提出意见，部门负责人审核，经公、检、法机关负责人批准决定，签发监视居住决定书。决定机关应当向监视居住的犯罪嫌疑人、被告人宣读该决定书，告知应遵守的规定，及其违反规定应负的法律责任。人民法院、人民检察院决定监视居住的，应当同时将监视居住执行通知书送达公安机关执行。

对县级以上的各级人民代表大会代表采取监视居住的，应当经该级人民代表大会主席团或者人民代表大会常务委员会许可。对乡、民族乡、镇的人民代表大会代表监视居住的，执行机关应当立即报告乡、民族乡、镇的人民代表大会。

2. 监视居住的执行。监视居住由公安机关执行。《刑事诉讼法》第75条第1款规定了监视居住的执行方式。监视居住应当在犯罪嫌疑人、被告人的住处执行；无固定住处的，可以在指定的居所执行。对于涉嫌危害国家安全犯罪、恐怖活动犯罪，在住处执行可能有碍侦查的，经上一级公安机关批准，也可以在指定的居所执行。但是，不得在羁押场所、专门的办案场所执行。

为了加强人权保障，杜绝超期羁押，《刑事诉讼法》第75条第2款、第3款规定，指定居所监视居住的，除无法通知的以外，应当在执行监视居住后24小时以内，通知被监视居住人的家属。被监视居住的犯罪嫌疑人、被告人委托辩护人，适用《刑事诉讼法》第34条的规定。

此外，为了防止监视居住被滥用，《刑事诉讼法》第75条第4款规定，人民检察院对指定居所监视居住的决定和执行是否合法实行监督。

3. 期限及其折抵。监视居住不能无限期进行，这样会极大地损害犯罪嫌疑人、被告人的合法权益。《刑事诉讼法》规定，监视居住的期限最长不得超过6个月。司法实践中，对此的解释和取保候审的相同，认为各机关采取监视居住的期限不得超过6个月。

监视居住作为逮捕的一种变通执行方式，性质比较特殊，因此，可以折抵刑期。《刑事诉讼法》第76条规定，指定居所监视居住的期限应当折抵刑期。被判处管制的，监视居住1日折抵刑期1日；被判处拘役、有期徒刑的，监视居住2日折抵刑期1日。

4. 被监视居住人的义务。根据《刑事诉讼法》第77条的规定，被监视居住人应当遵守六个方面的规定：①未经执行机关批准不得离开执行监视居住的处所，包括固定住所和指定的居所。②未经执行机关批准不得会见他人或者通信。他人是指共同生活的家庭成员和聘请的律师之外的其他人。③在传讯的时候及时到案。④不得以任何形式干扰证人作证。⑤不得毁灭、伪造证据或者串供。⑥将护照等出入境证件、身份证件、驾驶证件交执行机关保存。这主要是为了防止犯罪嫌疑人、被告人通过出逃等方式来逃避侦查、起诉、审判活动。

如果被监视居住的犯罪嫌疑人、被告人违反规定，情节严重的，可以予以逮捕。需要予以逮捕的，可以对犯罪嫌疑人、被告人先行拘留。

5. 监视居住的监控方式。为了保障执行机关可以顺利对被监视居住人进行监督，《刑事诉讼法》第78条规定："执行机关对被监视居住的犯罪嫌疑人、被告人，可以采取电子监控、不定期检查等监视方法对其遵守监视居住规定的情况进行监督；在侦查期间，可以对被监视居住的犯罪嫌疑人的通信进行监控。"法律规定执行机关可以采取电子监控、不定期检查等监视方法进行监督，这种"不定期检查"包括电话查访等。执行机关可以根据实际需要进行调节。

6. 监视居住的解除、撤销和变更。监视居住也有解除、撤销和变更的情况，其原因和取保候审基本相同。监视居住的变更，可以变更为取保候审，也可以变更为逮捕。对监视居住解除、撤销或变更，需制作相应的决定书，通知执行机关，送达被监视居住人。

四、拘留

刑事诉讼中的拘留，是指公安机关、人民检察院对直接受理的案件，在侦查过程中遇到法定的紧急情况，对现行犯或者重大嫌疑分子所采取的临时剥夺其人身自由的一种强制措施。此外，根据有关法律授权，国家安全机关在办理涉及国家安全案件时也可以对犯罪嫌疑人适用拘留措施。由于拘留是一种剥夺人身自由的措施，因此在刑事强制措施中其严厉程度仅次于逮捕。虽然是暂时性剥夺人身自由，但法律对其适用也作了严格规定。

（一）拘留的条件

拘留是公安机关和人民检察院在侦查案件时遇到紧急情况采取的强制措施，其决定机关仅限于公安机关和人民检察院，但是公安机关和人民检察院在适用拘留的条件上是有区别的。此外，根据有关法律授权，国家安全机关在办理涉及国家安全案件时享有和公安机关相同的决定拘留和执行拘留的权力。依据《刑事诉讼法》第82条规定，公安机关对于现行犯或者重大嫌疑分子，如果有下列情形之一的，可以先行拘留：①正在预备犯罪、实行犯罪或者在犯罪后即时被发觉的；②被害人或者在场亲眼看见的人指认他犯罪的；③在身边或者住处发现有犯罪证据的；④犯罪后企图自杀、逃跑或者在逃的；⑤有毁灭、伪造证据或者串供可能的；⑥不讲真实姓名、住址，身份不明的；⑦有流窜作案、多次作案、结伙作案重大嫌疑的。此外，《刑事诉讼法》第165条规定了人民检察院的拘留决定权。人民检察院对直接受理的案件中符合《刑事诉讼法》第82条第4项、第5项规定的，有权对现行犯或者重大嫌疑分子作出拘留决定。

由此可知，拘留必须同时具备两个条件：①拘留的对象只能是现行犯或者重大嫌疑分子。现行犯是指正在进行犯罪的人，重大嫌疑分子是指有证据证明其有重大犯罪嫌疑的人。②必须有法定的紧急情况，即上文所指的紧急情况。

（二）拘留的程序

1. 拘留的决定。公安机关、人民检察院认为需要拘留犯罪嫌疑人的，应当由办案人员提出意见，填写《呈请拘留报告书》，部门负责人审核，经公安机关负责人或者检察长批准决定。拘留统一由公安机关执行。

公安机关、人民检察院决定拘留有特殊身份的人员时，需要报请有关部门批准或者备案。对县级以上各级人民代表大会的代表拘留，如果是因现行犯被采取该措施，决定拘留的机关应当立即向其所在的人民代表大会主席团或者常务委员会报告；因其他情形需要拘留的，决定拘留的机关应当报请该代表所属的人民代表大会主席团或者常务委员会许可。对乡、民族乡、镇的人民代表大会代表采取拘留措施的，执行机关应当立即报告乡、民族乡、镇的人民代表大会。

2. 拘留的执行。拘留的执行机关是公安机关。人民检察院决定拘留犯罪嫌疑人的，由县级以上公安机关签发《拘留证》并执行，必要时，也可以请人民检察院协助执行。公安机关执行拘留时，必须出示《拘留证》，并责令被拘留人在《拘留证》上签名或盖章并捺指印，其拒绝签名或盖章和捺指印的，侦查人员应当注明。对符合《刑事诉讼法》第 82 条规定的情形之一，因情况紧急来不及办理拘留手续的，可以先将犯罪嫌疑人带至公安机关，再办理法律手续。公安机关在异地执行拘留的，应当通知被拘留人所在地的公安机关。

拘留后，应当在 24 小时以内将被拘留人送看守所羁押。决定机关在拘留后，除无法通知或者涉嫌危害国家安全犯罪、恐怖活动犯罪通知可能有碍侦查的情形以外，应当在拘留后 24 小时以内，通知被拘留人的家属或者他的单位。无法通知的情形一般是指被拘留人不讲真实姓名、住址，身份不明的情况或者被拘留人没有家属和工作单位的。有碍侦查的情形是指同案的犯罪嫌疑人可能逃跑，隐匿、毁弃或者伪造证据的；可能串供，订立攻守同盟的；等等。上述情形消除后，应当立即通知被拘留人的家属或者他的所在单位。对没有在 24 小时内通知的，应当在拘留通知书中注明原因。

对于被拘留人，公安机关应当在拘留后 24 小时内进行讯问。人民检察院决定拘留的，应当及时通知人民检察院进行讯问。讯问的目的是查清事实，防止错拘，同时也可以及时收集证据，查明其他同案犯。经讯问发现不应当拘留的，应当立即释放，发给释放证明。

3. 拘留的期限。由于拘留是一种临时性的强制措施，因此拘留的时间相对比较短。刑事诉讼法规定拘留的期限依公安机关决定和人民检察院决定而有所不同。对于公安机关依法决定的拘留，拘留的期限是公安机关提请人民检察院批准逮捕的时间和人民检察院审查批准逮捕的时间的总和。对于人民检察院决定的拘留，拘留的期限是人民检察院决定逮捕的时间。

公安机关对被拘留的犯罪嫌疑人，经过审查认为需要逮捕的，应当在拘留后的 3 日内提请人民检察院审查批准。特殊情况下，提请审查批准逮捕的时间，可以延长 1~4 日。对于流窜作案、多次作案、结伙作案的重大嫌疑分子，提请审查批准的时间可以延长至 30 日。这里所谓的流窜作案，是指跨市、县管辖范围连续作案，或者在居住地作案后逃跑到外市、县继续作案；多次作案，是指 3 次以上作案；结伙作案，是指 2

人以上共同作案。这些特殊情况提请审查批准的时间比一般情况要长。人民检察院在接到公安机关提请批准逮捕书后的 7 日以内，应当作出批准逮捕或者不批准逮捕的决定。据此可知，一般情况下，被拘留人的羁押期限为 10 日以内，特殊情况下不超过 14 日。而对于流窜作案、多次作案、结伙作案的重大嫌疑分子的拘留，羁押的最长期限可达 37 天。

人民检察院对直接受理的案件中被拘留的犯罪嫌疑人，认为需要逮捕的，应当在 14 日以内作出逮捕决定。特殊情况下，决定逮捕的时间可以延长 1～3 日，即羁押的最长期限为 17 天。

被拘留的犯罪嫌疑人不讲真实姓名、住址、身份不明，在 30 日内仍不能查清提请批准逮捕的，经有关负责人批准，拘留期限自查清其身份之日起计算，但不得停止对其犯罪行为的侦查。

人民检察院不批准逮捕的，公安机关应当在接到通知后立即释放被拘留人，发给释放证明，并将执行情况及时通知人民检察院。即使公安机关认为不批准逮捕的决定有错误，也必须立即释放被拘留人，但可以要求检察机关复议，如果意见不接受，还可以提请上一级检察机关复核。公安机关对于复核决定应予执行。决定拘留的机关在法定的羁押期限届满时，对于报捕后没有批准逮捕而需要继续侦查，并且符合取保候审、监视居住条件的，可依法办理取保候审或者监视居住手续。

如果拘留超过了法定的羁押期限，犯罪嫌疑人及其法定代理人、近亲属或者犯罪嫌疑人委托的律师及其他辩护人可以向决定机关提出释放犯罪嫌疑人或者变更拘留措施的要求，决定机关应当在 3 日内审查完毕。如果超过法定期限的，决定机关应当释放犯罪嫌疑人或者变更拘留措施；经审查认为未超过法定期限的，应当书面答复申诉人。这也是保障犯罪嫌疑人合法权益的体现。

五、逮捕

逮捕是指人民法院、人民检察院和公安机关为保证刑事诉讼活动的顺利进行，对犯罪嫌疑人、被告人依法采取的在一定期限内剥夺其人身自由的强制措施。逮捕是最严厉的一种刑事强制措施，因为逮捕不但剥夺了犯罪嫌疑人、被告人的人身自由，而且是在较长的时间里剥夺人身自由，与拘留的临时性措施不同。

（一）逮捕的条件

由于逮捕在较长时间里剥夺了犯罪嫌疑人、被告人的人身自由，因此立法上对逮捕的适用规定了严格的条件。根据《刑事诉讼法》第 81 条的规定，在三种情况下可以对犯罪嫌疑人、被告人适用逮捕：

1. 一般情况下，对犯罪嫌疑人、被告人适用逮捕须同时符合以下三个条件，缺一不可：

（1）有证据证明有犯罪事实的。有证据证明有犯罪事实包含以下三方面的内容：①有证据证明发生了犯罪事实；②有证据证明该犯罪事实是犯罪嫌疑人实施的；③证明犯罪嫌疑人实施犯罪行为的证据已经查证属实的。这里的"犯罪事实"既可以是单一犯罪行为的事实，也可以是数个犯罪行为中任何一个犯罪行为的事实。

（2）可能判处徒刑以上刑罚。逮捕只适用于较严重罪行的犯罪嫌疑人、被告人，而判断罪行轻重的一个主要依据是刑罚的轻重。由于案件尚未审结，我们只能根据已有的证据材料所证明的犯罪事实来进行刑罚上的判断。当然，这种判断与最终法院的判决结果可能有所不同。如果根据现有的犯罪事实，办案机关认为犯罪嫌疑人、被告人的行为可能判处徒刑以上刑罚，而不是判处管制、拘役的，则可以适用逮捕措施，反之则不行。因为刑事强制措施的严厉程度不能重于其可能受到的刑罚处罚的严厉程度。

（3）采取取保候审尚不足以防止发生社会危险性。虽然具备了前两个条件，但采取取保候审措施没有危险性的也不需要逮捕。如果具备前两个条件，采取取保候审措施的犯罪嫌疑人、被告人可能会作出以下具有社会危险性的行为：①可能实施新的犯罪；②有危害国家安全、公共安全或者社会秩序的现实危险；③可能毁灭、伪造证据，干扰证人作证或者串供；④可能对被害人、举报人、控告人实施打击报复；⑤企图自杀或者逃跑，人民法院、人民检察院可以依法对其予以逮捕。至于社会危险性的具体考虑因素，《刑事诉讼法》第81条第2款规定，批准或者决定逮捕，应当将犯罪嫌疑人、被告人涉嫌犯罪的性质、情节、认罪认罚的情况，作为是否可能发生社会危险性的考虑因素。

2. 罪行较严重或者某些特殊情况下的逮捕条件。对有证据证明有犯罪事实，可能判处10年有期徒刑以上刑罚的，或者有证据证明有犯罪事实，可能判处徒刑以上刑罚，曾经故意犯罪或者身份不明的，应当予以逮捕。对于一些性质极其恶劣的犯罪，根据现有证据认为犯罪嫌疑人、被告人可能处以10年以上有期徒刑的，为了防止其再次实施犯罪，也为了防止其逃避侦查、审判，应当对其予以逮捕。另一种应当逮捕的情形是：罪行可能判处徒刑以上刑罚，但该犯罪嫌疑人、被告人此前曾经故意犯罪，主观恶性较大，或者出于某种原因隐瞒身份的，也应当逮捕。

3. 可以逮捕的条件。被取保候审、监视居住的犯罪嫌疑人、被告人违反取保候审、监视居住规定，情节严重的，可以予以逮捕；需要予以逮捕的，可以对犯罪嫌疑人、被告人先行拘留。违反取保候审、监视居住规定的犯罪嫌疑人、被告人无视法律规定，也认识不到自己的错误，一错再错，甚至在取保候审、监视居住期间再次犯罪或者有其他严重情节的，可以对其采取逮捕措施。

（二）逮捕的权限划分

由于逮捕是一种最严厉的强制措施，适用不当，会极大地损害公民的合法权益，因此，在立法上对逮捕的权限划分作了严格规定。我国《宪法》第37条第2款规定，任何公民，非经人民检察院批准或者决定或者人民法院决定，并由公安机关执行，不受逮捕。《刑事诉讼法》第80条规定："逮捕犯罪嫌疑人、被告人，必须经过人民检察院批准或者人民法院决定，由公安机关执行。"

由此可知，逮捕犯罪嫌疑人、被告人的批准权或者决定权属于人民检察院和人民法院。对于公安机关侦查的案件提请审查批准逮捕的，人民检察院有批准逮捕的权力。人民检察院对直接受理的案件，在侦查及审查起诉中认为犯罪嫌疑人符合逮捕条件的，依法有权自行决定逮捕。人民法院直接受理的自诉案件中，对被告人需要逮捕的，人民法院有决定权。对于人民检察院提起公诉的案件，人民法院在审判阶段发现尚未羁押的被告人需要逮捕的，有权决定逮捕。公安机关无权自行决定逮捕，但逮捕的执行权属于公安机关，人民检察院和人民法院决定逮捕的都必须交付公安机关执行。

此外，根据有关法律授权，国家安全机关在办理涉及国家安全案件时享有和公安机关相同的逮捕执行权。

（三）逮捕的批准和决定程序

1. 人民检察院批准逮捕的程序。公安机关认为需要逮捕犯罪嫌疑人的，不能自行决定，必须报同级人民检察院审查批准。

（1）公安机关提请逮捕。根据《刑事诉讼法》第87条的规定，公安机关要求人民检察院批准逮捕的案件，应当制作《提请批准逮捕书》，连同案卷材料、证据，一并移送同级人民检察院审查。《提请批准逮捕书》应当尽可能阐明犯罪嫌疑人所犯罪行及主要证据，详细说明逮捕的主要依据。对于重大案件，人民检察院在必要的时候可以派人参加公安机关对案件的讨论，提前了解案情，以便为审查批捕工作作准备。

为了提高诉讼效率，保护公民的合法权益，公安机关提请逮捕必须遵守一定的时限。《刑事诉讼法》第91条第1款、第2款规定，公安机关对被拘留的人，认为需要逮捕的，应当在拘留后的3日以内，提请人民检察院审查批准。在特殊情况下，提请审查批准的时间可以延长1~4日。对于流窜作案、多次作案、结伙作案的重大嫌疑分子，提请审查批准的时间可以延长至30日。

（2）人民检察院审查批准逮捕。人民检察院在接到公安机关的报捕材料后，应当进行审查。为了更详细地了解犯罪嫌疑人的情况，决定是否要对其适用逮捕，人民检察院可以讯问犯罪嫌疑人。有下列情形之一的，应当在讯问犯罪嫌疑人后决定是否批准逮捕：①对是否符合逮捕条件有疑问的；②犯罪嫌疑人要求向检察人员当面陈述的；③侦查活动可能有重大违法行为的。人民检察院还可以询问证人等诉讼参与人，听取辩护律师的意见之后再审查是否批准逮捕犯罪嫌疑人。审查批准逮捕犯罪嫌疑人须由检察长决定，重大案件应当提交检察委员会讨论决定。上述程序的规定有利于保障人民检察院正确行使批准逮捕权，防止错误逮捕。

人民检察院对审查批准逮捕的案件，应按照法律规定的期限办理。公安机关提请批准逮捕的犯罪嫌疑人已被拘留的，人民检察院应当在 7 日内决定是否批准逮捕。人民检察院批准逮捕的，公安机关应当立即执行。人民检察院不批准逮捕的，公安机关在收到不批准逮捕决定书后，应当立即释放在押的犯罪嫌疑人或者变更强制措施，并将执行回执送达作出不批准逮捕决定的人民检察院。对于需要继续侦查，并且符合取保候审、监视居住条件的，可以对其适用取保候审或者监视居住。

（3）公安机关对人民检察院不批准逮捕的决定提请复议、复核。根据《刑事诉讼法》第 92 条规定，公安机关对人民检察院不批准逮捕的决定，认为有错误的时候，可以要求复议，但是必须将被拘留的人立即释放。如果意见不被接受，可以向上一级人民检察院提请复核。上级人民检察院应当立即复核，作出是否变更的决定，通知下级人民检察院和公安机关执行。上级人民检察院的复核决定，是最终决定，下级人民检察院和公安机关即使有不同意见也必须执行。

人民检察院审查批准逮捕的过程也是检察院对公安机关的侦查活动行使监督权的过程。人民检察院在审查批准逮捕的过程中发现公安机关的侦查活动有违法情况的，应当通知公安机关予以纠正，公安机关应当将纠正情况通知人民检察院。

2. 人民检察院、人民法院决定逮捕的程序。

（1）人民检察院决定逮捕的程序。人民检察院决定逮捕犯罪嫌疑人有以下两种情况：①人民检察院对于自己立案侦查的案件，需要采取逮捕措施时，先由侦查部门填写逮捕犯罪嫌疑人意见书，连同案卷材料和证据一并移送本院审查批捕部门审查，由检察长决定是否逮捕。对重大、疑难、复杂案件的犯罪嫌疑人的逮捕，应当提交检察委员会讨论决定。②人民检察院对于公安机关、监察机关移送起诉的案件认为需要逮捕的，由审查起诉部门填写逮捕犯罪嫌疑人审批表，连同案卷材料和证据，移送本院审查批捕部门审查后，报检察长或者检察委员会决定。人民检察院决定逮捕的，由检察长签发决定逮捕通知书，通知公安机关执行。

（2）人民法院决定逮捕的程序。人民法院决定逮捕被告人也存在两种情况：①对于直接受理的自诉案件，认为需要逮捕被告人时，由办案人员提交法院院长决定，对于重大、疑难、复杂案件的被告人的逮捕，提交审判委员会讨论决定。②对于检察机关提起公诉时未予逮捕的被告人，人民法院认为符合逮捕条件应予逮捕的，也可以决定逮捕。人民法院决定逮捕的，由法院院长签发决定逮捕通知书，通知公安机关执行。公诉案件，应当同时通知人民检察院。

3. 逮捕的特别审批程序。人民检察院、人民法院审查批准或决定逮捕有特殊身份的人员时，需要报请有关部门批准或者备案。如果被逮捕的犯罪嫌疑人、被告人是县级以上各级人民代表大会的代表，审查批准逮捕或者决定逮捕的机关应当报请该代表所属的人民代表大会主席团或者常务委员会许可。对乡、民族乡、镇的人民代表大会代表采取逮捕措施的，审查批准机关或者决定机关应当向乡、民族乡、镇的人民代表大会报告。

（四）逮捕的执行程序

逮捕的执行机关是公安机关。公安机关接到人民检察院批准逮捕决定书或者人民检察院、人民法院决定逮捕通知书后，应当由县级以上公安机关负责人签发逮捕证，并立即执行。逮捕犯罪嫌疑人、被告人须由 2 名以上的公安人员进行，并向被逮捕人出示逮捕证，责令被逮捕人在逮捕证上签名或盖章并捺指印。被逮捕人拒绝签名、捺指印的，执行逮捕的公安人员应当注明。被逮捕人如果拒捕，执行人员有权使用相应的强制方法，必要时可以使用械具、武器。

逮捕后，应当立即将被逮捕人送往看守所羁押。提请逮捕的公安机关、决定逮捕的人民检察院或者人民法院在除无法通知的以外，应当在逮捕后 24 小时以内，通知被逮捕人的家属。

人民法院、人民检察院对于各自决定逮捕的人，公安机关对于经人民检察院批准逮捕的人，都必须在逮捕后的 24 小时以内进行讯问。通过讯问，可以尽快发现案件存在的问题，也可以及时了解被逮捕人的情况。经讯问发现被逮捕人不符合逮捕条件的或者出现了不适合继续羁押的情况的，必须立即释放犯罪嫌疑人或被告人，并发给释放证明。对于需要继续查证或审判的，可以依法变更为取保候审或者监视居住。公安机关解除或变更逮捕措施的，应当通知原批准的人民检察院；人民检察院、人民法院对自己决定的逮捕决定撤销或变更的，应通知公安机关执行。

犯罪嫌疑人、被告人被逮捕后，人民检察院仍应当对羁押的必要性进行审查。所谓"羁押的必要性"，一是从实体上审查逮捕还有没有必要，二是从程序上判断证据有无重大变化。对不需要继续羁押的，应当建议予以释放或者变更强制措施。有关机关应当在 10 日以内将处理情况通知人民检察院。

由于犯罪嫌疑人作案后往往四处逃窜，公安机关在异地执行逮捕的情况较常见。为保证异地执行逮捕的顺利进行，法律明文规定，异地执行逮捕应当通知被逮捕人所在地的公安机关，被逮捕人所在地的公安机关应当予以配合。

六、监察机关的留置措施和刑事强制措施的衔接

《刑事诉讼法》第 170 条第 2 款规定："对于监察机关移送起诉的已采取留置措施的案件，人民检察院应当对犯罪嫌疑人先行拘留，留置措施自动解除。人民检察院应当在拘留后的 10 日以内作出是否逮捕、取保候审或者监视居住的决定。在特殊情况下，决定的时间可以延长 1~4 日。人民检察院决定采取强制措施的期间不计入审查起诉期限。"监察机关的留置措施和司法机关的刑事强制措施衔接要注意几个问题：

第一，检察机关决定和采取强制措施的时间。对于监察委移交的案件，如果对被调查人采取留置措施的，人民检察院应当对犯罪嫌疑人先行拘留，留置措施自动解除。

检察机关在受理监察委移交的案件后，可以利用最长 14 天的拘留期限决定采取何种强制措施。

第二，采取强制措施的种类。对于监察委移交的案件，检察机关经审查认为有犯罪事实需要追究刑事责任的，应当立即决定采取逮捕或者取保候审、监视居住强制措施，并与监察委员会调查部门办理交接手续。检察机关受理案件后，应当重新作出强制措施决定。

七、强制措施的变更、撤销和解除

强制措施的适用是为了保障诉讼的顺利进行，但有可能限制了人身自由和侵犯了公民的合法权益。《刑事诉讼法》第 96 条规定，人民法院、人民检察院和公安机关如果发现对犯罪嫌疑人、被告人采取强制措施不当的，应当及时撤销或者变更。公安机关释放被逮捕的人或者变更逮捕措施的，应当通知原批准的人民检察院。《刑事诉讼法》第 99 条规定，犯罪嫌疑人、被告人及其法定代理人、近亲属或者辩护人对于人民法院、人民检察院或者公安机关采取强制措施法定期限届满的，有权要求解除强制措施。

（一）变更强制措施的申请权

为了加强和保障诉讼参与人的合法权利，《刑事诉讼法》规定了犯罪嫌疑人、被告人及其法定代理人、近亲属或者辩护人有权申请变更强制措施。人民法院、人民检察院和公安机关收到申请后，应当在 3 日以内作出决定；不同意变更强制措施的，应当告知申请人，并说明不同意的理由。

（二）羁押期届满的强制措施的变更

犯罪嫌疑人、被告人被逮捕的案件，不能在法律规定的侦查羁押、审查起诉、一审、二审期限内办结的，对犯罪嫌疑人、被告人应当予以释放；需要继续查证、审理的，对犯罪嫌疑人、被告人可以变更为取保候审或者监视居住。

（三）超期强制措施的处理

为了更好保护犯罪嫌疑人、被告人的合法权益，法律将申请解除强制措施的权利赋予犯罪嫌疑人、被告人及法定代理人、近亲属、律师和其他辩护人。根据法律规定，人民法院、人民检察院或者公安机关对被采取强制措施法定期限届满的犯罪嫌疑人、被告人，应当予以释放、解除取保候审、监视居住或者依法变更强制措施。犯罪嫌疑人、被告人及其法定代理人、近亲属或者辩护人对于人民法院、人民检察院或者公安机关采取强制措施超过法定羁押期限的，有权要求解除强制措施。

⭐ 引例分析

取保候审是指人民法院、人民检察院、公安机关和国家安全机关在刑事诉讼过程中，责令犯罪嫌疑人、被告人提出保证人或交纳保证金，保证其不逃避侦查、起诉和审判，并随传随到的一种强制措施。该案发生在修改前的《刑事诉讼法》实施期间。当时的刑事诉讼法规定，以下两种情况可以对犯罪嫌疑人、被告人采取取保候审或监视居住：①可能判处管制、拘役或者独立适用附加刑的；②可能判处有期徒刑以上刑罚，采取取保候审、监视居住不致发生社会危险性的。广州市中级人民法院认为，许某的情况不属于上述两种情况，因此不同意取保候审。

思考与练习

1. 取保候审的条件是什么？取保候审有几种方式？
2. 拘留的条件是什么？
3. 逮捕的条件是什么？

拓展阅读一

2018 年 3 月通过的《中华人民共和国监察法》赋予监察机关对涉嫌贪污贿赂、失职渎职等严重职务违法或者职务犯罪的人行使监察权限，必要时对涉嫌行贿犯罪或者共同职务犯罪的涉案人员可采取留置措施，以保障调查的顺利实施。

根据《监察法》第 22 条的规定："被调查人涉嫌贪污贿赂、失职渎职等严重职务违法或者职务犯罪，监察机关已经掌握其部分违法犯罪事实及证据，仍有重要问题需要进一步调查，并有下列情形之一的，经监察机关依法审批，可以将其留置在特定场所：①涉及案情重大、复杂的；②可能逃跑、自杀的；③可能串供或者伪造、隐匿、毁灭证据的；④可能有其他妨碍调查行为的。对涉嫌行贿犯罪或者共同职务犯罪的涉案人员，监察机关可以依照前款规定采取留置措施。留置场所的设置、管理和监督依照国家有关规定执行。"据此表明，监察机关采取留置措施无须征得检察机关的批准或者同意。同时，依照《监察法》的相关规定，人民法院、人民检察院、公安机关、审计机关等国家机关在工作中发现公职人员涉嫌贪污贿赂、失职渎职等职务违法或者职务犯罪的问题线索，应当移送监察机关，由监察机关依法调查处置。在此前提下，如果被移送的公职人员存在《监察法》第 22 条规定的情形，监察机关可以自行对其采取留置措施。

监察机关对公职人员职务犯罪案件监督、调查后，依照《监察法》第 45 条的相关规定，对涉嫌职务犯罪的，监察机关经调查认为犯罪事实清楚，证据确实、充分的，制作起诉意见书，连同案卷材料、证据一并移送人民检察院依法审查、提起公诉。检察机关对于监察机关移送来的犯罪嫌疑人，根据《监察法》第 47 条第 1 款的规定："对监察机关移送的案件，人民检察院依照《中华人民共和国刑事诉讼法》对被调查人采取强制措施。"由于检察机关的强制措施并无留置方式，因此，检察机关应当根据《刑事诉讼法》的规定，变更对犯罪嫌疑人的强制措施。

拓展阅读二

　　英美法系的保释制度是指在被逮捕的人提供担保或接受特定条件的情况下将其释放的制度。目前保释制度的发展已较为完善，司法实践经验也很丰富。但保释制度和我国的取保候审有着很大的区别。英美国家的保释制度深深根植于英美对抗制诉讼模式和自由主义的历史传统中，自由理念、无罪推定、权利保障是保释制度得以维系和发展的三个基石性理念。[1]因此，保释在本质上是犯罪嫌疑人、被告人的一项权利，而不是一项特权。保释制度的设置主要是为了保障被指控犯罪者的人权，防止政府任意限制和剥夺公民的人身自由。在英美国家，被指控犯罪者被保释是常态，不允许保释是特例。

　　英国法中，保释可分为无条件保释和附条件保释。无条件保释先于附条件保释产生，适用很广泛。无条件保释，释放时不要求提供金钱和证人担保或其他条件。相比无条件保释，英国为附条件保释设置了各种各样的条件。附条件保释基本适用于触犯严重罪名的犯罪嫌疑人。最常适用的条件包括在指定的地址居住、不与指定的人员接触、不去特定地方、实行宵禁、在某一具体的时间向警察署汇报、在一定的限制条件下，法院可以要求提供保证金来确保被告人准时到庭。其他还有时间限制、交出护照、电子技术监控等。[2]

　　英美国家为了让保释不会因金钱问题而导致不平等，规定了保释公司或人权组织可以为没有经济能力或者担保人的被羁押者提供担保，法律还规定，不得对公民课以过高的保释金。例如美国《宪法第八条修正案》规定，不得对犯罪嫌疑人课以过重的保释金。但仍然有大量犯罪嫌疑人没有足够的经济能力交付保释金。于是，美国出现了专门为犯罪嫌疑人提供经济担保的保释公司和保释金经纪人。保释公司是私营公司，从业执照由各州政府保险部门审核下发。保释公司和保释金经纪人通常在法官确定被告人的保释金数额，且被告人无力承担的情况下被雇用，同时须向保释金经纪人交付保释金的10%作为酬劳。保释金经纪人则向法庭提交保证书，担保被告人在保释期间行为守法，并接受审判。如果被告人按期出庭受审，法庭会取消保释金。如果被告人未出庭受审，法庭会通知保释金经纪人，要求他们在规定的时间内把被告人带到法庭，并向法庭解释被告人未能出庭的原因，否则保释金经纪人就要自行向法庭缴纳全额保释金。如果被告人在保释期间又因其他犯罪行为而被捕，保释金经纪人同样要缴纳全额保释金。保释金经纪人不能缴纳的情况下，由保释公司代为支付。不过由于对公司造成了损失，经纪人往往会被解雇。

　　已保释的被告人逃逸当然是保释公司和保释金经纪人最头疼的情况。为了在法庭

---

〔1〕　参见"谈保释与取保候审制度比较"，载豆丁网，http：//www.docin.com/p-330398599.html。

〔2〕　http：//baike.soso.com/v7563437.htm。

规定的期限内将被告人抓捕归案，减少损失，除与警方合作外，他们也会雇佣一些"保释实施代理"（BEA，又称赏金猎人），对逃逸人员进行抓捕。BEA 不是执法人员，独立营业，虽然工作危险辛苦，但抓捕到罪犯后，可获得保释金的 10%～20% 作为提成。保释公司与被保释人签订的合同往往事先约定：被保释人必须放弃人权，保释公司有权在任何时候拘留被保释人。所以 BEA 们在捉拿逃逸犯时，权力甚至大于警方，比如进入私宅无需搜查令等。[1]

美国本土对美国的商业性保释金制度争议较大。反对的人认为这一制度并不能解决对穷人以及中产阶级被告人的歧视，而且无助于公共安全，篡夺了本来属于司法体制的决定权。但是，支持这一制度的法学家们也有自己的理由：私营公司从事保释金业务能够节省政府人力物力的投入，也更有效率。无论学术界如何争议，根据美国司法部的统计数据显示，在当前的美国，商业性保释金的适用已越来越为普及，而且事实上，商业性保释金的适用效果也更好。

项目二　期间、送达

★ 引例

犯罪嫌疑人罗某，原系某市化工厂某车间工段段长。2018 年 6 月 9 日，该车间的自动离心机在操作工人马某离岗期间发生停机事故。罗某得知后，对马某进行了批评教育。马某不服，出口不逊，罗某当即责令马某停止工作。马不服，多番挑衅，并于当晚来到罗家砸门。罗某闻讯令其子罗某杰（15 岁）将门打开，将事先准备好的开水向马泼去，罗某随即冲出门，与马摔打在一起，并用擀面杖对马进行殴打。此时，一边的罗某杰见状突然拿出家中的菜刀朝马某的右臂砍去，造成马某右肱骨开放性骨折，致神经断裂。经法医鉴定属于轻伤。

此案经公安机关侦查终结后，以故意伤害罪移送人民检察院审查起诉。人民检察院经审查认为，犯罪嫌疑人罗某对被害人马某遭受的伤害并无直接责任，其行为不构成伤害罪，因此，对犯罪嫌疑人罗某作了不起诉决定。而犯罪嫌疑人罗某杰虽然对被害人实施了伤害行为，并且直接导致危害后果的发生，但其未满 16 周岁，尚未达到法定的刑事责任年龄。因此，人民检察院对犯罪嫌疑人罗某杰同样作出了不起诉决定。人民检察院将不起诉决定书送达被害人马某，但马某拒绝签收。负责送达的检察人员于是邀请他的邻居李某到场，说明情况，在送达回证上记明拒收的事由和日期，由送达人、见证人李某签名，并将诉讼文书留在马某住处。该不起诉决定视为送达。

问题：什么是送达？该案可以留置送达吗？

---

[1]　http://news.9ask.cn/fagui/xingfa/201004/462335.html.

基本原理

一、期间

刑事诉讼的期间，是指人民法院、人民检察院和公安机关以及诉讼参与人完成某项刑事诉讼活动所必须遵守的时间期限。期间分为法定期间和指定期间。法定期间，是指由法律明确规定的期间；指定期间，是指由人民法院、人民检察院和公安机关指定进行诉讼活动的特定时间，也叫期日，我国《刑事诉讼法》对此未作规定。因此，我国的刑事诉讼期间仅指法定期间。例如《刑事诉讼法》规定了强制措施的期间：对犯罪嫌疑人、被告人拘传持续的时间最长不得超过24小时，取保候审最长不得超过12个月，监视居住最长不得超过6个月。

（一）期间的计算

期间应当以时、日、月计算。期间开始的时和日不算在期间以内，即期间的起算是从开始的时、日的次时和次日计算。节假日应当计算在期间以内。但是，期间届满之日如果是法定节假日的，应当顺延至法定节假日后的第一个工作日。对于犯罪嫌疑人、被告人或者罪犯在押的期间，应当计算至期间届满之日为止，不得因节假日而延长羁押期限至节假日后的第一天。

对于法定期间的计算，不包括路途上的时间。上诉状或者其他法律文件在期满前已经交邮的，不算过期。

并非所有经过的时间都要计入期间，不计入期间的情形有以下几种：①对犯罪嫌疑人作精神病鉴定的期间不计入办案期限；②延期审理的时间不得超过1个月，延期审理的时间不计入审限；③犯罪嫌疑人不讲真实姓名、住址，身份不明的，侦查羁押期限自查清其身份之日起计算。

（二）期间的耽误

期间的耽误是司法机关、诉讼参与人在规定的期限内没有完成应当完成的诉讼行为。期间耽误的原因可能是多方面的，如果是由于主观上的故意或者过失耽误了诉讼期限，那么，就丧失了实施该诉讼行为的权利。如果是由于客观上遇到了一些特殊的情况，致使期限耽误的，则可以按照规定向人民法院申请恢复。

（三）期间的恢复

为了充分保护当事人的合法权益，《刑事诉讼法》规定了对耽误的期间予以恢复的制度。其适用的条件是：①有不能抗拒的原因，如地震、水灾、台风等情况，交通断绝，不能进行诉讼行为，耽误了期间；②有其他正当理由而耽误期限的，在障碍消除后5日以内，当事人可以向法院申请恢复期间。至于能否恢复期间，应当由人民法院裁定。

法条链接

《刑事诉讼法》第一百零六条　当事人由于不能抗拒的原因或者有其他正当理由而耽误期限的，在障碍消除后五日以内，可以申请继续进行应当在期满以前完成的诉讼活动。

前款申请是否准许，由人民法院裁定。

二、送达

送达是指人民法院、人民检察院和公安机关按照法定的程序，以一定的方式将诉讼文件送交诉讼参与人和有关单位的诉讼活动。

送达的方式有以下几种：

（一）直接送达

一般情况下，送达传票、通知书和其他诉讼文件应当交给收件人本人；如果本人不在，可以交给他的成年家属或者所在单位的负责人员代收。送达诉讼文书必须有送达回证，由收件人在送达回证上记明收到的日期，并且签名或者盖章。如果本人不在，代收人应当在送达回证上记明收到的日期，并且签名或者盖章。收件人或者代收人在送达回证上签收的日期为送达的日期。

（二）留置送达

如果收件人本人或者代收人拒绝接收或者拒绝签名、盖章，送达人可以邀请他的邻居或者其他见证人到场，说明情况，在送达回证上记明拒收的事由和日期，由送达人、见证人签名或者盖章，并将诉讼文书留在收件人或者代收人住处或者单位。这种情况也视为送达。

（三）委托送达

直接送达诉讼文书有困难的，可以委托收件人所在地的人民法院代为送达，但是，应当将委托函、委托送达的诉讼文书及送达回证，寄送收件人所在地的人民法院。受委托的人民法院收到委托送达的诉讼文书，应当登记，并由专人及时送达收件人，然后将送达回证及时退回委托送达的人民法院。受委托的人民法院无法送达时，应当将不能送达的原因及时告知委托的人民法院，并将诉讼文书及送达回证退回。

（四）邮寄送达

直接送达诉讼文书有困难的，还可以选择邮寄送达。邮寄送达的，应当将诉讼文书、送达回证挂号邮寄给收件人。挂号回执上注明的日期为送达的日期。

（五）转交送达

对于军人以及被剥夺人身自由的人可以采取转交送达的方式。诉讼文书的收件人是军人的，可以通过所在部队团级以上单位的政治部门转交。收件人正在服刑的，可以通过所在监狱或者其他执行机关转交。收件人正在劳动教养的，可以通过劳动教养单位转交。代为转交的部门、单位收到诉讼文书后，应当立即交收件人签收，并将送达回证及时退回送达的人民法院。

刑事诉讼程序中，基于剥夺和限制被追诉人权利的重要性和公权力行使的审慎性，刑事诉讼中一般不采用公告送达。违法所得没收程序是类似于民事诉讼的特别程序，因此参照民事诉讼程序，设定了例外性规定，可以采用公告送达。另外，因为刑事诉讼中有些自诉案件是可以调解的，如附带民事诉讼，调解协议只能采用直接送达的方式，因为涉及协议是否生效的问题。

引例分析

送达是指人民法院、人民检察院和公安机关按照法定的程序，以一定的方式将诉讼文件送交诉讼参与人和有关单位的诉讼活动。一般情况下，送达诉讼文件应当交给收件人本人或其成年家属，如果收件人或者代收人拒绝接收，送达人可以采取留置送达的方式，即送达人邀请收件人或代收人的邻居或者其他见证人到场，说明情况，在送达回证上记明拒收的事由和日期，由送达人、见证人签名或者盖章，并将诉讼文书留在收件人或者代收人住处或者单位，即视为送达。

思考与练习

1. 期间在什么情况下可以恢复？
2. 送达的方式有几种？

拓展阅读

王爱立、雷建斌主编：《〈中华人民共和国刑事诉讼法〉释解与适用》，人民法院出版社 2018 年版。

实训　强制措施的适用

情景设计

被告人张某，1986 年 3 月出生。2018 年 11 月 1 日晚在一地下通道欲抢夺行人提包，后被过路群众制止，并扭送到附近的县公安局。公安人员认为张某符合拘留条件，遂填写拘留证将其拘留。随后，县公安局向该县检察院提请批准逮捕犯罪嫌疑人张某，但检察院认为该案不符合逮捕条件，决定不批准逮捕。县公安局认为不批准逮捕的决定有错误，于 11 月 10 日向县检察院提出复议，但仍未被接受，遂向上一级检察机关，即该市检察院提请复核；同时认为张某态度恶劣，随时可能逃跑，因此尽管张某多次提出应当将其释放，一直未予批准。直至 11 月 19 日，该市检察院作出不批准逮捕的决定，才将其取保候审。该案于 12 月 14 日由县检察院提起公诉。在法庭审理中，人民法院认为应对张某实施逮捕，于是派法警将其逮捕归案。

工作任务

任务一：请根据本案的条件制作拘留证、提请批准逮捕书、不批准逮捕决定书、取保候审决定书、人民法院制作的决定逮捕通知书以及逮捕证。

任务二：如果你是张某委托的辩护人，你认为司法机关在办案的过程中有哪些不符合程序的地方？出现这些问题的时候你可以怎样帮助张某及时地维护其权利？

训练方法

将全班学生分成四个小组，每个小组内部进行讨论，形成本组意见，然后组织四个小组之间进行交流，互相借鉴，再由各小组完成书面材料，交指导老师点评指导。

步骤一：各小组分组讨论，小组成员分工合作，查找法律文书等课程，将相关的法律文书按照其格式要求写好；并找出该案中不符合程序的地方，以书面方式写出并提出相应的补救措施。

步骤二：四个小组之间讨论，每个小组将本小组意见和形成该意见的理由向全班做介绍，并写出书面材料，与其他小组进行讨论、交流。

步骤三：各小组借鉴其他小组的优胜之处，对本小组的意见进行修改、完善，交指导老师点评指导。

考核标准

1. 能根据所学掌握取强制措施的适用程序。

2. 能准确分析本案的问题，并能根据案件情况提出符合刑事诉讼法规定的补救措施。

3. 法律文书的制作应当做到格式正确，内容完备，表述清楚。书面材料分析准确，表述清楚，层次清晰。

单元四

刑事附带民事诉讼

知识目标

1. 明确刑事附带民事诉讼的成立条件。
2. 明确刑事附带民事诉讼的当事人和赔偿范围。
3. 明确刑事附带民事诉讼的审理原则。

能力目标

1. 熟悉附带民事诉讼的提起程序。
2. 掌握附带民事诉讼的审判程序。

内容结构图

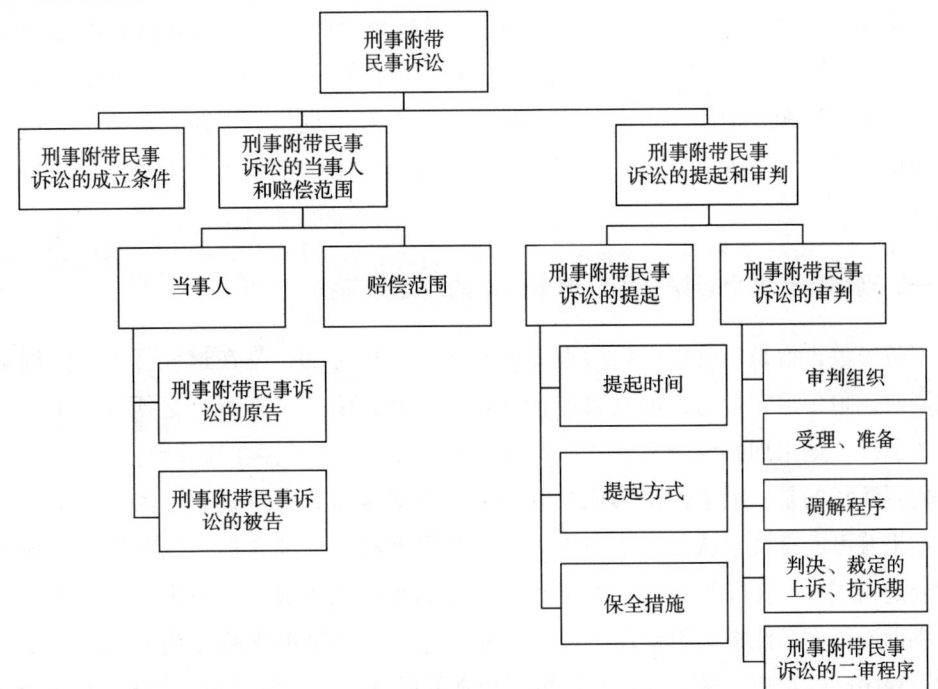

项目一　刑事附带民事诉讼的成立

✦ 引例

李某开车去某地，在某大道转弯处看见被害人史某骑车直冲过来，李某急忙刹车，史某大声责骂李某，李某很生气，故意开车撞向史某，致使史某轻伤并导致左腿粉碎性骨折。人民检察院对李某以故意伤害罪向法院提起公诉，被害人史某同时提起附带民事诉讼，请求法院判处李某赔偿其医疗费 8 万元。

问题：1. 本案能否提起刑事附带民事诉讼？为什么？

2. 本案谁有权提起刑事附带民事诉讼？

✦ 基本原理

刑事附带民事诉讼是指司法机关在刑事诉讼过程中，在解决被告人刑事责任的同时，附带解决因被告人的犯罪行为所造成的物质损失的赔偿问题而进行的诉讼活动。由于这种损害赔偿的诉讼请求是在刑事诉讼中提出的，又是在刑事诉讼中附带解决的，因此称为附带民事诉讼。《刑事诉讼法》第 101 条规定："被害人由于被告人的犯罪行为而遭受物质损失的，在刑事诉讼过程中，有权提起附带民事诉讼。被害人死亡或者丧失行为能力的，被害人的法定代理人、近亲属有权提起附带民事诉讼。如果是国家财产、集体财产遭受损失的，人民检察院在提起公诉的时候，可以提起附带民事诉讼。"附带民事诉讼程序能较有效地化解社会矛盾纠纷，保证被害人及时得到赔偿；有利于节约诉讼资源，便于诉讼参与人参加诉讼；有利于维护人民法院审判工作的统一性和权威性。根据法理以及立法和司法解释的规定，附带民事诉讼的成立必须符合以下条件：

一、刑事附带民事诉讼必须以刑事诉讼的成立为前提

附带民事诉讼是由刑事诉讼所追究的犯罪行为引起的，是在追究行为人的刑事责任的同时，附带追究行为人的损害赔偿责任。因此，附带民事诉讼必须以刑事诉讼的成立为前提。如果刑事诉讼不成立，附带民事诉讼就失去了存在的基础。

但要注意的是，刑事诉讼的成立并不等同于对被告人科处刑罚。因为刑事诉讼的审判结果有可能是疑案从无，或被告人的行为虽然构成犯罪，但根据法律规定却不需要判处刑罚或可以免除刑罚。由此可见，如果刑事诉讼不成立，被害人应当提起独立的民事诉讼，而不能提起附带民事诉讼。此外，如果刑事诉讼程序尚未启动，或者刑事诉讼程序已经结束，被害人也只能提起独立的民事诉讼，而不能提起附带民事诉讼。

二、被害人的物质损失是由被告人的犯罪行为所造成

1. 造成被害人或国家、集体物质损失的被告人的犯罪行为是指被告人在刑事诉讼中被指控为犯罪的行为，而不是实际上确已构成犯罪的行为。只要被告人的行为被公安司法机关或者监察机关认为"构成犯罪需要追究刑事责任"予以立案，那么该行为即为此处的"犯罪行为"，该行为所造成的损害赔偿便属于附带民事诉讼的范围。"人民法院认定公诉案件被告人的行为不构成犯罪的，对已经提起的附带民事诉讼，经调解不能达成协议的，应当一并作出刑事附带民事判决。"[1]

2. 被告人的犯罪行为所造成的被害人或国家、集体的损失必须是物质损失。《刑事诉讼法》第101条第1款规定："被害人由于被告人的犯罪行为而遭受物质损失的，在刑事诉讼过程中，有权提起附带民事诉讼。"物质损失，是相对于精神损失而言的，是指因被害人的人身、财产遭受犯罪行为的侵害而产生的可以用金钱计算的损失。根据《最高人民法院关于适用〈中华人民共和国刑事诉讼法〉的解释》第138条、第155条的规定，被害人因人身权利受到犯罪侵犯或者财物被犯罪分子毁坏而遭受物质损失的，有权在刑事诉讼过程中提起附带民事诉讼。犯罪行为造成被害人人身损害的，应当赔偿医疗费、护理费、交通费等为治疗和康复支付的合理费用，以及因误工减少的收入。造成被害人残疾的，还应当赔偿残疾生活辅助具费等费用；造成被害人死亡的，还应当赔偿丧葬费等费用。驾驶机动车致人伤亡或者造成公私财产重大损失，构成犯罪的，依照《道路交通安全法》第76条的规定确定赔偿责任。据此，犯罪行为造成的物质损失，既包括犯罪行为已经给被害人造成的物质损失，如犯罪分子作案时破坏的门窗、车辆、物品，被害人的医疗费、营养费等，还包括被害人将来必然遭受的物质利益的损失，如因伤残减少的劳动收入、今后继续医疗的费用。但是，被害人应当获得赔偿的损失不包括今后可能得到的或通过努力才能争得的物质利益，如加班费等。至于在犯罪过程中因被害人自己的过错造成的损失，则不应由被告人承担。

3. 被害人所遭受的物质损失与被告人的犯罪行为之间存在因果关系。在刑法上，犯罪行为是一种应受刑罚处罚的行为，行为人应当承担刑事责任；在民法上，犯罪行为又是一种侵权行为，行为人应当承担民事责任。因此，在能够成为附带民事诉讼审判对象的损害赔偿纠纷中，被害人的损失与被告人的犯罪行为之间必然具有因果关系，即被害人的损失是由被告人的犯罪行为造成的。如果被害人的损失不是由被告人的犯罪行为造成的，或者被害人的损失与被告人受到指控的犯罪行为之间没有直接的因果关系，便不能构成附带民事诉讼。

---

〔1〕《最高人民法院关于适用〈中华人民共和国刑事诉讼法〉的解释》（法释〔2012〕21号）第160条。

三、具有赔偿请求权的人在刑事诉讼过程中向司法机关提出了损害赔偿的诉讼请求

附带民事诉讼程序以保障被害人权益为导向，便于被害人及其法定代理人、近亲属参加诉讼程序并及时获得赔偿。

1. 具有赔偿请求权的人包括被害人、被害人的法定代理人、近亲属、人民检察院。被害人包括受犯罪行为直接侵害的公民、法人和其他组织。如果被害人死亡或者丧失行为能力，被害人的法定代理人、近亲属有权提起附带民事诉讼。如果是国家财产、集体财产遭受损失的，人民检察院在提起公诉的时候，可以提起附带民事诉讼。有权提起附带民事诉讼的人放弃诉讼权利的，应当准许，并记录在案。国家机关工作人员在行使职权时，侵犯他人人身、财产权利构成犯罪，被害人或者其法定代理人、近亲属提起附带民事诉讼的，人民法院不予受理，但应当告知其可以依法申请国家赔偿。

2. 附带民事诉讼必须在刑事诉讼过程中向司法机关提出。依据《最高人民法院关于适用〈中华人民共和国刑事诉讼法〉的解释》第 147 条、第 161 条的规定，附带民事诉讼应当在刑事案件立案后及时提起。第一审期间未提起附带民事诉讼，在第二审期间提起的，第二审人民法院可以依法进行调解；调解不成的，告知当事人可以在刑事判决、裁定生效后另行提起民事诉讼。由此可见，附带民事诉讼应当在刑事案件立案后一审判决宣告之前及时提起，如果附带民事诉讼的当事人在第一审判决宣告以前没有提起的，不得再提起附带民事诉讼，但可以在刑事判决生效后另行提起民事诉讼。如果有权提起附带民事诉讼的人在刑事判决生效后另行提起民事诉讼，则不受刑事诉讼法有关提起附带民事诉讼期间的限制。

引例分析

本案符合提起附带民事诉讼的条件，可以提起附带民事诉讼，被害人史某有权提起附带民事诉讼。

思考与练习

1. 附带民事诉讼的赔偿请求范围是什么？
2. 附带民事诉讼成立的条件是什么？

拓展阅读

附带民事诉讼就其解决的问题而言，是物质损失赔偿问题，与民事诉讼中的损害赔偿一样，属于民事纠纷，但它和一般的民事诉讼又有区别，有着自己的特殊之处。从实体上说，这种赔偿是由犯罪行为引起的；从程序上说，它是在刑事诉讼过程中提起的，通常由审判刑事案件的审判组织一并审判。其成立和解决都与刑事诉讼密不可分，因而是一种特殊的诉讼程序。正因为如此，解决附带民事诉讼问题时所依据的法

律具有复合性特点：就实体法而言，对损害事实的认定，不仅要遵循刑法关于具体案件犯罪构成的规定，而且要受民事法律规范调整；就程序法而言，除刑事诉讼法有特殊规定的以外，应当适用民事诉讼法的规定，如诉讼原则、强制措施、证据、先行给付、诉讼保全、调解和解、撤诉反诉等，所以《最高人民法院关于适用〈中华人民共和国刑事诉讼法〉的解释》第 163 条规定："人民法院审理附带民事诉讼案件，除刑法、刑事诉讼法以及刑事司法解释已有规定的以外，适用民事法律的有关规定。"[1]

项目二 刑事附带民事诉讼的当事人和赔偿范围

 引例

2016 年 3 月，某妇女薛某外出散步时被李某强奸。作案后李某逃亡外地。被害人将此事告诉丈夫，后两人发生口角，被害人服毒自杀，因及时抢救脱险。其花去医疗费 30 000 元。2017 年 2 月，公安机关将李某抓获，在庭审中，被害人提出要求被告人负担其住院的医疗费用。

问题：被害人提出要求被告人负担其住院的医疗费用有无法律依据？

基本原理

一、刑事附带民事诉讼的当事人

刑事附带民事诉讼的当事人包括刑事附带民事诉讼原告人和刑事附带民事诉讼被告人。

刑事附带民事诉讼原告人，是以自己的名义向司法机关提起附带民事诉讼赔偿请求的人。根据《刑事诉讼法》和有关司法解释的规定，以下主体有权提起附带民事诉讼：

1. 因犯罪行为遭受物质损失的公民。任何公民由于被告人的犯罪行为而遭受物质损失的，在刑事诉讼过程中，都有权提起附带民事诉讼。

2. 因犯罪行为遭受物质损失的企业、事业单位、机关、团体等。作为犯罪侵害的对象，应当既包括自然人，也包括单位，因为二者都是可能受到犯罪侵害的权利主体。

3. 被害人的法定代理人。当被害人是未成年人或精神病患者等无行为能力人或者限制行为能力人时，或者因为犯罪行为的侵害而丧失行为能力，无法自己提起附带民事诉讼的，他们的法定代理人可以代为提起附带民事诉讼。

4. 被害人的近亲属。当被害人死亡时，其近亲属可以提起附带民事诉讼。刑事诉讼法规定的"近亲属"范围为"夫、妻、父、母、子、女、同胞兄弟姐妹"。近亲属

---

〔1〕 http://baike.baidu.com/view/720666.htm.

是与死者有血缘关系或婚姻关系的亲属，通常享有继承被害人财产的权利。被害人因被告人的犯罪行为遭受经济损失而应获得的赔偿，应当看作属于被害人遗产的范围，因而，被害人的近亲属有权提起附带民事诉讼。

5. 人民检察院。如果是国家财产、集体财产遭受损失的，人民检察院在提起公诉时，可以提起附带民事诉讼。当国家财产、集体财产遭受损失，而被害单位没有提起附带民事诉讼时，人民检察院作为国家利益的维护者，有责任提起附带民事诉讼。但检察机关作为附带民事原告人无权同被告人就经济赔偿通过调解达成协议或自行和解。

刑事附带民事诉讼被告人，是指对犯罪行为造成的物质损失负有赔偿责任的人。以下主体可能成为附带民事诉讼的被告人：

1. 刑事被告人本人。附带民事诉讼被告人通常是刑事诉讼的被告人。机关、团体、企事业单位的工作人员在执行职务中因过失犯罪而造成公民、法人财产损失的，刑事被告人所在的机关、团体、企事业单位可以成为附带民事诉讼被告人。

2. 刑事被告人的监护人。指的是未成年或者限制刑事责任能力被告人的监护人。《民法总则》第27条规定："父母是未成年子女的监护人。未成年人的父母已经死亡或者没有监护能力的，由下列有监护能力的人按顺序担任监护人：①祖父母、外祖父母；②兄、姐；③其他愿意担任监护人的个人或者组织，但是须经未成年人住所地的居民委员会、村民委员会或者民政部门同意。"此外，根据《民法总则》第28条的规定："无民事行为能力或者限制民事行为能力的成年人，由下列有监护能力的人按顺序担任监护人：①配偶；②父母、子女；③其他近亲属；④其他愿意担任监护人的个人或者组织，但是须经被监护人住所地的居民委员会、村民委员会或者民政部门同意。"由此可见，未成年刑事被告人的监护人或者限制刑事责任能力被告人的监护人依法对其被监护人犯罪行为造成的损害承担民事责任是实体法规定的义务，是法定义务，属于附带民事诉讼中依法负有赔偿责任的人，也应列为附带民事诉讼的被告人。

3. 未被追究刑事责任的其他共同侵害人。一般指的是与被告人共同实施致使被害人遭受物质损失的行为，但因未达到刑事责任年龄、不具有刑事责任能力而依法不负刑事责任，或者因犯罪情节显著轻微依法未追究其刑事责任的人。这种情形主要是指在共同犯罪案件中，有的被告人被交付人民法院审判，有的被告人被公安机关作出行政处罚，有的被告人被人民检察院作出不起诉决定，在这种情况下，未被交付法院审判的同案人都可以列为附带民事诉讼被告人。因为数人共同造成他人物质损失的行为是一个不可分割的整体行为，造成物质损失结果的原因是共同的加害行为，各加害人都应对物质损害承担民事赔偿责任。

如果被害人或者其法定代理人、近亲属仅对部分共同侵害人提起附带民事诉讼的，人民法院应当告知其可以对其他共同侵害人，包括没有被追究刑事责任的共同侵害人，一并提起附带民事诉讼，但共同犯罪案件中同案犯在逃的除外。被害人或者其法定代理人、近亲属放弃对其他共同侵害人的诉讼权利的，人民法院应当告知其相应的法律后果，并在裁判文书中说明其放弃诉讼请求的情况。

4. 当有完全赔偿责任的刑事被告人在刑事诉讼过程中死亡，其遗产继承人可以成为法定民事诉讼被告人。包括已被执行死刑的罪犯的遗产继承人和共同犯罪案件中案件审结前死亡的被告人的遗产继承人。在这两种情况下对被害人的经济赔偿应当看作是已经死亡的刑事被告人生前所负的债务，属于遗产的清偿范围。

5. 对被害人的物质损失依法应当承担赔偿责任的其他单位和个人。除了上述几类依法应当负有赔偿责任的人以外，其他因刑事被告人的犯罪行为依法应当承担民事赔偿责任的单位和个人，也负有赔偿责任。另外，附带民事诉讼的被告人的亲友自愿代为赔偿的，司法机关应当准许。

二、刑事附带民事诉讼的赔偿范围

《刑事诉讼法》第 101 条第 1 款规定，被害人由于被告人的犯罪行为而遭受物质损失的，在刑事诉讼过程中，有权提起附带民事诉讼。被害人死亡或者丧失行为能力的，被害人的法定代理人、近亲属有权提起附带民事诉讼。这里指的是"物质损失"。《刑事诉讼法》第 101 条第 2 款规定，如果是国家财产、集体财产遭受损失的，人民检察院在提起公诉的时候，可以提起附带民事诉讼。这里指的是"财产损失"。此外，《刑法》第 36 条规定，由于犯罪行为而使被害人遭受经济损失的，对犯罪分子除依法给予刑事处罚外，并应根据情况判处赔偿经济损失。这里指的是"经济损失"。

根据上述法律规定，可以理解为在附带民事诉讼赔偿范围的问题上，物质损失、财产损失、经济损失三词在逻辑上属于同一概念。《最高人民法院关于适用〈中华人民共和国刑事诉讼法〉的解释》，对刑事附带民事诉讼赔偿范围作出了明确的规定：

1. 因人身权利受到犯罪侵犯而遭受物质损失或者财物被犯罪分子毁坏而遭受物质损失的，可以提起附带民事诉讼。被害人因犯罪行为遭受的物质损失，是指被害人因犯罪行为已经遭受的实际损失和必然遭受的损失，包括赔偿医疗费、护理费、交通费、误工费、残疾生活辅助具费、丧葬费等。

2. 对于被害人因犯罪行为遭受精神损失而提起附带民事诉讼的，人民法院不予受理。刑事诉讼法没有将精神损害赔偿金纳入赔偿范围，因为根据罪刑法定的基本原则，刑法已经明确规定了刑罚的不同种类和各罪的量刑空间，经过侦查、公诉、审判和执行等诉讼阶段，刑罚的目的已实现，那么就不应再要求犯罪分子承担带有惩罚性质的精神损害赔偿金。而且判决过高的精神损害赔偿金极有可能打消被告人履行判决的积极性，导致附带民事诉讼判决成为一纸空文。

3. 犯罪分子非法占有、处置被害人财产而使其遭受物质损失的，应当依法予以追缴或者责令退赔，被害人不可以提起附带民事诉讼。在盗窃、诈骗等以非法占有为目的的侵财型犯罪中，被害人因犯罪分子非法占有、处置被害人财产而遭受的物质损失只能依照《刑法》第 64 条规定予以追缴或责令退赔，而不能通过附带民事诉讼直接获得赔偿。经过追缴或者退赔后仍不能弥补损失，被害人向人民法院民事审判庭另行提起民事诉讼的，人民法院可以受理。

4. 物质损失不包括死亡赔偿金和残疾赔偿金。《最高人民法院关于适用〈中华人民共和国刑事诉讼法〉的解释》第 155 条规定的赔偿范围内并没有明确规定赔偿死亡赔偿金和残疾赔偿金。2001 年《最高人民法院关于确定民事侵权精神损害赔偿责任若干问题的解释》第 9 条规定，精神损害抚慰金包括残疾赔偿金和死亡赔偿金。因此死亡赔偿金和残疾赔偿金不能纳入刑事附带民事诉讼的赔偿范围。

虽然司法解释明文禁止法院以伤残赔偿金、死亡补偿费的形式对被害人及其法定代理人、近亲属进行抚慰，但法律并不反对犯罪嫌疑人、被告人自愿赔偿并取得被害人及其近亲属的谅解，在此前提下法院可以作为量刑轻缓的情节予以考虑。

5. 驾驶机动车致人伤亡或者造成公私财产重大损失，构成犯罪的，依照《道路交通安全法》第 76 条的规定确定赔偿责任。

法条链接

《道路交通安全法》第七十六条　机动车发生交通事故造成人身伤亡、财产损失的，由保险公司在机动车第三者责任强制保险责任限额范围内予以赔偿；不足的部分，按照下列规定承担赔偿责任：

（一）机动车之间发生交通事故的，由有过错的一方承担赔偿责任；双方都有过错的，按照各自过错的比例分担责任。

（二）机动车与非机动车驾驶人、行人之间发生交通事故，非机动车驾驶人、行人没有过错的，由机动车一方承担赔偿责任；有证据证明非机动车驾驶人、行人有过错的，根据过错程度适当减轻机动车一方的赔偿责任；机动车一方没有过错的，承担不超过百分之十的赔偿责任。

交通事故的损失是由非机动车驾驶人、行人故意碰撞机动车造成的，机动车一方不承担赔偿责任。

引例分析

被害人不能提出要求被告人负担其住院的医疗费用。根据我国刑事诉讼法规定，提起附带民事诉讼的条件是因犯罪行为而造成其物质上的损失。本案中被害人的住院费用并非由于犯罪行为而造成的。

思考与练习

1. 附带民事诉讼主体的范围是什么？

2. 附带民事诉讼的赔偿范围是什么？

拓展阅读

　　关于附带民事诉讼应否包括精神赔偿问题，许多国家都经历了一个由不承认到承认的发展过程。随着人们对精神损害认识观念的变化，越来越多的国家将精神损害纳入附带民事诉讼的赔偿范围。

　　我国法学界对于附带民事诉讼是否应包括精神赔偿也存在不同的看法。有人主张，按照《民法通则》的规定，附带民事诉讼应包括精神损害赔偿。理由主要是，1979 年颁布《刑法》和《刑事诉讼法》时，民事损害赔偿的理论与实践都没有扩大到精神损害赔偿，因此，刑法和刑事诉讼法将附带民事诉讼的赔偿范围限定为物质损害是有道理的。1982 年《民法通则》通过后，我国请求民事侵权赔偿的范围已扩大到侵害人身权。侵害人身权包括侵害公民的生命健康权、肖像权、名誉权、荣誉权等。由于附带民事诉讼在性质上属于民事诉讼，在程序上应当受民事实体法的调整，因此，《民法通则》的有关规定在附带民事诉讼中应同样适用。

　　应该承认，这种观点是有道理的，也代表了附带民事诉讼赔偿范围的一般发展趋势。但我国在 1996 年修正《刑事诉讼法》时，考虑到司法实践的具体情况，没有对附带民事诉讼的赔偿范围作出修改。因此，在现阶段，根据法律的明确规定和有关司法解释，附带民事诉讼的赔偿范围仍限于因被告人的犯罪行为造成的物质损失。[1]

项目三　刑事附带民事诉讼的提起和审判

引例

　　小明今年 16 岁，高中一年级，因与同班同学小华发生口角，小华找来一名校外朋友小李将小明打成轻伤，小明住院共花去医药费 8000 多元。从公安机关的调查中得知，小华年龄为 15 岁，不承担刑事责任，虽然他请来的朋友小李已满 18 周岁，但是由于没有正当工作，不具有赔偿能力。小明提起刑事附带民事诉讼，要求小华和小李承担赔偿责任。

　　问题：1. 小明应当在什么时间提起刑事附带民事诉讼？

　　2. 本案谁应当承担赔偿责任？为什么？

基本原理

一、刑事附带民事诉讼的提起

　　刑事附带民事诉讼应按照民事诉讼原则进行。《刑事诉讼法》第 101 条第 1 款规

―――――――――――――

　　〔1〕　https://baike.so.com/doc/5380647 - 5616921.html.

定，被害人由于被告人的犯罪行为而遭受物质损失的，在刑事诉讼过程中，有权提起附带民事诉讼。

（一）刑事附带民事诉讼的提起时间

刑事附带民事诉讼应当在刑事案件立案以后第一审判决宣告以前提起。如果有权提起附带民事诉讼的人在第一审判决宣告以前没有提起的，不得再提起附带民事诉讼，但可以在刑事判决生效后另行提起民事诉讼。如果第一审期间未提起附带民事诉讼，在第二审期间提起的，第二审人民法院可以依法进行调解；调解不成的，告知当事人可以在刑事判决、裁定生效后另行提起民事诉讼。

应当明确的是，只要是在刑事诉讼过程中，无论是在侦查阶段、起诉阶段还是审判阶段，被害人依法都可以提起附带民事诉讼。在侦查、预审、审查起诉阶段，有权提起附带民事诉讼的人向公安机关、人民检察院提出赔偿要求，公安机关、人民检察院已经记录在案的，刑事案件起诉后，人民法院应当按附带民事诉讼案件受理。如果经过公安机关、人民检察院调解，当事人双方已经达成协议并全部履行，被害人或者其法定代理人、近亲属又提起附带民事诉讼的，人民法院不予受理，但有证据证明调解违反自愿、合法原则的除外。

（二）刑事附带民事诉讼的提起方式

1. 提交附带民事诉状。提起附带民事诉讼应当提交附带民事诉状，书写诉状确有困难的，可以口头起诉。审判人员应当对原告人的口头诉讼请求详细询问，并制作笔录，向原告人宣读；原告人确认无误后，应当签名。

2. 立案审查。人民法院收到附带民事诉状后，应当进行审查，并在 7 日内决定是否立案。符合《刑事诉讼法》第 101 条规定的条件的，应当受理；不符合规定的，裁定不予受理。原告对裁定不服的，可以提起上诉。

3. 送达法律文书。人民法院受理附带民事诉讼后，应当在 5 日内向附带民事诉讼的被告人送达附带民事起诉状副本，或者将口头起诉的内容及时通知附带民事诉讼的被告人，并制作笔录。人民法院送达附带民事起诉状副本时，应当根据刑事案件审理的期限，确定被告人或者其法定代理人提交民事答辩状的时间。

（三）附带民事诉讼中的保全措施

刑事附带民事诉讼的提起具有滞后性，实践中犯罪嫌疑人、被告人可能在判决前转移财产以逃避附带民事赔偿。为保证未来判决的执行，为加强对刑事附带民事诉讼中被害人权利的保障，法律规定了刑事附带民事诉讼中的保全措施。明确在刑事立案后当事人就可以申请进行财产保全，公、检、法三机关根据申请可以相应采取财产保全措施。

1. 刑事附带民事诉讼的财产保全。刑事附带民事诉讼的财产保全，是指在刑事诉讼过程中，在可能因被告人或其他人的行为导致将来发生法律效力的刑事附带民事诉讼判决不能或难以得到执行时，司法机关对被告人的财产采取一定的保全措施，从而保证附带民事判决能够得到执行。

（1）启动保全的方式。《刑事诉讼法》第 102 条规定："人民法院在必要的时候，可以采取保全措施，查封、扣押或者冻结被告人的财产。附带民事诉讼原告人或者人民检察院可以申请人民法院采取保全措施。人民法院采取保全措施，适用民事诉讼法的有关规定。"由此可见，附带民事诉讼的财产保全有两类：第一类是依职权的保全措施，即人民法院在必要的时候，可以采取保全措施，查封、扣押或者冻结被告人的财产。人民法院在审判过程中采取保全措施时，适用民事诉讼法的有关规定。第二类是依申请的保全措施，即附带民事诉讼原告人或者人民检察院可以申请人民法院采取保全措施。

（2）申请保全的时间。附带民事诉讼原告人在刑事案件立案后即可申请保全犯罪嫌疑人的财产。另外，根据《最高人民法院关于适用〈中华人民共和国刑事诉讼法〉的解释》第 152 条第 2 款规定，有权提起附带民事诉讼的人因情况紧急，不立即申请保全将会使其合法权益受到难以弥补的损害的，可以在提起附带民事诉讼前，向被保全财产所在地、被申请人居住地或者对案件有管辖权的人民法院申请采取保全措施。申请人在人民法院受理刑事案件后 15 日内未提起附带民事诉讼的，人民法院应当解除保全措施。

法条链接

《民事诉讼法》第一百条 人民法院对于可能因当事人一方的行为或者其他原因，使判决难以执行或者造成当事人其他损害的案件，根据对方当事人的申请，可以裁定对其财产进行保全、责令其作出一定行为或者禁止其作出一定行为；当事人没有提出申请的，人民法院在必要时也可以裁定采取保全措施。

人民法院采取保全措施，可以责令申请人提供担保，申请人不提供担保的，裁定驳回申请。

人民法院接受申请后，对情况紧急的，必须在四十八小时内作出裁定；裁定采取保全措施的，应当立即开始执行。

第一百零一条 利害关系人因情况紧急，不立即申请保全将会使其合法权益受到难以弥补的损害的，可以在提起诉讼或者申请仲裁前向被保全财产所在地、被申请人住所地或者对案件有管辖权的人民法院申请采取保全措施。申请人应当提供担保，不提供担保的，裁定驳回申请。

人民法院接受申请后，必须在四十八小时内作出裁定；裁定采取保全措施的，应当立即开始执行。

申请人在人民法院采取保全措施后三十日内不依法提起诉讼或者申请仲裁的，人民法院应当解除保全。

第一百零二条 保全限于请求的范围，或者与本案有关的财物。

第一百零三条 财产保全采取查封、扣押、冻结或者法律规定的其他方法。人民法院保全财产后，应当立即通知被保全财产的人。

财产已被查封、冻结的，不得重复查封、冻结。

第一百零四条 财产纠纷案件，被申请人提供担保的，人民法院应当裁定解除保全。

2. 刑事附带民事诉讼的先予执行。刑事附带民事诉讼的先予执行，是指在刑事诉讼过程中，在法院就附带民事诉讼作出判决之前，司法机关根据民事原告人的请求，要求民事被告人先行给付民事原告人一定款项或履行一定义务并立即执行的措施。

刑事附带民事诉讼的先予执行必须符合以下条件：①刑事附带民事诉讼当事人之间的权利义务关系明确、肯定，因被告人的行为给被害人造成了极大的损失，使被害人的生活存在障碍而难以继续。如伤害案件中的被害人的医疗费用，死亡案件中的丧葬费以及被抚养人的抚养费问题。②双方当事人之间不存在对等的给付义务。③刑事附带民事诉讼原告人必须提出了申请，否则，司法机关不依职权决定先予执行。④刑事附带民事诉讼被告人必须有履行能力，如果被告根本就没有能力先行给付，裁定先予执行也无法执行。

对于刑事附带民事诉讼原告人提起的民事请求，人民法院应当依照民事诉讼法的规定裁定先予执行或者不予以裁定。采取先予执行的措施时既要考虑到被害人的生活急需，又要考虑到被告人的实际支付能力。先予执行的数额应当折抵附带民事诉讼的最终判决所确定的数额。

二、刑事附带民事诉讼的审判

人民法院审理刑事附带民事诉讼案件，除刑法、刑事诉讼法以及刑事司法解释已有规定的以外，适用民事法律的有关规定。根据《刑事诉讼法》第104条的规定："附带民事诉讼应当同刑事案件一并审判，只有为了防止刑事案件审判的过分迟延，才可以在刑事案件审判后，由同一审判组织继续审理附带民事诉讼。"该规定从原则上明确了刑事附带民事诉讼案件的审理程序。

（一）审判组织

通常情况下，附带民事诉讼应同刑事案件一并审理并作出判决。刑事案件附带的民事诉讼部分与刑事部分是紧密相连的，因而，民事部分的审判与刑事部分的审判一般应同时进行。人民法院只有在全面查清案件事实，确定被告人的行为是否构成犯罪、是否应当承担刑事责任以及刑事责任大小的基础上，才有可能对被告人是否应当承担被害人的物质损失以及赔偿损失的范围作出认定，进而确定赔偿的范围以及赔偿的形式。

如果附带民事部分同刑事部分一并审判确有一定的困难，可能影响刑事部分在法定时间内审结时，也可以对刑事部分和民事部分分开审判。但是在分开审判时要注意以下几个问题：①只能先审刑事部分，后审附带民事部分，而不能先审附带民事部分，再审刑事部分。②必须由审理刑事案件的同一审判组织继续审理附带民事部分，不得另行组成合议庭；如果同一审判组织的成员确实无法继续参加审判的，可以更换审判组织成员。③附带民事部分的判决对案件事实的认定不得同刑事判决相抵触。④附带民事部分的延期审理，一般不影响刑事判决的生效。

此外，对于被害人遭受的物质损失或者被告人的赔偿能力一时难以确定，以及附带民事诉讼当事人因故不能到庭等案件，为了防止刑事案件审判的过分迟延，附带民事诉讼可以在刑事案件审判后，由同一审判组织继续审理。

（二）刑事附带民事诉讼的受理和准备

1. 人民法院审理刑事附带民事诉讼案件，不收取诉讼费。人民法院收到附带民事诉状后，应当进行审查，并在 7 日内决定是否立案。符合法定条件的，应当受理；不符合条件的，应当裁定不予受理。

2. 人民法院受理刑事附带民事诉讼后，应当在 5 日内向附带民事诉讼的被告人送达附带民事起诉状副本，或者将口头起诉的内容及时通知附带民事诉讼的被告人，并制作笔录。被告人是未成年人的，应当将附带民事诉讼起诉书副本送达其法定代理人，或者将口头起诉的内容通知其法定代理人。

3. 人民法院送达刑事附带民事起诉状副本时，应当根据刑事案件审理的期限，确定被告人及其法定代理人提交民事答辩状的时间。

（三）刑事附带民事诉讼的调解程序

《刑事诉讼法》第 103 条规定，人民法院审理刑事附带民事诉讼案件，可以进行调解，或者根据物质损失情况作出判决、裁定。附带民事诉讼本质上是民事诉讼，其解决的是因犯罪行为造成的物质损失的赔偿问题，属于私权争议，因此可以适用法院调解。该调解是在人民法院的主持下，通过说服、劝导使双方当事人就民事权利、义务达成协议，从而解决民事纠纷的活动。刑事附带民事诉讼的调解程序有以下特点：

1. 调解可以作为人民法院审理刑事附带民事诉讼案件的结案方式之一，而且调解协议具有法律效力，应当为诉讼双方当事人所遵守。

2. 人民法院在调解时可以突破"物质损失情况"的限制，而且被告人也可以通过给付死亡赔偿金、死亡赔偿费等精神损害抚慰金的形式取得被害人及其近亲属的谅解，这可以作为犯罪嫌疑人、被告人认罪、悔罪的量刑情节，人民法院在判决时可以予以考虑。

3. 调解应当在自愿合法的基础上进行。经调解达成协议的，审判人员应当及时制作调解书。调解书经双方当事人签收后即发生法律效力。调解达成协议并当庭执行完毕的，可以不制作调解书，但应当制作笔录，经双方当事人、审判人员、书记员签名或者盖章即发生法律效力。经调解无法达成协议或者调解书签收前当事人一方反悔的，附带民事诉讼应当同刑事诉讼一并开庭审理，作出判决。

在整个刑事诉讼过程中，公、检、法机关都可以对附带民事诉讼进行调解。经公安机关、人民检察院调解，当事人双方已经达成协议并全部履行，被害人或者其法定代理人、近亲属又提起附带民事诉讼的，人民法院不予受理，但有证据证明调解违反自愿、合法原则的除外。

（四）刑事附带民事诉讼的判决和裁定的上诉、抗诉期

《最高人民法院关于适用〈中华人民共和国刑事诉讼法〉的解释》第301条第2款规定，对附带民事判决、裁定的上诉、抗诉期限，应当按照刑事部分的上诉、抗诉期限确定。附带民事部分另行审判的，上诉期限也应当按照刑事诉讼法规定的期限确定。上述规定表明，无论是附带民事诉讼还是附带民事部分另行审判的，其上诉期均为：不服判决的上诉和抗诉的期限为10日，不服裁定的上诉和抗诉的期限为5日。

（五）刑事附带民事诉讼的二审程序

根据《刑事诉讼法》第227条第2款规定，附带民事诉讼的当事人和他们的法定代理人，可以对地方各级人民法院第一审的判决、裁定中的附带民事诉讼部分，提出上诉。

1. 刑事附带民事诉讼的上诉权。刑事附带民事诉讼当事人及其法定代理人的对附带民事诉讼部分的判决、裁定的上诉权是法律赋予他们以维护其自身合法权益的一项基本诉讼权利，是独立于被告人、自诉人和他们的法定代理人享有的对刑事案件的判决、裁定的上诉权之外的权利，并不依附于刑事部分，也不受刑事部分是否上诉、抗诉的影响。附带民事诉讼的当事人及其法定代理人只要在规定期内对附带民事诉讼部分提起上诉，必然就会引起第二审程序。

2. 刑事附带民事诉讼二审案件的审理。

（1）地方各级人民法院的第一审判决、裁定的刑事部分和附带民事部分都进行上诉和抗诉的，应根据《刑事诉讼法》第233条的规定处理。即第二审人民法院审理附带民事诉讼的上诉、抗诉案件时，应当就第一审判决、裁定的全部内容，对其认定的事实和适用法律进行全面审查，不受上诉、抗诉的范围的限制。如果第一审判决的刑事部分并无不当，第二审人民法院只需就附带民事诉讼部分作出处理；如果第一审判决附带民事部分事实清楚，适用法律正确的，应当以刑事附带民事裁定维持原判，驳回上诉、抗诉；如果发现刑事和附带民事部分均有错误需依法改判的，应当一并改判。

（2）刑事附带民事诉讼案件，只有附带民事诉讼当事人及其法定代理人上诉的，第二审人民法院也应当对全案进行审查。如果经审查，第一审判决的刑事部分并无不当的，第二审人民法院只需就附带民事部分作出处理；第一审判决的附带民事部分事实清楚，适用法律正确的，应当以刑事附带民事裁定维持原判，驳回上诉。

（3）刑事附带民事诉讼案件，只有附带民事诉讼当事人及其法定代理人上诉的，第一审刑事部分的判决在上诉期满后即发生法律效力。如果应当送监执行的第一审刑事被告人是第二审附带民事诉讼被告人的，在第二审附带民事诉讼案件审结前，可以暂缓送监执行。

（4）第二审人民法院审理对附带民事诉讼部分提出上诉、抗诉，刑事部分已经发生法律效力的案件，如果发现第一审判决或者裁定中的刑事部分确有错误，应当对刑事部分按照审判监督程序进行再审，并将附带民事诉讼部分与刑事部分一并审理。

（5）在第二审案件附带民事部分审理中，如果第一审民事原告人增加独立的诉讼请求或者第一审民事被告人提出反诉的，第二审人民法院可以根据当事人自愿的原则就新增加的诉讼请求或者反诉进行调解，调解不成的，告知当事人另行起诉。

3. 刑事附带民事诉讼二审案件的调解。附带民事诉讼调解既适用于第一审案件，也适用于二审案件。第二审人民法院在对附带民事诉讼案件进行调解时，应该坚持自愿、平等、合法的原则，在查清事实、分清是非、明确责任的前提下对双方当事人进行调解。

（1）第二审人民法院对附带民事诉讼案件进行调解时，应当及时，不能久调不决。对于当事人双方或一方不愿接受调解，或者经过调解达不成协议，或者虽然达成调解协议，但在调解书送达前当事人反悔，调解无效时，应当及时判决。

（2）第二审人民法院对附带民事诉讼案件经过调解，达成调解协议的，如果是当庭就已执行的，可以不制作调解书；如果不是当庭执行的，人民法院应当制作调解书，并送达双方当事人。调解书一经送达双方当事人，即发生法律效力；如果在调解书送达前，双方或一方当事人反悔的，调解书不发生法律效力，人民法院应及时进行判决。

（3）第二审人民法院在审理附带民事诉讼的上诉、抗诉案件的过程中，原审附带民事诉讼的原告人增加独立的诉讼请求或者原审附带民事诉讼被告人提出反诉的，可以根据当事人自愿的原则就新增加的诉讼请求或者反诉进行调解。调解达成协议的，经当庭执行，或调解书送达后，附带民事诉讼终结。调解不成，经调解无效的，告知当事人另行起诉。

（六）审判阶段特殊情况的处理

1. 人民法院审理时认定公诉案件被告人的行为不构成犯罪，对已经提起的附带民事诉讼，经调解不能达成协议的，应当一并作出刑事附带民事判决。

2. 人民法院准许人民检察院撤回起诉的公诉案件，对已经提起的附带民事诉讼，可以进行调解；不宜调解或者经调解不能达成协议的，应当裁定驳回起诉，并告知附带民事诉讼原告人可以另行提起民事诉讼。

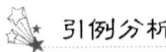 **引例分析**

小明应当在刑事立案以后第一审判决宣告以前提起刑事附带民事诉讼。《最高人民法院关于适用〈中华人民共和国刑事诉讼法〉的解释》第 143 条规定："附带民事诉讼中依法负有赔偿责任的人包括：①刑事被告人以及未被追究刑事责任的其他共同侵害人；②刑事被告人的监护人；③死刑罪犯的遗产继承人；④共同犯罪案件中，案件审结前死亡的被告人的遗产继承人；⑤对被害人的物质损失依法应当承担赔偿责任的其他单位和个人。"其中，"未被追究刑事责任的其他共同侵害人"指的是与被告人共同实施致使被害人遭受物质损失的行为，但因未达到刑事责任年龄、不具有刑事责任能力而依法不负刑事责任，或者因犯罪情节显著轻微依法未追究其刑事责任的人。"刑事被告的监护人"指的是未成年或者限制刑事责任能力被告人的监护人。根据本解释的规定，小华及其监护人，以及小华找来的朋友小李都应对小明的医药费损失承担赔偿责任。

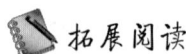 **思考与练习**

张某与王某因口角发生扭打，张某将王某打成重伤。检察院以故意伤害罪向法院提起公诉，被害人王某同时向法院提起附带民事诉讼。

问题：1. 如果一审宣判后，张某对刑事部分不服提出上诉，王某对民事部分不服提出上诉，第二审法院在审理中发现本案的刑事部分和附带民事部分认定事实都没有错误，但适用法律有错误，应当如何处理？

2. 如果一审宣判后，王某对附带民事部分判决上诉中增加了独立的诉讼请求，张某在二审中也对民事部分提出了反诉，二审法院应当如何处理？

拓展阅读

福州首起刑事附带民事公益诉讼案件宣判[1]

2018 年 5 月，福州市仓山区人民法院对全市首起刑事附带民事公益诉讼案作出判决：被告人陈某一审被判处有期徒刑 1 年，并处罚金 1 万元，另外承担生态修复费用117 294 元。

据仓山区人民检察院指控，2015 年 9 月，被告人陈某在福州市仓山区租下一处厂房开设塑料印刷制版厂。在未经环保部门审批、未建设污水处理设施的情况下，对工

---

〔1〕 http：//www.fj.xinhuanet.com/yuqing/2018 - 11/07/c __1123675544.htm.

厂内生产的印刷模板胚进行电镀加工处理，将生产过程中产生的含镍、铜、锌、六价铬等重金属废水未经处理直接排放到厂区外。2017 年 8 月，仓山区环保局对该塑料印刷制版厂进行执法检查。经勘察发现，该厂房内有多件从事印刷滚筒电镀加工的设备，但并未发现有废水处理设施。其未配套废水排放口，生产时电镀废液从槽体内漫流至车间地面，并直接排放至厂区外环境。经检验，该厂采集的废水所含六价铬超过国家污染物排放标准 3555 倍，重金属铜超过国家污染物排放标准 382 倍，锌、镍等也均超过标准值。

实训　刑事附带民事诉讼的提起和审判

情景设计

2018 年 5 月 16 日中午 12 时许，被告人郑某搭乘客车欲到某地。当车行至某路段时，被害人陈某与妻子董某搭乘该客车。陈某因票价问题与售票员理论时，被告人郑某在旁插嘴与陈某发生口角并扭打。郑某拔出随身携带的匕首朝陈某的左胸猛刺一刀致陈某倒地。随后，郑某下车潜逃。被害人陈某在送往医院抢救途中死亡，经法医鉴定，陈某系被他人持单刃尖刀刺中左胸部致左侧血气胸急性呼吸、循环衰竭死亡。被害人陈某是家庭经济支柱，有年迈的父母需要赡养，有未满周岁的儿子需要抚养，妻子董某无业，是家庭主妇。

工作任务

任务一：请你以法律工作者身份为被害人的妻子董某提供法律咨询，判断该案能否提起附带民事诉讼，并就提起附带民事诉讼的当事人的范围、起诉时间、管辖法院、赔偿范围等向其提供法律意见。

任务二：请你作为董某的代理律师列出提起附带民事诉讼所要准备的证据清单，并提出取证方案。

任务三：请你为董某拟写刑事附带民事诉讼起诉状。

训练方法

将全班学生分成四个小组，每个小组内部进行讨论，形成本组意见，然后组织四个小组之间进行交流，互相借鉴，再由各小组完成书面材料，交指导老师点评指导。

步骤一：各小组内部讨论，小组成员分工合作，将法律意见、证据清单、取证方案形成书面材料，并写出刑事附带民事诉讼起诉状。

步骤二：四个小组之间讨论，每个小组将本小组的意见和形成该意见的理由向全班做介绍，展示本小组的书面材料，与其他小组进行讨论、交流。

步骤三：各小组借鉴其他小组的优胜之处，对本小组的法律意见、证据清单、取证方案和刑事附带民事诉讼起诉状进行修改、完善，交指导老师点评指导。

考核标准

1. 能审查判断当事人的委托事项是否符合刑事附带民事诉讼提起的条件，能准确选择、判断本案的原告、被告、管辖法院，并能提出合理的诉讼请求。

2. 能分析出本案原告需证明的事实，并能针对待证事实、根据案情列出原告能够举证的证据清单和赔偿范围。

3. 制作的刑事附带民事诉讼起诉状格式正确，内容完备，表述清楚。

单 元 五

刑事诉讼证据

知识目标

1. 认识证据的基本含义，掌握证据的采用标准，了解证据的法定种类和理论分类。

2. 掌握各种证据收集和审查判断的原则和程序。

3. 理解刑事诉讼证明对象的概念和范围，掌握证明责任的概念、公诉案件和自诉案件证明责任的承担。

能力目标

1. 界定各种法定证据的种类和理论分类，熟练审查、判断具体证据的可采性，能够结合刑法规定分析案件的待证事实，并准确分配证明责任。

2. 能够综合全案证据认定待证事实存在与否。

知识结构图

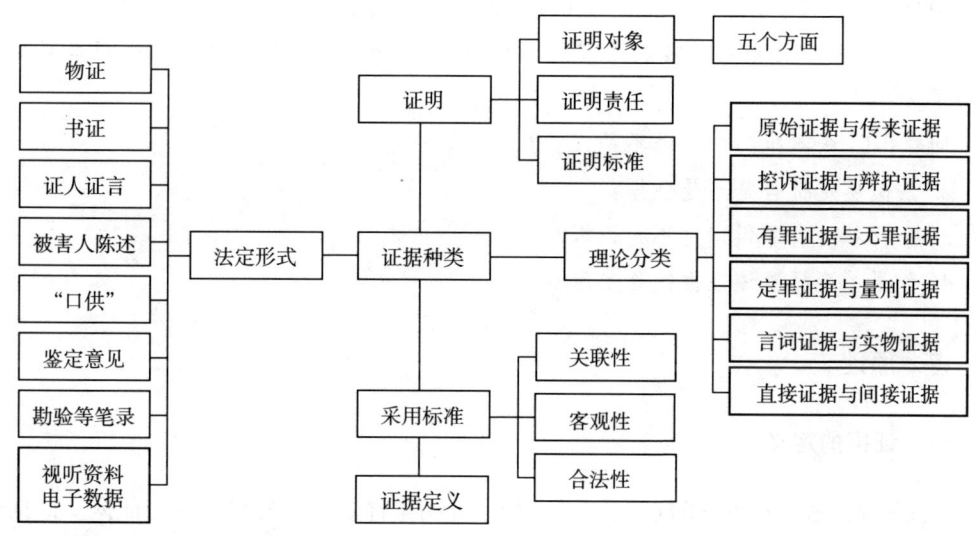

项目一　证据的概念

 **引例**

1994 年 4 月 11 日中午 11 时，湖北省京山县雁门口乡吕冲村九组窑凹堰水面上发现一具女尸。

下午 2 时 30 分，法医初步认定，无名女尸系颅脑挫伤至昏迷后溺水死亡，应属他杀。正式调查尚未展开，一位名叫张年生的男子前来要求辨认尸体。该男子自称其妹张在玉于 1994 年 1 月 20 日晚上离家出走，至今下落不明。张年生同时向专案组反映，张在玉与丈夫关系紧张，时有斗嘴、吵架之事发生，其夫佘祥林有外遇。张年生随后辨认了尸体，当即一口咬定无名女尸就是张在玉。

总结法医鉴定结果，专案组发现死尸与张在玉的特征有 11 处相同。下午 5 时，一份《法医鉴定书》形成了，确认无名女尸就是张在玉。同样的结论被当天下午 7 时形成的《张在玉被杀现场勘查笔录》所证实。结论是：张在玉系被他人用钝器打击头部至昏迷后又抛入水中溺水死亡。

顺理成章，张在玉的丈夫佘祥林作为重点嫌疑人被锁定于办案人员的视野。尽管对佘祥林的初步传讯没有丝毫突破，但经过专案组连日的轮番审讯，佘祥林最终作出了多达四五种、内容各不相同的有罪供述。

1998 年 6 月 15 日，京山县人民法院判决被告人佘祥林故意杀人罪成立，判处有期徒刑 15 年，附加剥夺政治权利 5 年。

2005 年 3 月 28 日，一个自称叫张在玉的女人来到了吕冲村，她说自己是佘祥林之前的妻子——那个之前一致被认为"死了的人"。原来被相信并被认定的一切事实都被颠覆了。

问题：1. 张年生的辨认是不是证据？

2. 法医鉴定报告是不是证据？

3. 佘祥林的有罪供述是不是证据？

4. 如果是证据，该证据能否采用？

基本原理

一、证据的定义

《刑事诉讼法》第 50 条规定："可以用于证明案件事实的材料，都是证据。证据包括：①物证；②书证；③证人证言；④被害人陈述；⑤犯罪嫌疑人、被告人供述和辩解；⑥鉴定意见；⑦勘验、检查、辨认、侦查实验等笔录；⑧视听资料、电子数据。"

据此，凡是用于证明案件事实存在与否的根据，都是证据。理解证据的概念时，不应拘泥于法律条文中的"材料"一词。"材料"本意泛指一般供参考用的资料，[1]是物化的、有形的。而证据除了表现为物证、书证等实体物形式，还表现为证人证言、犯罪嫌疑人、被告人供述和辩解等人的陈述，以及电子数据，甚至人的情态等。把握证据的概念，关键在于是否与待证事实具有关联并符合法定的八种形式。准确地说，刑事诉讼证据，就是符合法定形式、能够证明案件事实存在与否的根据。这一证明根据最终如果被人民法院采信，就成为定案根据；不被采信的也依然是证据，在其他审判程序中它依然有获得采信的可能。

二、证据的采用标准

如前所述，证据最终会出现是否被采信为定案根据的两种可能。证据的采用标准不等于采信标准。前者解决的问题是什么样的证据可以被公安、司法机关所采用。后者则是审判人员对案件作出终局性裁判或决定时对证据是否可以采纳为定案根据的评断标准，采信标准在采用标准之上，还要考察证据对案件事实的证明力及其在具体案件中证明作用的大小。简单地说，一项被采用的证据不一定会被最终采信，最终被采信的证据就成了定案的根据。但获得采信的证据必须符合采用的标准。证据的采用标准，指的是法律规定的、证据被采纳而必须具备的基本属性和特征。

刑事诉讼中的证据与其他性质诉讼中的证据一样，获得采用应当符合以下三个标准：

（一）关联性

关联性"作为大浪淘沙，犹如磐石岿然而始终不动的证据属性"，是证据采用的首要标准。简言之，没有关联性的证据不可能被采用，当然，具有关联性的证据获得采用还需满足其他的采用标准。

关联性很好理解，但不容易表达。证据的关联性又称相关性，指的是证据必须与案件事实存在一定的联系，并因此对证明案情具有实际意义。具体来说，就是所提的证据对案件的实质性问题具有证明价值。判断证据有无关联性一般从三个问题入手：一是该证据用来证明什么问题？二是该问题是否是本案的实质性问题（决定于实体法）？三是该证据对该问题有无证明性？如果答案均为肯定，则该证据具有关联性。比如嫌疑人在被害人体内的遗留物对于强奸罪名的成立就具有实质的关联性，而其浏览黄色网站的行为则与案件没有实质关联；年少时在食品店偷拿棒棒糖的行为与成年时的严重盗窃行为没有实质的关联……证据的关联性，是从证据事实与案件事实的相互关系方面来反映证据的内在属性，它要解决的是客观事实是否可以作为证据的内在根

---

[1] 参见辞海编辑委员会编：《辞海》，上海辞书出版社1979年版，第1256页。

据问题。这是一个经验和逻辑的问题，而不是一个法律问题。关联性侧重的是证据与待证事实之间的形式性关系，而不涉及证据的真假和证明价值。需要强调的是，证据与待证事实之间的这种联系必须是客观存在的，人只能去认识、去发现，而不能人为创造。

理解和把握证据的关联性是一个非常重要又非常复杂的问题，需要丰富的生活经验和办案经验。辩证唯物主义告诉我们，世界是普遍联系的，任何事物之间都存在着某种联系。诉讼中，尤其在审判阶段，审查、判断和运用证据时所考察的关联性，应该是与案件的核心事实之间的关联性。换言之，有某种联系并不一定就是证据，比如：有作案时间不一定就是凶手；有作案动机不一定就是罪犯；故意隐瞒案发前的真实活动，或者案发后有反常言行，都不一定证明其实施了犯罪；这些证据必须结合其他证据进行分析和判断。

证据的关联性是采用该证据的前提条件，不具有关联性的证据，在法律上不具有可采性。《刑事诉讼法》第 50 条第 1 款要求证据"可以用于证明案件事实"，就是对证据关联性的要求。

（二）客观性

客观性是采用证据最基本，也是最重要的要求。证据的客观性是指证据应该具有客观存在的属性，或者说，证据应该是客观存在的东西。首先，证据必须具有客观存在的形式，或表现为一种客观实在物，或表现为人的记忆和感知，不管是哪一种存在形式，证据必须能够为有关人员所认识；不能被人们所感知和认识的事物，不能采纳为证据。比如证人关于犯罪经过的记忆、计算机存储的信息，尽管客观存在着，但如果证人拒绝将其陈述、提供给有关人员，或者没有相应的显示设备将计算机存储的信息显示出来，供人们认识，它就不具备形式上的客观性，有关人员也就无法感知并运用它，也就不可能成为证据并被采纳。其次，证据的内容必须是客观的，是对客观事物的真实反映。被害人受胁迫写下的亲笔证词，虽具有形式上的客观性，但因为内容虚假，不能采纳为证据。证人对梦境中的案件经过的陈述，不是客观事物的现实反映，同样不能采纳为证据。

需要明确的是，证据的客观性具有相对性。证据具有客观性并不意味着证据是纯粹客观的东西。事实上，任何证据都是人的主观认识和客观事物相互结合的产物，可以说，所有证据都或多或少地包含人的主观因素。在审查运用证据的过程中尤应注意。

关于证据的客观性，国内学者多从证据的本质、特征等角度加以分析。然而近年来出现的一些冤假错案说明，正是许多不具备客观性的证据被采信才导致悲剧的发生。也就是说，客观性并非证据与生俱来的特征，虚假的证据同样可以成为证据，尽管它本不应成为证据。所以我们应更多地强调，只有具备客观性的证据才能采用。

（三）合法性

证据的合法性也叫证据的法律性、可采性，是立法从资格上对证据所作的要求，是确保证据关联性、客观性的法律手段。具体包括四方面的内容：

1. 形式合法。我国《刑事诉讼法》第 50 条第 2 款所规定的八种证据种类就是证据的法定形式。此外，各种证据还有各自的具体形式要求。例如鉴定意见和勘验、检查笔录必须有鉴定人、勘验、检查人员的签名盖章，没有上述人员签名盖章的鉴定意见和勘验、检查笔录就属于形式不合法的证据，如不能作出合理说明则应排除。不符合法定的表现形式，即便是与案件有关的事实，也不能作为证据采用。如测谎结论。

2. 收集、提供证据的主体合法。例如我国法律对鉴定人的资格条件作了限制性规定，不具备鉴定人资格的人作出的鉴定意见因为主体不合法而不具可采性；又如不具有证人资格的人提供的证言，同样因主体不合法被摒弃在诉讼的大门外。《刑事诉讼法》第 54 条第 2 款规定："行政机关在行政执法和查办案件过程中收集的物证、书证、视听资料、电子数据等证据材料，在刑事诉讼中可以作为证据使用。"就是对行政机关取证主体资格的认可。

3. 收集、采信证据的程序合法。例如我国刑事诉讼法禁止刑讯逼供，采用刑讯逼供方法取得的被告人供述则属于程序违法的证据，应予以排除；又如刑事诉讼法明确要求用作定案根据的证据必须经过法庭的调查、质证，未经法庭调查质证的证据则不得采纳为定案的根据。《刑事诉讼法》第二编第二章第八节赋予了技术侦查手段的取证合法性。严格来说，违反法定程序收集的证据都可以称为"非法证据"，其外延是很宽泛的，但必须排除的非法证据范围就非常狭窄。

在中国，非法证据基本上可以分为两大类：一类是采用非法方法收集的言词证据。包括：①采取殴打、违法使用戒具等暴力方法或者变相肉刑的恶劣手段使犯罪嫌疑人、被告人遭受难以忍受的痛苦而违背意愿作出的供述；②采用以暴力或者严重损害本人及其近亲属合法权益等威胁的方法，使犯罪嫌疑人、被告人遭受难以忍受的痛苦而违背意愿作出的供述；③采用非法拘禁等非法限制人身自由的方法收集的犯罪嫌疑人、被告人供述；④采用刑讯逼供方法使犯罪嫌疑人、被告人作出供述，之后犯罪嫌疑人、被告人受该刑讯逼供行为影响而作出的与该供述相同的重复性供述；⑤采用暴力、威胁以及非法限制人身自由等非法方法收集的证人证言、被害人陈述。另一类是采用非法方法收集的实物证据。《刑事诉讼法》第 56 条规定，收集物证、书证不符合法定程序，可能严重影响司法公正的，应当予以补正或者作出合理解释；不能补正或者作出合理解释的，对该证据应当予以排除。

采用上述非法方法收集的言词证据应当予以排除，不得作为定案的根据；而非法实物证据只有"可能严重影响司法公正"并且"不能补正或者作出合理解释的"，才予以排除。被排除的证据不得作为起诉意见、起诉决定和判决的依据。

由此可见，不合法的证据包括形式不合法、主体不合法和程序不合法三种情况。应当强调的是，证据的采用标准与证据的概念是两个不同范畴的问题。无论哪种情况下的不合法证据也都是证据，只不过是不能被采用的证据。强调采纳证据的合法性标准，必须建立相应的非法证据排除规则，否则任何的要求都会流于形式，成为一纸空文。

4. 据以定案的证据必须经过法定程序查证属实。证据的客观性、关联性和合法性是证据被采用的基本标准，三者缺一不可。关联性是采用证据的前提条件，客观性是证据生命力之所在，而合法性则是证据的客观性和关联性的法律保障。

 引例分析

1. 引例中的辨认笔录、法医鉴定书、"口供"均符合法定形式，其内容与案件事实也具有密切关联，可以作为案件的证据，事实上办案机关也是以此为定案根据的。但要采用这些证据作为定案根据，还需要分析其是否符合采用的标准。

2. 佘祥林案提出的三项证据均与待证事实——是否佘祥林杀死了张在玉，具有密切关联，其具体形式、取证程序也符合法律规定（未有证据证实佘祥林受到刑讯逼供），但其内容不具有客观性——张年生对尸体辨认错误、法医根据张年生的辨认结论对死者身份作出错误认定、佘祥林违心供认杀人，因而均达不到采用的标准。虽然公诉机关以此作为控诉的证据，但人民法院应在审查判断后予以排除，不予以采纳。遗憾的是，该案审判人员未能发现该组证据的虚假性，悉数采信为定案根据，最终酿成冤案。

 **思考与练习**

思考证据与事实、证据与司法公正的关系。

拓展阅读

1. 裴苍龄："论证据的种类"，载《法学研究》2003 年第 5 期。

2. 雷建昌："论我国刑事证据分类模式的缺陷及其完善"，载《法律科学（西北政法学院学报）》2004 年第 3 期。

项目二　证据的法定形式与理论分类

引例

1994 年夏天，河北省承德市连续发生了两起出租车司机被抢劫杀害的案件。7 月 30 日夜里，出租车司机刘福军在市区被抢劫杀害；8 月 16 日夜里，出租车司机张明在郊区被抢劫杀害。两人都死于刀伤。两起案件实际抢劫的财物只有数百元，汽车都被丢弃在现场。

第一起案件的现场勘验笔录记载：被害司机刘福军左胸中了 3 刀，驾驶员的座椅上没有血迹，而副驾驶的座椅上有大量的血迹。

第二起案件的现场勘验笔录记载：被害人张明的尸体侧卧在驾驶员一侧车门外的地上，身上有20多处刀伤；车门外面有喷溅血迹，驾驶员座椅上有大量的血迹，副驾驶的座椅上没有血迹。

承德市公安局尸检报告结论：死者刘福军有勒颈窒息现象，致命伤系单刃锐器刺入胸腔，造成心脏失血性休克死亡。

承德市公安局尸检报告结论：死者张明是被他人用单刃刀刺伤身体软组织，损伤达20多处，均深达肌层，有的深至胸腹腔，造成失血性休克死亡。

通过摸底排查，侦查人员将第二起案件现场附近农村的四名"劣迹青年"列为嫌疑人。11月3日~18日，陈国清、杨士亮、何国强先后被采取强制措施。1996年2月24日，朱彦强也被逮捕。

经过审讯，四名嫌疑人先后供述作案经过：

第一起：陈国清、何国强于1994年7月30日晚，按预谋携带作案工具，窜至承德市内。当晚22时许，在承德市医学院附属医院门口，租乘刘福军驾驶的"河北03—08586"号夏利出租车，当刘开车至山神庙"五一四"地质队家属楼南侧时，何国强叫刘福军停车，车停后，何国强用绳勒刘福军颈部，陈国清用刀扎刘福军胸、腹部，致刘福军心脏破裂失血性休克死亡，抢劫刘福军现金300余元及BP机等物后，弃车逃离现场。

第二起：四人在火车站坐上出租车开到郊区后，当张明开车至承下公路钓鱼台时，何国强让张明停车，四人用刀将张明扎昏。然后，由杨士亮将车开至距市曲轴厂250米公路左侧，停车后四人将张明从车上抬出来抛至公路左侧的草地内，杨士亮发现张明未死，其余人又刺张明数刀，致张明失血性休克当场死亡。四人拽扯农作物秧苗掩盖尸体时，有一个妇女经过，陈国清骑自行车追上去打了那个妇女一个嘴巴。后四人逃离现场。

现场勘验时，从出租车后座前左侧脚踏板上提取过滤嘴"Beidaihe"字样烟头一个；经检验烟头上的唾液血型为"A"型。与嫌疑人杨士亮的血型相同。

1994年11月2日，侦查人员从嫌疑人陈国清家中提取自制单刃刀一把。1994年7月31日，承德市公安局对送检的刀子上的血进行血型鉴定，结果刀子上的血与死者刘福军的血以及车内多处血迹均为"B"型；1994年11月4日，公安部物证鉴定中心对承德市公安局提交的"单刃匕首"一把、刘福军的血棉球一个进行鉴定，显示刘福军的血和单刃匕首上血的血清型（Gm23）均为阴性。

证人辛某某证实：案发当晚见到路东停着一辆车，还有三四个人正在那儿拽草盖什么东西……后有一个男的骑车过来，从后面给了她一个嘴巴……

庭审时四被告人当庭翻供，辩称侦查阶段遭受刑讯逼供，并提出了不在场的证据。

在"7·30"案发当天，陈国清所在的锅炉厂的考勤记录、考勤员、工友等多名证人均证实，陈国清全天上班，下午6时半下班后又加班2个小时。

在"8·16"案件发生时，朱彦强因头部被人打伤，到医院缝合后正在家中输液。医生谢某某证明，她在8月16日早上8时给朱彦强输液时，朱彦强的头部包着，有外伤。

证人朱某某证实：他在8月18日结婚时，朱彦强去贺喜，头上仍缠着纱布，走路不稳。

承德市公安局预审处作出书面情况说明，称：我处于1995年11月10日受理此案，于同年12月6日、12月11日、12月7日和1996年2月24日分别接触四名被告人。通过正面接触，正常审讯取得口供，在整个预审环节无任何刑讯逼供情况，更没使用过任何械具。承德市公安局双桥分局刑警队也出具了内容类似的书面情况说明。

在终审判决中，河北高院放弃了当初的异议，以朱彦强口供中的一句话"谢大夫走后，我自己控制开关，那天输得快，用了一个多小时就输完了"，认定朱彦强没有作案时间的理由不成立。

问题：试对上述证据进行分类、审查、判断，找出问题。

🖋 基本原理

一、证据的法定形式

我国《刑事诉讼法》第50条第2款规定："证据包括：①物证；②书证；③证人证言；④被害人陈述；⑤犯罪嫌疑人、被告人供述和辩解；⑥鉴定意见；⑦勘验、检查、辨认、侦查实验等笔录；⑧视听资料、电子数据。"这一规定的基础是证据在诉讼活动中的不同表现形式，因此可以称之为证据的法定形式。证据的法定形式是与相应的证据规则相联系的。一般来说，不同形式的证据要遵守不同的证据规则，因此，准确判断证据的法定形式至关重要。

（一）物证、书证

1. 物证的概念。物证是指以其物质属性、外部特征、存在状况证明案件真实情况的一切物体或痕迹。首先，与各种言词证据不同，物证表现为物体或痕迹。痕迹，是两个物体相互作用、在其表面留下的印迹，如凶器上的指纹。而物体，除了无生命的物，还包括有生命的物证。例如走私的珍贵动物、被盗窃的牲畜；又如受害人身上的伤口、痕迹、DNA鉴定所抽取的血液、隐蔽部位的特殊痕迹等。其次，与其他实物证据不同，物证是以其物质属性、存在状况、外部特征来证明案情的。如果一个物体以其承载的内容来证明案情，尽管它也表现为物，但不属于物证，而属于其他的证据种类。

物证是刑事诉讼中广泛使用的一种证据，具有较强的客观性和稳定性，不易受时间和外界因素的影响，一旦收集，只要保管妥当，就能长久、稳定地发挥证明作用。但是，物证也有信息量少、证明缺乏直接性，必须依赖科学技术的缺点，被称为"哑巴证据"，在运用过程中，同样要注意避免受各种主观因素的影响。

司法实践中常见的物证有：①实施犯罪的工具。如杀人、伤人的刀枪、棍棒，盗窃用的螺丝刀、钥匙，爆炸用的炸药，纵火用的引火物等。②犯罪过程中留下的实物和痕迹。如犯罪分子在现场遗留的手印、足迹、烟头、毒品，杀人、伤人的血迹，肇事车辆的行驶、撞击痕迹等。③犯罪行为侵犯的对象。如杀人案件中的尸体、盗窃的名画、抢劫的财物、破坏的交通工具等。④犯罪行为产生的物品。如伪造的货币、非法的出版物、非法制造的枪支、弹药等。⑤其他。

2. 书证的概念。书证是指以一定的物质为载体，以文字、符号、图形、表格、数据等记载的思想内容来证明案件情况的证据种类。常见的书证载体是纸张，皮革、布料、金属、石块等也可以成为书证的物质载体。物质载体不同，制作方法相应地也不同，有印刷、书写、雕刻等。除了物质载体、制作方法的多样性，书证还具有思想性的特点。决定某一物品或文件是否属于书证，标准不在于该物品或文件是否采用了文字、符号或图形的表现形式，而在于这些物品、文件是用什么东西来证明案情。如果以物品承载的文字、符号、图形所表达的思想内容来证明案情，则为书证；如果是以文字、符号、图形的痕迹特征或物质属性来证明案情，则为物证。书证与其他证据的最大区别在于它证明作用的直接性。书证本身是证明内容和证明过程的直接统一。由于书证所包含的信息总是以某种能够被人们所理解的形式表达出来，因此在书证表达其自身内容，并被人们所感知和理解的时候，其对案件事实的证明作用也就同时被人们认识到了，不需要任何中间的过程和人员，不需要通过媒介和中间环节来对其加以分析和判断，即可依其内容直接判断其与案件事实的联系。与一般实物证据一样，书证具有较强的客观性和稳定性。只要物质载体不被破坏，其内容就保持不变。

书证和物证均表现为实体物，两者的区别在于证明方式不同。书证以其思想内容来证明案情，而物证是以其物质属性、存在状况、外部特征来证明案情的。当一个实体物既以其物质属性、存在状况、外部特征来证明案情，又以其内容来证明案情，就会出现物证和书证的竞合现象，该实体物既是物证又是书证。比如，贪污案件中涂改的单据，当以其涂改的痕迹来证明犯罪手段时（涂改导致单据的外部特征发生变化），即为物证；当以单据涂改后的数额来证明犯罪数额时，则为书证。

知识链接

司法实践中常见公安机关出具的"案发经过""抓获经过"等书面材料，这些材料是否属于书证？我们认为办案机关根据办案人员掌握的情况事后制作的这些文书，不属于书证。首先制作人即办案人员不属于我们常说的案件知情人，更不是行为人；其次文书不是在案件发生、发展过程中形成的，不具备证明案件事实的核心要素。办案人员向司法机关提供关于案发情况的证据，只需本人出庭即可，这既是现代诉讼直接言词原则的要求，我国《刑事诉讼法》第 192 条第 2 款也明确作出了相关的规定。

证人的书面证词也有类似的问题。证人可以书面形式提交证言，但该书面材料不应视为书证，而是证人证言的固定形式，在证据出示和质证时应当适用证人的规则，要求证人出庭、允许当事人交叉诘问。

3. 物证、书证的审查、判断。书证具有思想性，往往能够通过读者的阅读、理解直接证明案件事实，但书证容易被伪造。法律要求收集、调取的书证应该是原件，只有在取得原件确有困难时，才可以是副本或者复印件。书证的副本、复印件应经与原件核对无误或者经鉴定为真实，才具有与原件同等的证明力。制作书证的副本、复印件时，制作人不得少于 2 人，并应当附有关于制作过程的文字说明及原件存放何处的说明，由制作人签名或者盖章。扣押文件应遵守法律规定的程序进行，对被扣押的文件应妥善保管或者封存，不得使用、调换或者损毁。扣押邮件、电报要经公安机关或者人民检察院批准。

对于物证、书证的审查与认定，主要从以下几个方面着手：

知识链接

英美证据法中的"最佳证据排除规则"，是指以文书材料的内容证明案情时，必须提交原件，如果提出副本、抄本、影印件等非原始材料，必须有充足的理由，否则该书证不具有证据效力。该规则同时适用于照片、录音等证据。从该规则的目的来看，只要能够保证文书副本的准确性，副本也应具有可采性，特别是当文书原本已经无法取得时，副本实际上就是最佳证据。基于上述考虑，英美法近年也发展了许多最佳证据规则的例外情况。

（1）物证、书证是否为原物、原件，是否经过辨认、鉴定，物证的照片、录像、复制品或者书证的副本、复制件是否与原物、原件相符，是否由 2 人以上制作，有无制作人关于制作过程以及原物、原件存放于何处的文字说明和签名；

（2）物证、书证的收集程序、方式是否符合法律、有关规定；经勘验、检查、搜查提取、扣押的物证、书证是否附有相关笔录、清单，笔录、清单是否经侦查人员、物品持有人、见证人签名，没有物品持有人签名的，是否注明原因；物品的名称、特征、数量、质量等是否注明清楚；

（3）物证、书证在收集、保管、鉴定过程中是否受损或者改变；

（4）物证、书证与案件事实有无关联；对现场遗留与犯罪有关的具备鉴定条件的血迹、体液、毛发、指纹等生物样本、痕迹、物品，是否已作 DNA 鉴定、指纹鉴定等，并与被告人或者被害人的相应生物检材、生物特征、物品等比对；

（5）与案件事实有关联的物证、书证是否全面收集。

根据最佳证据规则，据以定案的物证应当是原物。原物不便搬运，不易保存，依法应当由有关部门保管、处理，或者依法应当返还的，可以拍摄、制作足以反映原物外形和特征的照片、录像、复制品。物证的照片、录像、复制品，不能反映原物的外形和特征的，不得作为定案的根据。物证的照片、录像、复制品，经与原物核对无误、经鉴定为真实或者以其他方式确认为真实的，可以作为定案的根据。同样的，据以定案的书证应当是原件。取得原件确有困难的，可以使用副本、复制件。书证有更改或者更改迹象不能作出合理解释，或者书证的副本、复制件不能反映原件及其内容的，不得作为定案的根据。书证的副本、复制件，经与原件核对无误、经鉴定为真实或者以其他方式确认为真实的，可以作为定案的根据。

根据《最高人民法院关于适用〈中华人民共和国刑事诉讼法〉的解释》第73条的规定，在勘验、检查、搜查过程中提取、扣押的物证、书证，未附笔录或者清单，不能证明物证、书证来源的，不得作为定案的根据。

物证、书证的收集程序、方式有下列瑕疵，经补正或者作出合理解释的，可以采用：①勘验、检查、搜查、提取笔录或者扣押清单上没有侦查人员、物品持有人、见证人签名，或者对物品的名称、特征、数量、质量等注明不详的；②物证的照片、录像、复制品，书证的副本、复制件未注明与原件核对无异，无复制时间，或者无收集、调取人签名、盖章的；③物证的照片、录像、复制品，书证的副本、复制件没有制作人关于制作过程和原物、原件存放地点的说明，或者说明中无签名的；④有其他瑕疵的。

对物证、书证的来源、收集程序有疑问，不能作出合理解释的，该物证、书证不得作为定案的根据。

（二）证人证言

1. 证人证言的概念。证人证言是指知道案件情况的人，就其所感知的案件情况向办案人员所作的陈述。证人证言的存在形式应当是口头陈述。办案人员询问证人时制作的笔录、录音、录像，虽然具有书面或其他形式，但仍然属于口头证言，根据诉讼的直接性、亲历性要求，证人必须出庭接受控辩双方的质证。我国《刑事诉讼法》第61、192、193条就证人作证作了相应的规定，只有在"公诉人、当事人或者辩护人、诉讼代理人对证人证言有异议，且该证人证言对案件定罪量刑有重大影响，人民法院认为证人有必要出庭作证"的情况下，证人才需要依法院的传唤出庭作证。没有正当理由不出庭作证的证人，人民法院有权强制其到庭。

知识链接

在英美证据法上，证人是指一切用自己的言词、语言、思想意识等形式对案件事实作出说明的人，范围很广。包括所有在诉讼过程中向司法机关提供口头证词的人。在大陆法系国家，证人仅指当事人以外的、了解案件情况并向办案人员进行陈述的人。本节所说的证人属于狭义的证人，包括向法院和公安机关提供证言的、当事人以外的人。

刑事诉讼中的见证人只对勘验、检查、搜查、扣押物证、书证等程序性问题是否合法作见证，而不对案件事实问题作证，有别于证人。

证人证言的内容仅限于证人所感知的案件事实，而不能对案件情况进行分析评价，或者发表看法和意见。证人提供的意见证据（即猜测性、评论性、推断性的证言）应予以排除。我国刑事诉讼法对于证人转述的他人所知的与案件有关的情况并不排斥，只要能说明来源，不影响其证据力。

2. 证人的资格条件。证人是否具有作证资格，关系到证人证言的证据能力。《刑事诉讼法》第62条规定："凡是知道案件情况的人，都有作证的义务。生理上、精神上有缺陷或者年幼，不能辨别是非、不能正确表达的人，不能作证人。"根据这一规定，任何了解案件情况的自然人都有作证的义务。第62条规定的这个"知道"除了亲身经历而知，也可以是间接了解而知，如听别人转述案件情况等。但必须是在诉讼之外获取的案件信息。通过诉讼活动比如勘验、检查等而了解案件信息的人，不是证人。"案件情况"不包含见证人见证诉讼活动的事实，见证人不是证人。因为证人不能选择，具有不可替代性，因而知道案件情况的人必须优先充当证人。了解案件情况的人如果有生理、精神上的缺陷或者年幼，只要其能够辨别是非、正确表达，都可以作为证人提供证言。至于证人辨别是非、正确表达的能力如何，则由人民法院综合证人的智力状况、品德、知识、经验、法律意识和专业技能等分析、判断，必要时可以进行鉴定。

单位能否作为证人提供证言？因为证人是以自身感觉神经系统所感知的案件事实来作证的，单位不是自然人，不具有感知事实的能力，不具备作证能力。而且《刑事诉讼法》第62条第2款规定，"生理上、精神上有缺陷或者年幼，不能辨别是非、不能正确表达的人，不能作证人"。相关的司法解释也明确，只有公民才能成为证人。据此，单位不能作为证人提供证言。

3. 证人证言的审查、判断。证人证言是刑事诉讼中最常见的证据种类，能够生动、直观、直接地证明案件事实，帮助办案人员发现新证据、鉴别其他证据的真伪，具有非常重要的证明价值。但因为其内容是证人对感知事实的陈述，容易受其主观因素和客观感知条件的影响而出现失真现象，在运用时应认真审查判断，具体应特别注意以下几个方面的问题：①证言的内容是否为证人直接感知；审查证人是通过亲身感知而获得相关的案件信息，还是通过他人陈述间接得知，是在什么情况下听说的、陈述人是谁、是否是亲身经历者，借以排除失真的可能性，并顺藤摸瓜查找原始证人。证人感知案件事实的具体条件也会对感觉造成重大影响，进而影响证言。不能仅听证言、忽视感知的具体条件。②证人作证时的年龄，认知、记忆和表达能力，生理和精神状态是否影响作证；证人自身情况，包括证人的生理健康状况、文化程度、社会阅历等，对于证人的感知、记忆和表达能力以及思想观念均有影响。③证人与案件当事人、案件处理结果有无利害关系；虽然这种关系并不必然影响证言的可靠性，但应排除证人出于个人目的而提供虚假证言的可能。④询问证人是否个别进行。⑤询问笔录的制作、修改是否符合法律、有关规定，是否注明询问的起止时间和地点，首次询问时是否告知证人有关作证的权利义务和法律责任，证人对询问笔录是否核对确认。⑥询问未成年证人时，是否通知其法定代理人或者有关人员到场，其法定代理人或者有关人员是否到场。⑦证人证言有无以暴力、威胁等非法方法收集的情形。⑧证言之间以及与其他证据之间能否相互印证，有无矛盾。

《最高人民法院关于适用〈中华人民共和国刑事诉讼法〉的解释》第75条第2款规定了意见证据规则，明确证人的猜测性、评论性、推断性的证言，不得作为证据使用，但根据一般生活经验判断符合事实的除外。对于处于明显醉酒、中毒或者麻醉等状态，不能正常感知或者正确表达的证人所提供的证言，自然也不得作为证据使用。

证人证言的采信应具备程序的合法性。根据《最高人民法院关于适用〈中华人民共和国刑事诉讼法〉的解释》第76条的规定，具有下列情形的证人证言不得作为定案根据：①询问证人没有个别进行的；②书面证言没有经证人核对确认的；③询问聋、哑人，应当提供通晓聋、哑手势的人员而未提供的；④询问不通晓当地通用语言、文字的证人，应当提供翻译人员而未提供的。

审查证人证言的主要方法有：①从生活经验、风土人情、逻辑规律审查证言的内容；②综合比对全案证据，发现、排除证据间的矛盾；③提交法庭控辩双方询问、质证，听取各方意见。

（三）被害人陈述

1. 被害人陈述的概念。被害人陈述是指遭受犯罪行为直接侵害的人就其被侵害的事实和案件的其他有关情况，向公安机关、人民检察院、人民法院所作的陈述。被害人包括公诉案件的被害人和自诉案件的被害人，包括受犯罪侵害的单位和个人。但作为被害人陈述这一证据的提供者则只限于自然人，只有自然人才具备作证的意识和意志。年幼的被害人由其法定代理人或诉讼代理人代理参加诉讼活动，但陈述案情的行为不能由代理人代替。

被害人陈述的表现形式多为口头陈述，也可以采用书面形式。书面陈述一般应由被害人亲笔书写。被害人提供口头陈述的，司法机关应制作笔录，或采取录音、录像的方式予以固定、保全。

作为证据的被害人陈述的内容仅限于其遭受犯罪行为侵害的事实及其他与案件有关的情况。司法实践中，被害人通常不仅向办案人员陈述其遭受犯罪侵害的情况以及其他与案件有关的情况，同时也会对案件提出一些分析意见和破案要求等。其中能够作为证据使用的只有与案件有关的内容，案情分析意见、破案要求等不能成为被害人陈述的证据内容。与犯罪分子有过直接接触或者耳闻目睹犯罪行为的被害人的陈述，多数能单独证明案件的主要事实，其陈述可能是直接证据的最重要来源，具有较高的证据价值；其他被害人陈述则多为间接证据，只能证明案件的个别情况。

2. 被害人陈述的审查、判断。缘于身份的特殊性，被害人陈述往往带有较强的倾向性，容易隐瞒、夸大甚至编造犯罪情节；被害人也可能因为遭受突如其来的犯罪侵害，精神高度紧张、情绪激动而形成认识上、记忆上的错误；或者因为受到威胁、利诱或者基于安全的顾虑，不敢或者不愿陈述真实情况。审查时应注意排除这些因素。《最高人民法院关于适用〈中华人民共和国刑事诉讼法〉的解释》第 79 条规定，对被害人陈述的审查与认定，参照证人证言的有关规定。

（四）犯罪嫌疑人、被告人供述和辩解

1. 犯罪嫌疑人、被告人供述和辩解的概念。犯罪嫌疑人、被告人供述，是指犯罪嫌疑人、被告人向侦查人员、检察人员或者审判人员承认犯有某种罪行所作的交代。犯罪嫌疑人、被告人辩解，是指犯罪嫌疑人、被告人向侦查人员、检察人员或者审判人员作出的否认犯罪或者反驳控诉的申辩和解释。

犯罪嫌疑人、被告人供述和辩解，俗称为"口供"。属于言辞证据，以口头陈述为形式，笔录为其主要的固定手段，也可以采用录音或者录像的手段；对于可能判处无期徒刑、死刑的案件或者其他重大犯罪案件，刑事诉讼法要求必须对讯问过程进行全程录音或者录像。不管固定手段形式如何，均不能改变其口头陈述的存在形式，在证据出示、质证、认证等环节均应注意这一点。

依据内容划分，犯罪嫌疑人、被告人的陈述除了有罪的供述、无罪或罪轻的辩解以外，还常见对其他嫌疑人犯罪行为的检举、揭发，俗称"攀供"。对于"攀供"部分的证据形式应具体分析，对于同案共犯的检举揭发，仍属于犯罪嫌疑人供述和辩解；对非同案犯或同案犯的其他罪行的检举、揭发则属于证人证言。这对是否适用口供补强规则非常重要。

知识链接

口供补强规则，是指为了保护被告人的权利，防止案件事实的误认，对于唯一的被告人供述这一证据，要求有其他证据予以证实才可以作为定案根据的规则。我国《刑事诉讼法》第 55 条规定："对一切案件的判处都要重证据，重调查研究，不轻信口供。只有被告人供述，没有其他证据的，不能认定被告人有罪和处以刑罚；没有被告人供述，证据确实、充分的，可以认定被告人有罪和处以刑罚。"

2. 犯罪嫌疑人、被告人供述和辩解的审查、运用。犯罪嫌疑人、被告人对于自己是否实施了被追诉的罪行最清楚，其如实供述可以全面、详尽地反映全案的各要件事实，包括动机、目的等最难证实的主观内界事实，成为证明指控事实的最直接证据，也是发现其他证据线索、审查核实其他证据的重要手段，因而犯罪嫌疑人、被告人供述一直是办案人员孜孜以求的"证据之王"，为了获得犯罪嫌疑人的有罪供述，甚至不惜采取各种非法手段取证。与此同时，犯罪嫌疑人、被告人是被追诉的对象，与诉讼有着切身利害关系，为求脱身，否认、抵赖罪行是常见心理，故其无罪辩解虚假可能性较大，即便作出有罪供述之后仍可能随时翻供。基于上述特点，在审查、判断犯罪嫌疑人、被告人供述和辩解时，应着重查明以下几点：①讯问的时间、地点，讯问人的身份、人数以及讯问方式等是否符合法律、有关规定；②讯问笔录的制作、修改是否符合法律、有关规定，是否注明讯问的具体起止时间和地点，首次讯问时是否告知被告人相关权利和法律规定，被告人是否核对确认；③讯问未成年被告人时，是否通知其法定代理人或者有关人员到场，其法定代理人或者有关人员是否到场；④被告人的供述有无以刑讯逼供等非法方法收集的情形；⑤被告人的供述是否前后一致，有无反复以及出现反复的原因；被告人的所有供述和辩解是否均已随案移送；⑥被告人的辩解内容是否符合案情和常理，有无矛盾；⑦被告人的供述和辩解与同案被告人的供述和辩解以及其他证据能否相互印证，有无矛盾，必要时，可以调取讯问过程的录音录像、被告人进出看守所的健康检查记录、笔录，并结合录音录像、记录、笔录对上述内容进行审查。

（五）鉴定意见

1. 鉴定意见的概念。鉴定意见，是鉴定人接受公安司法机关的指派或聘请，运用自己的专门知识或技能，对案件中某些专门性问题进行分析、判断后所作出的结论性意见。

（1）鉴定意见的内容。鉴定意见是鉴定人对案件中的事实问题所作的判断性结论，解决的是事实问题而非法律问题。如果一份鉴定报告对法律问题作出了意见，则超越了鉴定人的权限范围。比如，鉴定人不应就行为人的杀人行为究竟是故意还是过失，是正当防卫还是防卫过当等问题提供意见，尽管鉴定人对相关事实的鉴定意见很可能作为司法人员认定上述问题的依据。其次，鉴定意见作为一种带有科学根据的意见证据，只是法定证据的一种，并非最终结论，不等于定案根据，不能盲目崇拜。正如美国亚利桑那州诉讼程序所规定的那样："专家意见应当像其他证据一样受到审查，你们不必被它约束！"我国人大的决定也明确各鉴定机构之间没有隶属关系，运用鉴定意见时应注意进行必要的审查、判断。法官没有采信该意见的义务，而有自由裁量的权力。

（2）鉴定人的资格条件。作为辅助审判人员查明案件事实的人，首先应当具有专门知识和技能，足以解决案件的专门性问题，否则就失去其存在意义；其次，鉴定人只能通过公安司法机关的指派和聘请介入刑事诉讼，诉讼参与人不具有委托鉴定人的权利；再次，鉴定人属于法定的回避对象，当鉴定人存在法定的回避情形时，应当回避，不得接受指派、聘请；最后，鉴定人以自己的知识、技能来分析案件的专门性问题，主体只能是拥有专门知识和技能的自然人，单位和组织不能成为鉴定人。

鉴定意见对于解读物证、书证，发挥物证、书证的证明作用意义重大。根据《刑事诉讼法》第146条的规定，凡是为了查明案情需解决的专门性问题，都应当进行鉴定。司法实践中常见的鉴定种类主要有：法医鉴定、司法精神病鉴定、痕迹鉴定、化学鉴定、会计鉴定、文件书法鉴定等。

2. 鉴定意见的审查、运用。根据鉴定意见的结论内容，可以分为确定性意见和倾向性意见。只有作出同一认定结论的确定性意见能够作为定案根据，倾向性意见只能为事实认定提供参考，而不能作为定案的根据。比如骨龄鉴定，只有鉴定结论能够准确确定犯罪嫌疑人实施犯罪行为时的年龄的，才可以作为判断犯罪嫌疑人年龄的证据使用。如果鉴定结论不能准确确定犯罪嫌疑人实施犯罪行为时的年龄，而且鉴定结论又表明犯罪嫌疑人年龄在《刑法》规定的应负刑事责任年龄上下的，就应当慎重处理，不宜作为犯罪年龄的直接证据。

鉴定意见虽然具有科学性，但受鉴定材料、鉴定人能力等主客观因素的影响，依然存在错误的可能，审查、判断时应注意以下几点：①鉴定机构和鉴定人是否具有法定资质；②鉴定人是否存在应当回避的情形；③检材的来源、取得、保管、送检是否符合法律、有关规定，与相关提取笔录、扣押物品清单等记载的内容是否相符，检材是否充足、可靠；④鉴定意见的形式要件是否完备，是否注明提起鉴定的事由、鉴定委托人、鉴定机构、鉴定要求、鉴定过程、鉴定方法、鉴定日期等相关内容，是否由鉴定机构加盖司法鉴定专用章并由鉴定人签名、盖章；⑤鉴定程序是否符合法律、有关规定；⑥鉴定的过程和方法是否符合相关专业的规范要求；⑦鉴定意见是否明确；⑧鉴定意见与案件待证事实有无关联；⑨鉴定意见与勘验、检查笔录及相关照片等其他证据是否矛盾；⑩鉴定意见是否依法及时告知相关人员，当事人对鉴定意见有无异议。

具有下列情形之一的鉴定意见，不得作为定案的根据：①鉴定机构不具备法定资质，或者鉴定事项超出该鉴定机构业务范围、技术条件的；②鉴定人不具备法定资质，不具有相关专业技术或者职称，或者违反回避规定的；③送检材料、样本来源不明，或者因污染不具备鉴定条件的；④鉴定对象与送检材料、样本不一致的；⑤鉴定程序违反规定的；⑥鉴定过程和方法不符合相关专业的规范要求的；⑦鉴定文书缺少签名、盖章的；⑧鉴定意见与案件待证事实没有关联的；⑨违反有关规定的其他情形。经人民法院通知，鉴定人拒不出庭作证的，鉴定意见也不得作为定案的根据。

（六）笔录类证据

1. 笔录类证据的概念。笔录是公安司法人员在证据调查时所制作的各种文字记录。

笔录类证据是公安司法人员在进行侦查、起诉、审判活动时，按照相应的规则和形式，对于所见所闻的临场即时记录。如现场勘验笔录，是侦查人员对可能与犯罪有关的场所、物品、尸体进行勘验、检查时所作的记录。根据《刑事诉讼法》第 50 条的规定，笔录类证据主要有勘验、检查、辨认、侦查实验等笔录，实践中常见的还有搜查笔录、扣押笔录、提取笔录、复验复查笔录、审判笔录等。并非所有的笔录均为笔录类证据，如常见的讯问笔录、询问笔录，分别属于犯罪嫌疑人、被告人供述和辩解、证人证言、被害人陈述。笔录类证据多附具绘图、照相、录像等，能够综合证明案件事实；并且是办案人员依据相关规定程序客观记载，具有客观性和规范性，是刑事诉讼中的重要证据。

2. 笔录类证据的审查、运用。与任何的证据一样，办案人员制作的笔录类证据也必须审查核实后才能发挥它的证明作用。不同种类的笔录，审查的内容有所不同。

（1）对勘验、检查笔录应当着重审查以下内容：①勘验、检查是否依法进行，笔录的制作是否符合法律、有关规定，勘验、检查人员和见证人是否签名或者盖章；②勘验、检查笔录是否记录了提起勘验、检查的事由，勘验、检查的时间、地点，在场人员、现场方位、周围环境等，现场的物品、人身、尸体等的位置、特征等情况以及勘验、检查、搜查的过程；文字记录与实物或者绘图、照片、录像是否相符；现场、物品、痕迹等是否伪造、有无破坏；人身特征、伤害情况、生理状态有无伪装或者变化等；③补充进行勘验、检查的，是否说明了再次勘验、检查的缘由，前后勘验、检查的情况是否矛盾。

（2）辨认笔录应当着重审查辨认的过程、方法，以及辨认笔录的制作是否符合有关规定。辨认笔录存在明显不符合法律、有关规定的情形，不能作出合理解释或者说明的，不得作为定案的根据。辨认笔录具有下列情形之一的，不得作为定案的根据：①辨认不是在侦查人员主持下进行的；②辨认前使辨认人见到辨认对象的；③辨认活动没有个别进行的；④辨认对象没有混杂在具有类似特征的其他对象中，或者供辨认的对象数量不符合规定的；⑤辨认中给辨认人明显暗示或者明显有指认嫌疑的；⑥违反有关规定、不能确定辨认笔录真实性的其他情形。

（3）侦查实验笔录应重点审查：①实验条件的相似性。侦查实验应尽可能在案件发生、发现时的条件下进行，包括时间、地点、气象、光照、工具、物品等条件，均应与案发时相同或相似。侦查实验的条件与事件发生时的条件有明显差异，或者存在影响实验结论科学性的其他情形的，侦查实验笔录不得作为定案的根据。②实验程序的合法性。侦查实验应履行审批程序，并邀请见证人到场见证。③笔录内容的完整性、纪实性。笔录内容除了实验主体外，应重点包括实验计划、实验条件、实验过程及实验结果，必要时应附具标记、图表、照片、录音、录像等。还应有实验人、见证人签名确认。④制作过程的同步性。

（七）视听资料、电子数据

1. 视听资料、电子数据的概念。视听资料、电子数据是指运用现代技术手段，以录音、录像所反映的声音、形象、电子计算机所储存的资料、其他科技设备所提供的信息来证明案件情况的证据。视听资料、电子数据兼具证人证言、当事人陈述、书证和物证的部分特征，形象、生动、直观，可以全面地再现有关案件事实或相关情况，使人如临其境、如见其人、如闻其声；而且证据体积小、信息量大、便于保存，使用起来方便、高效。但视听资料、电子数据对科技、物质具有强烈的依赖性，只有通过一定的科学技术设备，才能将作为音像证据的声音、图像、数据、信息等存储在有形的录音带、录像带、激光唱盘和视盘、电子计算机存储软盘、X 射线探测信息存储软盘等载体里，并于需要时再现出来。如果没有这些有形物质作依托，可以供人视听的信息资料就会转瞬即逝，无法捕捉。这种高科技性在发挥视听资料、电子数据较高的证明价值的同时，也容易被篡改、变造，为视听资料、电子数据的真假检验带来了很大的难度。

作为证据的视听资料、电子数据与作为证据的固定、保存手段的视听资料、电子数据不同。前者属于法定的证据形式；后者虽然也表现为视听资料、电子数据，但其证据形式取决于所反映的证据的本来形式，例如，以录音的方式固定、保存证人证言、犯罪嫌疑人供述和辩解，则该录音带分别属于证人证言和口供，而不属于视听资料。

随着计算机的普及，各种利用计算机等高科技手段犯罪的案件日渐增多，涉及电子证据的刑事案件数量激增，电子证据已经遍布各类刑事案件之中。在一些特定案件中，如制造、贩卖、传播淫秽物品案件、涉及银行取款事实的案件，视听资料、电子数据往往是关键证据。对于视听资料、电子数据的收集和审查判断，必须加大科技投入，提高科技水平，才能保障其客观真实性，更好地用于案件事实真相的揭示。

2. 视听资料、电子数据的审查、判断。

（1）视听资料极易被伪造，且难以凭感官鉴别。一般着重审查如下内容：①是否附有提取过程的说明，来源是否合法；②是否为原件，有无复制及复制份数；是复制件的，是否附有无法调取原件的原因、复制件制作过程和原件存放地点的说明，制作人、原视听资料持有人是否签名或者盖章；③制作过程中是否存在威胁、引诱当事人等违反法律、有关规定的情形；④是否写明制作人、持有人的身份，制作的时间、地点、条件和方法；⑤内容和制作过程是否真实，有无剪辑、增加、删改等情形；⑥内容与案件事实有无关联。

（2）对电子邮件、电子数据交换、网上聊天记录、博客、微博客、手机短信、电子签名、域名等电子数据，应当着重审查以下内容：①是否随原始存储介质移送；在原始存储介质无法封存、不便移动或者依法应当由有关部门保管、处理、返还时，提取、复制电子数据是否由 2 人以上进行，是否足以保证电子数据的完整性，有无提取、复制过程及原始存储介质存放地点的文字说明和签名；②收集程序、方式是否符合法律及有关技术规范；经勘验、检查、搜查等侦查活动收集的电子数据，是否附有笔录、清单，并经侦查人员、电子数据持有人、见证人签名；没有持有人签名的，是否注明原因；远程调取境外或者异地的电子数据的，是否注明相关情况；对电子数据的规格、类别、文件格式等的注明是否清楚；③电子数据内容是否真实，有无删除、修改、增加等情形；④电子数据与案件事实有无关联；⑤与案件事实有关联的电子数据是否全面收集。对电子数据有疑问的，应当进行鉴定或者检验。

视听资料、电子数据具有下列情形之一的，不得作为定案的根据：①经审查无法确定真伪的；②制作、取得的时间、地点、方式等有疑问，不能提供必要证明或者作出合理解释的。

二、证据的理论分类

证据的理论分类，是指在学理上从不同的角度按照不同的标准将证据划分为不同的类型。证据的理论分类不同于法律规定的证据种类。种类是立法者根据证据的存在和表现形式对证据所作的划分，具有法律上的效力，不具备法定表现形式的证据不得作为定案的根据；分类仅是学理上的解释。前者的划分标准单一，后者的划分标准是多角度的。两者的区别很明显。同时两种划分又是交叉的，同是一种证据，由于分类标准和角度不同，其类属也不完全相同，具有多重性。

我国学者在证据的分类问题上形成比较一致的观点，一般采用两分法，把证据划分为：

（一）原始证据与传来证据

按照证据的来源、出处划分，凡是直接来源于案件事实或原始出处，未经复制、转述等传播环节的证据是原始证据。反之则为传来证据。所谓直接来源于案件事实，是指证据在案件中有关行为或活动的直接作用或影响下形成的。如现场遗留的痕迹、作案使用的工具、犯罪行为直接造成的物理破坏、赃物。所谓直接来源于原始出处，是指证据直接来源于证据生成的原始环境。如目击者的证词、被告人的亲自供述、被害人的当庭陈述等。概而言之，原始的言词证据就是亲自得到的，如亲自所为、亲身感受、亲眼看见、亲耳所闻；而原始的实物证据则为原物、原件。凡经过复制、复印、传抄、转述等中间环节形成的证据是传来证据。如书证的复印件、影印件、照片，证人转述他人感知事实的证言，等等。

准确区分原始证据与传来证据，关键是理解其分类标准即证据的来源、出处。首先要分析证据是否直接生成于案件中有关的行为或活动，是否与案件事实之间存在原始性关联；如犯罪过程中复制的诽谤信、淫秽视频文件，就属于原始证据。其次要看具体证据内容的待证事实是什么。证明的对象或目的不同，证据的原始或传来属性也会有所不同。不能以证据本身的表现形式是否是复制品为标准。

因为传来证据经过中间的加工或转达等信息的消耗环节，与原始证据相比其证明价值明显降低，且转换次数越多，证明力越低。在实践中，应尽可能收集、运用原始证据，无法获得原始证据而使用传来证据替代时必须符合法定的条件。审查判断证据的证明力时，则必须考察传来证据的转换关系和转换频度。一般来说，传出源不明的传来证据无证据能力，与传出源相矛盾的传来证据无证据能力，传输环节过多的传来证据证明力明显降低，违反法定原则的传来证据证明力被消灭。传来证据的使用原则是"被动选择"，凡是能够使用原始证据的情况下不得使用传来证据。

知识链接

传来证据与英美证据法的传闻证据不同。传闻证据是指证人所陈述的非亲身经历的事实，以及证人未出庭作证时向法庭提交的书面证词。依传闻证据排除规则，传闻证据原则上不能作为认定案件事实的根据。由此可见，传闻证据仅限于言词证据，而传来证据涵盖一切证据种类，包括实物证据。而且，传闻证据受传闻证据排除规则的限制，但传来证据并不导致某种限制规则，反而将一系列被传闻法则否定的证据形式纳入自己的范畴，成为传闻证据拥有证据能力的理论依据，传来证据在我国是允许使用的。

（二）控诉证据与辩护证据

一般认为，刑事诉讼存在三种基本的职能，除审判外，控诉与辩护是两大相互对抗的基本职能。诉讼中的证据，要么被用来支持控诉职能，要么被用来支持辩护职能。根据证据在诉讼中对指控事实的证明作用不同，可将证据划分为控诉证据与辩护证据。凡是能证明犯罪嫌疑人、被告人有罪、罪重以及应当从重处罚的证据，是控诉证据。凡能够证明犯罪嫌疑人、被告人无罪、罪轻以及应当从轻、减轻或免除刑事责任的证据，是辩护证据。注意不能以证据提交者的身份为依据，简单地把控诉证据等同于控诉方提出的证据，也不能把辩护证据等同于辩护方提出的证据。实践中，控诉方和辩护方都可能提出一些对自己不利而对对方有利的证据，例如，控诉方提出的被告人自首事实的证据属于辩护证据，而犯罪嫌疑人、被告人作出的有罪供述则属于控诉证据。

理解控诉证据和辩护证据时，应注意二者的划分并非绝对。首先，一个证据的内容可能同时包含控诉和辩护两方面的内容，例如被告人陈述称：被告人对被害人实施了伤害，但是系出于正当防卫。证人证实被告人持枪威逼受害人，但在受害人哀求下离去。证据的属性取决于提出方的目的。其次，控诉证据与辩护证据在一定条件下可能会相互转化。例如侦察人员在嫌疑人家中搜出失窃的名画，属于控诉证据。经鉴定此画乃赝品，则画又成为辩护证据。

区分控诉证据和辩护证据的意义在于：二者的充分性要求不同。控诉证据要求达到一定的数量，并且证据与证据之间要协调一致、具有连贯性，不能矛盾，不能脱节，形成完整的证据链条，才能达到定罪量刑的证明标准；而辩护证据则无量的要求，也不需要形成完整的证明体系，有时一个辩护证据就足以证明被告人无罪或罪轻。例如不在场证据、行为人的精神病鉴定、自首证据。

（三）有罪证据与无罪证据

《刑事诉讼法》第52条明确区分了有罪证据和无罪证据。证明犯罪嫌疑人、被告人有罪的证据为有罪证据，证明犯罪嫌疑人、被告人无罪的证据为无罪证据。区分的标准是证据的证明方向、证明作用；区分的意义除了强调办案机关对两种证据都负有收集、提交的责任外，主要还在于二者适用的证据法则不同。无罪证据强调其真实性，而不受任何证据法则的约束。换言之，只要是真实的无罪证据，不问其收集的方法、手段如何。无罪证据与有罪证据的充分性要求也不同，关于这一点，在控诉证据和辩护证据部分已有介绍。

根据《刑事诉讼法》第42条的规定，主要的无罪证据包括：不在犯罪现场的证据（如目击证人证言、火车票等）、未达到刑事责任年龄的证据（如证明年龄的户口本、骨龄鉴定意见、接生人员证人证言、精神病人病历等），以及属于依法不负刑事责任的精神病人的证据（如病历、诊断书、司法精神病鉴定等）。对于无罪证据，《刑事诉讼法》第42条提出有别于一般辩护证据的特殊要求，辩护人收集的有关犯罪嫌疑人、被告人的无罪证据，应当及时告知公安机关、人民检察院。

（四）定罪证据与量刑证据

刑事诉讼的证明对象可以分为定罪事实和量刑事实。定罪事实是犯罪事实，即犯罪构成要件事实，包括犯罪行为、结果以及二者之间的因果关系、犯罪动机、场所、手段、时间、阻却违法性的事实等；量刑事实是量刑所依据的事实，即用来说明被告人是否需要判处刑罚及应当判处怎样的刑罚的事实，包括反映被告人行为社会危害性及人身危险性的从重、减轻、从轻及免予刑事处罚的事实。量刑事实是建立在法院认定被告人有罪的前提下，即量刑事实只在确定被告人有罪之后才能被提交到法庭，在量刑时发挥作用，其并不能表明犯罪的基本性质以及犯罪的相关情况，只是反映被告人罪行的轻重及其人身危险性程度。

根据证据的证明对象不同，证据可以分为定罪证据和量刑证据。定罪证据指能够证明某一行为是否构成犯罪、构成何种犯罪的确认与评判的根据，它不仅包括证明犯罪的基本事实、犯罪性质、情节和对社会的危害程度的证据，也包括证明被告人无罪或尚不足以证明被告人有罪的案件事实的证据。量刑证据指在行为成立犯罪的前提下，能够证明与犯罪行为或犯罪人有关的，体现行为社会危害性程度和行为人人身危险性程度，因而在量刑时从重、从轻或者免除刑罚时必须予以考虑的各种具体事实情况的证据。量刑证据的证明对象为刑罚事实，即刑罚加重、减轻、免除的原因事实。

量刑事实可划分为纯粹的量刑事实与兼备的量刑事实两大类。纯粹的量刑事实是只影响到法官量刑裁决的事实，包括罪前事实与罪后事实。根据《最高人民法院关于常见犯罪的量刑指导意见》的规定，主要指被告人的前科劣迹、累犯事实、未成年人个人成长经历及一贯表现的事实以及犯罪后自首、立功、坦白、自愿认罪、退赃退赔、赔偿被害人经济损失及取得被害人或其家属谅解的事实。兼备的量刑事实是既关系到定罪也关系到量刑的事实，即无法与定罪事实剥离开的罪中事实。根据《最高人民法院关于常见犯罪的量刑指导意见》，主要包括《刑法》总则规定的未成年人犯罪、盲聋哑人犯罪、防卫过当、避险过当、犯罪预备、犯罪未遂、犯罪中止、从犯、胁从犯及教唆犯等事实以及个案中犯罪数额、犯罪次数、犯罪结果、特殊的犯罪性质、犯罪对象和犯罪时间等犯罪事实。无论是纯粹的量刑事实还是兼备的量刑事实，都不仅限于上述规定的常见情形，针对个案具体情况还应当具体分析、有所增减。据此，量刑证据也相应地可以划分为纯粹的量刑证据和兼备的量刑证据。

（五）言词证据与实物证据

根据证据的表现形式不同，可以将证据分为言词证据和实物证据。凡是以人的陈述为存在和表现形式的证据，是言词证据。包括任何人在诉讼程序中通过语言表达的方式提供的证据，具体有证人证言、被害人陈述、"口供"、鉴定意见四种。凡是以实物形态为存在和表现形式的证据，是实物证据，又称广义上的物证。它包括各种具有实物形态的证据：物证、书证、视听资料、电子数据、笔录类证据。实物证据都是客观存在的实体物品，都是看得见、摸得着或者感觉得到的东西。

言词证据的本质是无形的语言陈述，但具体表现形式是通过询问或讯问而取得的陈述，而陈述又往往固定于一定的载体之中，如笔录、录音、录像，但不论其记载方式如何，记载的内容仍是陈述人陈述出来的案件事实，不能因记载方式表现为实物而影响言词证据与实物证据的分类。鉴定意见虽然具有书面形式，其实质是鉴定人就案件中某些专门性问题进行鉴定后作出的判断性意见。在法庭审理时，鉴定人有出庭接受质询的义务，故鉴定意见属于言词证据。如引例中的法医鉴定报告。

🎓 知识链接

关于勘验、检查笔录的性质，学界有一定的分歧。有学者认为：勘验、检查笔录的文字部分属于言词证据，"是勘验检查人员用书面形式记录的关于其在勘验检查中所闻所见之事实的陈述"。其中的照相、录像是有关物品或痕迹的记录，则应归入实物证据的范畴。更多的观点认为勘验、检查笔录是勘验检查人员对勘验检查过程的客观记载，不包括办案人员的主观判断和分析意见，因而属于实物证据。其实，证人证言也不包括证人的意见或判断，也常表现为书面文字材料或录音、录像。这一理由不足以把勘验检查笔录从言词证据中分离出来。我们赞同第一种观点。

言词证据与实物证据的划分标准是证据的存在和表现方式，而不是证据的证明方式。实物证据并非都以物的存在状况、外部特征、物质属性起证明作用，除狭义的物证以外，其他实物证据如书证、视听资料、电子数据等，都是以物所记载的内容或反映的信息来证明案件事实的。在证明方式上，书证、视听资料、电子数据与言词证据有相似之处，应避免混淆。

言词证据能从动态上证明案件事实，形象生动、详细具体，有实物证据无法比拟的优点，证据源不易灭失；但言词证据稳定性较差，易受外界因素、主观条件等的影响。相反，实物证据则有较好的客观性、稳定性；但易灭失，关联性不明显，并且只能从静态上证明案件事实。通过分类比较掌握各自的特点，对于我们运用证据具有良好的指导作用。

言词证据与实物证据的收集方式、运用规则皆有不同。查明真实性是言词证据运用的关键。通常从收集方法是否合法、提供者与案件的关系、外界的影响、主观的错误等问题切入。比如引例中佘祥林的供述就应重点排除刑讯逼供的可能性、张年生作为死者家属，审查其辨认结论时应排除心理暗示。实物证据的运用则应多结合言词证据，必要时进行辨认和鉴定；查明是否伪造、有无发生变化。

（六）直接证据与间接证据

以证据与案件主要事实之间的证明关系为划分依据，凡能单独直接证明案件主要事实的证据，为直接证据；凡不能单独直接证明、而需要和其他证据结合起来才能证明案件主要事实的证据，为间接证据。通俗地说，一项证据蕴含了案件主要事实的要素，则该证据为直接证据，反之则为间接证据。直接证据可以不依赖于其他证据，以直接证明的方式对案件主要事实起到证明作用；这种直接证明包括直接地肯定和直接地否定两种模式，前者是一个证据单独、直接证明了案件的主要事实，后者直接否定被怀疑、被指控的案件事实，但通常不能另行证明案件主要事实的真相。间接证据只能证明案件事实中的某一情节或片段，如要证明案件的主要事实，必须与其他证据结合起来，以推论的方式即间接证明的方式起证明作用。

区分直接证据与间接证据，关键在于对案件主要事实的把握。所谓"案件主要事实"，指被追诉人是否实施了被指控的犯罪事实，它包括两个实体方面的事实：一是犯罪行为是否确已发生，二是该犯罪行为是否为被追诉人所为，简言之就是何人、何事。根据直接证据，不必经过推理的过程就能直接了解被指控的犯罪行为是否发生，这种犯罪行为是否由被追诉人所实施。就具体证据形式而言，犯罪嫌疑人、被告人的有罪供述就是直接证据，证人、被害人目击犯罪行为发生的证言或陈述通常也是直接证据。而鉴定意见、勘验、检查笔录一定不是肯定性的直接证据，但有可能成为否定性的直接证据。间接证据如犯罪分子在现场遗留的物品或痕迹，实施犯罪行为的工具，被害人伤害情况等，必须相互结合、形成证据链条，才能证明案件的主要事实。需要说明的是，"能够证明"不等于"足以证明"，一项证据是直接证据，不代表据此证据就足以认定案件事实。

直接证据的特点是：首先，对案件主要事实的证明方法简单、直接，无需借助其他证据和复杂的推理过程。但直接证据的收集和审查判断较为困难，其来源窄、数量少，不易取得。正因为如此，古往今来的刑事司法实践都对口供特别地依赖，中国更形成"无供不录案"、刑讯合法化的制度，成为冤假错案的罪魁祸首。其次，因为直接证据多表现为言词证据，容易受主客观因素的影响而出现虚假或失真。对直接证据，应主要审查其真实性。

间接证据有着证明关系的间接性、证明过程的依赖性、证明方式的推断性以及范围广、数量多、容易收集等特点。虽然间接证据只能证明案件的个别情节或片段，但不能低估其作用。间接证据往往是发现直接证据的媒介，是认定整个案情的向导，可以鉴别直接证据的真伪。几个间接证据形成的证据链条，其证明力甚至大于直接证据。根据实践经验和理论总结，间接证据的运用应遵循以下规则：① 每一间接证据必须真实可靠；②每一间接证据必须与案件存在客观联系；③间接证据之间必须协调一致，矛盾得到合理排除；④间接证据必须形成完整的证据体系；⑤运用间接证据组成的证据体系得出的结论必须是肯定的、唯一的，排除其他一切可能。确保间接证据体系具有充分性是运用的关键。

司法实践中，多数案件都是直接证据和间接证据并存，互相印证以证明案件事实的。应当充分认识、掌握直接证据和间接证据各自的特点与作用，自觉运用有关的证据规则，正确认定案件事实。

✦ 引例分析

引例中的证据种类较多，各自的审查、判断规则不同，现逐一分析如下：

1. 现场勘验笔录。现场勘验笔录具有客观性和综合证明性的特点，能够发挥重要的证明作用。通过与犯罪嫌疑人供述比较分析，可发现两项证据之间不能相互印证：第一起案件的现场勘验笔录记载：被害司机刘福军左胸中了 3 刀，驾驶员的座椅上没有血迹，而副驾驶的座椅上有大量的血迹。如果犯罪嫌疑人的供述真实不虚，则主驾驶座应该有血迹而副驾驶座不应有血迹……第二起案件的现场勘验笔录记录：被害人张明的尸体侧卧在驾驶员一侧车门外的地上；车门外面有喷溅血迹，驾驶员座椅上有大量的血迹，副驾驶的座椅上没有血迹。同理，按照犯罪嫌疑人的供述，作案后携尸驾车逃离现场，一定会在其他座位留下大量血迹，但现场无此现象；车门外不应留有喷溅血迹；作案后携尸驾车逃离更不符合正常作案心理⋯⋯鉴于现场勘验笔录的客观性较犯罪嫌疑人供述和辩解强，上述矛盾对于审查、判断后者的真实性具有重要的参考价值。

2. 鉴定意见。即承德市公安局关于死者刘福军、张明的尸检报告结论，以及承德市公安局对送检的刀子上的血所作的血型鉴定。鉴定意见是一种科学证据，但受鉴定材料、鉴定人能力等主客观因素的影响，依然存在错误的可能。在本案中，控辩双方对前者没有争议，但对后者有严重分歧，焦点集中在鉴定材料的充分、可靠性，即鉴定材料的来源是否清晰、合法、保管链条是否完整。经仔细查看，发现鉴定报告的时间要早于搜查、扣押刀子的时间，鉴定的对象究竟是否从犯罪嫌疑人家中搜得的刀？因为此物证的存在状况是证明案情的方式之一，如果这一要素不明，就无法证明具体嫌疑人与案件的关系。其次，该证据未能得出同一认定结论，血型鉴定不能证明刀上的血就是被害人的血。

3. 犯罪嫌疑人、被告人供述和辩解，即"口供"。"口供"在人类历史上一度号称"证据之王"，即便现代刑事侦查对"口供"的依赖性已经大有不同，但依然需要重视"口供"，同时要谨慎运用，重点应审查供述的合法性与客观真实性。如前所述，四人的供述与其他证据存在矛盾，且四人均当庭翻供，一致声称受到刑讯逼供，同时提供了不在场证据，故其内容的客观真实性达不到排除合理怀疑的程度，其合法性更需要认真审查，如果确系刑讯逼供得来的供述，当依法予以排除。

4. 物证。物证是对客观发生的案件事实的一种直接反映，其与案件事实之间的联系是一种客观事实，但对这种客观联系的发现和解读需要发挥人的主观能动性，因而不能完全排除主观因素造成物证失真的可能性。运用物证重点应审查其真实性，难点是解读其关联性。对于引例中的重要物证——现场发现的烟头以及犯罪嫌疑人家中搜得的作案凶器刀子，决定其真实性的来源是核心的审查要素。因为第一次的现场勘验笔录没有发现、提取烟头的记录，其来源遂成为辩护律师的重点质疑和排除理由。如前所述，刀子同样存在来源不明的问题，这些疑点对控方的证明造成了巨大的冲击。

5. 证人证言。正如美国法谚所言，"无证人则无诉讼"。虽然中美间"证人"的概念有别，但诉讼中证人证言确是常见证据。引例中的证人就包括辛某某、犯罪嫌疑人所在工厂的考勤员、犯罪嫌疑人的工友、医生谢某某以及朱某某。其中有些证人能够对案件事实提供直接证明，如考勤员、工友，直接证明嫌疑人没有作案时间；有些证人只能提供间接证据，如朱某某，只能证明嫌疑人的作案能力不足。不管证人证言的证明作用如何，都应认真分析其感知案件事实的过程和证言的形成过程，防止因为证人感知能力的缺陷或者证人的品格、认知能力或者心理精神状态的因素形成误证。

6. 书证。书证与其他证据一样，必须是与案件有关联、能够证明案件事实的才能被采用。因此，书证一般是在案件事实发生、发展过程中形成的，具有形成在先的特点。引例中出现的公安机关无刑讯逼供的书面说明，因为与案件事实无关，不能成为证明的根据；虽与办案的程序性事实有关联，但因公安机关属于该事实的当事主体，其证明相当于自己对争议事实的否认，也不具有证明作用，故学界主张、这一类书面材料不具备证据的可采性，不得采用为定案根据。

书证通过所包含的思想内容来证明案情，因而书证通常能够发挥直接的证明作用。如引例中犯罪嫌疑人陈国清所在锅炉厂的考勤记录，直接证明陈国清没有作案时间。书证还具有稳定性的特点，只要物质载体不被破坏，不遭受人为篡改，书证的证明价值可以长时间保存。本案考勤记录就体现了这一特点。书证内容的真实性是审查判断的重点内容。

思考与练习

1. 在一起水上浮尸案的现场，侦查人员发现了一封遗书，根据遗书记载的内容，侦查人员推断出死者的家庭、身份，同时，又根据笔迹鉴定，推断出此遗书确实是死者所写，对于本案中的遗书，属于哪种证据？

A. 书证   B. 物证

C. 既属物证，又属书证   D. 被害人陈述

2. 刑事诉讼中，证人是有一定的范围的，根据法律的有关规定和刑事诉讼的一般理论，下列关于证人叙述正确的是：

A. 只能是成年人

B. 不能是不满10周岁的未成年人

C. 只能是公民个人，而不能是单位

D. 所有知道案情的人，都是证人

3. 某伤害行为发生时，除当事人外，还有下列4个人在场，其中谁不能做证人？

A. 张某是盲人

B. 李某是一年级小学生，聪明伶俐，学习成绩好

C. 王某是聋哑人

D. 赵某患精神分裂症，前不久重伤他人，但法院判决其不负刑事责任

4. 李某在法庭上作证说，他曾听徐某讲述其如何杀害高某的经过。李某向法庭提供的证言，属于证据分类中的什么证据？

A. 传来证据   B. 直接证据   C. 有罪证据   D. 言词证据

5. 在刑事诉讼中，下列哪些材料不得作为鉴定意见使用？

A. 材料甲，系被害人到医院就诊时医生出具的诊断证明

B. 材料乙，盖有某鉴定机构公章，但签名人系被撤销鉴定人登记的人员

C. 材料丙，由具有专门知识但因职务过失犯罪受过刑事处罚的张某作出

D. 材料丁，经依法登记的司法鉴定机构指定的鉴定人王某作出

6. 下列哪些证据属于书证？

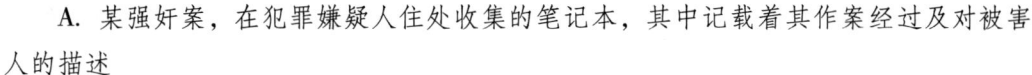

A. 某强奸案，在犯罪嫌疑人住处收集的笔记本，其中记载着其作案经过及对被害人的描述

B. 某贪污案，为查明账册涂改人而进行鉴定的笔迹

C. 某故意伤害案，证人书写的书面证词

D. 某走私淫秽物品案，犯罪嫌疑人非法携带的淫秽书刊

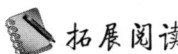 拓展阅读

龙宗智、苏云：“刑事诉讼法修改如何调整证据制度”，载《现代法学》2011 年第 6 期。

项目三　刑事诉讼证明

 引例

2002 年某月，广州市人民检察院向广州市中级人民法院提起公诉，指控被告人马某犯有贩卖毒品罪，指控的主要犯罪事实是马某在广州涉嫌参与了两宗毒品交易。第一宗发生在 1998 年 7 月，马某伙同同案人赵某（已判刑）携带海洛因窜至广州，以每克人民币 25 元的价格将 5777 克海洛因贩卖给伍某（已判刑）。第二宗发生在 1998 年 9 月 4 日，马某与伍某电话商定以每克人民币 90 元的价格向伍某出售海洛因一批。9 月 5 日上午 8 时许，马某与合同案人赵某、刘某（另案处理）从甘肃省兰州市乘飞机抵达广州。当天下午 3 时许，马某指使赵某、刘某运送海洛因到白云区新市镇棠溪岗贝路口贩卖给伍某。当三人交易毒品时，被公安人员现场抓获，当场缴获海洛因 71 050 克，当场缴获的还有购毒资金人民币 256 万元。公诉机关当庭提交了公安机关的破案报告、马某从兰州到广州的机票、物证照片、现场照片、鉴定意见、同案人赵某的供述和辩解笔录及同案人伍某、刘某的供述等多项证据。检察机关在起诉书中认为：被告人马某无视国家法律，贩卖毒品海洛因，其行为已构成贩卖毒品罪，提请法院依法判决。

在法庭上，马某的辩护律师针对检察机关的指控提出了以下几个主要疑点：①马某从被拘留开始一直没做过有罪供述。②伍某曾供认，1998 年 7 月和 1998 年 9 月 5 日的两次毒品交易中，都是他和赵某接触，马某并未在场。③1998 年 9 月 5 日，马某、赵某、刘某在一起的时间仅限于兰州机场—广州机场—广州某宾馆—三元里某饭店。而真正的毒品交易应该是赵某、刘某在三元里某饭店接了"货"以后开始的。④在已缴获的毒品及其包装上并没有马某的指纹。

广州市中级人民法院经过审理后作出判决，公诉机关指控被告人马某参与指使赵某贩卖毒品海洛因事实证据不足，指控罪名不成立。依照刑法规定，判决被告人马某无罪，并当场将马某释放。

问题：本案中，公诉机关提供的证据虽然能够证明马某有实施贩卖毒品犯罪的可能，但却无法确定无疑地证明马某实施了犯罪行为，法院最终判决检察院指控的罪名不能成立，马某被无罪释放。这说明了刑事诉讼证明责任的何种特殊性？刑事诉讼的证明标准是什么？[1]

基本原理

在一般意义上，运用已知事实推断出未知事实的思维活动就是证明。刑事诉讼中的证明，特指国家公诉机关和诉讼当事人及其辩护人、代理人，在法庭审理过程中依照法律规定的程序和要求，向审判机关提出证据，运用证据说服他们相信本方的事实主张的活动。证明活动要解决的是，在审判程序中由谁承担证明责任，以及责任无法完成时由谁承担不利后果的一系列问题。因此，证明与法庭审判活动息息相关，仅存在于审判阶段。侦查阶段侦查人员依法对案件进行调查了解，属于查明的范畴，与证明有所区别。通俗地说，查明是为了让自己弄明白事情的真相，而证明是在自己明白的基础上，通过证据令他人明白。也有学者把查明和证明区分为自向证明和他向证明。前者带有职权性、单向性，后者则具有义务性、双向性。

一、刑事诉讼证明对象

证明对象是证明活动指向的对象，一指证明的接受者，即证明活动要说服的对象——人民法院；一指证明的承受者，即需要证明的事实，又称证明的客体，这是我们讨论的主要含义。刑事诉讼中，证明对象就是公诉机关、当事人必须通过证据加以说明、解释和证实的案件事实，又称为待证事实。

刑事诉讼证明对象的范围具体包括：①被告人的身份；②被指控的犯罪行为是否存在；③被指控的行为是否为被告人所实施；④被告人有无罪过，行为的动机、目的；⑤实施行为的时间、地点、手段、后果以及其他情节；⑥被告人的责任以及与其他同案人的关系；⑦被告人的行为是否构成犯罪，有无法定或者酌定从重、从轻、减轻处罚以及免除处罚的情节；⑧其他与定罪量刑有关的事实。为了易于把握并指导司法实践，诉讼理论将与犯罪构成要件有关的事实形象地总结为"七何"，即何人、何时、何地、出于何种动机和目的、采用何种方法和手段、实施何种犯罪行为、造成何种危害后果等七个因素。当然，并不是所有的犯罪都要求以上七个要素缺一不可，或七个要素处在相等的重要地位。只有犯罪行为构成的四个一般要件，才是必不可少的。

刑事诉讼的证明对象从理论上可以概括为：

（一）有关犯罪构成要件的事实（定罪事实）

定罪事实是犯罪事实，即犯罪构成要件事实，包括犯罪行为、结果以及二者之间

〔1〕 案例出处：卞建林、刘玫主编：《证据法学案例教程》，知识产权出版社2003年版，第207页。

的因果关系、犯罪动机、场所、手段、时间、阻却违法性的事实等。

（二）与犯罪行为轻重有关的各种量刑情节的事实（量刑事实）

量刑事实是量刑所依据的事实，即用来说明被告人是否需要判处刑罚及应当判处怎样的刑罚的事实，包括反映被告人行为社会危害性及人身危险性的从重、减轻、从轻及免予刑事处罚的事实。量刑事实是建立在法院认定被告人有罪的前提下，即量刑事实只在确定被告人有罪之后才能被提交到法庭在量刑时发挥作用，其并不能表明犯罪的基本性质以及犯罪的相关情况，只是反映被告人罪行的轻重及其人身危险性程度。量刑情节有法定情节和酌定情节两大类。具体有从重处罚的事实、加重处罚的事实、从轻、减轻或免除处罚的事实。

（三）排除行为违法性、可罚性的事实

排除行为违法性的事实有正当防卫和紧急避险等。排除可罚性的事实，例如超过追诉时效、特赦令免除刑罚、告诉才处理而未告诉或撤回告诉、被告人死亡等。

（四）排除或减轻刑事责任的事实

影响刑事责任能力的因素除了年龄，还有精神状态和生理状况。

（五）刑事诉讼程序事实

如管辖、回避、强制措施的适用、审判组织的组成、超过法定期限的事实、侵权等问题。

证明对象是证明活动的中心环节，证明活动以证明对象为出发点和归宿。正是因为设定了证明对象，才产生了证明主体、证明责任、证明程序、证明标准等问题，所以证明对象是证明的最初环节。同时证明对象决定着证明活动如何进行，需要何种证据、证明到何种程度等，是证明的方向和目标。

二、刑事诉讼证明责任

设定了证明对象后，首先要解决的是由谁来承担这一证明对象的证明责任。刑事诉讼中的证明责任，是指对于被告人是否有罪以及犯罪情节轻重，应当由谁提出证据加以证实的责任，若不履行该责任就不能认定被告人有罪。我国刑事诉讼证明责任的分配主要依据如下原则：

（一）公诉案件证明被告人有罪的责任，由执行控诉职能的公诉人承担

最早由意大利著名刑法学家贝卡利亚提出，现已成为世界各国普遍适用的联合国刑事司法准则——无罪推定原则，要求控诉一方承担证明被告人有罪的责任。除了这一原因，公诉人作为诉讼程序的启动者，是要求法院作出判决的人，根据"谁主张谁举证"的基本规则，应该向法庭提供证据支持其要求和主张。另一方面，公诉人既然做好了起诉的准备，自然也处于举证的便利位置，让其承担证明责任也是顺理成章的。

我国《刑事诉讼法》第51条规定："公诉案件中被告人有罪的举证责任由人民检察院承担，自诉案件中被告人有罪的举证责任由自诉人承担。"人民检察院在刑事诉讼中执行控诉职能，代表国家向人民法院提起公诉，并出庭支持公诉，理应负担举证的责任，向合议庭提出证据，证明起诉书对被告人所控诉的犯罪事实。如果公诉人不举证，或者举证达不到法律规定的证据确实、充分的要求，法庭将依照《刑事诉讼法》第200条第3项之"证据不足，不能认定被告人有罪的，应当作出证据不足、指控的犯罪不能成立的无罪判决"对被告人作出无罪判决。

根据《刑事诉讼法》第59条的规定，法庭对证据的合法性进行调查时，人民检察院应当对证据收集的合法性加以证明。

（二）犯罪嫌疑人、被告人一般不承担证明责任

也就是被告人既不承担证明自己有罪的责任，对于自己否认有罪、否认指控的答辩，也不承担提出证据加以证实的责任。同时犯罪嫌疑人、被告人依法享有提出证据、证明自己无罪、罪轻的权利，既然是权利而不是责任或义务，就不能因为被告人不能证明自己无罪便得出被告人有罪的结论。但是在我国，虽然被告人不承担证明自己无罪的责任，但也不享有沉默权。《刑事诉讼法》第120条第1款规定，犯罪嫌疑人应当如实回答侦查人员的提问。即便如此，也不意味着法律要求犯罪嫌疑人、被告人承担证明责任。

（三）自诉案件证明被告人有罪的责任，由自诉人负担

自诉案件是被害人及其法定代理人或近亲属直接向人民法院提起刑事诉讼，要求追究被告人刑事责任的案件。不存在代表国家的公诉机关，自诉人处于原告的地位，独立地履行控诉职能，理应承担证明责任。《刑事诉讼法》第51条、第210条、第211条明确规定了自诉人的证明责任。自诉案件的被告人同样不负证明责任。但如果被告人在诉讼过程中提出反诉，他在反诉中便成为自诉人，对反诉就负有证明责任，必须提供证据来证明反诉的事实、主张。

（四）被告人不负证明责任的例外情况

被告人不负证明责任是刑事诉讼证明责任分配的基本原则。"有原则必有例外"，对于少数特殊案件，也存在着例外的情形：

1. 《刑法》第395条第1款规定的巨额财产来源不明罪。根据该条规定，被告人负有说明其明显超过合法收入的部分财产来源的责任，如果不能说明来源是合法的，则犯有巨额财产来源不明罪的结论就将成立。当然前提是控方已经证明被告人拥有与实际收入不相符的财产。

2. 实行严格责任的犯罪。所谓严格责任犯罪，是指不要求犯罪意图、只要实施了行为即可成立的犯罪。因为不要求行为人对行为具备主观认识，因此法院不要求控诉方有犯罪意图（犯罪的故意或者过失）的证据，即便被告提出的无犯罪意图的证据可

能排除他的责任。只要证明被告人实施了该犯罪行为并造成了损害后果，就完成了证明责任，法院就可以判被告人承担刑事责任。我国刑法没有就严格责任犯罪作出明确的规定，学者认为生产、销售假药和生产、销售有毒有害食品等犯罪案件可以借鉴英美的做法，适用证明责任倒置，由被告人承担其无罪的证明责任。

3. 非法持有型犯罪。包括非法持有毒品、非法持有枪支弹药、非法持有国家绝密机密文件资料等罪种。有学者指出，对于持有型犯罪，"除了非法持有、使用假币外，司法机关只需发现行为人持有、私藏、携带、拥有特定物品或超过合法收入的巨额财产的客观现状，便可认定行为人构成上述犯罪，而无须证明行为人在主观上具有故意或过失的心态"。[1]因而，持有行为的合法性由被告人承担证明责任。

4. 刑讯逼供的辩解。提出刑讯逼供指控的辩方应承担初始的推进性证明责任，即用合理陈述、伤痕、验伤报告、证人证言等证据证明很可能有刑讯逼供发生。然后，在是否确有刑讯逼供的问题上，整体的证明责任由被指控者承担。就诉讼而言，就是由公诉人一方承担。

此外，关于：①被告人无责任能力或限制责任能力的事实主张；②被告人行为具有合法性或正当性的事实主张；③侦查人员执法人员行为违法性的事实主张；④关于被告人根本不可能实施指控犯罪行为的事实主张等，一般由提出该抗辩主张的辩护方承担证明责任。

（五）人民法院享有调查取证的权力，但不负有证明责任

《刑事诉讼法》第 196 条规定了人民法院对有疑问的证据享有包括勘验、检查、查封、扣押、鉴定和查询、冻结七种措施的调查核实权。《最高人民法院关于适用〈中华人民共和国刑事诉讼法〉的解释》第 66 条第 1 款专门规定："人民法院依照刑事诉讼法第 191 条的规定调查核实证据，必要时，可以通知检察人员、辩护人、自诉人及其法定代理人到场。上述人员未到场的，应当记录在案。"显然，人民法院享有的证据调查核实权与证明责任是两种性质截然不同的事物。

三、刑事诉讼证明标准

证明标准，是指法律规定的运用证据证明案件事实所要达到的程度和水平。证明标准是法律规定的评价尺度，在不同的历史时期、不同性质的法律制度之下，适用的证明标准各有不同，但都以法律规定为前提。理解证明标准的概念，首先不得不提到一对重要的概念，那就是客观真实和法律真实。长期以来，理论界的主流观点认为，诉讼在证明标准上都要求达到事实清楚，证据确实、充分，也就是客观真实的标准或尺度。随着人们对诉讼特点和规律的认识逐步深化，学者们对于诉讼活动能否完全再

---

[1] 陈兴良：《刑法哲学》，中国政法大学出版社 1992 年版，第 49 页。

现案件的客观真实开始提出质疑。我们认为，诉讼活动作为一种认识活动，不可避免地受到各种主观因素如法官的知识水平、业务素质甚至道德情操等的影响；同时，这种有别于一般认识活动的诉讼活动，受各种诉讼程序的限制，如审理期限的限制、取证手段的限制等，也制约了案件客观真实的揭示；再次，诉讼的目标除了发现案件真相、惩罚犯罪、实现司法公正，还包括保护人权等其他一系列法律价值的维护与彰显，对这些法律价值的选择和平衡，其结果必然要求放弃客观真实的高标准，以切实可行的法律真实标准取代之。而且，案件事实本身具有时间的唯一性，是一种不可回溯的事实，加上人类认识能力的有限性，即便没有上述的所有因素，要完全实现案件的客观真实也基本是不可能的。所谓法律真实，是指证据能够证明的事实。这种事实不是社会经验层面上的客观事实，而是事实认定者按照法律程序重塑的事实，该事实因为符合法定的标准而作为定罪科刑的依据。法律真实以客观真实为基础，而又有别于客观真实。正如美国学者吉尔兹所指出的那样："法律事实并不是自然生成的，而是人为造成的，……它们是根据证据法规则、法庭规则、判例汇编传统、辩护技巧、法庭雄辩能力以及法律教育等诸如此类的事物而构设出来的，总之是社会的产物。"[1]法律真实除了具有客观性、法定性和规范性，也带有一定的主观性。应该强调，采用法律真实的证明标准并不意味着否定客观真实的价值，不能以诉讼程序的限制或其他原因为由而放弃对查明案件事实真相的必要努力，而应在法律许可的范围内最大限度地实现案件的客观真实，这是任何诉讼证明活动都应该竭力追求的理想目标。

因为证明对象的多元性，刑事诉讼的每个具体阶段的证明标准相应地呈现出阶段性的特点。立法的具体规定为：

1. 立案阶段的证明标准：《刑事诉讼法》第 109 条规定："公安机关或者人民检察院发现犯罪事实或者犯罪嫌疑人，应当按照管辖范围，立案侦查。"第 112 条规定："……认为有犯罪事实需要追究刑事责任的时候，应当立案。"只要证据能够证明有犯罪事实发生或者存在有犯罪嫌疑的人、需要追究刑事责任，即可立案侦查。

2. 批准逮捕阶段的证明标准：根据《刑事诉讼法》第 81 条的规定，批准逮捕的证明标准是"有证据证明有犯罪事实，可能判处徒刑以上刑罚"。相关司法解释进一步明确，所谓"有证据证明有犯罪事实"，是指：①有证据证明发生了犯罪行为；②有证据证明该犯罪行为是犯罪嫌疑人实施的；③证据可以相互印证，并查证属实。犯罪事实既可以是单一犯罪行为的事实，也可以是数个犯罪行为中任何一个犯罪行为的事实。

3. 起诉阶段的证明标准：根据《刑事诉讼法》第 176 条第 1 款的规定，起诉阶段的证明标准是整个案件事实的证据确实充分、达到人民检察院认为足以定罪判刑的程度。相关司法解释明确，起诉证据充分程度的最低要求应理解为：①据以定案的证据

〔1〕〔美〕克利福德·吉尔兹：《地方性知识——阐释人类学论文集》，王海龙、张家瑄译，中央编译出版社2000年版，第229页。

不存在疑问；②犯罪构成要件事实有必要证据予以证明；③证据之间的矛盾得到合理排除；④根据证据得出的结论具有其他可能性予以排除。

4. 审判阶段的证明标准：《刑事诉讼法》第 200 条规定，人民法院作出有罪判决的标准的是"案件事实清楚，证据确实、充分"，第 55 条第 2 款明确："证据确实、充分，应当符合以下条件：①定罪量刑的事实都有证据证明；②据以定案的证据均经法定程序查证属实；③综合全案证据，对所认定事实已排除合理怀疑。"据此，我国刑事诉讼的终极证明标准是"排除合理怀疑"。"排除合理怀疑"的具体含义是：公诉方承担证明被告人犯有所控罪行的所有实质要素的任务，如果公诉方的证据仅能证明被告人可能犯有指控的罪行，甚或"很可能是"作案人，都未达到证明标准。只有其证明排除了"合理的怀疑"，才算完成了证明责任。应注意："排除合理怀疑"只适用于刑事诉讼的公诉方，且只适用于审理的定罪阶段。这意味着，只要辩护方提出一个有优势的辩护证据，公诉方就必须承担超出合理怀疑地推翻该证据的责任，否则指控将不能成立。

✦ 引例分析

刑事案件的争议双方通常是代表国家的追诉机关和犯罪嫌疑人、被告人，双方在诉讼能力上存在巨大的差距。公诉案件的追诉方，即公安机关和检察机关，可以依赖国家庞大的司法资源对自己的主张进行证明活动，而处于被追诉地位的犯罪嫌疑人、被告人不但在诉讼资源上无法与之相比，还常常因为被采取强制措施而在诉讼能力上受到极大的限制。而诉讼争议的问题又是犯罪嫌疑人、被告人是否构成犯罪、罪轻罪重这样的重大命题，因此刑事诉讼证明责任的分配必须区别于其他性质的诉讼，以保证诉讼程序的实质公正，保障被追诉一方的基本人权。具体而言，在公诉案件中应当由人民检察院来承担证明被告人有罪的责任，而在自诉案件中这份责任则由自诉人来承担。本案是一起公诉案件，证明被告人有罪的责任自然应当由人民检察院来承担。当其无法完成这一责任时，就应当承担判决时的不利后果，就是其关于被告人有罪的主张得不到法院的支持。本案被告人马某虽然没有提供证明自己无罪的证据，但只要公诉机关没有完成其证明责任，就可以根据无罪推定的原则而被无罪释放，这也正是刑事诉讼证明责任特殊性的体现。

证明责任问题只有在案件事实真伪不清的情况下才发生。本案被告人马某是否实施了贩卖毒品的行为，虽有同案被告人的公诉，但与马某的无罪辩解形成"一对一"，此外并无直接证明马某参与毒品贩卖行为的证据，机票、物证照片、现场照片、鉴定结论等，无法形成完整的证据链条，控方无法排除马某未参与贩毒的可能性，换言之，马某贩毒的事实不能排除合理怀疑，控方的证明活动达不到证明标准，于是不利的后果——主张不能成立随之发生，法院判决马某无罪释放。

思考与练习

1. 下列案件能够作出有罪认定的是哪一选项?

A. 甲供认自己强奸了乙,乙否认,该案没有其他证据

B. 甲指认乙强奸了自己,乙坚决否认,该案没有其他证据

C. 某单位资金 30 万元去向不明,会计说局长用了,局长说会计用了,该案没有其他证据

D. 甲乙二人没有通谋,各自埋伏,几乎同时向丙开枪,后查明丙身中一弹,甲乙对各自犯罪行为供认不讳,但收集到的证据无法查明这一枪到底是谁打中的

2. 小刚是一名 17 岁的职业高中学生,在 2000 年 10 月 5 日国庆节放假期间,他潜入某单位办公室,窃得手提电话 3 部。在公安机关对此案进行侦查时,下列哪些内容属于刑事诉讼的证明对象?

A. 小刚盗窃的事实   B. 小刚的年龄

C. 2000 年国庆节期间放长假的事实   D. 小刚犯罪后的表现

3. 在一起诽谤案件中,江某以李某捏造事实、致使自己的名誉受到巨大损害为由,向人民法院提起刑事自诉,要求人民法院追究李某的刑事责任。在法院审理过程中,江某和李某向法院提出申请,要求调取新的证据。据此,对于本案,负有证明责任的人员应当是:

A. 江某   B. 李某

C. 李某和江某   D. 李某仅有责任证明自己不构成犯罪

4. 关于我国刑事诉讼中证明责任的分担,下列说法正确的是:

A. 犯罪嫌疑人应当如实回答侦查人员的提问,承担证明自己无罪的责任

B. 自诉人对其控诉承担提供证据予以证明的责任

C. 律师进行无罪辩护时必须承担提供证据证明其主张成立的责任

D. 在巨额财产来源不明案中,检察机关应当证明国家工作人员的财产明显超过合法收入且差额巨大这一事实的存在

 **拓展阅读**

张斌:"论科学证据的概念",载《中国刑事法杂志》2006 年第 6 期。

实训 模拟审查、判断证据

 情境设计

2004 年 3 月 11 日(星期日)下午 4 时 50 分,北京印染厂卫生科急诊室护士王贵

珍去内科诊室取药时，发现该厂卫生科副科长曹慧茵（女，47岁）被人杀害于室内。王贵珍立即报告了领导。厂领导与保卫科的负责人等先后赶到现场，研究决定先对被害人进行抢救。经厂长同意，找当时的值班医生张安虎（男，36岁）进行抢救。为保护现场，由北京市棉印公司保卫科科长在前铺报纸，张安虎在中间，本厂保卫科长随后，三人踩着报纸鱼贯而入。走到尸体跟前，张安虎脚踩报纸向前先用听诊器听了曹慧茵的心音后，又摸了摸脚腕的动脉，最后又摸了颈部，确定被害人已经死亡。而后三人又踩着报纸走出现场。张安虎在检查尸体时两手沾上了血。

证据情况如下：

1. 王贵珍讲：她在下午3时去内科诊室时，曹慧茵还未来，室内一切正常。

2. 另有四名证人A、B、C、D证明，曹慧茵是当日下午3时30分进厂的。

3. 法医鉴定：曹慧茵系被他人用钝器打击头部，造成颅脑损伤及失血性休克死亡（方凳可以形成死者头部之损伤）。

4. 现场勘验提取5块穿袜子留下的足迹，3张带有血迹和毛发的木凳。

5. 找张安虎谈话时，发现张安虎穿的皮鞋在鞋底与鞋帮的结合部位有明显的血迹，令其脱下来检查，又发现在鞋底凹处、鞋底后跟也有血迹，而且属于喷溅血迹。对此，张安虎辩称是对曹慧茵的尸体进行检查时沾染的。

6. 经过查验张安虎等进入现场时所铺的报纸，没有发现带血的足迹。

7. 在张安虎去过的外科诊室勘查，发现地面用墩布擦过，有不太明显的血迹；被擦的部位是局部的3片；墩布把上有血；室内拉着的窗帘上有用手擦过的血迹；后又发现张安虎当时所穿的裤子、毛衣、呢子罩衣上均有血迹。

8. 上述所有血迹经过鉴定，均与被害人的血型相同。

9. 现场提取的穿袜子的5块足迹均为张的左、右脚所留。

10. 张安虎本人承认，他在案发当天下午4时以后进过外科诊室，而且用墩布擦过地。

11. 李东讲：张安虎与曹慧茵在工作上有较深的矛盾。

工作任务

任务一：运用基础理论知识，准确界定证据的具体种类和理论分类。

任务二：根据各自的特点和运用规则，进行审查、判断，认定案件事实。

训练方法

全体实训人员分为四个小组，其中两组模拟公诉人员审查证据，提出公诉意见；两组模拟辩护律师审查证据，提出辩护意见。各小组形成本组的观点依据后，由一名代表发表意见。任课教师归纳小组意见并予以点评。

步骤一：分析案件情况，归纳要件事实。证明对象既是诉讼活动的出发点，又是诉讼活动的终极归宿。分析案件性质，准确界定案件的事实要素，是成功完成证明责任的前提。

步骤二：判明具体待证事实证明责任的承担者。辩护方原则上不需要承担证明被告人有罪的责任，但在某些例外情况下也承担一定的证明责任。应分析案中是否存在特定情况。

步骤三：审查判断证据。确定各证据的具体类别，根据相关的证据规则，审查判断每一个证据是否符合采用标准，排除不可采证据。公诉人员可通过审阅案卷、讯问犯罪嫌疑人、被告人、询问被害人、调查核实证据以及补充侦查等方法手段进行证据的审查；律师应详细分析案卷材料的内容，找出问题、疑点。除了自行调查证据外，还可以申请人民法院调查证据。

步骤四：结合证明责任，运用证据证明待证事实，形成结论。对全案证据进行全面系统的分析、归纳、审查、判断，并在此基础上作出综合性认定。公诉方的证据应当确凿、充分，能够排除合理怀疑。辩方的证据只需达到优势、证明一种可能存在即可。

考核标准

1. 能运用知识，准确界定证据的具体种类。
2. 能根据各自的特点和运用规则，进行审查、判断。

单 元 六

立案

知识目标

1. 明确立案的概念和意义。
2. 明确立案的条件和材料来源。
3. 明确立案的程序。

能力目标

1. 掌握立案的条件和程序。
2. 掌握刑事立案的监督程序。

内容结构图

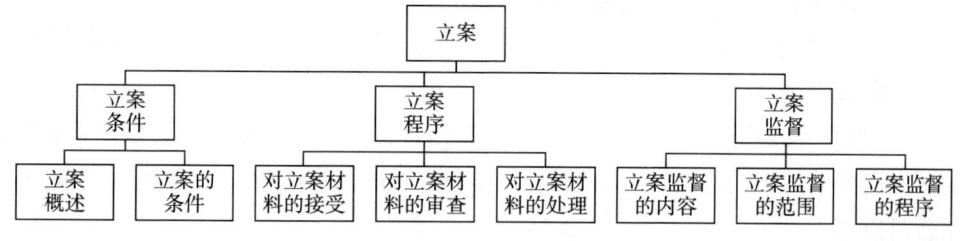

项目一 立案条件

引例

2017年8月25日上午8时半，某市体育局李某电话向当地某公安派出所报称：8月24日晚，该市体育局射击队的两支五四式手枪被盗，现场已保护，请派出所派人侦破。派出所接此电话后，立即向上级公安机关作了汇报，同时，派四名刑侦人员赶赴现场并了解到案情：8月25日上午7时半，该队队员刘某、郑某准备拿自己的武器去训练，发现放在床上的两支五四式手枪不见了，于是向带队的徐教练反映。徐教练连忙同他们一起寻找，但并未找到丢失的手枪，于是先找到市体育局的李某，并立即向公安局报案。刑侦人员经过现场勘查、调查访问，并初步分析了案情后，决定立案。

问题：什么是立案？

 **基本原理**

一、立案概述

立案，是指公安机关、人民检察院和人民法院对接受的报案、控告、举报或自首及自诉人的自诉材料，依照《刑事诉讼法》规定的管辖范围进行审查，认为有犯罪事实发生并需要追究刑事责任时，依法决定将其作为刑事案件进行审判或侦查的诉讼活动。

立案是一个完整的诉讼程序，不仅包括对报案、控告、举报和自首材料的接受，对材料的审查和作出立案与否的决定及相应的移送和通知程序，还包括立案与不立案的两种不同的处理结果。可见，公安司法机关对有关犯罪材料的接受、审查和决定，是立案程序的三个最基本的步骤。

立案是刑事诉讼活动的开始，是刑事诉讼过程中的一个独立阶段。我国有权决定立案的机关只有公安机关（含国家安全机关）、检察机关和人民法院。除此之外，其他任何机关、团体、企业、事业单位和个人都无权作出立案与不立案的决定。立案不仅是刑事诉讼的开端程序，也是一项法定程序。只有经过这一程序，公安机关、检察机关才有权进行侦查、起诉并采取侦查措施和调查活动，人民法院才能进行审判活动。因此，立案在刑事诉讼中具有很重要的意义，主要表现在：

1. 有利于迅速发现犯罪，并予以及时的惩罚。公安机关、人民检察院或者人民法院，在立案阶段通过对接受的报案、控告和举报等材料的审查，可判明不属于司法机关立案受理的，移送有关单位或作其他不立案处理；对确有证据证明具备立案条件的，将其立为刑事案件，进行侦查，及时有效地组织力量，集中精力开展侦查或调查，揭露和惩罚犯罪。

2. 正确、及时地立案，有利于保障公民的合法权益不受侵犯。正确地把握立案的条件并依法作出决定，既包括对应当追究刑事责任的人进行侦查或审判，也包括对不应当立案的不予立案，避免对不构成犯罪或者具有法定不追究情形的公民进行刑事追究。因此，只要立案活动在质量上把好关，刑事诉讼从一开始就能保障无罪或不应受到刑事追究的人免受追究，确保其合法权益不受侵犯，充分体现我国社会主义法治尊重人权的原则。

3. 立案为侦查、审判活动的顺利进行提供合法、合理的依据。侦查、审判活动是直接关系到犯罪嫌疑人、被告人的合法权益是否受到侵犯的问题。因此，作为侦查、审判的前提程序，正确及时立案，是做好侦查、审判工作的前提和基础。

4. 正确、及时地立案，有利于综合治理社会治安秩序，防范、打击和制止各种犯罪。通过对立案材料的审查和综合分析，能够发现和掌握各种违法犯罪行为的特征及作案手段，使立法和执法机关及时了解社会治安状况，洞悉规律，分析形势，从而制定相应的法律、法规，利用适时的对策，预防犯罪，维护国家的长治久安。

5. 立案是刑事诉讼程序开始启动的标志。只有经过立案程序，其后的侦查、起诉、审判、执行等诉讼阶段才可以依次进行，诉讼阶段的步骤不得颠倒，也不得跳越。只有这样，才能使诉讼活动合法、有序地运转，确保能够及时、正确、有效地处理案件，实现刑事诉讼任务。

二、立案的条件

立案的条件，指的是决定立案所必须具备的基本要件。它是判明立案决定是否正确的依据。《刑事诉讼法》第112条规定："人民法院、人民检察院或者公安机关对于报案、控告、举报和自首的材料，应当按照管辖范围，迅速进行审查，认为有犯罪事实需要追究刑事责任的时候，应当立案；认为没有犯罪事实，或者犯罪事实显著轻微，不需要追究刑事责任的时候，不予立案。"这一规定说明，立案必须具备两个条件：

1. 事实条件，即有犯罪事实。是指客观上存在着某种危害社会的犯罪行为。这是立案的首要条件，如果没有犯罪事实存在，也就谈不到立案的问题了。有犯罪事实，指的是有被客观、真实的证据所证明的危害社会的犯罪行为的存在，包括犯罪的预备、实施、未遂、中止和既遂。这里所指"有犯罪事实"，主要是指犯罪事件已经发生，即有犯罪的客体和客观要件；而对犯罪主体和犯罪主观方面的查明则不是立案的必要条件，而是立案后需要进一步查清的问题。因此，此时的证据并不要求达到充分的程度，也不要求一定要查获犯罪人，更不要求查明全部案件的事实和情节。但是，这并不意味着是办案人员凭估计、猜测得出的结论。

2. 法律条件，即需要追究刑事责任。立案追究的行为，必须是具有社会危害性和刑罚应罚性的行为，只有当这种犯罪事实确需追究行为人的刑事责任时，才予以立案。《刑事诉讼法》第16条规定，有下列情形之一的，不追究刑事责任：①情节显著轻微、危害不大，不认为是犯罪的。通过划清罪与非罪的界限，保障无罪的人不受刑事追究。②犯罪已过追诉时效期限的。我国刑法对追诉时效作了明确的规定，在立案过程中理应遵守执行。③经特赦令免除刑罚的。特赦是国家对某些犯罪或者特定的犯罪人免除刑罚的一部分或全部的措施。已经赦免的罪行，不应再立案追究。④依照刑法告诉才处理的犯罪，没有告诉或者撤回告诉的。告诉才处理的案件，属于刑事自诉案件，被害人依法享有决定是否追究被告人的刑事责任的自主权。⑤犯罪嫌疑人、被告人死亡的。犯罪嫌疑人或被告人死亡的，刑事责任的承担者已不存在，再追究死者的刑事责任已没有意义，故不予立案。⑥其他法律规定免予追究刑事责任的，如精神病人对其在不能辨认或者不能控制自己行为时所造成的危害结果不负刑事责任。只要属于以上情形之一者，就应当决定不立案。对于已经立案追究的，在侦查阶段应撤销案件；在起诉阶段应不起诉；在审判阶段应终止案件或者宣告无罪；在执行阶段应按审判监督程序依法重新审理。

自诉案件的立案与公诉案件的立案不同，它把立案与起诉和受理相融合，并与审判相连接。即自诉人起诉后，只要符合立案条件，人民法院就应当受理；人民法院立案后，无需经过侦查、提起公诉，可直接进行审判。因此，自诉案件的立案条件除应具备上述条件以外，根据法律规定和最高人民法院的司法解释，还应当具备下列条件：①案件属于自诉案件的范围；②案件属于受诉人民法院管辖；③有明确的被告人、具体的诉讼请求和能够证明被告人犯罪事实的证据；④起诉的主体是被害人或者他的法定代理人、近亲属。

自诉案件的举证责任由自诉人承担，证明犯罪事实的证据应达到什么程度才能立案，这既是个理论问题，又是个实践问题，有待探讨。自诉案件的提起和受理等内容详见单元八中的提起自诉部分，在此不加赘述。

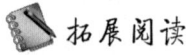 **引例分析**

立案是指公安机关、人民检察院发现犯罪事实或犯罪嫌疑人，或者公安机关、人民检察院和人民法院对接受的报案、控告、举报或自首及自诉人的自诉材料进行审查后，判明有无犯罪事实和应否追究刑事责任，并决定是否作为刑事案件进行侦查或审理的诉讼活动。本案中，某射击队的两支五四式手枪被盗，这已不是一般的小偷小摸行为，而是出现了盗窃枪支的犯罪事实，且根据这种事实和情节判断，应对行为人追究刑事责任。因此公安机关依法决定将其作为刑事案件立案。

 **思考与练习**

立案的条件是什么？

📖 **拓展阅读**

罗庆东编著：《刑事立案标准法律适用手册》，中国民主法制出版社 2003 年版。

项目二 立案程序

✦ **引例**

2018 年 8 月 9 日，胡某在夜里下班回家的路上，被一歹徒击昏后强奸，手机也被偷走。胡某醒来时已是清晨，发现自己被放在了一条僻静胡同里，惊慌失措，痛苦万分，跌跌撞撞走到大路，途经当地人民法院，其不假思索赶紧进去报案。法院工作人员先安抚了该女子，了解情况并做简单记录后，派人带该女子到公安局报案。公安局的值班人员接受了报案，并进一步仔细询问情况，做了受理案件记录。为防止犯罪嫌疑人远逃，不利抓捕，承办人员以最快速度填写了《立案报告表》《立案请示报告》，经本机关负责人审批后，制作《立案决定书》并立即开展了这起刑事案件的侦查工作。

问题：司法机关对于报案、控告、举报和自首人员或材料应如何处理？立案的程序如何？

基本原理

立案的程序，是指立案阶段各种诉讼活动的程式、次序和形式。立案程序主要包括对立案材料的接受、对材料的审查和审查后的处理。根据《刑事诉讼法》的规定，立案的程序可以分为前后相接的三个阶段。

一、对立案材料的接受

对立案材料的接受，指的是公安机关、人民检察院或者人民法院对于报案、控告、举报和自首人员或材料的接待和收留的活动。

根据《刑事诉讼法》第 110 条第 3 款和第 111 条第 1 款的规定，公安机关、人民检察院或者人民法院对报案、控告、举报，都应当接受。然后按照管辖的规定移送主管机关处理。对口头报案、控告、举报和自首的，应当仔细地询问和讯问，并将内容写成笔录，经宣读或者交本人阅读后，若有意见，应当允许更正，若认为无误，让其在笔录上签名或者盖章。

接受控告、举报的工作人员，应当向控告人、举报人说明诬告应负的法律责任，要求他们实事求是，忠于事实，忠于法律。但是，诬告不同于错告。诬告是行为人故意捏造事实、伪造证据，无中生有地控告他人犯罪的行为；错告则是行为人由于认识上的错误而致使所告之事与事实有出入。两者的性质截然不同，前者属于故意行为，对此应当根据法律规定追究法律责任；后者应当向行为人讲明情况，让其接受教训，而不应追究法律责任。

公、检、法机关应当保障报案人、控告人、举报人及其近亲属免遭打击报复，确保其安全。报案人、控告人、举报人如果不愿公开自己的姓名和报案、控告、举报行为的，在进行刑事诉讼的过程中，应当为他们保守秘密。但是，在审判阶段则不受此规定的限制，《刑事诉讼法》第 61 条规定，证人证言必须在法庭上经过公诉人、被害人和被告人、辩护人双方质证并且查实以后，才能作为定案的根据。因此，遇有此种情况，应当向他们说明理由，要求其出庭作证或者同意公开自己的姓名和报案、控告、举报的内容。不过，证人有正当理由不出庭的，其提供的书面证据材料经过庭审质证能够查证属实的，也能予以认定。

司法实践中，对匿名举报的应当进行具体分析。一方面，控告人可能是因为害怕打击报复而匿名举报，其内容很可能是真实的，有证据意义；另一方面，控告人可能是出于诬告陷害之目的，或为了转移司法人员的视线而捏造虚假材料进行匿名举报。因此，对匿名举报的材料在查证以前，只能作为立案材料的来源线索，而不能作为立案的根据。

二、对立案材料的审查

对立案材料的审查，指的是公安机关、人民检察院或者人民法院对已经接受的材料进行核对、调查的活动。其任务是正确认定有无犯罪事实的发生，应否追究行为人的刑事责任，为正确作出立案或者不立案的决定打下基础。为了做好对立案材料的审查工作，一般采取下列步骤和方法：

1. 事实审查。审查事实，首先要审查有无事件发生，然后审查已经发生的事件是否属于犯罪案件。如果属于犯罪案件，还要审查对行为人是否需要追究刑事责任。

2. 证据或证据线索审查。通常的做法有：向报案人、控告人、举报人或自首人进行询问或讯问；向有关的单位或组织调阅与犯罪事实及犯罪嫌疑人有关的证据材料；必要时委托有关单位或组织对某些问题代为调查；对特殊案件，在紧急情况下可以采取必要的专门调查措施；对自诉案件，人民法院应当认真进行审查，认为证据不充分的，告知自诉人提出补充证据，在立案前法院一般不进行调查。

在立案阶段所进行的调查，其目的在于了解与犯罪有关的事实情况，应当将调查限定在查明是否有犯罪事实的发生和应否追究刑事责任的范围内进行，不能扩大调查范围。

三、对立案材料的处理

公安司法机关对立案材料进行审查和必要的调查后，应分别不同情况予以处理：

1. 决定立案并办理相应的法律手续。对于需要立案的案件，先由承办人员填写《立案报告表》，包括：填报单位、案别、编号、发案时间和地点、伤亡情况及财物折款、案情概述、承办人员姓名及填表时间等。然后制作《立案请示报告》，经本机关或部门负责人审批后，制作《立案决定书》。最后，由负责审批的相关人员签名或盖章。属于人民检察院直接受理的案件，还要报请上级人民检察院备案。上级人民检察院认为不应当立案的，以书面形式通知下级人民检察院撤销案件。人民法院受理的自诉案件，经审查认为具备立案条件的，应当在收到自诉状或口头告诉第二天起15日以内予以立案，并书面通知自诉人。

2. 决定不立案并办理相应的法律手续。对于决定不立案的，由工作人员制作《不立案通知书》，经有关负责人审批同意后，将不立案的原因通知控告人，并告知控告人如果不服，可以申请复议。主管机关应当认真复议，并将复议结果通知报案、控告、举报的单位或个人。

自诉案件不符合立案条件的，应当在15日以内作出不立案决定，书面通知自诉人并说明不予立案的理由。对于那些虽然不具备立案条件，但是需要其他部门给予一定处分的，应当将报案、控告或举报材料移送主管部门处理，并通知控告人。

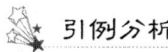 引例分析

立案程序主要包括对立案材料的接受、对材料的审查和审查后的处理。本案中，人民法院遇到有人报案，不论是否属于自己管辖的案件，先接受被害人的报案，不拒之门外，并根据案件情况，视该案案情严重，不属于自诉案件的，应属公安机关管辖，因此及时引导、移送公安机关处理，避免贻误良机。公安机关在接到报案后，根据《刑事诉讼法》规定的相关立案程序，制作《立案决定书》，及时立案侦查。这样，案件便能顺利进入起诉、审判阶段，及时惩罚犯罪分子，保障人民群众的合法权益不被侵犯。

思考与练习

2017 年 1 月 17 日，张某下班回到家，看到父亲被人打成重伤，卧倒在地，昏迷不醒。母亲和邻居马某告诉他，林某因怀恨其检举过他的盗窃行为，所以对其父亲进行了报复。张某为其父办好住院手续后，便直接到人民检察院控告林某报复杀人的行为。接待他的检察人员告诉他"你父亲被林某打伤了，这个案子有明确的原告和被告，而且因果关系也很清楚。根据《刑事诉讼法》的规定，像这种不需要侦查的刑事案件，可以由你自己向人民法院提出控告"。当天下午，张某又来到县人民法院对林某提出控告，法院的工作人员告诉他，本案属于故意伤害罪，根据《刑事诉讼法》的规定，应由公安机关立案侦查，法院无权受理。张某又跑到县公安局，请求县公安局立案处理。

问题：该案应不应当立案？应当由哪个机关立案？

拓展阅读

缐杰、宋丹："《最高人民检察院、公安部关于公安机关管辖的刑事案件立案追诉标准的规定（一）的补充规定》解读"，载最高人民检察院官网，http：//www. spp. gov. cn/zdgz/201707/t20170710 __195080. shtml.

项目三　立案监督

引例

被告人方某，男，26 岁。方某于某日晚去同村张某家串门，见张某独自一人在家，遂起歹意，将张某强奸。张某被害后即到乡政府告发，但乡政府个别干部却认为两家同住一村，原本又没有什么矛盾，没有强奸的因素，而且根据一般情况，一个人对一

个人实施强奸，如果女方不同意，进行反抗，男方也不能达到目的，遂以通奸作结论，责成被告人作出检讨。张某及其父母不服，向县公安局告发，公安局则认为乡政府已作处理而不予受理。张某又告到县人民检察院，检察院按照案件管辖的规定又转往公安局，并建议县公安局对此案及时查处。县公安局派人前去调查，经讯问，方某不承认，故未立案。之后，张某又告到检察院，检察院经详细询问张某并到乡政府了解情况后认为，本案被害人告发时很自然，乡政府进行调查时未见到被害人衣服被撕破，手臂摔伤以及裤子上附有精斑等，两家亦无矛盾，不存在诬陷的可能。据此，检察院通知公安机关立案，公安机关接到通知后即立案侦查。[1]

问题：人民检察院的做法是否正确，为什么？

🖋 基本原理

刑事立案监督是指人民检察院对公安机关应当立案的案件而不立案侦查以及刑事立案活动是否合法所进行的法律监督。其任务是确保依法立案，防止和纠正有案不立和违法立案，依法、及时地打击犯罪，保护公民的合法权利，保障国家法律的统一正确实施，维护社会和谐稳定。刑事立案监督权使人民检察院作为国家法律监督机关的地位得到了进一步的强化和明确，是刑事诉讼中保障人权的重要方面和环节。

一、刑事立案监督的内容

我国刑事诉讼法赋予了检察机关刑事立案监督权，专门对侦查机关的刑事立案活动进行监督。

1. 依法应当立案侦查的案件，公安机关是否立案侦查。符合《刑事诉讼法》第109条、第112条规定之情形的案件，公安机关均应立案侦查。但公安机关对其所发现的犯罪事实或者犯罪嫌疑人，或对于报案、控告、举报和自首的材料，经审查认为有犯罪事实需要追究刑事责任的案件，应立案侦查而不立案侦查的，比如在共同犯罪案件中，公安机关只对部分共同犯罪人立案侦查，而检察机关认为对其余共同犯罪人也应当立案侦查的，检察机关应依法对此予以审查和监督并纠正。

2. 公安机关对应当立案侦查的案件是否有管辖权。根据《刑事诉讼法》第19条和《监察法》的规定，除了由检察机关立案侦查的案件和自诉案件以及由监察机关调查的案件外，其他刑事案件均由公安机关直接受理。检察机关可以通过立案监督发现和纠正公安机关越权立案的违法情形。

3. 不符合法定立案条件的不应当立案，而公安机关予以立案的情形。如公安机关插手经济纠纷，或迫于上级或个别领导人的压力，或为徇私情等，不应当立案而立案

---

〔1〕 参见"2012年司法考试辅导：检察机关对公安机关的立案监督"，载中华考试网，http://www.examw.com/sf/sijuan/anli/184219/.

的，检察机关应通过立案监督予以纠正。

二、刑事立案监督的范围

根据现行法律法规的有关规定和司法中的实际操作，刑事立案监督的范围主要包括以下几个方面：

1. 刑事立案主体已经发现并掌握了犯罪事实，本该立案，但由于缺乏控告、举报等材料而不立案。

2. 刑事立案主体对案情复杂，一时难以侦破的案件，不立案就开展侦查，破案后再补办立案手续。

3. 刑事立案主体对符合法定立案条件的案件故意不予以立案或者以罚代刑、以劳代刑等。

4. 改变管辖的案件。已构成犯罪却因管辖权等方面的原因移交给其他司法机关处理的案件，应监督其在移交过程中是否存在包庇、徇私舞弊等问题。

此外，刑事立案监督的内容应当不仅局限于对是否立案的法律监督，还包括对刑事立案程序是否规范以及立案和不立案的决定是否合法等相关刑事立案活动的法律监督。

三、刑事立案监督的程序

根据《刑事诉讼法》和《人民检察院刑事诉讼规则》的有关规定，刑事立案监督案件的受理一般有两种情况：一是人民检察院在具体办理审查批准逮捕和审查起诉案件时，受理公民、组织的报案、举报以及进行调查、研究，发现公安机关对应当立案侦查的案件不予以立案侦查的；二是公安机关对应当立案侦查的案件作出不立案决定，被害人不服，要求追究行为人的刑事责任，为此向人民检察院提出的。刑事立案监督案件的受理程序有两种情况：

1. 根据《刑事诉讼法》第113条的规定："人民检察院认为公安机关对应当立案侦查的案件而不立案侦查的，或者被害人认为公安机关对应当立案侦查的案件而不立案侦查，向人民检察院提出的，人民检察院应当要求公安机关说明不立案的理由。人民检察院认为公安机关不立案理由不能成立的，应当通知公安机关立案，公安机关接到通知后应当立案。"

人民检察院在具体办理审查批准逮捕和审查起诉案件时，受理公民、组织的报案、举报时，以及进行调查、研究时，发现公安机关对应当立案侦查的案件而不立案侦查的，由审查逮捕部门审查。审查逮捕部门经过调查、核实有关证据材料，认为需要公安机关说明不立案理由的，经检察长批准，应当要求公安机关在7日内书面说明不立案理由。经人民检察院审查逮捕部门审查，认为公安机关不立案的理由不能成立，经检察长或者检察委员会讨论决定，应当通知公安机关立案。公安机关在收到人民检察院《要求说明不立案理由通知书》后 7 日内应当将说明情况书面答复人民检察院，人民检察院认为公安机关不立案理由不能成立，应当向公安机关发出《通知立案书》，公安机关应当在《通知立案书》发出后 15 日内决定立案，并将立案决定书送达人民检察院。

2. 被害人对公安司法机关的不立案决定不服的，有权向决定机关提出申请复议，原决定机关应当认真进行复议，并将复议结果答复申请人。对公安机关不立案的，被害人认为不正确，有权向人民检察院提出申诉，请求人民检察院要求公安机关立案。

被害人认为公安机关对应当立案侦查的案件而不立案侦查，向人民检察院提出的，由人民检察院的控告申诉部门受理，不得以任何理由予以拒绝。人民检察院根据事实和法律进行必要的调查后，如果人民检察院认为公安机关说明的不立案理由不能成立，应当通知公安机关立案，方式和时间与前一种情况相同。如果人民检察院审查公安机关说明不立案的理由，认为确实不符合法律规定的立案条件，应当由控告申诉部门在 10 日内将不立案的理由和根据告知被害人，并做好解释和说服工作。

人民检察院直接受理的案件应否实行监督，如何进行监督，《刑事诉讼法》没有明确规定。在我国法学界和司法实践中有不同的看法，但多数人倾向于对人民检察院直接受理案件的立案，应当采取内部制约的形式进行监督。有学者提出，应当由人民检察院的控告申诉部门进行监督，也有学者提出应当建立专门的立案监督机构。

此外，为了保护被害人的权利，《刑事诉讼法》第 210 条第 3 项规定，被害人有证据证明对被告人侵犯自己人身、财产权利的行为应当依法追究刑事责任，而公安机关或者人民检察院不予追究被告人刑事责任的，可以提起自诉。此类案件本质上为公诉案件，但公安机关或者人民检察院应当追究而不予追究被告人刑事责任，才转为由被害人进行追究。人民法院受理此类案件需要满足以下条件：①被害人有足够证据证明；②被告人侵犯了自己的人身、财产权利，应当追究被告人的刑事责任；③公安机关或者人民检察院不予追究，并已经作出书面决定。这类刑事案件既包括公安机关或检察机关不立案侦查或撤销的案件，也包括检察机关决定不起诉的案件。此规定是为了加强对公安、检察机关立案管辖工作的制约，维护被害人的合法权益。

《刑事诉讼法》通过上述内容的规定，赋予被害人有提出申请、申诉的权利，又明确了人民检察院对不立案实行监督的职责，同时还对公安机关提出了严肃对待不立案决定及认真接受被害人、人民检察院监督的要求，使现实中存在的较严重的应立案而未立案问题得到有效解决。

引例分析

人民检察院依法对刑事案件实行的法律监督是贯穿于全过程的，包括立案监督、侦查监督、审判监督和执行监督。本案中方某涉嫌强奸罪，很明显这属于刑事案件，政府机构无权管辖，而强奸罪是普通刑事案件，也不属于检察机关立案管辖范围，只能由公安机关立案侦查。当被害人向公安局告发时，公安机关不予受理，其做法不正确。被害人向检察机关告发，检察机关建议公安机关立案，但公安机关仍未予立案。后检察机关经过了解认为公安机关不立案的理由不成立，依法通知公安机关立案，公安机关即立案侦查。本案中，人民检察院依照法律规定，正确行使了自己的立案监督职能，其做法是正确的。

思考与练习

辛某到县公安机关报案称其被陈某打伤并推倒造成腿部骨折，要求追究陈某的刑事责任。公安机关传讯了陈某，陈某称其与辛某是同事，辛某有错在先才打的架。公安机关遂作出不立案决定，并向辛某送达了不立案通知书。

问题：辛某对不立案决定不服，他应该采取什么措施保护自己的权利？

拓展阅读

"最高人民检察院、公安部关于刑事立案监督有关问题的规定（试行）"，载百度网，http：//baike.baidu.com/view/4145252.htm.

实训　立案程序

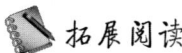 情景设计

2016年4月30日凌晨1时，某省市场发生重大火灾，共烧毁10家店铺，直接经济损失70余万元。该市场共计420间店铺，为两层砖混结构。2015年各店主私自在店门前用钢架、石棉网、卷帘门进行搭建，形成简易货棚。2016年4月29日晚10时，20号店主李某某酒后回到自己的店内，使用电炉烧水，自己在里间看电视时睡着。凌晨1时许，李某某醒来发现电炉周围起火，随即上前扑救，但由于发现较晚，周围可燃物较多，致使火势蔓延较快，李某某扑救无效后逃离店铺，后被抓获。该地区公安消防支队经调查认定：此次火灾系李某某使用电炉烧水时引燃周围可燃物品起火成灾。为了防止李某某有逃跑、拒不交待等迹象，公安机关对其采取了强制措施，并开始了事故调查、分析案情，确定案件性质以及对李某某重大失火案的立案侦查活动。

工作任务

任务一：对案件材料进行审查，决定是否立案，总结出公诉案件的立案程序。

任务二：写出立案程序中各阶段的法律文书。

任务三：熟练应用立案程序。

训练方法

将学生分成四个小组，每个小组内部形成本组意见，然后组织四个小组之间进行交流，互相借鉴，再由各小组完成书面材料，交指导老师点评指导。

步骤一：各小组内部讨论，讨论如何开展这起刑事案件的立案工作，小组成员分工合作，将是否立案、如何立案、立案程序的意见、形成书面材料。

步骤二：每个小组各自布置作业，要求熟练制作《立案报告表》，进而制作《立案请示报告》，经相关审批程序后，制作《立案决定书》。将本小组意见和形成该意见的理由向全班作介绍，展示本小组的书面材料，与其他小组进行讨论、交流。

步骤三：各小组借鉴其他小组的优胜之处，对本小组立案阶段的各种法律文书进行修改、完善，交指导老师点评指导。

考核标准

1. 能了解立案应对案件材料如何进行审查，是否应当立案。
2. 能熟悉立案程序中的各种法律文书并能加以制作。
3. 熟练应用立案程序。

单 元 七

侦查

知识目标

1. 了解刑事侦查的概念、任务、各种侦查行为的具体规定。

2. 掌握侦查终结的条件和程序。

3. 理解强制措施的概念、性质和作用，掌握具体强制措施的适用对象、条件及程序。

能力目标

1. 能够熟练运用各种侦查手段，正确处理侦查终结的各道程序。

2. 能够判断强制措施的条件完备情况、程序合法性等问题。

知识结构

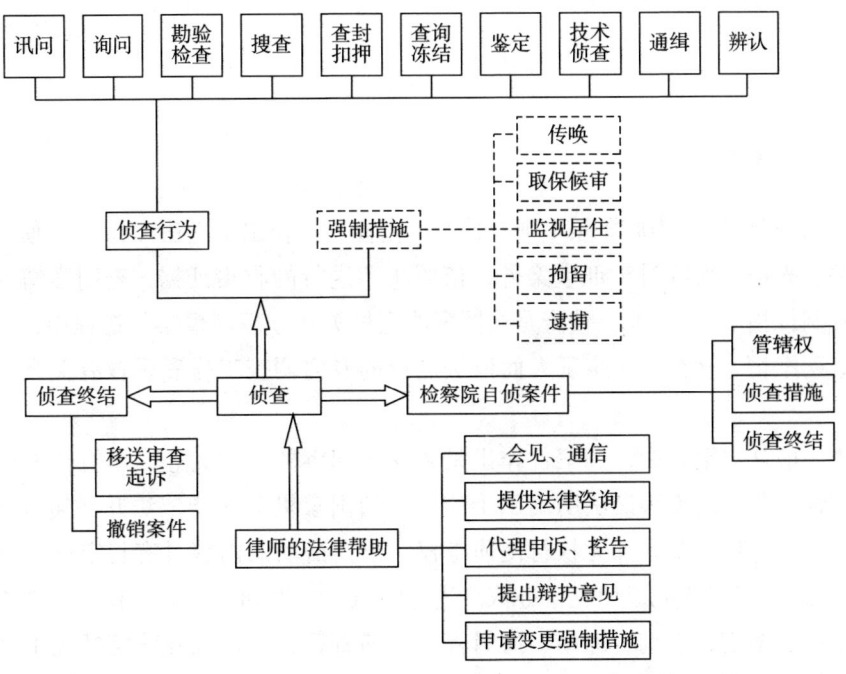

项目一   侦查手段与程序

★ 引例

2003 年 3 月 5 日凌晨,武江县公安局接到报案,在政民路有两人持刀拦路抢劫行人。武江县公安局立即组织侦查人员赶赴案发现场。到达现场时,拦路抢劫的犯罪嫌疑人郑某(男,19 岁,无业青年)和刘某(女,18 岁,某个体服装店临时工)已被下夜班路过此地的县钢铁公司保安人员刘某某当场抓获。在未携带搜查证的情况下,办案人员决定进行搜查。在场的侦查人员均为男性警察,分别对郑某、刘某二人进行人身搜查,并搜得人民币 3000 余元以及 2 条金项链。一名侦查人员说:"这些证据被扣留了。"而后就将人民币、金项链一起放入一文件袋内拿走了。之后,侦查人员制作了搜查笔录,由侦查人员和在场见证人签名。本案经武江县公安局立案侦查,依法对郑某、刘某二人执行拘留后,侦查人员分别对他们进行了讯问。被害人张某(女,27岁),因被犯罪嫌疑人郑某刺了两下,侦查人员欲对其进行人身检查,以确定其伤害状况。但张某拒绝检查,侦查人员组织女医师强制进行了人身检查,确定为轻伤。由于现场的目击证人李某、王某等对二犯罪嫌疑人实施抢劫的行为的具体事实情节陈述有误,侦查人员便对目击证人同时进行询问,刘某某等人互相提醒、互相补充,终于作出了一致的陈述。

问题:本案侦查程序有无不当之处?

基本原理

一、侦查概述

《刑事诉讼法》第 108 条第 1 项对侦查的内涵直接作出了立法解释,"'侦查'是指公安机关、人民检察院对于刑事案件,依照法律进行的收集证据、查明案情的工作和有关的强制性措施"。据此,侦查是指国家法定机关在办理刑事案件过程中,为了收集证据、查明案情、查获犯罪嫌疑人而依法进行的专门调查工作和采取有关强制性措施的活动。

侦查一般从立案开始,到案件作出是否移送起诉的决定时止。享有侦查权的主体具有特定性,只有刑事诉讼法明确赋予侦查权的国家机关才能依法开展侦查活动,其他任何机关、团体和个人都无权行使侦查权。侦查活动的内容具有特定性。所谓"专门调查工作",是指为完成侦查任务依法进行的讯问、询问、勘验、检查、搜查、扣押物证或书证、鉴定、查询、冻结、通缉等常规侦查行为,以及在法定情况下采取的技术侦查措施。"强制性措施"则包括两类:一类是指带有强制性的多种侦查行为,如讯问、搜查、冻结、通缉等；另一类则是专门针对犯罪嫌疑人适用的剥夺或者限制其人身自由的五种措施。为避免对公民人身权利和财产权利造成不必要的侵害，法律对侦查活动制定了严格的规范，侦查机关必须严格依法行使侦查权。

二、侦查行为

侦查行为是指《刑事诉讼法》第二编第二章规定的各种专门调查活动。刑事诉讼法规定了包括技术侦查措施在内的八种侦查措施，《公安机关办理刑事案件程序规定》增加了查询、冻结存款、汇款和辨认两种措施。以下分述之：

（一）讯问犯罪嫌疑人

讯问是指侦查人员依照法定程序以言词方式向犯罪嫌疑人查问案件事实和其他与案件有关问题的一种侦查活动。作为所有刑事案件必经的侦查程序，讯问有助于侦查人员收集、核实证据，查明案件事实，查清犯罪情节，同时可以为犯罪嫌疑人如实供述罪行或行使辩护权提供机会，使侦查机关通过听取犯罪嫌疑人的陈述和申辩，保护犯罪嫌疑人合法权益的同时，确保无罪的人不受错误追究。讯问应严格遵守以下程序：

1. 讯问的主体。为了保证侦查机关依法进行讯问工作，保障侦查人员的人身安全，讯问犯罪嫌疑人，必须由人民检察院或者公安机关的侦查人员负责进行，且不得少于2人。

2. 讯问的时间、地点。讯问时间包括讯问开始的时间及讯问持续的时间两方面的内容。讯问开始时间的要求适用于讯问被逮捕、拘留的犯罪嫌疑人。《刑事诉讼法》第86条、第93条要求，对犯罪嫌疑人采取拘留、逮捕措施后，应当在拘留、逮捕后24小时内进行讯问。讯问持续时间的限制规定则适用于讯问被传唤、拘传的犯罪嫌疑人，根据《刑事诉讼法》第119条第2款和第3款的规定，讯问被传唤、拘传的犯罪嫌疑人，持续的时间不得超过12小时；案情特别重大、复杂，需要采取拘留、逮捕措施的，不得超过24小时。禁止以连续传唤、拘传的形式变相延长讯问时间，还应保证犯罪嫌疑人的饮食和必要的休息时间。至于对在押犯罪嫌疑人进行夜间讯问、长时间疲劳讯问等现象，现行立法通过对讯问地点的限制来予以规制。

讯问的地点如下：对已被逮捕、拘留并移送看守所羁押的犯罪嫌疑人，只能在看守所讯问室进行讯问，因客观原因侦查机关在看守所讯问室以外的场所进行讯问的，应当作出合理解释。对未被逮捕、拘留的犯罪嫌疑人，可以在犯罪嫌疑人所在的市、县内指定讯问地点，也可选择犯罪嫌疑人的住处进行讯问。讯问对象如果是未成年人，还可以选择其所在学校、单位或者其他适当的地点进行讯问。在办案机关外的场所进行讯问，应当出示讯问人员、讯问活动的证明文件（在讯问现场发现的犯罪嫌疑人，则出示工作证件）。

3. 讯问的开始条件。讯问的开始条件是指侦查阶段对犯罪嫌疑人开始正式讯问前必须履行的告知程序。英美国家多以"米兰达规则"作为讯问开始的条件，因为我国现行立法未赋予犯罪嫌疑人沉默权，这一制度并不适用于我国刑事诉讼。根据《刑事诉讼法》第34条第2款、第120条第2款规定，讯问前告知的内容有两项：①侦查机关在第一次讯问犯罪嫌疑人或者对犯罪嫌疑人采取强制措施的时候，应当告知犯罪嫌疑人有权委托辩护人。②侦查人员在讯问犯罪嫌疑人的时候，应当告知犯罪嫌疑人享有的诉讼权利，如实供述自己罪行可以从宽处理和认罪认罚的法律规定。

4. 讯问的具体方法。

（1）隔离讯问。讯问同案的犯罪嫌疑人，应当个别进行。

（2）讯问前的准备。讯问前，侦查人员应当了解案件情况和证据材料，制订讯问计划，列出讯问提纲。讯问未成年的犯罪嫌疑人应当通知其法定代理人到场。无法通知法定代理人、法定代理人不能到场或者法定代理人是共犯的，也可以通知其他成年亲属或者所在学校、单位、居住地基层组织、未成年人保护组织的代表到场。讯问女性未成年犯罪嫌疑人，应当有女工作人员在场。讯问聋、哑犯罪嫌疑人，应当有通晓聋、哑手势的人参加，讯问不通晓当地语言文字的犯罪嫌疑人，应当配备翻译人员。

（3）第一次讯问，应当问明犯罪嫌疑人的姓名、别名、曾用名、出生年月日、户籍所在地、暂住地、籍贯、出生地、民族、职业、文化程度、家庭情况、社会经历、是否受过刑事处罚或者行政处理等情况。

（4）讯问犯罪嫌疑人时，应当首先讯问犯罪嫌疑人是否有犯罪行为，让他陈述有罪的情节或者无罪的辩解，然后向他提出问题。

（5）讯问的非法方法。根据证据的采用标准，作为案件事实认定依据的证据不仅形式要合法，主体、来源、取证手段等也必须合法。为了保护讯问对象的主体地位，尊重其供述的意志自由，我国《刑事诉讼法》第56条确立了不受强迫自证其罪规则，并在第60条规定了非法证据排除规则，明确非法取证的法律后果，即：予以排除，不得作为起诉意见、起诉决定和裁判的依据。最高人民法院通过《关于适用〈中华人民共和国刑事诉讼法〉的解释》专节规定非法证据排除，2017年中央五部门联合发布《关于办理刑事案件严格排除非法证据若干问题的规定》，明确刑讯逼供、威胁、引诱和欺骗及其他非法方法为非法取证手段，并就各种非法方法的具体认定作出强调和解释如下：①严禁刑讯逼供和以威胁、引诱、欺骗以及其他非法方法收集证据，不得强迫任何人证实自己有罪。对一切案件的判处都要重证据，重调查研究，不轻信口供。②采取殴打、违法使用戒具等暴力方法或者变相肉刑的恶劣手段，使犯罪嫌疑人、被告人遭受难以忍受的痛苦而违背意愿作出的供述，应当予以排除。③采用以暴力或者严重损害本人及其近亲属合法权益等进行威胁的方法，使犯罪嫌疑人、被告人遭受难以忍受的痛苦而违背意愿作出的供述，应当予以排除。④采用非法拘禁等非法限制人身自由的方法收集的犯罪嫌疑人、被告人供述，应当予以排除。⑤采用刑讯逼供方法使犯罪嫌疑人、被告人作出供述，之后犯罪嫌疑人、被告人受该刑讯逼供行为的影响而作出的与该供述相同的重复性供述，应当一并排除。

知识链接

根据西方学者的解释，所谓不受强迫自证其罪原则，包含以下含义：

第一，被告人没有义务为追诉法庭提出任何可能使自己陷入不利境地的陈述和其他证据，追诉方不得采取任何非人道或有损被告人人格尊严的方法强迫其就某一案件事实作出供述或提供证据。

第二，被告人有权拒绝回答追诉官员或法官的讯问，有权在讯问中始终保持沉默。司法警察、检察官或法官应及时告知犯罪嫌疑人、被告人享有此项权利，法官不得因被告人沉默而使其处于不利的境地或作出对其不利的裁判。

第三，犯罪嫌疑人、被告人有权就案件事实作出有利或不利于自己的陈述，但这种陈述须出于真实的愿意，并在意识到其行为后果的情况下作出，法院不得把非出于自愿而是迫于外部强制或压力所作出的陈述作为定案根据。

5. 讯问的固定。

（1）以笔录方式固定。讯问应当制作笔录，如实记载提问、回答和其他在场人的情况，不得以其他固定手段替代笔录。讯问笔录应当交犯罪嫌疑人核对，对于没有阅读能力的，应当向其宣读。如果记载有遗漏或者差错，犯罪嫌疑人可以提出补充或者改正。犯罪嫌疑人承认笔录没有错误后，应当签名或者盖章。侦查人员也应当在笔录上签名。未成年犯罪嫌疑人的讯问笔录还应当交给到场的法定代理人或者其他人员阅读或者向他宣读。缺乏上述要素，可能会导致讯问笔录证据能力的丧失或证明力的削弱，应谨慎为之。

（2）以录音、录像方式固定。现行立法对讯问过程的录音、录像作弹性要求，一般案件的讯问活动可以进行录音或者录像，也可以仅制作笔录；如果是可能判处无期徒刑、死刑的案件或者其他重大犯罪案件，则必须对讯问过程进行全程的录音或者录像。

法条链接

《公安机关讯问犯罪嫌疑人录音录像工作规定》第四条 对下列重大犯罪案件，应当对讯问过程进行录音录像：

（一）可能判处无期徒刑、死刑的案件；

（二）致人重伤、死亡的严重危害公共安全犯罪、严重侵犯公民人身权利犯罪案件；

（三）黑社会性质组织犯罪案件，包括组织、领导黑社会性质组织，入境发展黑社会组织，包庇、纵容黑社会性质组织等犯罪案件；

（四）严重毒品犯罪案件，包括走私、贩卖、运输、制造毒品，非法持有毒品数量大的，包庇走私、贩卖、运输、制造毒品的犯罪分子情节严重的，走私、非法买卖制毒物品数量大的犯罪案件；

（五）其他故意犯罪案件，可能判处十年以上有期徒刑的。

前款规定的"讯问"，既包括在执法办案场所进行的讯问，也包括对不需要拘留、逮捕的犯罪嫌疑人在指定地点或者其住处进行的讯问，以及紧急情况下在现场进行的讯问。

本条第一款规定的"可能判处无期徒刑、死刑的案件"和"可能判处十年以上有期徒刑的案件"，是指应当适用的法定刑或者量刑档次包含无期徒刑、死刑、十年以上有期徒刑的案件。

（二）询问证人、被害人

询问是指侦查人员依照法定程序以言词方式向证人、被害人调查了解案件情况的一种侦查行为（询问被害人与询问证人适用相同的规定，以下只介绍询问证人的程序）。询问证人有助于侦查人员发现、收集证据和核实证据，查明案件真相，查获犯罪嫌疑人，揭露、证实犯罪，保障无罪的人不受刑事追究，是广泛运用的一种侦查行为。询问证人应当遵守下列程序：

1. 询问的主体。为了保证侦查机关依法进行询问工作，保证询问质量，提高询问效率，防止非法询问，询问证人只能由人民检察院或者公安机关的侦查人员负责进行，且不得少于2人。

2. 询问的地点。现行《刑事诉讼法》允许的询问地点有现场、证人所在单位、住处或者证人提出的地点，在必要的时候，可以通知证人到人民检察院或者公安机关提供证言。在现场询问证人，应当出示工作证件，到证人所在单位、住处或者证人提出的地点询问证人，应当出示人民检察院或者公安机关的证明文件。询问对象如果是未成年人，则适用询问未成年人的相关程序。确定询问地点应本着有利于询问活动的开展、兼顾询问对象的意愿、尽量方便询问对象的原则。除上述地点外，侦查人员不得另行指定其他询问地点。在可能判处死刑的案件中，如果询问证人的地点不符合规定，并且办案人员不能够作出合理解释，询问结果将不予以采用。

3. 询问的开始条件。询问的开始条件是指对证人开始正式询问前必须履行的告知程序。根据《刑事诉讼法》第125条的规定，询问证人，应当告知他应当如实地提供证据、证言和有意作伪证或者隐匿罪证要负的法律责任。我们认为，仅告知证人义务，而不要求告知证人权利的制度设计欠合理，不利于证人积极主动作证。询问前还应当详细告知证人享有的权利，尤其是获得人身安全保护的权利、获得经济补偿的权利等，以鼓励证人积极主动配合侦查人员的调查。

4. 询问的具体方法。

（1）隔离询问。询问证人，应当个别进行。

（2）询问前的准备。首先，了解询问对象的具体情况。为便于证人证言的审查判断，询问前需了解证人的身份、职业、学历等个人基本信息、与犯罪嫌疑人、被害人的关系等。其次，通知未成年证人的法定代理人或者其他成年家属、老师等到场；询问女性未成年证人、聋哑证人、不通晓当地语言文字的证人，应当安排女工作人员、通晓聋、哑手势的人以及翻译人员到场。最后，制定询问提纲，明确询问重点、要点。

（3）询问证人的具体方法是叙述式与问答式相结合。一般先提出笼统问题，让证人就其所知的案件情况作连贯的详细叙述，然后根据案件的具体情况以及叙述的内容，提出针对性的问题。我国刑事诉讼法对传闻证据并不排斥，当证人转述他人的证言时，应当问明其消息的来源、出处。

（4）询问的非法方法。询问证人、被害人时应注意，不得使用提示性、暗示性的方式发问。此外，根据中央五部门《关于办理刑事案件严格排除非法证据若干问题的规定》第6条，采用暴力、威胁以及非法限制人身自由等非法方法收集的证人证言、被害人陈述，应当予以排除。

5. 询问的固定。正式询问应当制作笔录加以固定，如实记载提问、回答和其他在场人的情况。根据现行《刑事诉讼法》，询问笔录适用与讯问笔录相同的签认程序。此不赘言。

（三）勘验、检查

勘验、检查是指侦查人员对与犯罪有关的场所、物品、尸体、人身等进行勘查和检验，以发现、收集和固定犯罪活动所遗留的各种痕迹和物品的一种侦查行为。勘验、检查的主体、任务和性质相同，但适用对象有所区别，勘验的对象是场所、物品和尸体，而检查的对象是活人的身体。

1. 勘验、检查的基本要求。

（1）勘验、检查的主体应当是侦查人员，必要时可以指派或者聘请具有专门知识的人参加。

（2）勘验、检查应当有见证人参加。进行现场勘验时，应依法邀请与案件无利害关系、为人公正的公民担任见证人。见证人应当对勘验、检查笔录进行签认。

（3）勘验、检查应当制作笔录，侦查人员、参加勘验的其他人员和见证人都应当在笔录上签名或者盖章。

2. 现场勘验。现场勘验是侦查人员对发生犯罪事件或者发现犯罪痕迹的特定地点、场所进行的勘验和检查的一种侦查活动。除上述基本要求外，现场勘验还应遵循的规则有：

（1）侦查人员进行现场勘验，必须持有侦查机关的证明文件，如《刑事犯罪现场勘查证》。

（2）及时、妥善地采取保护措施。只有保护好现场，勘查人员才能观察到现场物品、痕迹的原始状态，为查明案件事实提供依据。

（3）勘验顺序遵循先静后动、先拍照后提取、先外部后内部、先地面后高处、先重点后一般、先容易消失者后不容易消失者的原则。

（4）根据《公安机关办理刑事案件程序规定》，勘查现场除了制作笔录外，还应当拍摄现场照片，绘制现场图。对重大案件、特别重大案件的现场，应当录像。

3. 物证检验。物证检验是指侦查人员对侦查活动中收集到的物品、痕迹进行检查和验证，以确定该物证与案件事实之间关系的一种侦查活动。物证检验的重点在于查验物证的外部特征、现场物证与周围环境的关系，分析确定物证与案件的关联性，不能判断的外部特征、物质属性则应委托鉴定人予以鉴定。物证检验的要求是及时、认真、细致。

4. 尸体检验。尸体检验，是指侦查人员指派、聘请法医或者医师对非正常死亡的尸体进行尸表检验或者尸体解剖的一种侦查活动。其目的在于确定死亡原因和时间，判明致死的工具、手段和方法，以便分析作案过程。尸体检验分为尸表检验和尸体解剖两种。尸表检验着重反映尸体外部特征，如衣着、身长、体格状况、皮肤情况、各部位的损伤情况以及隐蔽部位有无附着物等；尸体解剖则是对尸体内部器官的检验。根据《刑事诉讼法》第131条规定，对于死因不明的尸体，公安机关有权决定解剖。

尸体检验的具体程序是，经县级以上公安机关负责人批准，并通知死者家属到场，让其在解剖尸体通知书上签名或者盖章。死者家属无正当理由拒不到场或者拒绝签名、盖章的，不影响解剖或者开棺检验，但是应当在尸体解剖通知书上注明。对于身份不明的尸体，无法通知家属的，应当在笔录中注明。对于已经查明死因，没有保存必要的尸体，应当通知家属领回处理，对无法通知或者通知后家属拒绝领回的，经县级以上公安机关负责人批准，可以及时处理。尸体检验应遵守的规则是：

（1）尸体检验应当由侦查人员或司法人员指派或聘请的法医或医师进行。《刑事诉讼法》第197条第2款仅允许当事人和辩护人、诉讼代理人申请法庭通知有专门知识的人出庭，就鉴定人作出的鉴定意见提出意见，并未赋予当事人启动鉴定程序的权利。换言之，进行尸体检验的主体只能是办案机关指派或者聘请的法医或者医师。

（2）移动现场尸体之前，应当先对尸体的原始位置、状况，以及周围的痕迹、物品进行详细的记录并拍照。尸体外表检验一般在发现尸体的现场进行；尸体解剖检验一般应该在专门的解剖室或实验室进行。确因特殊情况而需要在现场进行尸体解剖的，应当采取适当的隔离、遮挡措施。

（3）尸体解剖、检验应该根据侦查机关或司法机关的不同要求，进行全面解剖检验或局部解剖检验。

（4）对于死因不明的尸体，侦查机关有权决定进行解剖检验。侦查机关决定解剖检验的，应当通知死者家属并请其到场，但是死者家属对解剖的态度和是否到场，不影响解剖的正常进行。

5. 人身检查。人身检查，是指侦查人员为了确定被害人、犯罪嫌疑人的某些特征、伤害情况或者生理状态，依法对其人身进行检查的一种侦查活动。根据刑事诉讼法的规定，有权对被害人、犯罪嫌疑人进行人身检查的，只有侦查人员。接受聘请的法医、医师有权在侦查人员的主持下进行人身检查。人身检查不得有辱人格、不得侵犯其他合法权益。对犯罪嫌疑人可以进行强制性的人身检查，但检查被害人的身体应征得本人同意。检查女性的身体，应当由女工作人员或者医师进行。

6. 侦查实验。侦查实验指的是侦查人员为了确定与案件有关的某些事实或行为在某种情况下能否发生或怎样发生，而按照原有条件进行实验性地重演的侦查活动。《刑事诉讼法》第 135 条规定："为了查明案情，在必要的时候，经公安机关负责人批准，可以进行侦查实验。侦查实验的情况应当写成笔录，由参加实验的人签名或者盖章。侦查实验，禁止一切足以造成危险、侮辱人格或者有伤风化的行为。"

侦查实验是一种特殊的侦查行为，存在较大的危险，不应广泛采用。应限制在以下情形中使用：①确定在一定条件下能否听到或者看到；②确定在一定时间内能否完成某一行为；③确定在什么条件下能够发生某种现象；④确定在某种条件下某种行为和某种痕迹是否吻合一致；⑤确定在某种条件下使用某种工具可能或不可能留下某种痕迹；⑥确定某种痕迹在什么条件下会发生变异；⑦确定某种事件是怎样发生的。

侦查实验应当遵守的程序和要求如下：

（1）经县级以上公安机关负责人批准，并由侦查人员负责进行。

（2）邀请见证人；必要时可以聘请具有专门知识的人参加，也可要求犯罪嫌疑人、被害人、证人参加。

（3）实验条件应与原来的案件条件相同或相似，尽可能对同一情况进行重复实验。

（4）防止造成新的危险，防止有伤风化、有辱人格的事情发生。

（5）实验的照片、附图应附入笔录。

7. 复验、复查。为了加强人民检察院对公安机关侦查活动的监督，保证勘验、检查的质量，防止和纠正可能出现的或者已经出现的差错，《刑事诉讼法》第 134 条规定："人民检察院审查案件的时候，对公安机关的勘验、检查，认为需要复验、复查时，可以要求公安机关复验、复查，并且可以派检察人员参加。"人民检察院在具备条件的情况下，也可以自行复验、复查。复验、复查可以多次进行，应遵守的法律程序和规则与勘验、检查相同。

 法条链接

《刑事诉讼法》第一百二十八条 侦查人员对于与犯罪有关的场所、物品、人身、尸体应当进行勘验或者检查。在必要的时候,可以指派或者聘请具有专门知识的人,在侦查人员的主持下进行勘验、检查。

第一百二十九条 任何单位和个人,都有义务保护犯罪现场,并且立即通知公安机关派员勘验。

第一百三十条 侦查人员执行勘验、检查,必须持有人民检察院或者公安机关的证明文件。

第一百三十一条 对于死因不明的尸体,公安机关有权决定解剖,并且通知死者家属到场。

第一百三十二条 为了确定被害人、犯罪嫌疑人的某些特征、伤害情况或者生理状态,可以对人身进行检查,可以提取指纹信息,采集血液、尿液等生物样本。

犯罪嫌疑人如果拒绝检查,侦查人员认为必要的时候,可以强制检查。

检查妇女的身体,应当由女工作人员或者医师进行。

第一百三十三条 勘验、检查的情况应当写成笔录,由参加勘验、检查的人和见证人签名或者盖章。

第一百三十四条 人民检察院审查案件的时候,对公安机关的勘验、检查,认为需要复验、复查时,可以要求公安机关复验、复查,并且可以派检察人员参加。

(四)搜查

搜查指的是侦查人员对犯罪嫌疑人以及可能隐藏罪犯或者犯罪证据的人的身体、物品、住处和其他有关地方进行搜索、检查的一种侦查活动。搜查直接关系到公民的人身自由和住宅不受侵犯的宪法性权利,必须严格依法进行。根据《刑事诉讼法》和其他有关规定,搜查应当遵守下列程序:

1. 搜查须经县级以上侦查机关负责人批准,签发搜查证。

2. 执行搜查的主体只能是侦查人员,且人数不得少于2人。其他任何机关、团体和个人都无权对公民人身和住宅进行搜查。检查女性的身体,应当由女工作人员进行。

3. 进行搜查,必须向被搜查人出示搜查证,否则被搜查人有权拒绝搜查。在执行逮捕、拘留的时候,遇有紧急情况,不另用搜查证也可进行搜查,但搜查范围仅限于执行场所,并且搜查结束后应当及时向侦查机关负责人报告,补办手续。所谓"紧急情况",是指下列情形之一:①可能随身携带凶器的;②可能隐藏爆炸、剧毒等危险物品的;③可能隐匿、毁弃、转移犯罪证据的;④可能隐匿其他犯罪嫌疑人的;⑤其他

突然发生的紧急情况。侦查人员出示搜查证后，应责令其在搜查证上签字或捺指印。如果被搜查人拒绝，应在搜查证上注明。

4. 搜查时应当有被搜查人或者他的家属、邻居或者其他见证人在场，以保证搜查所得证据的真实性、合法性。

5. 搜查应当制作笔录，记明搜查主体、搜查情况、收集证据的具体种类、数量等要素，由侦查人员和被搜查人或者见证人签名、盖章。拒绝签名的，应当在笔录中注明。

（五）查封、扣押物证、书证

查封、扣押物证、书证，是指侦查机关依法强行提取、留置和封存与案件有关的物品、文件的侦查行为。《刑事诉讼法》第 141 条规定："在侦查活动中发现的可用以证明犯罪嫌疑人有罪或者无罪的各种财物、文件，应当查封、扣押；与案件无关的财物、文件，不得查封、扣押。"为保障公民、法人和其他组织的财产权利和其他权利不受侵犯，刑事诉讼法对查封、扣押物证、书证规定了严格的程序：

1. 查封、扣押物证、书证只能由侦查人员进行，且不少于 2 人。在勘验、检查或搜查过程中，凭勘查证、搜查证即可进行查封、扣押。如果是单独查封、扣押，则应持有侦查机关的证明文件。

2. 查封、扣押的范围。查封、扣押仅限于"可用以证明犯罪嫌疑人有罪或者无罪的各种财物、文件"，与案件无关的物品、文件不得查封、扣押。发现违禁品，不论与案件有无关系，都应先行扣押，然后交有关部门处理。凡应当查封、扣押的文件、物品，持有人拒绝查封、交出的，侦查机关可以强行查封、扣押。

3. 查封、扣押的手续。对于查封、扣押的物品、文件，应当会同在场见证人和被查封、扣押财物、文件持有人查点清楚，当场开列清单一式两份，写明物品或者文件的名称、编号、规格、数量、重量、质量、特征及其来源，由侦查人员、见证人和持有人签名或者盖章，一份交给持有人，另一份附卷备查。持有人及其家属在逃或者拒绝签名时，不影响查封、扣押的进行，但应当在扣押清单上注明。对于需要扣押的犯罪嫌疑人的邮件、电报，经侦查机关批准，即可通知邮电机关将有关的邮件、电报检交扣押。

4. 查封、扣押物品、文件的保管。对查封、扣押的财物、文件，要妥善保管或者封存，不得使用、调换或者损毁。对于涉及国家秘密的文件、资料，应当严格保守秘密。现场加封的物品应由专人负责保存。对于应当查封、扣押但不便查封、提取的物品、文件，经拍照或者录像后，可以交持有人保管。

5. 查封、扣押的解除。对于查封、扣押的物品、文件、邮件、电报等，经查明确实与案件无关的，应当在 3 日内解除查封、扣押，退还原主，或者通知邮电机关解除扣押。

（六）查询、冻结存款、汇款等财产

根据《公安机关办理刑事案件程序规定》第八章第七节的规定，侦查犯罪需要时，侦查机关可以依法向银行或者其他金融机构查询犯罪嫌疑人的存款、汇款、债券、股票、基金份额等财产，在必要时予以冻结。为保障公民、法人和其他组织的财产权利和其他权利不受侵犯，查询、冻结存款、汇款应严格遵守刑事诉讼法规定的程序：

1. 查询、冻结，应当经县级以上侦查机关负责人批准，制作查询、冻结存款、汇款通知书，通知银行或者其他金融机构执行。

2. 查询、冻结的财产仅限于犯罪嫌疑人的存款、汇款、股票、基金等个人财产。既包括犯罪嫌疑人以其真实姓名登记的财产，也包括犯罪嫌疑人将犯罪所得以他人名义存入的款项，同时还包括其他单位和个人汇给犯罪嫌疑人的款项。对于暂时无法判断所有权的财产、又有必要查询、冻结的，可以先查询、冻结，然后根据情况再作处理。

3. 冻结财产应有一定的期限。《公安机关办理刑事案件程序规定》明确规定冻结的期限为6个月，有特殊原因需要延长的，应当在冻结期满前办理继续冻结手续。每次续冻期限最长不超过6个月。逾期不办理继续冻结手续，视为自动撤销冻结。

4. 只允许一个机关实施冻结措施。犯罪嫌疑人的财产已经被冻结的，不得重复冻结。但侦查机关可以要求执行机构在解除冻结或者作出处理前通知侦查机关，以便采取相应措施。

5. 冻结财产的处理。依据《公安机关办理刑事案件程序规定》的规定：①对于在侦查中犯罪嫌疑人死亡而对其被冻结的财产应当依法予以没收或者返还被害人的，侦查机关可以申请人民法院裁定并通知冻结的金融机构上缴国库或者返还被害人。②对于冻结在金融机构的赃款，应当向人民法院随案移送金融机构出具的证明文件，待人民法院作出生效判决后，由人民法院通知该机构上缴国库。③不需要继续冻结犯罪嫌疑人的财产时，侦查机关应当制作解除冻结财产通知书，通知金融机构执行。④对于冻结的财产经查明确实与案件无关的，侦查机关应当在3日内通知执行机关解除冻结，并通知被冻结财产的所有人。

（七）鉴定

鉴定，指的是侦查机关指派或者聘请具有专门知识的人，就案件中某些专门性问题进行鉴别、判断并作出结论的一种侦查活动。在侦查中常用的鉴定主要有：刑事技术鉴定、人身伤害的医学鉴定、精神病的医学鉴定、扣押物品的价格鉴定、文物鉴定、司法会计鉴定等。根据刑事诉讼法的规定，鉴定应当遵守下列程序：

1. 鉴定人必须具备相应的资格。鉴定人除了必须是侦查机关指派或者聘请的人，核心的条件是具有专门的知识或者技能，即持有鉴定人的资格证。同时与案件没有利害关系，能够客观公正地进行鉴定。《刑事诉讼法》第197条第2款和第4款允许当事人和辩护人、诉讼代理人申请法庭通知有专门知识的人出庭，并且也适用鉴定人的有关规定，但这类主体只能就鉴定人作出的鉴定意见提出看法，不能进行鉴定活动。书面鉴定意见需要加盖鉴定人所在单位的公章，但对鉴定意见承担法律责任的依然是鉴定人个人而不是单位，相关单位承担的是对鉴定人的行政管理责任。

2. 鉴定的对象只能是具有专门性的事实问题。法律问题或者依据证据、通过逻辑推理、分析能够得出结论的普通事实问题，都不属于鉴定的对象。

3. 侦查机关应当将用作证据的鉴定意见告知犯罪嫌疑人、被害人。当事人和辩护人、诉讼代理人对鉴定意见有不同看法的，可以申请补充鉴定或者重新鉴定，也可以申请法庭通知有专门知识的人出庭，就鉴定意见提出意见。

（八）技术侦查措施

技术侦查措施，是指侦查机关为了侦破特定犯罪行为，经过严格审批，采取的特定技术手段。通常包括电子侦听、电话监听、电子监控、秘密拍照、录像等秘密的专门技术手段。《公安机关办理刑事案件程序规定》解释：技术侦查措施是指由设区的市一级以上公安机关负责技术侦查的部门实施的记录监控、行踪监控、通信监控、场所监控等措施。《刑事诉讼法》第二编第二章第八节对技术侦查措施的主体、适用范围、程序与期限等作了明确的规定。

1. 技术侦查措施的主体只能够是享有侦查权的机关。为了保护公民各项权利不受任意侵犯，防止侦查权滥用，《刑事诉讼法》第150条规定，有权实施技术侦查措施的主体仅限于公安机关和人民检察院。

2. 技术侦查措施的适用应符合法定的案件范围。根据《刑事诉讼法》第150条的规定，技术侦查措施适用的范围为以下案件：①危害国家安全犯罪、恐怖活动犯罪、黑社会性质的组织犯罪、重大毒品犯罪或者其他严重危害社会的犯罪案件；②国家机关工作人员利用职权实施的严重侵犯公民人身权利的重大犯罪案件；③追捕被通缉或者批准、决定逮捕的在逃的犯罪嫌疑人、被告人的案件。

3. 技术侦查措施的适用应履行审批手续。技术侦查措施对公民的宪法性权利构成严重的侵犯，因此，除了适用范围受到严格控制，还实行严格的审批程序。根据《公安机关办理刑事案件程序规定》第256条，批准权归设区的市一级以上公安机关负责人。技术侦查措施的批准决定应当根据侦查犯罪的需要，确定采取技术侦查措施的种类和适用对象。批准决定自签发之日起3个月以内有效。对于不需要继续采取技术侦查措施的，应当及时解除；对于复杂、疑难案件，期限届满仍有必要继续采取技术侦查措施的，经过批准，有效期可以延长，每次不得超过3个月。

4. 秘密侦查应遵守的规则。《刑事诉讼法》第153条规定，为了查明案情，在必要的时候，经公安机关负责人决定，可以由有关人员隐匿其身份实施侦查，也即秘密侦查。为了保障公共安全与人身安全，秘密侦查不得诱使他人犯罪，不得采用可能危害公共安全或者发生重大人身危险的方法。

 知识链接

　　诱惑侦查是指侦查机关（包括其特情、线人）为逮捕犯罪嫌疑人，以实施某种行为有利可图为诱饵，暗示或诱使其实施犯罪，待犯罪行为实施或犯罪结果发生后将其拘捕的特殊侦查手段。诱惑侦查通常分为"机会提供型"和"犯意诱发型"，而后者即为常说的"警察圈套"。被诱惑者本来就已经产生犯罪倾向（人本身就具有弱点）或者已有先前犯罪行为，而诱惑者仅仅是提供了一种有利于其实施犯罪的客观条件和机会，即为"机会提供型"。侦查机关促使被诱惑者产生犯罪意图并实施犯罪，即为"犯意诱发型"。一般认为，"机会提供型"诱惑侦查是合法的，产生相应的法律后果。而对"犯意诱发型"诱惑侦查即侦查陷阱（entrapment）则被一致认为违法，其所得证据为"毒树之果"，应予排除。

（九）通缉

　　通缉是指公安机关以发布通缉令的方式对应当逮捕而在逃的犯罪嫌疑人，通报缉拿归案的一种侦查行为。通缉的程序如下：

　　1. 只有县级以上的公安机关有权发布通缉令，其他任何机关团体、单位、组织和个人都无权发布。人民检察院在办理自侦案件过程中，需要追捕在逃的犯罪嫌疑人时，经检察长批准，有权作出通缉决定，但仍需由公安机关发布通缉令。各级公安机关发布通缉令时，有发布范围的限制。公安机关在自己管辖的地区以内，可以直接发布通缉令；超出自己的管辖的地区，应当报请有权决定的上级机关发布。

　　2. 通缉的对象仅限于依法应当逮捕而在逃的犯罪嫌疑人，包括已经被逮捕但在羁押期间逃跑的犯罪嫌疑人。

　　3. 通缉令的内容应当明确、具体，尽可能写明被通缉人的姓名、别名、曾用名、绰号、性别、年龄、民族、籍贯、出生地、户籍所在地、居住地、职业、身份证号码、衣着和体貌特征，并附具被通缉人近期照片以及指纹及其他物证照片。除了必须保密的事项以外，应当写明案发的时间、地点和简要案情。

　　4. 通缉令发出后，如果发现新的重要情况可以补发通报。通报必须注明原通缉令的编号和日期。

　　5. 有关公安机关接到通缉令后，应当及时布置查缉。在抓获犯罪嫌疑人后，应当迅速通知通缉令发布机关，并报经抓获地的县级以上公安机关负责人批准后，凭通缉令羁押。原通缉令发布机关应当立即进行核实，依法处理。

　　对于通缉在案的犯罪嫌疑人，任何公民都有权扭送公安机关、人民检察院或人民

法院处理。

6. 通缉的撤销。被通缉的人已经归案、死亡，或者通缉原因已经消失而无通缉必要的，发布通缉令的机关应当及时发出撤销通缉令的通知。

（十）辨认

虽然刑事诉讼法在侦查的一般规定中并无辨认这一措施的具体规定，但是《公安机关办理刑事案件程序规定》第九章第九节用 5 个条文就辨认的相关要求作了专门的规定，《人民检察院刑事诉讼规则》也有相近的规定。而且《刑事诉讼法》第 50 条第 2 款已明确将辨认笔录列为法定的证据种类。司法实践中经常运用的辨认方法，遂成为立法认可并予以规范的常规侦查措施。作为收集犯罪嫌疑人、被告人供述和辩解的常用方法，辨认同时也是证人证言、被害人陈述的收集方法之一，与其他侦查行为一样，需要遵守相关的规则。

1. 辨认的概念。辨认是公安司法人员为查明案件事实而组织安排熟悉或了解辨认对象特征的人对与案件有关的人、物、场所、尸体等进行的辨识和再认。辨认属于具有同一认定性质的认识活动。当辨认人看到辨认对象时，立即将有关信号输入自己的大脑，在储存的记忆表象中进行查找和比对，并作出是否同一的结论。辨认的组织者只能是公安司法人员；辨认的目的在于通过同一认定，查明案件事实。辨认的主体可以是犯罪嫌疑人、被告人，也可以是证人、被害人。辨认的对象则是与案件有关的人、物（含文件）、场所、尸体等。

2. 辨认的程序。

（1）辨认前的审批程序。组织辨认前应履行必要的审批程序。根据《人民检察院刑事诉讼规则》第 257 条第 2 款规定，对犯罪嫌疑人进行辨认，应当经检察长批准。

（2）辨认前的准备。

第一，询问辨认人。辨认前除了要注意避免辨认人见到辨认对象，还应当详细询问辨认人关于他们看见辨认对象的有关情况，以及他们据以作出辨认的具体特征、特点，并在此基础上安排辨认对象。

第二，确定辨认时间和地点。公开辨认的时间和地点应尽量安排在符合辨认人原感知条件的时间和地点，各种条件要与原条件相似，以免影响辨认结果的准确性。秘密辨认除了考虑辨认人原来的感知条件，还应注意辨认的保密性，不能让辨认对象察觉。根据司法解释，对犯罪嫌疑人的辨认，辨认人不愿意公开进行时，可以在不暴露辨认人的情况下进行，侦查人员应当为其保守秘密。

第三，辨认对象的准备。根据相关司法解释，公安机关组织辨认犯罪嫌疑人时，被辨认的人数不得少于 7 人；对犯罪嫌疑人照片进行辨认的，不得少于 10 人的照片。人民检察院组织辨认犯罪嫌疑人时，受辨认人的人数不得少于 5 人，照片不得少于 5 张。辨认物品时，同类物品不得少于 5 件，照片不得少于 5 张。辨认前不仅应按此要求作辨认对象数量上的准备，还应避免辨认对象在关键特征上与陪衬人选出现强烈的差异，以免对辨认人产生暗示作用，最终影响辨认结论的客观性。

如果尸体面貌特征损害严重，对尸体进行辨认之前需作必要的整容，再组织直接辨认或拍照后的间接辨认；对于腐烂严重甚至已白骨化的尸身，可根据人的生理结构特点制作复原像或模型，供辨认使用。

辨认前除准备好比对的客体外，还应准备好必要的器材，如播放图像、声音的设备、记录用的器材等。

第四，邀请见证人。必要的时候，可以邀请见证人到场见证。人民检察院主持进行辨认，可以商请公安机关参加或者协助。

（3）辨认前的告知。为了防止辨认人对辨认对象产生预断或偏见，国外的常见做法是要求侦查人员必须在正式辨认之前明确告知辨认人，他以前见到的人或物可能在也可能不在辨认对象中，并且如果辨认人对自己的辨认不能作出肯定，他应该如实说明。辨认前告知规则的主要内容还包括辨认目的的解释、辨认人的权利以及辨认过程可能被拍照或者录像的情况。我们可以借鉴这些做法。《人民检察院刑事诉讼规则》第258条要求告知辨认人有意作虚假辨认应负的法律责任。总言之，组织者在辨认之前与辨认人的谈话以必要为原则，谈话宜少不宜多。

3. 辨认的具体规则。

（1）个别辨认规则。几名辨认人对同一被辨认人或者同一物品进行辨认时，应当由每名辨认人单独进行，不能让辨认人有任何谈话交流的机会。

（2）不被暗示规则。辨认人的辨认应该独立完成，任何人不得对其作任何提示，即便无嫌疑人在辨认对象中。辨认对象在体重、身高、年龄与种族上应当大致相同，且列队辨认中其穿着应当类似；说话内容、动作要求必须一致。总而言之，任何可能使嫌疑人、特定物等不同于其他辨认对象、从而使辨认人受到暗示将其挑出的行为都不被允许。

（3）全程记录规则。这一规则要求在进行辨认时必须书面、录音、录像等方式将辨认的全过程如实记录下来，辨认过程所形成的结论、数据应完整呈现附入卷证。根据相关司法解释，我国刑事诉讼中的辨认以制作笔录为法定的固定手段。笔录应由侦查人员签名，辨认人、见证人签字或者盖章。

引例分析

引例中存在的侦查程序问题较多，具体有：

1. 侦查人员不应无证搜查。搜查证或者紧急情况下的拘留证、逮捕证，是搜查必须具备的法律凭据，引例中的搜查不是发生在执行拘留或者逮捕的过程中，也不具备法定的紧急情况，因而只有凭搜查证才可以进行搜查。

2. 对女性刘某的人身搜查，不应由男性侦查人员进行。搜查妇女身体，应当由女工作人员进行。

3. 侦查人员不应将搜查所得的证据直接装入文件袋中拿走，扣押程序违法。在勘验、搜查中发现的可用以证明案件事实的物品和文件，应当会同在场见证人和被扣押物品持有人查点清楚，当场开列扣押清单，由侦查人员、见证人和持有人签名或者盖章。

4. 搜查笔录不应只有侦查人员和在场见证人签名，还应有被搜查人或者他的家属签名。

5. 侦查人员在被害人拒绝人身检查时，不能强制进行检查。只有对犯罪嫌疑人才能进行强制的人身检查。

6. 侦查人员不应同时询问多名证人。为了确保证人独立、客观地提供证言，有多名证人的，应当个别进行询问，以免相互影响，造成证言失真。

思考与练习

1. 某伤害案，提取的血迹经 DNA 鉴定，是来自被害人身上的血。对于这一鉴定意见，侦查机关应当告知哪些诉讼参与人？

A. 犯罪嫌疑人　　　　　　　　　　B. 被害人

C. 犯罪嫌疑人聘请的律师　　　　　D. 被害人的近亲属

2. 黄某和刘某是夫妻，其中刘某是哑巴，他们在日常生活中用手语进行交流。一天晚上，他们夫妻二人目睹了犯罪嫌疑人抢劫邻居的全过程。公安机关对他们进行询问，下列有关询问方式的说法中哪些是错误的？

A. 应当单独询问黄某

B. 应当单独询问刘某，但可以请黄某在现场对其手语进行翻译

C. 应当单独询问刘某，但应当另请懂手语的人在现场对其手语进行翻译

D. 可以将黄某和刘某传唤到指定的某宾馆进行询问

3. 某市人民检察院在办理一起重大贪污案件过程中，决定逮捕犯罪嫌疑人高某。负责执行的公安人员执行逮捕时发现高某已经潜逃，该人民检察院决定通缉高某。该案中，有权发布通缉令的是哪个机关？

A. 市人民检察院　　　　　　　　　B. 市人民法院

C. 市国家安全机关　　　　　　　　D. 市公安机关

4. 在一起抢劫案件的侦查过程中，公安机关组织该案的被害人对案件的犯罪嫌疑人进行辨认，请问下列哪些做法是恰当的？

A. 在辨认之前要求被害人对犯罪嫌疑人的外貌特征进行了详细描述

B. 在辨认之前告知被害人该案的罪犯就在辨认对象当中

C. 接受辨认的对象共 5 人

D. 为了节约时间和保证被害人的辨认能够相互印证，要求两名被害人同时进行辨认

5. 在一起两名犯罪嫌疑人涉嫌共同盗窃案件的审讯过程中，在两名犯罪嫌疑人均

拒绝作有罪供述的情况下，侦查人员在审讯犯罪嫌疑人张某时谎称另一名犯罪嫌疑人黄某已招供，从而促使犯罪嫌疑人张某在权衡供与不供的利弊之后便很快交待了其伙同黄某共同实施盗窃的犯罪事实。问：张某的供述是否具有证据力？能否作为证据使用？

6. "杜培武杀人案"可谓是家喻户晓的一桩刑事冤案。杜培武被控杀害了自己的妻子及一名警察。在度过一段牢狱生活以后，真凶落网自曝真相，同时交出杀人的枪支。司法机关认定杜培武杀人的事实显然存在错误。问：杜培武一案在取证方面存在着哪些问题？

7. 被告人甲被控受贿罪。其辩护律师在庭审时为其作无罪辩护。庭审前，辩护律师询问证人乙时，作了如下的"开导"："甲是你的老领导，现在他倒霉了，你能帮就帮帮他。如果甲的罪名成立，那你就是行贿，你也脱不开法律责任。如果把甲的那些事说成是业务往来，那甲就不是受贿，你也不是行贿，大家平安无事……"证人拒绝在律师断章取义、故意歪曲原话的询问笔录上签字，律师又百般游说，要求证人乙签名，直至证人签字方才罢休。问：本案中，律师的取证方式是否得当？为什么？

拓展阅读

1. 樊崇义："从'应当如实回答'到'不得强迫自证其罪'"，载《法学研究》2008年第2期。
2. 沈德咏："试论口供中的几个理论问题（上）"，载《中国法学》1986年第6期。
3. 沈德咏："试论口供中的几个理论问题（下）"，载《中国法学》1987年第1期。

项目二 侦查终结

引例

某年4月5日深夜，H省Y市友谊林场护林防火员关山在林场办公室附近的小路上被人连刺20余刀，因案发时正值停电，伸手不见五指，现场又在地形复杂的山路上，待被人发现时，关山早已死亡。被害人尸体上从四肢到各处内脏、器官均有开放性创口，一种是一角锐、一角钝创口，另一种是两角锐的菱形创口。侦查人员根据尸体创口的形状推断凶器为军用刺刀，并据此将住在死者隔壁的刚从部队转业返乡的赵某列为犯罪嫌疑人。4月6日，经询问赵某，发现他在5日夜里有一段时间的行踪无人证明。4月7日，在赵某家中搜出一件带血的军衣，上面缺失3粒纽扣，都放在衣服兜里，还有一把黑色塑料把的水果刀。法医鉴定衣服上的血迹为O型血和A型血，被害人关山为A型血。在对赵某实行拘留后，赵某起初不承认杀人，后又予以承认。赵某的弟弟和父亲分别证明，4月4日下午，赵某与其弟弟发生争吵以至动手打架，互有出血，当时其父在旁相劝，也被碰伤。

问题：本案至此是否可以结束侦查，确认犯罪嫌疑人为赵某？如果不可以，至少还应当进行哪些侦查活动？[1]

基本原理

侦查终结是指侦查机关对于自己立案侦查的案件，经过一系列的侦查活动，认为案件事实已经查清，证据确凿，足以认定犯罪嫌疑人是否有罪和应否对其追究刑事责任而决定结束侦查，并对案件依法作出结论和处理的一种诉讼活动。侦查终结可以分为两种情况：一种是下文介绍的正常的侦查终结；另一种是特殊情况下的侦查终结，指的是根据《刑事诉讼法》第163条规定，发现不应对犯罪嫌疑人追究刑事责任，作撤销案件处理，终结刑事诉讼程序。

侦查终结是侦查阶段对已经开展的各种侦查活动和侦查工作进行审核和总结的最后一道程序，是侦查任务已经完成的标志。因此，正确及时的侦查终结，可以为人民检察院准确提起公诉、人民法院正确进行审判奠定基础，为及时惩罚犯罪、保障无罪的人和依法不应当受到刑事追究的人免受刑事追究，保护公民合法权益提供可靠的根据和保障。

一、侦查终结的条件

根据《刑事诉讼法》第162条的规定，公安机关侦查终结的案件必须达到下列三个条件：

1. 犯罪事实清楚。案件事实包括犯罪嫌疑人有罪或无罪、罪重或罪轻以及是否应受刑事处罚的全部事实和情节。事实已经查清，是侦查终结的首要条件。因此，侦查机关如果认为犯罪行为人确有犯罪行为，在侦查终结时，对于犯罪嫌疑人的犯罪时间、地点、动机、目的、情节、手段和危害结果等情况应当全部予以查清，并且没有遗漏任何罪行。对共同犯罪的案件，还应当查清每个犯罪嫌疑人在共同犯罪中的地位和作用，且没有遗漏其他应当追究刑事责任的同案人。

2. 证据确实、充分。证据确实、充分是侦查终结的重要条件，它要求侦查终结的条件是证明犯罪事实、情节的每一个证据来源都是可靠的，是经查证属实、核对无误的，并且证据和证据之间能够相互印证，形成一个完整的证明体系，足以排除其他可能性，能够确认犯罪嫌疑人有罪或无罪、罪重或者罪轻。

3. 法律手续完备。法律手续完备，同样是侦查终结必不可少的条件。它要求侦查机关采取的专门调查工作和有关强制性措施的各种法律文书及其审批、签字、盖章等手续都是齐全、完整并符合法律规定的。因为这是衡量侦查活动是否严格依法进行的标准。如果发现有遗漏或不符合法律规定之处，应当及时采取有效的措施予以补充或

---

[1]　案例出处：陈光中主编：《刑事诉讼法教学案例》，法律出版社2003年版，第157页。

改正。《刑事诉讼法》第162条第2款特别要求，犯罪嫌疑人自愿认罪的，应当记录在案，随案移送，并在起诉意见书中写明有关情况。

以上三个条件必须同时具备，缺一不可。对于条件齐备的案件，负责侦查的人员应当写出起诉意见书，连同案卷材料、证据一并移送同级人民检察院审查决定。

二、侦查终结的程序

（一）移送审查起诉的程序

公安机关侦查的案件，在侦查终结后，对于犯罪事实清楚，证据确实、充分，依法应当追究犯罪嫌疑人刑事责任的案件，应当按照以下程序要求移送同级人民检察院审查决定：

1. 书面移送案件。公安机关应当制作《起诉意见书》。对于犯罪情节轻微，依法不需要判处刑罚或者免除刑罚的案件，可以在文书中注明不起诉的条件，由人民检察院审查决定起诉或不起诉。

2. 附呈证据。起诉意见书应附有案卷材料和证据，一并移送。

3. 向同级人民检察院移送案件。侦查终结时，公安机关不考虑人民法院、人民检察院的管辖权，只向同级人民检察院移送案件。

4. 遵守侦查羁押期限。

（二）撤销案件的程序

公安机关对于在侦查中发现不应对犯罪嫌疑人追究刑事责任的案件，应当作出撤销案件的决定，并制作《撤销案件决定书》。犯罪嫌疑人已被逮捕的，应当立即释放，并发给释放证明，同时通知原批准的人民检察院。

三、羁押与侦查羁押期限

侦查终结必须遵守侦查羁押期限的规定。在我国，羁押是指拘留、逮捕之后，犯罪嫌疑人人身自由被剥夺的一种状态，不是一种独立的强制措施。但是侦查羁押期限，仅指犯罪嫌疑人在侦查中被逮捕以后办案机关应遵循的期限。应注意，侦查羁押期限与羁押的概念并无关系，前者只适用于犯罪嫌疑人被逮捕的案件，后者却包括拘留和逮捕两种措施。对于犯罪嫌疑人未被羁押的案件，法律并未规定其侦查期限。换言之，逮捕以前的关押虽然也属于羁押状态，但时间并不计入羁押期限。

根据刑事诉讼法的规定，侦查羁押期限可以分为一般羁押期限、特殊羁押期限和重新计算的羁押期限三种。

（一）一般羁押期限

《刑事诉讼法》第156条规定，对犯罪嫌疑人逮捕后的侦查羁押期限不得超过2个月。这是对刑事案件的侦查羁押期限的基本规定。如果犯罪嫌疑人在逮捕以前已被拘留的，拘留的期限不包括在侦查羁押期限之内。一般情况下，侦查机关应当在法律规定的侦查期限内终结案件。

（二）特殊羁押期限

特殊羁押期限，是刑事诉讼法根据案件的特殊需要，规定在符合法定条件时履行相应的审批手续和程序，便可以延长的侦查羁押期限。

1. 根据《刑事诉讼法》第156条的规定，案情复杂、期限届满不能终结的案件，可以经上一级人民检察院批准延长1个月。

2. 根据《刑事诉讼法》第158条的规定，下列案件在《刑事诉讼法》第156条规定的期限届满仍不能侦查终结的，经省、自治区、直辖市人民检察院批准或者决定，可以延长2个月：①交通十分不便的边远地区的重大复杂案件；②重大的犯罪集团案件；③流窜作案的重大复杂案件；④犯罪涉及面广，取证困难的重大复杂案件。

3. 根据《刑事诉讼法》第159条的规定，对犯罪嫌疑人可能判处10年有期徒刑以上刑罚，依照本法第158条规定延长期限届满，仍不能侦查终结的，经省、自治区、直辖市人民检察院批准或决定，可以再延长2个月。

应当注意的是，根据相关司法解释，公安机关对案件提请延长羁押期限时，应当在羁押期限届满7日前提出，向同级人民检察院移送延长侦查羁押期限意见书，写明案件的主要案情和延长侦查羁押期限的具体理由。人民检察院应当在羁押期限届满前作出决定。

（三）重新计算羁押期限

根据刑事诉讼法的规定，下列情况不计入原有侦查羁押期限，即重新计算羁押期限：

1. 在侦查期间，发现犯罪嫌疑人另有重要罪行的，自发现之日起依照《刑事诉讼法》第156条的规定重新计算侦查羁押期限。重新计算侦查羁押期限由公安机关直接决定，不再经人民检察院批准。但须报人民检察院备案，并由人民检察院监督。

2. 犯罪嫌疑人不讲真实姓名、住址，身份不明的，应当对其身份进行调查，侦查羁押期限自查清其身份之日起计算，但是不得停止对其犯罪行为的侦查取证。

根据《刑事诉讼法》第149条的规定，对犯罪嫌疑人作精神病鉴定的期间不计入办案期限。第157条规定，因为特殊原因，在较长时间内不宜交付审判的特别重大复杂的案件，由最高人民检察院报请全国人民代表大会常务委员会批准延期审理。这两种情况都可能突破上述规定的羁押期限。

⭐ 引例分析

案件至此还不能结束侦查工作，因为现有证据相互矛盾、有些证据事实不清，不能以此确认犯罪嫌疑人就是赵某。

1. 尸体创口有两种，说明是两种凶器所形成，而搜查中提取的单刃水果刀不能形成被害人尸体上的菱形创口,这一重大矛盾应进一步查证。

2. 案发地点为停电地区的山路,如果被害人与歹徒发生过搏斗,并致使凶手的衣服扣子脱落,以当时的情形,凶手根本不可能及时找回脱落的纽扣。

3. 嫌疑人衣服上的血迹,仅作血型鉴定无法得出同一认定,其证明作用不大。应当进行必要且完整的检验鉴定,最终查明衣服血迹的真正主人。

4. 被告人提出身上的血迹是因家庭纠纷与弟弟吵架动手,打破弟弟的鼻子蹭上的血迹,并且相关证人也提供了相同的证言,应进一步进行查证并通过血迹鉴定加以证实。

要解决上述问题,侦查机关至少还要做的工作有:继续查找犯罪工具;进行血痕的确认检测;对嫌疑人进行进一步的讯问,听取其辩解,并注意与其他证据比对,以便做出正确的判断;核实有关的证人证言;开展更广泛的调查。在本案目前的情况下,有关犯罪原因和动机的证据都不具备。

思考与练习

1. 某县公安局在对陈某的盗窃案侦查终结时发现陈某另有杀人嫌疑,但此时对陈某的侦查羁押期限已届满。鉴于需要对该杀人案进行侦查,公安局决定对陈某继续羁押,并重新计算侦查羁押期限。此时公安局应如何履行法律手续?

A. 报人民检察院批准   B. 报人民检察院备案

C. 不必告知人民检察院   D. 报上级公安机关批准

2. 犯罪嫌疑人王诚,因涉嫌组织、领导、参加黑社会性质组织罪、抢劫罪、走私罪和故意伤害罪被公安机关立案侦查。公安机关于1999年11月1日拘留犯罪嫌疑人王诚。1999年12月6日,人民检察院批准逮捕王诚,由于案情重大,经上级人民检察批准,延长侦查羁押期限。公安机关于2000年5月1日侦查终结,向人民检察院移送起诉。检察机关认为部分犯罪事实不清,证据不足,退回补充侦查。补充侦查完毕后,人民检察院仍认为王诚涉嫌走私罪证据不足,迟迟不提起公诉,在公安机关的催促下,人民检察院于2000年11月1日向人民法院提起公诉。请根据案情回答问题。

(1) 犯罪嫌疑人王诚认为公安机关对其拘留超过法定期限,公安机关则认为对王诚的拘留没有超过法定期限。下列哪些观点是正确的?

A. 公安机关对王诚的拘留超过了法定的期限

B. 如果拘留超过法定期限,犯罪嫌疑人及聘请的律师提出后,侦查机关应立即释放犯罪嫌疑人,或变更为取保候审或监视居住,如果拘留期满的最后1日是节假日,应在节假日后的第一个工作日立即释放犯罪嫌疑人或变更为取保候审或监视居住

C. 公安机关对犯罪嫌疑人王诚的拘留没有超过法定拘留羁押期限

D. 如果犯罪嫌疑人聘请的律师认为公安机关拘留超过法定期限,可以向有关部门提出控告

（2）犯罪嫌疑人王诚在侦查期间的拘押期限，我国《刑事诉讼法》及相关司法解释均有明确规定，下列哪些说法符合《刑事诉讼法》及相关司法解释的规定？

A. 公安机关在侦查期间，发现犯罪嫌疑人另有重要罪行，侦查羁押期限可以重新计算，但须经人民检察院批准

B. 对人民检察院退回补充侦查的，补充侦查后人民检察院重新计算审查起诉期限

C. 由于王诚一案属于重大、复杂、取证困难且可能判处 10 年以上有期徒刑的刑罚的案件，所以可以在法定正常情况下的 3 个月的侦查期限基础上再延长 4 个月

D. 公安机关对案件提请延长羁押期限时，应当在羁押期限届满 5 日前提出

 **拓展阅读**

1. 杨宇冠："论不强迫自证其罪原则"，载《中国法学》2003 年第 1 期。
2. 徐美君："口供补强法则的基础与构成"，载《中国法学》2003 年第 6 期。
3. 王达人、曾粤兴：《正义的诉求：美国辛普森案和中国杜培武案的比较》，法律出版社 2003 年版。

项目三　人民检察院对直接受理案件的侦查

引例

2016 年 1 月，平某县公安局禁毒大队三中队队长赵某受大队长刘某指派，在禁毒大队二中队讯问犯罪嫌疑人董某某。刚开始的时候，董某某不承认实施了贩毒行为，赵某就协同两名治安员，先用手铐把董某某反铐上，再用尼龙绳穿过手铐，把董某某吊在屋顶一个挂风扇的铁扣上。因为董某某较胖，两三分钟后就受不了，同意交待问题。期间，大队长刘某威胁董某某称："你要是不承认，就让赵某他们再问问（意思就是再吊起来）"，董某某无奈，同意在已经写好的讯问笔录上签字、捺指印，后被羁押于看守所。

为了进一步收集证据，赵某讯问嫌疑人宁某某时，对拒不认罪的宁某某使用了相同的逼供手法，不仅让宁某某脚不挨地，还拉着他的腰带往下拉，使宁某某遭受巨大的肉体痛苦，最终编造了几名亲戚（包括董某某在内）的犯罪事实才得以走出看守所。

从看守所出来的第二天，宁某某与家人一道去董某某家解释，说明自己被公安机关逼迫才签的笔录，但家属不信。董某某被解除羁押后，因对宁某某怀恨在心，将其痛打一顿，刑讯逼供的事实遂引起警方的注意。

问题：当地公安机关对于赵某某刑讯逼供的行为能否立案侦查？如不能，应如何处理？

基本原理

为了保障国家监察体制改革顺利进行，完善监察制度与刑事诉讼的衔接机制，全

国人民代表大会常务委员会于 2018 年 10 月对《刑事诉讼法》作出修订，删去了检察院对贪污贿赂等案件行使侦查权的规定，保留了检察院在诉讼活动的法律监督中发现司法工作人员利用职权实施的侵犯公民权利、损害司法公正的犯罪的侦查权。这次修订，内容虽然不多，但对加强反腐败制度建设，推进国家治理体系、治理能力现代化具有重大意义。

一、人民检察院的侦查权

根据《刑事诉讼法》第 19 条第 2 款的规定，人民检察院在对诉讼活动实行法律监督中发现的司法工作人员利用职权实施的下列案件"可以"立案侦查。《人民检察院组织法》也明确了人民检察院依照法律规定对有关刑事案件行使侦查权，包括司法工作人员利用职权实施的非法拘禁、刑讯逼供、非法搜查等侵犯公民权利、损害司法公正的犯罪，以及国家机关工作人员利用职权实施的重大犯罪案件。

1. 非法拘禁案件。因为非法拘禁罪的主体既可以是国家工作人员，也可以是一般公民。虽然从实际发生的案件来看，犯罪主体多为掌握一定职权的国家工作人员或基层农村干部，在分析案件管辖权时应当根据犯罪主体是否为司法工作人员、其行为是否利用职权实施两个要件加以确定，而不是简单地认为所有的非法拘禁案件都由人民检察院负责立案侦查。

2. 刑讯逼供案件。刑讯逼供是行为人在刑事诉讼过程中，利用职权进行的一种犯罪活动，构成这种犯罪的主体只能是有权办理刑事案件的司法人员。因此，所有的刑讯逼供案件，人民检察院都享有侦查权。

3. 非法搜查案件。根据《刑法》第 245 条的规定，非法搜查罪的主体是一般主体，凡达到刑事责任年龄且具备刑事责任能力的自然人均能构成本罪，司法工作人员滥用职权的，从重处罚。只有是司法工作人员利用职权实施的非法搜查案件，人民检察院才有权管辖。

4. 其他司法工作人员利用职权实施的侵犯公民权利、损害司法公正的犯罪案件。主要包括暴力取证罪，虐待被监管人罪，滥用职权罪，玩忽职守罪，徇私枉法罪，民事、行政枉法裁判罪，执行判决、裁定失职罪，执行判决、裁定滥用职权罪，私放在押人员罪，失职致使在押人员脱逃罪，徇私舞弊减刑、假释、暂予监外执行罪等案件。这些案件的主体要件均为特殊主体（司法工作人员），其管辖权比较清晰。

5. 公安机关管辖的国家机关工作人员利用职权实施的其他重大犯罪案件，需要由人民检察院直接受理的时候，经省级以上人民检察院决定，可以由人民检察院立案侦查。人民检察院对于这类案件的管辖除了要求具备特定的实体要件（主体是国家工作人员、客观方面利用了职权实施、属于重大案件），还应符合程序要件（经省级人民检察院决定），同时具有人民检察院管辖的现实需要。

综上，人民检察院直接立案侦查的案件仅限于司法工作人员（即有侦查、检察、审判、监管职责的工作人员）利用职权实施的侵犯公民权利、损害司法工作的案件，具体包括 14 个罪名。

二、人民检察院的侦查措施

（一）强制措施

《刑事诉讼法》规定的五种强制措施，人民检察院都有权依法适用。除了对拘传享有完全独立的权力外，其余四种强制措施的适用条件和程序有别于公安机关。

1. 取保候审、监视居住。人民检察院对取保候审、监视居住强制措施享有决定权，但不享有执行权。人民检察院作出的取保候审决定应交由公安机关执行。

2. 拘留。作为一种应急性的强制措施，拘留适用于现行犯、重大嫌疑分子以及其他紧急情形。人民检察院的侦查权决定了这类法定拘留情形在自侦案件中相对比较少出现，因此，《刑事诉讼法》第 165 条仅赋予人民检察院对第 82 条第 4 项、第 5 项规定情形享有拘留权，即"④犯罪后企图自杀、逃跑或者在逃的；⑤有毁灭、伪造证据或者串供可能的"，拘留决定作出后，应交由公安机关执行。

3. 逮捕。基于分权制衡的需要，人民检察院只享有逮捕批准权、决定权，而不享有执行权。因此，人民检察院在直接受理案件的侦查过程中，遇有第 81 条规定情形、需要逮捕的，有权决定逮捕，交由公安机关执行。

人民检察院对直接受理的案件中被拘留的人，认为需要逮捕的，应当在 14 日以内作出决定。在特殊情况下，决定逮捕的时间可以延长 1～3 日。对不需要逮捕的，应当立即释放；对需要继续侦查，并且符合取保候审、监视居住条件的，依法取保候审或者监视居住。

（二）技术侦查措施

根据《刑事诉讼法》第 150 条第 2 款，人民检察院在立案后，对于利用职权实施的严重侵犯公民人身权利的重大犯罪案件，根据侦查犯罪的需要，经过严格的批准手续，可以采取技术侦查措施，按照规定交有关机关执行。据此，人民检察院适用技术侦查措施有严格的案件条件和程序条件的限制，非经批准，且为利用职权实施的严重侵犯公民人身权利的重大犯罪案件，不得适用。

三、侦查终结后的处理

根据《刑事诉讼法》第 168 条，人民检察院侦查终结的案件，应当作出提起公诉、不起诉或者撤销案件的决定。据此，人民检察院对侦查终结的案件分别有三种不同的处理方式：提起公诉、不起诉和撤销案件。

根据《人民检察院刑事诉讼规则》第 286～294 条的规定，人民检察院侦查终结的案件，对于符合提起公诉或不起诉条件的案件，由侦查部门制作《起诉意见书》或

《不起诉意见书》，连同其他案卷材料一并移送公诉部门，由公诉部门进行审查，再根据审查起诉的程序，作出提起公诉或不起诉的决定；如果侦查终结，应当撤销案件的，侦查部门应当制作《拟撤销案件意见书》，报请检察长或者检察委员会决定后撤销案件。人民检察院决定撤销案件的，应当告知控告人、举报人，听取其意见并记明笔录。撤销案件的决定，应当分别送达犯罪嫌疑人所在单位和犯罪嫌疑人。犯罪嫌疑人死亡的，应当送达犯罪嫌疑人原所在单位。如果犯罪嫌疑人在押，应当制作决定释放通知书，通知公安机关依法释放。

 引例分析

赵某身为司法工作人员，为逼取口供对犯罪嫌疑人使用肉刑，侵犯了公民人身权利，其行为已构成刑讯逼供罪。根据《刑事诉讼法》第 19 条规定，公安机关对于司法工作人员利用职权实施的非法拘禁、刑讯逼供等案件不享有管辖权。因此，公安机关不能对赵某的行为立案侦查，而应将案件移交给有管辖权的人民检察院。

思考与练习

1. 如何认识检察院保留侦查权的必要性？
2. 试归纳人民检察院侦查权的特点。

拓展阅读

1. 陈瑞华："谈监察体制改革的几个理论问题"，载观察者网，https：//www.guancha. cn/ChenRuiHua/2018＿04＿24＿454670. shtml.
2. 陈瑞华："检察机关法律职能的重新定位"，载《中国法律评论》2017 年第 5 期。

项目四　侦查阶段律师的法律帮助

 引例

涉嫌抢劫的张某，聘请吴律师为其辩护人。双方会见时，张某告诉吴律师，两年前他还曾参与一家银行的抢劫，并提供了相关证据。在审判过程中，张某却拒绝承认抢劫银行，控方所掌握的证据显然不足以获得成功指控。

问题：吴律师可否作为本案的证人？

基本原理

侦查过程中，因为犯罪嫌疑人面对的是行使国家职权的办案机关，在各种调查行为和强制措施面前，犯罪嫌疑人处于相对不利的地位。为了平衡控辩双方的力量、使

shallow

侦查过程中双方的地位更加趋于平等，各国立法均通过完善律师的法律服务来加强被追诉一方的力量。我国刑事诉讼法就侦查阶段的律师介入作了较为完善的规定，《刑事诉讼法》第34条规定："犯罪嫌疑人自被侦查机关第一次讯问或者采取强制措施之日起，有权委托辩护人；在侦查期间，只能委托律师作为辩护人。被告人有权随时委托辩护人。侦查机关在第一次讯问犯罪嫌疑人或者对犯罪嫌疑人采取强制措施的时候，应当告知犯罪嫌疑人有权委托辩护人。人民检察院自收到移送审查起诉的案件材料之日起3日以内，应当告知犯罪嫌疑人有权委托辩护人。人民法院自受理案件之日起3日以内，应当告知被告人有权委托辩护人。犯罪嫌疑人、被告人在押期间要求委托辩护人的，人民法院、人民检察院和公安机关应当及时转达其要求。犯罪嫌疑人、被告人在押的，也可以由其监护人、近亲属代为委托辩护人。"为了确保犯罪嫌疑人获得律师帮助的权利，该条同时要求，侦查机关在第一次讯问犯罪嫌疑人或者对犯罪嫌疑人采取强制措施的时候，应当告知犯罪嫌疑人有权委托辩护人。犯罪嫌疑人、被告人在押期间要求委托辩护人的，侦查机关应当及时转达其要求。鉴于在押的犯罪嫌疑人亲自委托辩护人存在现实的困难，刑事诉讼法允许其监护人、近亲属代为委托辩护人。因为经济困难或者其他原因无力委托辩护人的，犯罪嫌疑人及其近亲属可以向法律援助机构提出援助申请。对符合条件的，法律援助机构应当指派律师为其提供辩护。犯罪嫌疑人是盲、聋、哑人，或者是尚未完全丧失辨认或者控制自己行为能力的精神病人，以及可能被判处无期徒刑、死刑，没有委托辩护人的，侦查机关应当通知法律援助机构指派律师为其提供辩护。

一、犯罪嫌疑人获得律师帮助权

侦查阶段犯罪嫌疑人获得律师帮助权应把握以下几点：

1. 获得律师帮助权始于第一次讯问或者采取强制措施之日。

2. 只能享受律师提供的法律帮助，无权要求非律师辩护人为其服务。

3. 侦查机关负有协助犯罪嫌疑人行使该权利的义务，具体包括应当告知犯罪嫌疑人享有此项权利、应当及时转达犯罪嫌疑人委托律师的要求、为特定犯罪嫌疑人指定辩护律师等。

4. 有权为犯罪嫌疑人委托辩护律师的主体，除了犯罪嫌疑人本人，还包括犯罪嫌疑人的监护人、近亲属。

5. 犯罪嫌疑人、被告人没有委托辩护人，法律援助机构没有指派律师为其提供辩护的，由值班律师为犯罪嫌疑人、被告人提供法律咨询、程序选择建议、申请变更强制措施、对案件处理提出意见等法律帮助。

看守所应当告知犯罪嫌疑人、被告人有权约见值班律师，并为犯罪嫌疑人、被告人约见值班律师提供便利。

二、侦查阶段辩护律师提供法律服务的内容

根据《刑事诉讼法》第 33～39 条的规定，侦查阶段的辩护律师提供法律服务的内容仅限于以下几种：

1. 辩护律师有权向侦查机关了解犯罪嫌疑人涉嫌的罪名和案件有关情况，提出意见。

2. 辩护律师可以同在押的犯罪嫌疑人、被告人会见和通信。其他辩护人经人民法院、人民检察院许可，也可以同在押的犯罪嫌疑人、被告人会见和通信。辩护律师持律师执业证书、律师事务所证明和委托书或者法律援助公函要求会见在押的犯罪嫌疑人、被告人的，看守所应当及时安排会见，至迟不得超过 48 小时。危害国家安全犯罪、恐怖活动犯罪案件，在侦查期间辩护律师会见在押的犯罪嫌疑人，应当经侦查机关许可。上述案件，侦查机关应当事先通知看守所。

辩护律师会见在押的犯罪嫌疑人、被告人，可以了解案件有关情况，提供法律咨询等；自案件移送审查起诉之日起，可以向犯罪嫌疑人、被告人核实有关证据。辩护律师会见犯罪嫌疑人、被告人时不被监听。

辩护律师同被监视居住的犯罪嫌疑人、被告人会见、通信，适用《刑事诉讼法》第 39 条第 1 款、第 3 款、第 4 款的规定。

3. 对于犯罪嫌疑人在立案、侦查阶段中合法权益受到侵犯的，辩护律师可以帮助犯罪嫌疑人提出申诉、控告。维护犯罪嫌疑人的诉讼权利和其他合法权益。

4. 辩护律师可以帮助犯罪嫌疑人变更强制措施。犯罪嫌疑人被逮捕的，辩护律师可以为其申请取保候审；被采取其他强制措施超过法定期限的，辩护律师有权要求予以释放、解除或变更强制措施。

5. 辩护律师有权就犯罪嫌疑人涉嫌的案件，根据事实和法律，向侦查机关提出犯罪嫌疑人无罪、罪轻或者减轻、免除刑事责任的材料和意见。

知识链接

律师讯问在场权，是指侦查人员讯问犯罪嫌疑人时，辩护律师享有在场的权利。一般认为，律师讯问在场权是犯罪嫌疑人获得律师帮助权的重要内容之一。许多法治发达国家均赋予辩护律师讯问在场权，国际性文件也有规定。如 1994 年世界刑法学会《关于刑事诉讼法中的人权问题的决议》第 19 条规定："羁押中的被告人有权与其律师秘密交谈。进行任何阶段的刑事侦讯时，律师均有权在场。"

我国曾于 2005 年开展律师讯问在场权试点研究，目前立法尚未确立这一制度。

三、辩护律师的执业保护

为了确保犯罪嫌疑人得到充分的法律帮助，刑事诉讼法赋予了辩护律师两项重要

的权利：

1. 保密权。根据《刑事诉讼法》第48条的规定，辩护律师对在执业活动中知悉的委托人的有关情况和信息，有权予以保密。但是，辩护律师在执业活动中知悉委托人或者其他人，准备或者正在实施危害国家安全、公共安全以及严重危害他人人身安全的犯罪的，应当及时告知司法机关。立法赋予辩护律师拒绝作证的权利，是对律师制度的贯彻与惩罚犯罪、保护人权的刑事诉讼目的进行价值权衡的结果。

2. 申诉、控告权。《刑事诉讼法》第49条规定："辩护人、诉讼代理人认为公安机关、人民检察院、人民法院及其工作人员阻碍其依法行使诉讼权利的，有权向同级或者上一级人民检察院申诉或者控告。人民检察院对申诉或者控告应当及时进行审查，情况属实的，通知有关机关予以纠正。"

 引例分析

律师保密权制度的初衷旨在保障律师制度的贯彻，虽然立法从权利的角度规定律师可以对职业秘密拒绝作证，但这一权利本质上更是一种义务。因此引例中的律师不可以作为证人，除非其掌握的是委托人准备或者正在实施危害国家安全、公共安全以及严重危害他人人身安全犯罪的情况，否则律师不应向司法机关作不利于委托人的检举和揭发。

📓 思考与练习

1. 在一起盗窃案件的侦查阶段中，律师赵某受聘为该案犯罪嫌疑人张某提供法律帮助。依据我国法律，赵某可以如何？

A. 向公安机关了解张某涉嫌的罪名

B. 会见在押的张某，向其提供法律咨询

C. 代理张某控告侦查人员刑讯逼供的行为

D. 根据会见张某时其提供的线索，向有关和个人调查取证

2. 甲（20岁）和乙（17岁）是盗窃案的同案被告人，现在押。甲聘请某律师为辩护人，乙的父亲（在国家机关任现职）担任乙的辩护人。乙的父亲有权行使下列哪些诉讼权利？

A. 有权独立进行辩护

B. 有权依法定程序向证人或者其他单位和个人调查取证

C. 有权在第一审判决宣告后，不经乙同意，提出上诉

D. 同甲的辩护人一样，享有独立的同被告人会见和通信权

3. 下列关于侦查阶段犯罪嫌疑人聘请律师的表述哪些是错误的？

A. 李某抢劫案，因在押的犯罪嫌疑人李某没有提出具体人选，侦查机关对其聘请律师的要求不予转交

B. 高某伤害案，因案件事实尚未查清，侦查机关拒绝告诉受聘请的律师关于犯罪嫌疑人涉嫌的罪名

C. 石某贪污案，因侦查过程需要保密，侦查机关拒绝批准律师会见在押的石某

D. 陈某刑讯逼供案，为防止串供，会见时在场的侦查人员禁止陈某向律师讲述案件事实和情节

4. 公诉案件的犯罪嫌疑人有权委托辩护律师的时间是：

A. 被指控犯罪之日起   B. 开始侦查之日起

C. 被采取强制措施之日起   D. 自案件移送审查起诉之日起

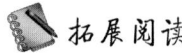 拓展阅读

1. "刑事辩护律师调查取证难的现状原因及对策"，载 http：//www. zht - law. com/ReadNews. asp？ NewsID = 212.

2. "检察机关讯问犯罪嫌疑人同步录音录像开启刑事取证现代化之门"，载中国政府网，http：//www. gov. cn/ztz1/2006 - 03/11/content __224726. htm.

实训　模拟讯问犯罪嫌疑人

 情景设计

2012 年 3 月 16 日下午，广东省深圳市罗湖区王某（女，18 岁）向公安机关报案，控告她的上司李某对她实施强奸，并提交了留有李某精液的内裤一条。公安机关立案侦查，掌握了以下线索：①王某的同事张某证实：事发当天上午，他与王某、李某一同去到华盛大厦。上司李某吩咐王某跟随他上楼拿资料，其余人留在车上等待。大约一个小时后才见二人下楼来。当时王某妆容不整，神情异常，上车后一路未语。②大厦监控录像证实：3 月 16 日上午 10 时 32 分，王某跟随李某进入大厦电梯；11 时 45 分二人乘坐电梯下楼离开。③大厦清洁工董某证实：3 月 16 日上午 11 时左右，她到大厦26 楼清理垃圾。经过 2608 室（李某住处）时，隐约听见房里传来女人低声哀求、哭泣的声音，因为其忙于工作，并未进一步留意。

根据以上情况，侦查人员将李某拘留审查。随即展开第一次讯问：

问：李某，你知道你为什么被拘留吗？

答：我不知道。我什么也没干。

问：你知不知道党的政策是"坦白从宽，抗拒从严"？隐瞒罪行对你是没有好处的。

答：我真的没干什么，不信你们可以去调查。

问：我们已经做了大量的调查，事情已经很清楚了，你老实交代吧，你犯了什么罪？

答：我的确没有犯什么罪。

问：你想抵赖是不行的，人证、物证俱在，你隐瞒得了吗？你还是老实交代吧，争取宽大处理。

答：我不知道你们要我交代什么？

问：那我们告诉你：王某控告你强奸了她。

答：什么?! 我强奸了王某？简直是无稽之谈！

问：你听着（宣读被害人王某的控告）："……他把我按倒在沙发上，掐我的脖子，还威胁要杀死我。我一边哀求，一边挣扎，但还是抵不过他，被他强奸……"你怎么解释？

答：这纯粹是诬陷！那天我是跟她在一起，也确实发生了关系。但那是她自愿的！公司里大家都知道她喜欢我……

问：你说她是自愿的，那她为什么还要控告你？

答：那我怎么知道，反正我没有强奸她，跟我发生关系那是她自愿的。

问：你有没有跟公司其他女员工发生过性关系？或者有没有干过其他什么坏事？

答：没有，我敢保证我没干过什么坏事，你们可以去调查、了解。

……

工作任务

任务一：通过讨论和模拟演练，掌握讯问犯罪嫌疑人的基本步骤和方法。

任务二：制作规范的讯问笔录。

训练方法

讨论、分析、评价情境设计中的讯问方法；模拟讯问。

步骤一：分析、讨论讯问存在的问题。明确讯问的种类，结合讯问的主体、时间地点、讯问方法、步骤以及讯问的固定保全方法等要素全面分析情境中存在的问题。

步骤二：安排一名学生模拟犯罪嫌疑人。要求该生熟悉相关案件材料，掌握案件具体情况，为模拟讯问提供素材。

步骤三：讯问前的准备。安排讯问人员、确定讯问时间地点、制作讯问提纲。讯问提纲的制作，应结合刑法关于强奸罪构成要件的规定，明确讯问需要查明的具体要件事实，思考哪些情节能够体现特定要件事实，据此制定讯问提纲。

步骤四：讯问。注意讯问步骤、方法的合法性及其在笔录中的体现。

步骤五：讯问笔录的签认。笔录的签认应规范，内容、时间、指印等缺一不可。

考核标准

1. 熟练掌握讯问犯罪嫌疑人的基本步骤和方法。

2. 讯问笔录格式正确，内容完备，表述清楚。

——单 元 八——

起诉

📝 **知识目标**

1. 明确起诉、不起诉的范围和条件。

2. 明确在审查起诉阶段中认罪认罚从宽制度的适用。

3. 明确未成年人附条件不起诉的条件和程序。

📝 **能力目标**

1. 掌握审查起诉的内容、方法和步骤。

2. 掌握提起公诉的程序。

3. 掌握适用简易程序、速裁程序审理公诉案件的具体条件和要求。

📝 **内容结构图**

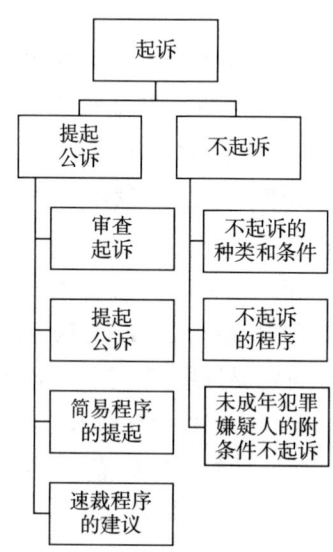

项目一 提起公诉

 **引例**

犯罪嫌疑人李某曾经先后三次盗窃正在使用的通讯电线，致使该段通讯线路中断 5 小时，造成通讯线路故障，给国家造成直接经济损失 30 多万元。检察机关在审查此案时，认为许某的行为已构成破坏电信设施罪，严重危害了社会公共安全，应依法提起公诉。

问题：什么叫起诉？

基本原理

刑事诉讼中的起诉，指享有控诉权的国家机关和公民，依法向法院提起诉讼，请求法院对指控的内容进行审判，以确定被告人的刑事责任并依法予以刑事制裁的诉讼活动。我国刑事诉讼中的起诉包括提起公诉与提起自诉两种类型。起诉作为审判的前提，能够引起审判程序从而解决诉讼的实体问题。它使受诉法院获得对起诉案件审判的权利，也使双方当事人对受诉案件有进行诉讼活动和接受法院审判的权利义务。起诉的成立，标志着诉讼中审判程序的开始。

一、审查起诉

《刑事诉讼法》第 169 条规定："凡需要提起公诉的案件，一律由人民检察院审查决定。"因此，审查起诉是提起公诉的前提条件。人民检察院在受理公安机关或监察机关移送起诉的案件后，依法对犯罪事实、证据、犯罪性质以及适用的法律等进行审查核实，以决定是否对犯罪嫌疑人提起公诉。审查起诉对保证人民检察院正确地提起公诉，发现和纠正侦查、调查活动中的违法行为，具有重要意义。

（一）审查起诉的受理

根据《人民检察院刑事诉讼规则》第 360 条的规定，人民检察院受理移送审查起诉案件，应当指定检察员或者经检察长批准代行检察员职务的助理检察员办理，也可以由检察长办理。办案人员应当全面审阅案卷材料，必要时制作阅卷笔录。

1. 各级人民检察院提起公诉，应当与人民法院审判管辖相适应。公诉部门收到移送审查起诉的案件后，经审查认为不属于本院管辖的，应当在 5 日以内经由案件管理部门移送有管辖权的人民检察院。

2. 认为属于上级人民法院管辖的第一审案件的，应当报送上一级人民检察院，同时通知移送审查起诉的公安机关或者监察机关；认为属于同级其他人民法院管辖的第一审案件的，应当移送有管辖权的人民检察院或者报送共同的上级人民检察院指定管辖，同时通知移送审查起诉的公安机关或者监察机关。

3. 上级人民检察院受理同级公安机关或者监察机关移送审查起诉案件，认为属于下级人民法院管辖的，可以交下级人民检察院审查，由下级人民检察院向同级人民法院提起公诉，同时通知移送审查起诉的公安机关或者监察机关。

4. 进一步做好与《监察法》的衔接，对于监察机关移送起诉的已采取留置措施的案件，人民检察院应当对犯罪嫌疑人先行拘留，留置措施自动解除。人民检察院应当在拘留后的 10 日以内作出是否逮捕、取保候审或者监视居住的决定。在特殊情况下，决定的时间可以延长 1~4 日。同时为了保证办案质量，人民检察院决定采取强制措施的期间不计入审查起诉期限。

5. 一人犯数罪、共同犯罪和其他需要并案审理的案件，只要其中一人或者一罪属于上级人民检察院管辖的，全案由上级人民检察院审查起诉。

6. 需要依照刑事诉讼法的规定指定审判管辖的，人民检察院应当在侦查机关或者监察机关移送审查起诉前协商同级人民法院办理指定管辖有关事宜。

（二）审查起诉的内容

根据《刑事诉讼法》第 170 条、第 171 条和《监察法》等有关规定，人民检察院审查案件时，应当查明以下内容：

1. 犯罪嫌疑人、被调查人的身份状态是否清楚，包括姓名、性别、国籍、出生年月、职业和单位等。

2. 犯罪事实、情节是否清楚，证据是否确实、充分，犯罪性质和罪名的认定是否正确。查明犯罪事实、情节，是正确定罪量刑的前提；查明证据是否确实、充分，是正确定罪量刑的依据和基础。

3. 有无遗漏罪行和其他应当追究刑事责任的人。人民检察院在审查起诉时要注意审查有无遗漏犯罪嫌疑人的罪行和其他应当追究刑事责任的人，发现有遗漏的罪行或者其他应当追究刑事责任的人，应当退回侦查机关或者监察机关补充侦查或者自行补充侦查。

4. 是否属于不应追究刑事责任的情形。保障无罪的人不受刑事追究是人民检察院的职责之一，因此，人民检察院在审查案件时，必须查明犯罪嫌疑人有无不应追究刑事责任的情形。

法条链接

《刑事诉讼法》第十六条 有下列情形之一的，不追究刑事责任，已经追究的，应当撤销案件，或者不起诉，或者终止审理，或者宣告无罪：

（一）情节显著轻微、危害不大，不认为是犯罪的；

（二）犯罪已过追诉时效期限的；

（三）经特赦令免除刑罚的；

（四）依照刑法告诉才处理的犯罪，没有告诉或者撤回告诉的；

（五）犯罪嫌疑人、被告人死亡的；

（六）其他法律规定免予追究刑事责任的。

5. 有无附带民事诉讼。人民检察院在审查起诉时，首先要审查犯罪嫌疑人的犯罪行为是否给被害人造成了经济损失；被害人是否提起了附带民事诉讼，没有提起的，应主动告知被害人有权提起。其次，还要查明国家、集体财产是否因犯罪而遭受损失，如果造成了损失，人民检察院可以在提起公诉时一并提起附带民事诉讼。

6. 侦查活动是否合法。人民检察院对案件进行审查时，要注意审查侦查人员的侦查活动是否符合法定程序，法律手续是否完备，特别要查明在讯问犯罪嫌疑人和询问证人的过程中是否有刑讯逼供和以威胁、引诱、欺骗以及其他非法方法收集证据的情况。一旦发现侦查活动中有违反法律的行为时，应当及时提出纠正意见。构成犯罪的，应依法追究刑事责任。

7. 与犯罪有关的财物及其孳息是否扣押、冻结并妥善保管，以供核查。对被害人合法财产的返还和对违禁品或者不宜长期保存的物品的处理是否妥当，移送的证明文件是否完备。

（三）审查起诉的期限

为了保证刑事诉讼能够迅速、及时地进行，避免犯罪嫌疑人超期羁押，保障无罪的人不受追究，刑事诉讼法对检察机关审查起诉期限作出限定。

根据《刑事诉讼法》第172条，人民检察院对于监察机关、公安机关移送起诉的案件，应当在1个月以内作出决定，重大、复杂的案件，可以延长15日；犯罪嫌疑人认罪认罚，符合速裁程序适用条件的，应当在10日以内作出决定，对可能判处的有期徒刑超过1年的，可以延长至15日。人民检察院审查起诉的案件，改变管辖的，从改变后的人民检察院收到案件之日起计算审查起诉期限。《刑事诉讼法》第175条第3款还规定了补充侦查的案件在补充侦查完毕移送人民检察院后，人民检察院也要重新计算审查起诉期限。

人民检察院对审查起诉的期限有监督权。人民检察院对于本院审查起诉的案件，如果发现超过审查起诉期限的，应当提出纠正依据，报告检察长。

（四）审查起诉的程序

审查起诉是一项重要的诉讼活动，在整个刑事诉讼过程中，为保证审查起诉的顺利进行，《刑事诉讼法》第173条规定，人民检察院审查案件，应当讯问犯罪嫌疑人，听取辩护人或者值班律师、被害人及其诉讼代理人的意见，并记录在案。辩护人或者值班律师、被害人及其诉讼代理人提出书面意见的，应当附卷。犯罪嫌疑人认罪认罚的，人民检察院应当告知其享有的诉讼权利和认罪认罚的法律规定，听取犯罪嫌疑人、辩护人或者值班律师、被害人及其诉讼代理人对下列事项的意见，并记录在案。因此，审查起诉的具体方法和步骤应当符合如下要求：

1. 审阅案卷材料。办案人员接到案件后，应当及时审查刑事侦查部门或监察机关移送的案件材料是否齐备。

2. 讯问犯罪嫌疑人。讯问犯罪嫌疑人是人民检察院审查起诉的必经程序。讯问只能由检察人员进行，讯问犯罪嫌疑人时，办案人员应该听取犯罪嫌疑人的供述和辩解，核实分析口供的可靠性，根据犯罪嫌疑人的陈述情况和阅卷确定复核证据的重点，向犯罪嫌疑人提出问题并让其回答，并做好笔录。

3. 听取辩护人或者值班律师、被害人及其诉讼代理人的意见，并记录在案，人民检察院应当提前为值班律师了解案件有关情况提供必要的便利。人民检察院自收到移送审查起诉的案件材料之日起 3 日以内，应当告知犯罪嫌疑人有权委托辩护人，并应当告知被害人及其法定代理人或者近亲属有权委托诉讼代理人。询问值班律师及被害人和犯罪嫌疑人、被害人委托的人，并听取他们的意见，询问、听取意见应由 2 名以上办案人员进行，并制作笔录。辩护人或者值班律师、被害人及其诉讼代理人提出书面意见的，应当附卷。

随着认罪认罚从宽制度的适用，在审查起诉阶段，必须特别注意几个方面：一是在认罪认罚试点区域，律师值班已经全覆盖，人民检察院审查案件，听取辩护人或值班律师的意见是必经程序。二是犯罪嫌疑人认罪认罚的，对于犯罪事实、罪名，量刑建议和程序适用等重要事项都必须听取辩护人或值班律师的意见。三是为值班律师了解案情提供必要的便利，主要指为值班律师提供会见权、在场权和阅卷权等权利保障。

4. 犯罪嫌疑人认罪认罚的，人民检察院应当告知其享有的诉讼权利和认罪认罚的法律规定，听取犯罪嫌疑人、辩护人或者值班律师、被害人及其诉讼代理人的意见，并记录在案。如果犯罪嫌疑人自愿认罪，同意量刑建议和程序适用的，应当在辩护人或者值班律师在场的情况下签署认罪认罚具结书。认罪认罚具结书大致包括四个部分：一是犯罪嫌疑人的身份信息情况；二是权利知悉部分，主要以《认罪认罚从宽制度告知书》的形式告知犯罪嫌疑人认罪认罚的内容；三是认罪认罚的内容，主要包括被指控的犯罪事实、罪名，量刑建议和适用程序等三个部分；四是自愿签署的声明，包括本人签字和值班律师或辩护人的签名。

5. 调查核实证据。审查起诉人员在阅卷和讯问犯罪嫌疑人、听取被害方和辩护方或者值班律师的意见后，可以通过进一步调查侦查部门已经收集到的其他证据来调查核实有关问题。对公安机关的勘验进行复查时，可以要求公安机关复验、复查，并且可以派检察人员参加。人民检察院有能力进行勘验、检查的，也可以自行复验、复查。

审查起诉中也可以进行鉴定或者重新鉴定。

6. 补充侦查、调查。补充侦查、调查是指在提起公诉阶段，人民检察院对公安机关、检察机关侦查终结以及对于监察机关调查完毕移送审查起诉的案件，在审查起诉中，发现有事实不清、证据不足或者遗漏了罪行或者同案人，而补充进行有关专门调查工作的诉讼活动。

（1）补充侦查、调查的形式。根据《刑事诉讼法》第175条第2、3款及《监察法》第47条的规定，人民检察院审查案件，对于需要补充侦查或者调查的，可以退回公安机关补充侦查或者退回监察机关补充调查，必要时也可以自行侦查。对于补充侦查、调查的案件，应当在1个月内补充侦查、调查完毕。补充侦查、调查以2次为限。

审查起诉时，对公安机关侦查终结或者监察机关移送的案件的补充侦查、调查有两种形式：一种是由人民检察院退回公安机关补充侦查或者退回监察机关补充调查，一般适用于主要案件事实不清，证据不足，或者遗漏了重要犯罪事实以及遗漏应当追究刑事责任的同案犯的情形；审查起诉部门对本院侦查部门移送的案件认为需要补充侦查的，应向侦查部门提出补充侦查的意见书，连同案卷材料一并退回侦查部门补充侦查。另一种是由人民检察院自行侦查，这种方式一般适用于只有某些犯罪事实，情节不清，证据不足的情形。比如公安机关在侦查中有违法情况，在认定事实和证据上与公安机关有较大分歧或者已经退查过但仍未查清的案件，必要时可以要求公安机关提供协助。

（2）补充侦查、调查的时间要求和次数限制。对于补充侦查或者调查的案件，应当在1个月以内补充侦查或者调查完毕。补充侦查或者调查以2次为限。补充侦查或者调查完毕移送人民检察院后，人民检察院重新计算审查起诉期限。

（3）补充侦查、调查后的处理。退回补充侦查或者调查完毕移送人民检察院后，人民检察院重新计算审查起诉期限。对于补充侦查或者调查的案件，人民检察院仍然认为证据不足，不符合起诉条件的，可以作出不起诉的决定。由此可见，案件经过1次补充侦查，人民检察院认为证据不足，不符合起诉条件的，可以作出不起诉决定；如果经过2次补充侦查，人民检察院仍然认为证据不足，不符合起诉条件的，人民检察院应当作出不起诉决定。

另外，人民检察院对已经退回公安机关或者监察机关二次补充侦查或者调查的案件，在审查起诉中又发现新的犯罪事实，应当移送公安机关或者监察机关立案侦查或者调查；对已经查清的犯罪事实，应当依法提起公诉。

7. 要求公安机关、监察机关提供庭审所必需的证据材料，认为存在以非法方法收集证据情形的，可以要求其对证据的合法性作出说明。人民检察院在审查起诉时，发现公安机关、监察机关提供的证据不足以支持检察机关提起控诉，可以要求补充所必需的证据材料；如果认为公安机关、监察机关提供的证据可能以非法方式收集的，可以要求公安机关、监察机关对证据的合法性作出说明，如果公安机关、监察机关不能提供合法解释的，人民检察院应当对证据予以排除，不得作为起诉决定的依据。对公安、监察机关的勘验、检查，认为需要复验、复查时，可以要求公安、监察机关复验、复查，并且可以派检察人员参加。

（五）审查起诉后的处理

1. 人民检察院认为犯罪嫌疑人的犯罪事实已经查清，证据确实、充分，依法应当追究刑事责任的，应当作出起诉决定，按照审判管辖的规定，向人民法院提起公诉，并将案卷材料、证据移送人民法院。犯罪嫌疑人认罪认罚的，人民检察院应当就主刑、附加刑、是否适用缓刑等提出量刑建议，并随案移送认罪认罚具结书等材料。

2. 犯罪嫌疑人没有犯罪事实，或者有《刑事诉讼法》第16条规定的情形之一的，人民检察院应当作出不起诉决定。对于犯罪情节轻微，依照刑法规定不需要判处刑罚或者免除刑罚的，人民检察院可以作出不起诉决定。

3. 人民检察院决定不起诉的案件，应当同时对在侦查活动中查封、扣押、冻结的财物解除查封、扣押、冻结。对被不起诉人需要给予行政处罚、处分或者需要没收其违法所得的，人民检察院应当提出检察意见，移送有关主管机关处理。有关主管机关应当将处理结果及时通知人民检察院。

（六）审查起诉中的特殊程序——中止审查

在审查起诉过程中，犯罪嫌疑人潜逃或者患有精神病及其他严重疾病不能接受讯问，丧失诉讼行为能力的，人民检察院可中止审查。共同犯罪中的部分犯罪嫌疑人潜逃的，对潜逃的犯罪嫌疑人可中止审查，对其他犯罪嫌疑人的审查起诉应照常进行。中止审查的期限不计入审查起诉的期限。

二、提起公诉

提起公诉是指人民检察院对侦查终结或者监察机关调查完毕，移送检察院审查起诉的案件进行全面审查，对应当追究刑事责任的犯罪嫌疑人提交人民法院进行审判的一项诉讼活动。检察机关对提起公诉有一定的自由裁量权，然而，这种裁量权必须受到法律的限制。《刑事诉讼法》第176条规定："人民检察院认为犯罪嫌疑人的犯罪事实已经查清，证据确实、充分，依法应当追究刑事责任的，应当作出起诉决定，按照审判管辖的规定，向人民法院提起公诉，并将案卷材料、证据移送人民法院。犯罪嫌疑人认罪认罚的，人民检察院应当就主刑、附加刑、是否适用缓刑等提出量刑建议，并随案移送认罪认罚具结书等材料。"

（一）提起公诉的条件

1. 犯罪事实已经查清，证据确实、充分。这是人民检察院起诉的基本依据。如何判断犯罪事实已经查清？根据《人民检察院刑事诉讼规则》第390条的规定，具有下列情形之一的，可以确认犯罪事实已经查清：①属于单一罪行的案件，查清的事实足以定罪量刑或者与定罪量刑有关的事实已经查清，不影响定罪量刑的事实无法查清的；②属于数个罪行的案件，部分罪行已经查清并符合起诉条件，其他罪行无法查清的；③无法查清作案工具、赃物去向，但有其他证据足以对被告人定罪量刑的；④证人证言、犯罪嫌疑人供述和辩解、被害人陈述的内容中主要情节一致，只有个别情节不一致且不影响定罪的。证据确实、充分，是指指控的犯罪事实都有相应证据予以证明，且证据之间、证据与案件事实之间不存在矛盾，足以排除非被告人作案的可能性。

2. 对犯罪嫌疑人应当依法追究刑事责任。经过审查起诉，人民检察院认为犯罪嫌疑人不仅构成犯罪，还应当依法追究刑事责任。这里的追究刑事责任，即为应受刑罚处罚。有些犯罪嫌疑人虽然实施了某种犯罪，但并非一定要被追究刑事责任。因此，决定对被告人提起公诉，必须排除法定不追究刑事责任的情形。对于应受刑事处罚的案件，检察机关才能行使公诉权。

3. 符合审判管辖的规定。检察院对此案具有公诉权。首先要求案件属于公诉范围；其次，检察院对某一案件具体的公诉权还取决于案件的审判管辖范围，检察院只能向相应法院提起公诉。如果依照审判管辖的规定，该案不属于相应的法院管辖，该检察院就不具有对这一案件的具体公诉权。因此，我国《刑事诉讼法》明确要求，人民检察院按照审判管辖的规定，向人民法院提起公诉。

4. 政策条件。当犯罪情节轻微、依法可以起诉也可以不起诉的情况下，检察机关应当贯彻国家的刑事政策，综合考虑犯罪的性质、情节、后果、被害人态度及社会影响等因素。如果认为提起公诉更符合公共利益，即应提起公诉；反之，应当不起诉。

（二）提起公诉的程序

1. 作出提起公诉的决定。案件审查完毕，需要提起公诉的，应当由检察长决定或由检察委员会讨论决定。在实行主诉检察官办案责任制的情况下，主诉检察官对其办理的部分案件可以决定提起公诉。

2. 制作起诉书。人民检察院作出起诉决定后，应当制作起诉书。起诉书是人民检察院代表国家正式向人民法院提出追究被告人刑事责任的重要司法文书，它是人民检察院代表国家提起公诉的书面依据，是人民法院对被告人行使审判权的前提，同时也是法庭调查和辩论的基础。起诉书必须加盖检察院的公章并附上有关证据目录、证人名单和主要证据复印件或者照片。

3. 移送起诉书和其他证据材料。根据《刑事诉讼法》第176条的规定，人民检察院提起公诉的案件，应当按照管辖范围和级别向人民法院移送起诉书卷宗材料、证据。对于犯罪嫌疑人、被告人或者证人等翻供、翻证的材料以及对犯罪嫌疑人、被告人有利的其他证据材料，应当移送人民法院。犯罪嫌疑人认罪认罚的，应随案移送与认罪认罚有关的证据材料。从实践看，上述证据材料包括辩护人或值班律师的意见，犯罪嫌疑人签署的具结书和律师在场的材料，退赃、退赔、赔偿等相关材料等。

4. 提出量刑建议。量刑建议是指人民检察院对提起公诉的被告人，依法就其适用的刑罚种类、幅度及执行方式等向人民法院提出的建议，是检察机关公诉权的一项重要内容。人民检察院对提起公诉的案件，可以向人民法院提出量刑建议。犯罪嫌疑人认罪认罚的，人民检察院应当就主刑、附加刑、是否适用缓刑等提出量刑建议，并随案移送认罪认罚具结书等材料。犯罪嫌疑人认罪认罚的，人民检察院在起诉提出量刑建议时，要尽量缩小量刑幅度，符合条件的要精准量刑；量刑建议书可以单列，也可以与起诉书两书合一，实践中往往两书合一。

三、简易程序的提起

人民检察院在提起公诉时，根据《刑事诉讼法》第214条的规定，认为案情符合适用简易程序时，向人民法院建议适用简易程序进行审判。

法条链接

《刑事诉讼法》第二百一十四条 基层人民法院管辖的案件，符合下列条件的，可以适用简易程序审判：

（一）案件事实清楚、证据充分的；

（二）被告人承认自己所犯罪行，对指控的犯罪事实没有异议的；

（三）被告人对适用简易程序没有异议的。

人民检察院在提起公诉的时候，可以建议人民法院适用简易程序。

基层人民法院受理的公诉案件，人民检察院建议适用简易程序的，应当书面征得被告人同意，并制作《适用简易程序建议书》，在提起公诉时，连同全案卷宗、证据材料、起诉书一并移送有管辖权的人民法院。人民法院应对是否适用简易程序作出决定并送达人民检察院。人民法院在受理人民检察院提起公诉的案件时，若认为案情符合《刑事诉讼法》第214条的规定，而人民检察院又没有建议适用简易程序时，可以征求人民检察院是否同意适用简易程序的意见，人民检察院应作出是否适用简易程序的意见。

四、速裁程序的建议

人民检察院对公安机关、监察机关移送审查起诉的案件，经审查认为可能判处3年有期徒刑以下刑罚的案件，案件事实清楚，证据确实、充分，被告人自愿认罪认罚，人民检察院在提起公诉时，可以建议人民法院适用速裁程序。需要特别注意的是：人民检察仅仅有提出适用速裁程序审理案件的建议权，人民法院才有启动刑事速裁程序审理案件的决定权。

检察院建议法院适用速裁程序的，应当在起诉书中提出量刑建议，起诉书可以对

此简化。

法条链接

《刑事诉讼法》第二百二十二条 基层人民法院管辖的可能判处三年有期徒刑以下刑罚的案件，案件事实清楚，证据确实、充分，被告人认罪认罚并同意适用速裁程序的，可以适用速裁程序，由审判员一人独任审判。

人民检察院在提起公诉的时候，可以建议人民法院适用速裁程序。

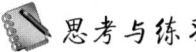引例分析

起诉，指享有控诉权的国家机关和公民，依法向法院提起诉讼，请求法院对指控的内容进行审判，以确定被告人的刑事责任并依法予以刑事制裁的诉讼活动。我国刑事诉讼中的起诉包括公诉与自诉两种类型。本案为公诉案件，由检察院代表国家向有管辖权的法院提起公诉，要求追究被告人的刑事责任。

思考与练习

1. 审查起诉的内容是什么？
2. 提起公诉的条件是什么？

拓展阅读

辩诉交易（Plea Bargaining）是指在法院开庭审理之前，作为控诉方的检察官和代表被告人的辩护律师进行协商，以检察官撤销指控、降格指控或者要求法官从轻判处刑罚为条件，来换取被告人的有罪答辩，进而双方达成均可接受的协议。通俗地说，辩诉交易就是在检察官与被告人之间进行的一种"认罪讨价还价"行为。通过这样一种制度，检察官、法官可以用最少的司法资源处理更多的刑事案件以提高办案效率，同时罪犯也得到了较之原罪行减轻了一定程度的刑事制裁，从而对双方都有利，形成一种双赢的局面。在2002年黑龙江的一个案件中运用了这一制度。李某与王某发生争执，李某感到势单力薄，于是找来其他6人，将王某打成重伤。黑龙江人民检察院对此进行公诉，但是被告的辩护律师提出，由于在打斗中，不知道是谁打伤了王某，而其他6人仍在逃。人民检察院说，反正不管其他6人找到与否，李某都要负主要责任。于是双方达成协议，由李某给付王某8000元医疗费，而法院不再追究李某刑事责任。由人民检察院向法院提出申请，建议法院运用简易程序。法院接受了此申请，并按协议作出判决。此案例开创我国辩诉交易第一案。[1]

---

〔1〕 http：//baike. baidu. com/view/698020. htm.

项目二　不起诉

 **引例**

　　某年 7 月 27 日凌晨，甲、乙在胡某邀约下，抢走受害人内有现金 500 余元的钱包。次日，甲被公安机关抓获，乙投案自首，两人均被警方刑事拘留。9 月 25 日，该案移送区检察院审查起诉。检察官讯问了甲、乙，并对相关材料进行审查后发现，两人均系某区失学少年，甲因酷爱上网，在遭受父亲打骂后产生逆反心理，在他人教唆下参与抢劫；乙家境贫穷，为了不被人看不起而参与抢劫。检察院在对他们进行综合评估后，作出了不起诉决定。

　　问题：什么叫不起诉？

基本原理

　　不起诉，是指人民检察院对公安、司法机关侦查终结，监察机关调查完毕移送审查起诉的案件进行审查后，认为犯罪嫌疑人的行为不符合起诉条件，而依法作出不将案件移送人民法院审判而终止诉讼的决定。

一、不起诉的种类和条件

　　我国《刑事诉讼法》规定的不起诉种类可以分为四种，它们适用的条件各不相同。

（一）法定不起诉

　　法定不起诉又称绝对不起诉，是指人民检察院对公安、司法机关侦查终结，监察机关调查完毕移送审查起诉的案件进行审查后，认为犯罪嫌疑人的行为不构成犯罪或依法不应当追究刑事责任，从而作出不将犯罪嫌疑人诉至人民法院审判的一种处理决定。

　　《刑事诉讼法》第 177 条第 1 款规定，犯罪嫌疑人没有犯罪事实，或者有本法第 16 条规定的情形之一的，人民检察院应当作出不起诉决定。这里的"没有犯罪事实"包括犯罪行为并非本犯罪嫌疑人所为以及该案所涉行为依法不构成犯罪。因此，法定不起诉适用的情形主要有以下几个方面：①犯罪嫌疑人没有犯罪事实的；②情节显著轻微、危害不大，不认为是犯罪的；③犯罪已过追诉时效期限的；④经特赦令免除刑罚的；⑤依照刑法告诉才处理的犯罪，没有告诉或者撤回告诉的；⑥犯罪嫌疑人、被告人死亡的；⑦其他法律规定免予追究刑事责任的。除此以外，下述两种情形在法理上和实务中也应当不予起诉：首先，行为依照刑法规定不构成犯罪的；其次，有证据证明犯罪嫌疑人没有实施犯罪的。对于具有上述情形之一的，经检察长决定，人民检察院应当作出不起诉的决定。

法定不起诉是起诉机关对案件没有诉权或者丧失诉权而不提起公诉。因此，凡符合绝对不起诉条件的案件，检察机关都应作出不起诉决定，而无自由裁量的余地。

(二) 酌定不起诉

酌定不起诉又称相对不起诉，是指《刑事诉讼法》第 177 条第 2 款规定的不起诉的情形。它的适用必须同时具备两个条件：①犯罪嫌疑人的行为已构成犯罪，应当负刑事责任；②犯罪行为情节轻微，依照刑法规定不需要判处刑罚或者免除刑罚。人民检察院对于起诉与否享有自由裁量权。

《刑事诉讼法》将相对不起诉融入刑事和解机制，该法第 290 条规定："对于达成和解协议的案件，公安机关可以向人民检察院提出从宽处理的建议。人民检察院可以向人民法院提出从宽处罚的建议。对于犯罪情节轻微，不需要判处刑罚的，可以作出不起诉的决定。"由此可见，当事人双方达成了和解协议的，检察院可以以此作为不起诉决定的考量因素。

(三) 证据不足不起诉

证据不足不起诉也叫存疑不起诉，即检察机关确认案件事实不清、证据不足，没有胜诉可能时，作出的不起诉决定。在这类案件中，认定犯罪嫌疑人构成犯罪有一定根据，但证据不充分，不能在法律上证实犯罪。将这类案件起诉到法院，难以达到公诉的目的。根据无罪推定的精神，对这类案件应当作出不起诉决定。

《刑事诉讼法》第 175 条第 4 款规定："对于二次补充侦查的案件，人民检察院仍然认为证据不足，不符合起诉条件的，应当作出不起诉的决定。"此规定中包括两个条件：①案件已经经过了二次补充侦查。②依然证据不足，不符合起诉条件。如果证据不足以充分证明犯罪嫌疑人的罪行，即使提起公诉，法院经过开庭审理，也很可能会宣告被告人无罪。因此，人民检察院对具备上述两个条件的犯罪嫌疑人应作出不起诉决定。根据上述情形作出不起诉决定后，如果发现新的证据符合起诉条件时，应当提起公诉。

在司法实践中，对于证据不足、不符合起诉条件的案件，在作出不起诉决定前，应当尽量退回公安机关、监察机关进行补充侦查或者调查。但是，已经经过人民检察院、监察机关自行补充侦查、调查，或者案发太久，已不可能进一步收集证据的，也可以不退回公安机关、监察机关补充侦查、调查而直接作出不起诉的决定。人民检察院自行侦查终结的案件，办案期限届满仍然证据不足、不符合起诉条件的，也可以作出不起诉的决定。

(四) 重大立功或者案件涉及国家重大利益的不起诉

《刑事诉讼法》第 182 条规定："犯罪嫌疑人自愿如实供述涉嫌犯罪的事实，有重大立功或者案件涉及国家重大利益的，经最高人民检察院核准，公安机关可以撤销案件，人民检察院可以作出不起诉决定，也可以对涉嫌数罪中的一项或者多项不起诉。根据前款规定不起诉或者撤销案件的，人民检察院、公安机关应当及时对查封、扣押、冻结的财物及其孳息作出处理。"该条款明确了对于重大立功或者案件涉及国家重大利益并且认罪态度较好的犯罪分子，可以作出撤销案件或者作出不起诉的决定，对于保障人权和更好地查办案件具有极其重要的意义。

需要特别注意的是，公安机关和人民检察院对有重大立功或者案件涉及国家重大利益的两类案件的处理进行了分流。如果上述情况发生在侦查阶段，经最高人民检察院核准，公安机关可以作出撤销案件的决定。如果上述情况发生在审查起诉阶段，那么经最高人民检察院核准，人民检察院可以作出不起诉或涉数罪中的一项或多项不起诉的决定。

二、不起诉的程序

为保证人民检察院不起诉决定的质量，及时发现和纠正可能发生的差错，《刑事诉讼法》规定了不起诉的具体程序。

（一）不起诉决定书的制作、宣布和送达

凡是不起诉的案件，人民检察院都应当制作《不起诉决定书》。不起诉决定书应当包括以下主要内容：①不起诉决定书的名称、编号；②犯罪嫌疑人的基本情况，包括犯罪嫌疑人的姓名、出生年月日、出生地、民族、文化程度、职业、住址、身份证号码，是否受过刑事处罚，拘留、逮捕的年月日等；③案由和案件来源；④案件事实，包括否定或者指控犯罪嫌疑人构成犯罪的事实以及其他作为不起诉决定根据的事实；⑤不起诉的理由和法律根据，写明作出不起诉决定所适用的《刑事诉讼法》条款；⑥检察长署名，制作日期和加盖院印；⑦附注事项。

依照《刑事诉讼法》的规定，不起诉的决定应当公开宣布，同时应当将不起诉决定书分别送达给被不起诉人和他的所在单位。如果被不起诉人在押的，应当立即释放，对于对不起诉人所采取的其他强制措施也应当解除；对于公安机关、监察机关移送审查起诉的案件，应当将不起诉决定书送达公安机关、监察机关；对于有被害人的案件，应当将不起诉决定书送达被害人。

（二）涉案财物的处理

人民检察院对案件作出不起诉决定后，就终止了刑事诉讼，应当同时对在侦查活动中扣押、冻结的财物解除扣押、冻结。对于公安机关、监察机关作出的扣押、冻结，人民检察院应当以口头或者书面形式通知公安机关、监察机关或者执行扣押、冻结决定的机关解除扣押、冻结。

（三）移送主管机关

检察院作出不起诉决定后，被不起诉人在法律上处于无罪的地位，但并不意味着被不起诉人不需要承担任何法律责任。人民检察院可以根据案件的不同情况，对被不起诉人予以训诫或者责令具结悔过、赔礼道歉、赔偿损失。根据《刑事诉讼法》第177条第3款的规定，对被不起诉人需要给予行政处罚、处分或者需要没收其违法所得的，人民检察院应当提出检察意见，移送有关主管机关处理。有关主管机关应当将处理结果及时通知人民检察院。

（四）对不起诉决定的申诉、复议、复核

对不起诉决定不服的，《刑事诉讼法》及《监察法》规定了法律救济的方式和途径。

1. 对于公安机关移送起诉的案件，人民检察院决定不起诉的，应当将不起诉决定书送达公安机关。

（1）公安机关认为不起诉决定有错误的时候，可以要求复议，人民检察院审查起诉部门应当另行指定检察官进行审查并提出审查意见，经审查起诉部门负责人审核后，报请检察长或检察委员会决定。

（2）人民检察院应当在收到要求复议意见书后的30日内作出复议决定，通知公安机关。如果公安机关认为复议决定有错误的，还可以向上一级人民检察院申请复核，上一级人民检察院收到公安机关提请复核的意见书后，应当交由审查起诉部门办理。

（3）审查起诉部门应当指定检察官进行审查并提出审查意见，经审查起诉部门负责人审核后，报请检察长或者检察委员会决定。上一级人民检察院应当在收到提请复核意见书后的30日内作出复核决定，并通知下级人民检察院和公安机关。改变下级人民检察院的决定的，应当撤销下级人民检察院作出的不起诉决定，交由下级人民检察院执行。

2. 对于监察机关移送起诉的案件，人民检察院决定不起诉的，应当将不起诉决定书送达监察机关。监察机关认为不起诉的决定有错误的，可以向上一级人民检察院提请复议。在司法实践中，检察机关作出不起诉决定前，一般会积极主动地与监察机关沟通，征求移送案件的监察机关或者其上一级监察机关的意见。

3. 对于有被害人的案件，人民检察院决定不起诉的，应当将不起诉决定书送达被害人和被不起诉人。

（1）被害人如果不服，可以自收到决定书后7日以内向上一级人民检察院申诉，请求提起公诉。被害人在申诉期限内提出申诉的，上级人民检察院作出的复查决定，应当送达被害人和作出不起诉决定的下级人民检察院。

（2）对于人民检察院依照《刑事诉讼法》第177条第2款规定作出的不起诉决定，被不起诉人如果不服，可以自收到决定书后7日以内向人民检察院申诉，人民检察院的控告申诉部门受理申诉案件，控告申诉部门复查后提出复查意见，认为应当维持不起诉决定的，报请检察长作出复查决定；认为应当撤销不起诉决定、提起公诉的，报请检察委员会作出复查决定。复查决定书应当送达被不起诉人，撤销不起诉决定的，应当同时抄送移送起诉的公安机关。

（3）如果上一级人民检察院经复查作出起诉决定的，应当撤销下级人民检察院的不起诉决定，交由下级人民检察院提起公诉，并将复查决定抄送移送审查起诉的公安机关。人民检察院作出撤销不起诉决定、提出公诉的复查决定后，应当将案件交由刑事检察部门提起公诉。

4. 对于人民检察院维持不起诉决定的，被害人可以向人民法院起诉。被害人也可以不经申诉，直接向人民法院起诉。在人民法院受理案件后，人民检察院应当将有关案件材料移送人民法院。

三、未成年犯罪嫌疑人的附条件不起诉

未成年犯罪嫌疑人的附条件不起诉，是指检察机关在审查起诉时，根据被告人的年龄、性格、情况、犯罪性质和情节、犯罪原因以及犯罪后的悔过表现等，对较轻罪行的被告人设定一定的条件，如果在法定的期限内，被告人履行了相关的义务，检察机关就作出不起诉的决定。

（一）附条件不起诉的案件范围及条件

根据《刑事诉讼法》第 282 条第 1 款的规定，对于未成年人涉嫌侵犯人身权利、民主权利、侵犯财产、妨害社会管理秩序的犯罪，可能判处 1 年有期徒刑以下刑罚，符合起诉条件，但有悔罪表现的，人民检察院可以作出附条件不起诉的决定。由此可见，对于未成年犯罪嫌疑人适用附条件不起诉需要具备如下条件：①罪名要求。所涉及罪名为刑法分则第四章、第五章、第六章规定的犯罪。②罪行较轻。可能判处 1 年有期徒刑以下刑罚。③达到起诉条件。④有悔罪表现。

人民检察院对附条件不起诉的案件具有决定权，与案件有关联或双方当事人所在的乡镇政府、村集体、街道办事处、机关单位，根据其掌握的情况认为对犯罪嫌疑人宽大处理的社会效果更佳的，可以以公函形式写明理由交给人民检察院，由检察院结合案情作出决定；公安机关将案件移送审查起诉时，认为本案犯罪嫌疑人符合附条件不起诉的条件，且宽大处理的社会效果更佳的，可在起诉意见书中写明。附条件不起诉意见经检察长或检察委员会批准后，主诉检察官可作出附条件不起诉的决定。

（二）附条件不起诉的程序

在诉讼过程中，如果符合附条件不起诉的案件范围及条件的，双方当事人均可以以口头或书面的方式提出附条件不起诉，也可以由人民检察院决定适用。

1. 审查。人民检察院对当事人申请或者决定将要进入附条件不起诉程序的案件应当进行审查，主要是对案件事实和证据的审查。审查案件是否属于可以或者应当作出附条件不起诉的案件范围；案件事实是否清楚，证据是否确实、充分；加害人主观恶

性的大小；案件的社会危害性和犯罪嫌疑人、被告人的人身危险性；等等。

2. 处理。人民检察院经过审查，认为附条件不起诉合法、真实、有效的，人民检察院可以作出附条件不起诉的决定。

人民检察院在作出附条件不起诉的决定以前，应当听取公安机关、被害人的意见。未成年犯罪嫌疑人及其法定代理人对人民检察院决定附条件不起诉有异议的，人民检察院应当作出起诉的决定。

（三）附条件不起诉的监督考察

在附条件不起诉的考验期内，由人民检察院对被附条件不起诉的未成年犯罪嫌疑人进行监督考察。未成年犯罪嫌疑人的监护人，应当对未成年犯罪嫌疑人加强管教，配合人民检察院做好监督考察工作。

1. 附条件不起诉的考验期。附条件不起诉的考验期为 6 个月以上 1 年以下，从人民检察院作出附条件不起诉的决定之日起计算。

2. 附条件不起诉人遵守的规定。被附条件不起诉的未成年犯罪嫌疑人，应当遵守下列规定：①遵守法律法规，服从监督；②按照考察机关的规定报告自己的活动情况；③离开所居住的市、县或者迁居，应当报经考察机关批准；④按照考察机关的要求接受矫治和教育。

（四）附条件不起诉的撤销的法定情形

被附条件不起诉的未成年犯罪嫌疑人，在考验期内有下列情形之一的，人民检察院应当撤销附条件不起诉的决定，提起公诉：①实施新的犯罪或者发现决定附条件不起诉以前还有其他犯罪需要追诉的；②违反治安管理规定或者考察机关有关附条件不起诉的监督管理规定，情节严重的。

附条件不起诉的未成年犯罪嫌疑人，在考验期内没有上述情形，考验期满的，人民检察院应当作出不起诉的决定。

引例分析

不起诉，是指人民检察院对公安、司法机关侦查终结，监察机关调查完毕移送审查起诉的案件进行审查后，认为犯罪嫌疑人的行为不符合起诉条件，而依法作出的不将案件移送人民法院审判而终止诉讼的决定。

思考与练习

不起诉的种类和条件是什么？

拓展阅读

日本的"起诉犹豫制度"。可能受到翻译的影响，我国国内曾一度误解附条件不起诉制度是效仿了日本刑事诉讼中的"起诉犹豫制度"（有时也译为"暂缓起诉"）。但日本的暂缓起诉作为不起诉的一种情形，并无考验期；如又犯新罪，只要原起诉犹豫处分正确，检察官只能就新罪进行追究，在法律后果上与无罪的不起诉相同。日本的暂缓起诉制度在创立之初，旨在将轻微刑事案件从负荷沉重的法院体系中分流出去，但后来，暂缓起诉关注的重心主要不再是司法效率，而是演进为努力保护犯罪嫌疑人免受起诉、定罪带来的耻辱以及羁押对犯罪嫌疑人带来的潜在的损害性影响，改善对罪犯的教育和挽救效果，促使他们重归社会。同时，检察官在作出暂缓起诉决定方面享有很大的裁量权。例如日本《刑事诉讼法》第248条只笼统地规定了："如果根据犯罪人的性格、年龄和生活环境、犯罪的严重程度和情形以及他实施犯罪以后的表现，认为没有起诉的必要时，那么可以对该罪犯不提起公诉。"所以，即便是实施了严重犯罪的人员在日本也有机会被暂缓起诉。当然，作为救济手段，日本对暂缓起诉决定的公共审查机制也相当完备。由此看来，无论在理念上，还是在适用的范围和条件等方面，日本的起诉犹豫制度与我国刑诉法典中设计的附条件不起诉制度差别都很大。

德国"暂时的不予起诉"。德国是世界上实行暂缓起诉制度比较典型的国家之一。根据德国《刑事诉讼法》第153a条的规定，暂时的不予起诉适用于轻罪案件，即所有可能判处1年以下自由刑或罚金的违法行为。在德国，公诉人依照《刑事诉讼法》第153a条规定终止诉讼，必须具备下列条件：①犯罪行为必须是轻微犯罪；②终止诉讼不能与犯罪嫌疑人所犯罪行的严重性发生冲突；③在中止诉讼前所要完成的条件和指令必须能够消除如果继续进行诉讼所带来的对公共利益的损害；④犯罪嫌疑人必须同意终止诉讼并且同意公诉人提出的条件；⑤对于绝大多数案件，检察机关作出中止诉讼的决定前，必须征得对案件有管辖权的法院的同意，只有那些行为后果显著轻微、尚未受到最低刑罚威胁的案件，检察机关才可以不经法院同意直接作出不起诉决定。检察院对轻罪暂时不予提起公诉的同时会对被告人课以一定的义务，义务的履行期限为6个月或1年。被指控人按期履行了义务，对其行为不能再作为轻罪予以追究；被告人如果在期限内不履行要求和责令的，不退还已经履行的部分，并要将其作为轻罪予以追究。

我国台湾地区的"缓起诉"。我国台湾地区也有类似的制度。台湾地区的"刑事诉讼法"第253条之1规定，附条件不起诉适用于"被告所犯为死刑、无期徒刑或最轻本刑3年以上有期徒刑以外之罪"，包括所有可能判处不超过3年有期徒刑、拘役及罚金的案件。检察官作出缓起诉处分必须满足：参酌"刑法"第57条所列事项，包括犯罪动机、犯罪目的、犯罪时所受到的刺激、犯罪手段、犯人的生活状况、犯人的品行、犯人的智识程度、犯人与被害人平日的关系、犯罪所造成的危险或损害以及犯罪后的态度等10个方面。检察官作出缓起诉处分，可以命令被告遵守或履行一定义务。缓起诉期间为1年以上3年以下，自缓起诉处分确定之日起开始计算。在缓起诉期间，追诉时效停止进行。但出现某些法定情形时，检察官得依职权或根据告诉人的声请撤销原处分，继续侦查或起诉。检察官撤销缓起诉处分时，被告已经履行的部分，不得请求返还或赔偿。[1]

实训 起诉

 情景设计

2017 年 10 月 2 日午夜，A 市某区公安人员在辖区内巡逻时，发现路边停靠的一辆轿车，车内坐着两个年轻人（朱某、尤某）形迹可疑，即上前盘查。经查，在该车后备厢中发现盗窃机动车工具，遂将两人带回区公安分局进一步审查。案件侦查终结后，区检察院审查起诉后向区法院提起公诉。

朱某在侦查中供称，其作案方式是乘坐尤某的汽车在街上寻找作案目标，确定目标后由朱某下车盗窃，得手后共同分赃。作案过程由尤某策划、指挥。

尤某在侦查中与朱某供述基本相同，但不承认作案由自己策划、指挥。

公安机关在朱某、尤某供述的几起案件中核实认定了 A 市发生的 3 起盗车案件，并依线索找到被害人，取得当初的报案材料和被害人陈述。公安机关调取到某一案发地录像，显示朱某、尤某的盗窃经过。

工作任务

任务一：请你以检察官身份对案件进行审查起诉，并就审查起诉的内容、程序、期限等写出书面法律材料。

任务二：请你作为本案的主诉检察官对审查结果作出决定：起诉或不起诉，制作起诉书或不起诉决定书，如果起诉请准备材料，向有管辖权的法院提起公诉，要求熟练掌握提起公诉程序。

任务三：请你拟写起诉书。

训练方法

将全班学生分成四个小组，每个小组内部进行讨论，形成本组意见，然后组织四个小组之间进行交流，互相借鉴，再由各小组完成书面材料，交指导老师点评指导。

步骤一：各小组内部讨论，小组成员分工合作，将审查起诉、提起公诉所需要的证据形成书面材料，并写出刑事起诉状。

步骤二：四个小组之间讨论，每个小组将本小组意见和形成该意见的理由向全班

---

[1] 刘辉："未成年附条件不起诉体现'恢复性司法'理念"，载《法制日报》2011 年 9 月 6 日。

做介绍，展示本小组的书面材料，与其他小组进行讨论、交流。

步骤三：各小组借鉴其他小组的优胜之处，对本小组书面材料进行修改、完善，交指导老师点评指导。

考核标准

1. 能审查判断人民检察院对侦查终结、移送审查起诉的审查程序是否符合起诉条件，能准确选择、判断本案的被告、涉嫌罪名、管辖法院。

2. 能分析出本案起诉的事实和法律依据，并能针对待证事实、根据案情列出证据和法律，同时能对审查结果作出决定。

3. 制作的刑事起诉书格式正确，内容完备，表述清楚。

单 元 九

审判程序

知识目标

1. 掌握刑事审判原则和制度的内容。

2. 掌握判决、裁定和决定的区别与联系。

3. 掌握简易程序、速裁程序审理的范围。

能力目标

1. 熟悉并能够运用刑事审判相关原理。

2. 熟知一、二审程序及其运用。

3. 掌握自诉案件中的调解、和解、撤诉、反诉的程序及其运用。

内容结构图

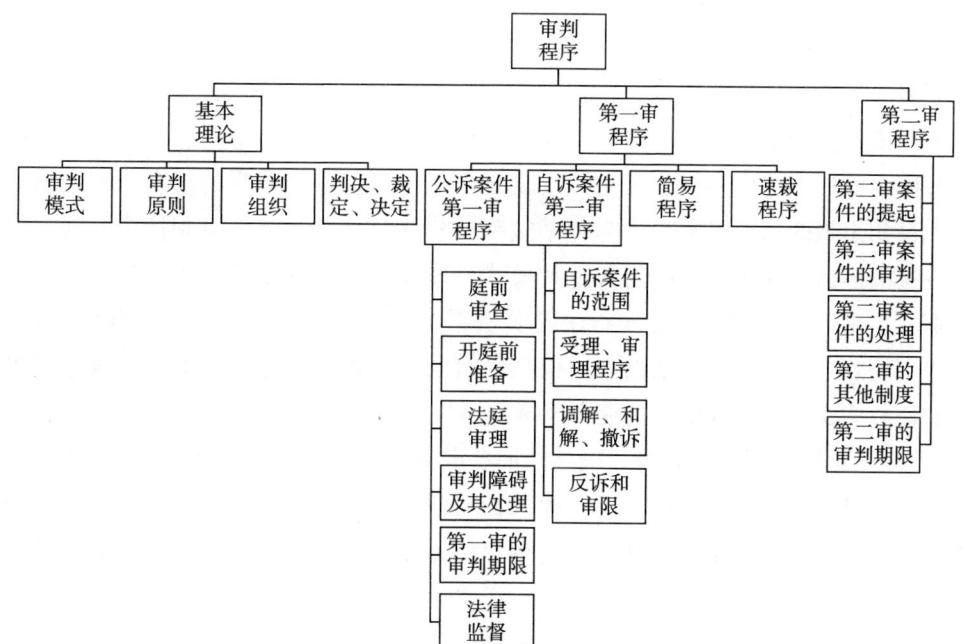

项目一 刑事审判的基本理论

 引例

某市公安局于 2016 年 1 月 4 日对刘某（男，24 岁）持刀抢劫致人死亡一案立案侦查。2016 年 3 月 30 日侦查终结，移送某市人民检察院审查起诉。某市人民检察院审查后认为事实清楚、证据充分，遂向某市人民法院提起公诉。法院组成合议庭进行公开审理并指定法律援助中心律师为其辩护。法庭开庭审理后认为，被告人刘某构成抢劫罪，性质恶劣，后果极其严重，根据《刑法》有关规定，判处刘某死刑，缓期二年执行；一审判决后，刘某不服，以量刑过重为由向上一级法院提出上诉。

问题：1. 本案涉及哪些审判原则？

2. 人民法院在诉讼终结时以什么形式对案件的实体问题作出处理和决定？

基本原理

一、刑事审判的模式

审判，是指法院在当事人和其他诉讼参与人的参加下，依照法定程序，对纠纷进行审理并作出裁判的活动。根据纠纷性质不同，现代审判大致分为刑事审判、民事审判、行政审判三种。我国的刑事审判，是指人民法院为了解决被告人的刑事责任而对案件进行审理和裁决的统称。[1] 刑事审判具有维护追诉正当性、保护被告人不受错误追究、保障辩护权等多方面的意义。

刑事诉讼模式，是指控诉、辩护、审判三方在刑事诉讼中的法律地位和相互关系。刑事审判模式是刑事诉讼模式在审判阶段的体现，是指控诉、辩护、审判三方在刑事审判程序中的诉讼地位和相互关系，以及与之相适应的审判程序的组合方式。刑事诉讼史上最初出现的刑事审判模式为弹劾式审判模式，其实行于奴隶制社会。随着封建集权专制的形成，又出现了纠问式审判模式。现代刑事审判模式大体上分为当事人主义和职权主义两种，前者主要实行于英美法系国家，后者主要实行于大陆法系国家。两种审判模式各有所长，长期以来，相互之间取长补短。此外，还出现了兼采当事人主义和职权主义审判模式优点的混合式审判模式。

我国 1979 年《刑事诉讼法》确立的刑事审判模式体现出超职权主义的特点。一方面因为封建社会一直实行纠问式诉讼模式，司法程序缺乏民主性和当事人缺乏主体地位已成传统；另一方面是因为新中国的刑事诉讼制度直接参照了苏联的模式，基本上

---

〔1〕 陈光中、徐静村主编：《刑事诉讼法学》，中国政法大学出版社 2002 年版，第 300 页。

以苏联的模式构建了我国的刑事审判制度，而苏联的审判模式则与职权主义有着密切的联系。

1996 年修正的《刑事诉讼法》对审判模式进行了重大改革，吸收了英美法系当事人主义的对抗性因素，并适当保留了职权主义的某些特征。改革使我国刑事审判模式具有当事人主义的特征，学界一般称其为"控辩式"。但是，改革还只是初步的，仅仅是弱化了超职权主义，职权主义色彩仍然相当严重，平等对抗机制还没有完全形成。我国刑事审判模式改革的方向应当是加强控辩审三方力量的制衡，在发现真实的基础上提高审判效率，使刑事审判在现行审判方式的基础上进一步发现真实和提高效率。因此，刑事审判程序和审判方式的改革还须继续深化。

二、刑事审判的主要原则

刑事审判原则是指贯穿于整个审判过程中，对审判机关开展诉讼活动起指导作用的行为准则。为了实现审判公正，现代世界各国的刑事审判中都规定了某些共同的基本原则，要求审判机关严格遵守。

（一）审判公开原则

狭义上的审判公开是指法院对案件的审理和判决的宣告向社会公开，公民可以到法庭旁听，新闻记者也可以进行采访报道，法庭审判的全部过程，除休庭评议案件外，都公之于众。广义上的审判公开还包括向当事人公开。审判公开作为一项原则并不排斥对少数不宜公开的案件进行不公开审理。《刑事诉讼法》第 11 条规定，人民法院审判案件，除本法另有规定的以外，一律公开进行。

法条链接

《刑事诉讼法》第一百八十八条　人民法院审判第一审案件应当公开进行。但是有关国家秘密或者个人隐私的案件，不公开审理；涉及商业秘密的案件，当事人申请不公开审理的，可以不公开审理。

第二百八十五条　审判的时候被告人不满十八周岁的案件，不公开审理。但是，经未成年被告人及其法定代理人同意，未成年被告人所在学校和未成年人保护组织可以派代表到场。

（二）直接言词原则

直接言词原则包括直接审理原则和言词审理原则，是指法官必须在法庭上亲自听取当事人、证人以及其他诉讼参与人的口头陈述，案件事实和证据必须由控辩双方当庭口头提出并以口头辩论和质证的方式进行调查。直接审理原则系指审判人员必须自已直接对证据进行审查。未经当庭审查属实的证据，不得作为认定案件事实的根据。言词审理原则系指所有的言词证据，必须由陈述人当庭以口头方式陈述，并接受质证和询问，不能用书面形式或以笔录、录音、录像等方式替代。

（三）辩论原则

辩论原则是指在法庭审理中，控辩双方应以口头的方式进行辩论。辩论原则的精神是赋予双方平等的、直接的对抗手段，通过双方充分陈述己方理由，反驳对方主张。法院的裁判应以充分的辩论为必经程序。

（四）集中审理原则

集中审理原则又称不中断审理原则，是指法院开庭审理案件，应在不更换审判人员的条件下连续进行，不得中断审理的诉讼原则。这一原则包括以下几层含义：①一个案件组成一个审判庭进行审理，每个案件自始至终应由同一法庭进行审判，在案件审理开始后尚未结束前不允许法庭再审理其他任何案件。②法庭成员不得更换。对于因故不能继续参加审理的，应由始终在场的候补法官、候补陪审员替换。否则，案件应重新审判。③集中进行证据调查与法庭辩论。④庭审不中断并迅速作出裁判。即每一个案件的审判应该一次性连续完成，即便审理的复杂、疑难案件也应当每日连续审理至审理完毕为止，期间除法定节假日外，不应有日期间隔。

三、刑事审判的组织

刑事审判组织是指人民法院审理具体刑事案件的法庭组织形式。根据《刑事诉讼法》和《人民法院组织法》的规定，人民法院审判刑事案件的组织形式有两种，即独任制、合议制。审判委员会对重大的或者疑难的案件的处理有最后的决定权，从这一意义上讲，审判委员会也具有审判组织的性质。

（一）独任制

独任制，是指由审判员一人独任审判的制度。对于比较简单的案件由独任审判员审理，有利于提高诉讼效率。《刑事诉讼法》第183条第1款的规定，独任制仅限于基层人民法院适用简易程序、速裁程序审判的案件。审判员依法独任审判时，行使与合议庭的审判长同样的职权。适用独任审判必须按照《刑事诉讼法》规定的简易程序、速裁程序进行，执行回避、辩护、上诉等各项审判制度，切实保障当事人和其他诉讼参与人的诉讼权利。

（二）合议制

合议制是人民法院审判案件的基本组织形式，除基层人民法院适用简易程序、速裁程序审理案件可以采用独任制外，人民法院审判刑事案件均须采取合议庭的组织形式。合议制是一种集体审判的制度，即案件的审判，由审判员或审判员和陪审员数人共同组成审判集体审理案件的审判组织形式。

1. 合议庭的组成。根据《刑事诉讼法》第 183 条的规定，合议庭的组成情况如下：

（1）基层人民法院和中级人民法院审判第一审案件，应当由审判员 3 人或者由审判员和人民陪审员共 3 人或者 7 人组成合议庭进行。

（2）高级人民法院审判第一审案件，应当由审判员 3~7 人或者由审判员和人民陪审员共 3 人或者 7 人组成合议庭进行。

（3）最高人民法院审判第一审案件，应当由审判员 3~7 人组成合议庭进行。

（4）人民法院审判上诉和抗诉案件，由审判员 3 人或者 5 人组成合议庭进行。

2. 合议庭应遵守的原则。

（1）合议庭的成员人数应当是单数。该原则有利于合议庭在评议过程中产生意见分歧时作出决定。

（2）合议庭的组成人员，只能由经过合法任命的本院的审判员和在本院执行职务的人民陪审员担任。

（3）人民陪审员和法官组成合议庭审判案件，由法官担任审判长，可以组成 3 人合议庭，也可由法院 3 人与人民陪审员 4 人组成 7 人合议庭。

法条链接

《人民陪审员法》第十四条 人民陪审员和法官组成合议庭审判案件，由法官担任审判长，可以组成三人合议庭，也可以由法官三人与人民陪审员四人组成七人合议庭。

3. 合议庭的评议原则。

（1）合议庭由法官或者由法官和人民陪审员组成。合议庭成员必须共同参加对案件的审理，同时对案件的事实、证据、定性及责任的认定，适用法律以及处理结果等共同负责。人民陪审员参加 3 人合议庭审判案件，对事实认定、法律适用，独立发表意见，行使表决权。人民陪审员参加 7 人合议庭审判案件，对事实认定，独立发表意见，并与法官共同表决；对法律适用，可以发表意见，但不参加表决。

（2）合议庭评议案件，实行少数服从多数的原则。人民陪审员同合议庭其他组成人员意见分歧的，应当将其意见写入笔录。合议庭组成人员意见有重大分歧的，人民陪审员或者法官可以要求合议庭将案件提请院长决定是否提交审判委员会讨论决定。评议笔录由合议庭的组成人员签名。

法条链接

《人民陪审员法》第二十一条 人民陪审员参加三人合议庭审判案件，对事实认定、法律适用，独立发表意见，行使表决权。

第二十二条 人民陪审员参加七人合议庭审判案件，对事实认定，独立发表意见，并与法官共同表决；对法律适用，可以发表意见，但不参加表决。

（三）审判委员会

审判委员会是人民法院内部对审判工作实行集体领导的组织形式。《人民法院组织法》第36条规定：各级人民法院设审判委员会。审判委员会由院长、副院长和若干资深法官组成，成员应当为单数。审判委员会会议分为全体会议和专业委员会会议。中级以上人民法院根据审判工作需要，可以按照审判委员会委员专业和工作分工，召开刑事审判、民事行政审判等专业委员会会议。

各级人民法院设立审判委员会，实行民主集中制，其任务是总结审判经验，讨论重大的或者疑难、复杂的案件和其他有关审判工作的问题。《刑事诉讼法》第185条规定，合议庭开庭审理并且评议后，应当作出判决。对于疑难、复杂、重大的案件，合议庭认为难以作出决定的，由合议庭提请院长决定提交审判委员会讨论决定。审判委员会召开全体会议和专业委员会会议，应当有其组成人员的过半数出席。审判委员会会议由院长或者院长委托的副院长主持。审判委员会举行会议时，同级人民检察院检察长或者检察长委托的副检察长可以列席。

依据法律及司法解释的规定，对下列合议庭难以作出决定的疑难、复杂、重大的刑事案件，可以提请院长决定提交审判委员会讨论决定：①拟判处死刑的；②合议庭成员意见有重大分歧的；③检察院抗诉的；④在社会上有较大影响的；⑤其他需要由审判委员会讨论决定的。独任审判的案件，开庭审理之后，独任审判员认为有必要的，也可以提请院长决定提交审判委员会讨论决定。

根据《人民法院组织法》的规定，审判委员会讨论案件，合议庭对其汇报的事实负责，审判委员会委员对本人发表的意见和表决负责。审判委员会的决定，合议庭应当执行。审判委员会讨论案件时，如果有意见分歧，按照少数服从多数的原则进行表决。少数人的意见，应当记入笔录。审判委员会讨论案件的决定及其理由应当在裁判文书中公开，法律规定不公开的除外。

四、刑事判决、裁定、决定

判决、裁定或决定，都是人民法院处理案件的不同的表现方式。

（一）刑事判决

刑事判决是指人民法院在诉讼终结时直接针对案件的实体问题所作的处理和决定。即被告人的行为是否构成犯罪，犯什么罪，以及应否给予刑事处罚和应适用何种刑罚等问题所作的处理决定。判决是人民法院代表国家行使审判权的具体结果，是国家意志在具体案件中的体现，判决一经作出，既标志着实体问题的解决，也标志着程序审理的结束。

刑事判决根据其法律适用的结果可以分为有罪判决和无罪判决。有罪判决是人民法院通过对案件的审理，根据已经查明的事实、证据和有关的法律规定，确认被告人的行为构成犯罪时所作出的判决。无罪判决是人民法院对依据法律认定被告人无罪，或因证据不足，不能认定被告人有罪的案件所作的处理决定。有罪判决又可分为科刑判决和免刑判决。科刑判决是确认被告人有罪，决定给予适当刑事处罚的判决；免刑判决是认定被告人行为构成了犯罪，但因犯罪情节轻微不需要判处刑罚或者有其他法定免刑情节而免除对被告人刑事处罚的判决。判决书是判决的法定表现形式，是刑事诉讼中最重要的法律文书。执行判决一律以判决书为依据。

（二）刑事裁定

刑事裁定是指人民法院在案件审理或者判决执行过程中，就某些重大程序问题和部分实体问题所作的一种决定。

人民法院用裁定处理的程序问题主要有：不予受理；驳回起诉；中止审理；终止审理；补正法律文书；维持原判；发回重新审判；维持或者撤销原裁定；核准死刑等。人民法院用裁定处理的实体问题主要体现在执行程序中，包括：减刑、假释；撤销缓刑、假释；减免罚金等。

刑事裁定中，除了不予受理、驳回起诉或者管辖权异议裁定的，当事人有权在裁定书送达之日起 5 日内向上一级人民法院提起上诉。其他裁定当事人无权提出上诉，裁定一经宣布或者送达，即发生法律效力。

（三）刑事决定

刑事决定是指人民法院在办理案件过程中对某些程序性问题进行处理的一种形式。根据《刑事诉讼法》的规定，决定主要适用于：①申请回避问题；②采取各种强制措施或变更强制措施；③延长侦查中羁押犯罪人的期限；④在庭审过程中，解决当事人和辩护人、诉讼代理人申请通知新的证人到庭，调取新的物证，申请重新鉴定或者勘验等问题；⑤延期审理。

决定作出后，除了驳回回避申请的当事人及其法定代理人对决定有异议的，可以申请复议一次。其他决定均立即生效，不允许上诉或者抗诉。

⭐ 引例分析

本案体现了审判公开原则、直接言词原则、辩论原则和集中审理原则。人民法院组成合议庭审理案件，是合议制审判组织形式。最终人民法院以判决方式对案件作出处理。

思考与练习

1. 我国的刑事审判模式是什么？
2. 简述判决、裁定和决定的适用范围和区别。

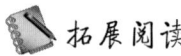 拓展阅读

《法院组织法》对审判委员会制度作大幅规定　最高法解读[1]

全国人大常委会办公厅 26 日下午举行新闻发布会。会上，有记者关于《人民法院组织法》进行提问：这次《人民法院组织法》有关审判委员会的制度作了较大篇幅的规定，能不能介绍一下有哪些变化？

最高人民法院研究室主任姜启波回应，这次法律的修改，是对人民法院的审判委员会制度作了一个较大的补充和修改，由过去的 1 条 3 款扩充到现在的 4 条 10 款。

姜启波指出，从第 36 条到第 39 条，分别规定了审判委员会的组成、职能、议事规则、启动程序、决定效力、责任承担以及公开机制等内容。主要的变化体现在以下三个方面：

第一，明确审判委员会和专业委员会的关系。这些年来，最高法院和部分高中级法院在司法改革的过程中，探索设立了刑事、民事行政等专业委员会。这次《人民法院组织法》的修改，充分肯定了人民法院对审判委员会工作方式的改革成果，将审判委员会会议分为全体会议和专业委员会会议两种形式，明确专业委员会的会议是根据审判委员会委员的专业和工作分工组成，是审判委员会的一种会议形式和工作方式，而不是审判委员会新的组织机构。

第二，科学界定审判委员会的职能。突出各级法院审判委员会总结审判工作经验的职能作用，明确规定审判委员会讨论决定重大疑难复杂案件的法律适用问题。审判委员会讨论案件由合议庭对汇报案件的事实负责。党的十八大以来，全国法院审判委员会讨论案件的数量已经大大减少。同时，这次修改进一步明确规定，最高人民法院审判委员会讨论通过司法解释、发布指导性案例，统一全国法院的法律适用和裁判标准。

第三，完善审判委员会的运行机制。理清合议庭和审判委员会的关系，严格审判委员会讨论决定案件的启动程序，审判委员会讨论案件由审判长提出申请，由院长批准，并且规定审判委员会讨论案件的决定，合议庭应当执行。在此基础上，规定审判委员会委员对本人发表的意见和表决负责，严格落实"让审理者裁判、由裁判者负责"，切实落实司法责任制的总体要求。

---

[1]　载新浪网，http://news.sina.com.cn/o/2018 - 10 - 26/doc - ihmxrkzx2705380.shtml.

项目二　第一审程序

引例

某县人民法院受理县人民检察院提起公诉的被告人杜某破坏电力设备一案。庭审中，杜某又供认了曾盗窃变电站里的铜线。出庭为杜某破坏电力设备案作证的变电站站长证明，变电站曾丢失一捆铜线。合议庭认为杜某盗窃铜线一案事实清楚，有证人证言及被告人供述等证据证实。合议庭评议后，当庭宣判，判决被告人杜某犯破坏电力设备罪，判处有期徒刑3年；犯盗窃罪，判处有期徒刑2年；数罪并罚，决定执行有期徒刑4年。

问题：人民法院能否对检察院未起诉的盗窃事实进行审判？

基本原理

第一审程序，是指人民法院对人民检察院提起公诉，自诉人提起自诉的案件进行初次审判的程序。在现代的刑事诉讼中，各国法院都实行数级审判的制度，案件须经数级法院审判才能终结。刑事案件的第一审程序就是法院对刑事案件进行的初次审判的程序，一审程序是刑事诉讼中的一个重要的诉讼阶段，法院通过对案件的实体审理，对案件事实作出认定，并依照法律就被告人的罪责问题作出裁判。

一、公诉案件第一审程序

公诉案件第一审程序是指人民法院对人民检察院提起公诉的案件进行初次审判时应当遵循的方式、方法。

（一）公诉案件的庭前审查

公诉案件的庭前审查，是指人民法院在收到人民检察院移送起诉的案件后，对有关材料进行审查，以确定是否开庭审判的诉讼活动。《刑事诉讼法》第186条规定，人民法院对提起公诉的案件进行审查后，对于起诉书中有明确的指控犯罪事实的，应当决定开庭审判。

1. 庭前审查的方式和内容。人民法院对检察机关提起公诉的案件进行审查，审查的主要方法是阅卷。主要内容是审查起诉书中是否有明确指控的犯罪事实，即人民检察院提起公诉的请求是否具备形式要件和实质要件。具体包括审查以下内容：①是否属于本院管辖；②起诉书是否写明被告人的身份，是否受过或者正在接受刑事处罚，被采取强制措施的种类、羁押地点，犯罪的时间、地点、手段、后果以及其他可能影响定罪量刑的情节；③是否移送证明指控犯罪事实的证据材料，包括采取技术侦查措施的批准决定和所收集的证据材料；④是否查封、扣押、冻结被告人的违法所得或者其他涉案财物，并附上相关财物依法应当追缴的证明材料；⑤是否列明被害人的姓名、住址、联系方式；是否附有证人、鉴定人名单；是否申请法庭通知证人、鉴定人、有专门知识的人出庭，并列明有关人员的姓名、性别、年龄、职业、住址、联系方式；是否附有需要保护的证人、鉴定人、被害人名单；⑥当事人已委托辩护人、诉讼代理人，或者已接受法律援助的，是否列明辩护人、诉讼代理人的姓名、住址、联系方式；⑦是否提起附带民事诉讼；提起附带民事诉讼的，是否列明附带民事诉讼当事人的姓名、住址、联系方式，是否附有相关证据材料；⑧侦查、审查起诉程序的各种法律手续和诉讼文书是否齐全；⑨有无刑事诉讼法规定的不追究刑事责任的情形。如果在审查中发现人民检察院没有移送全部案卷材料的，应当向人民检察院调取。

2. 庭前审查后的处理。人民法院对于按照普通程序审理的公诉案件，决定是否受理，应当在 7 日内审查完毕。对于人民检察院建议按简易程序、速裁程序审理的公诉案件，决定是否受理，应当在 3 日内审查。一审法院对公诉案件审查后，对符合开庭审判条件的，应当决定开庭审判。对不符合开庭审判条件的，可以建议人民检察院撤回起诉，如果人民检察院不愿撤回起诉的，人民法院应当开庭审理，依法作出判决。

（二）开庭前准备

为确保庭审程序能优质高效进行，庭前准备程序显得非常重要。"庭前准备程序不仅影响到庭审程序和庭审方式，而且影响到诉讼的结果。"[1]根据《刑事诉讼法》第187 条的规定，人民法院决定开庭审判后，应当依法进行下列工作：

1. 确定合议庭的组成人员。对公诉案件的审判，一般都应依法由审判员或者由审判员和人民陪审员组成合议庭进行，并依法确定一人为审判长。

2. 送达起诉书副本。人民法院最迟在开庭 10 日以前把起诉书副本送达被告人及其辩护人。

3. 庭前准备。《刑事诉讼法》第187 条第2 款规定，在开庭以前，审判人员可以召集公诉人、当事人和辩护人、诉讼代理人，对回避、出庭证人名单、非法证据排除等与审判相关的问题，了解情况、听取意见，并对相应的诉求给予及时的回应。该规定标志着庭前会议制度在刑事诉讼中正式确立。此程序允许法官举行庭前听证，在控辩双方同时参与下，对案件的程序争议问题集中加以解决。同时，这种听证式的庭前会议程序还可以起到程序过滤的作用，及时地将控辩双方的程序争议解决在开庭之前，避免开庭后因为这类争议的大量出现而致使法庭审理的效率受到不应有的消极影响。

4. 开庭通知和传唤。人民法院确定开庭的日期后，应当把开庭的时间、地点至迟在开庭 3 日以前将开庭通知书和传唤书送达各方主体，以便按时参加庭审。

---

[1] 龙宗智：《刑事庭审制度研究》，中国政法大学出版社 2001 年版，第 146 页。

5. 公开审判的案件，在开庭 3 日以前先期公布案由、被告人姓名、开庭时间和地点，以便于社会公众旁听案件的审理。

6. 工作笔录。人民法院对开庭前准备工作需要逐项做好笔录，由审判人员和书记员签名。

（三）法庭审理

庭审由合议庭的审判长或者独任审判员主持。法庭审判程序大体可分为开庭、法庭调查、法庭辩论、被告人最后陈述、评议和裁判等几个阶段。

1. 开庭。根据《刑事诉讼法》第 190 条的规定，开庭阶段的具体程序是：

（1）审判长查明当事人是否已经到庭，宣布案由。

（2）宣布合议庭组成人员、书记员、公诉人、辩护人、诉讼代理人、鉴定人和翻译人员的名单。

（3）告知当事人在法庭审判过程中依法享有的诉讼权利；可以申请合议庭组成人员、书记员、公诉人、鉴定人和翻译人员回避；告知被告人享有辩护权利。

（4）告知被告人认罪认罚的法律规定。被告人认罪认罚的，审判长应当告知被告人享有的诉讼权利和认罪认罚的法律规定，审查认罪认罚的自愿性和认罪认罚具结书内容的真实性、合法性。无论是速裁、简易或者普通程序，只要是被告人认罪认罚的，在审判时，都必须遵守该规定。从实践来看，上述三类审判程序的庭审过程也是紧紧围绕认罪认罚的自愿性、具结书的真实性和合法性而展开的。关于权利告知的方式，在实践中大多为书面告知，以犯罪嫌疑人、被告人阅读《权利告知书》的形式实现。

2. 法庭调查。法庭调查是指在公诉人、当事人和其他诉讼参与人的参加下，由合议庭或独任审判员主持对案件事实和证据调查核对的诉讼活动，法庭调查是法庭审判的中心环节。《刑事诉讼法》第 191 条规定：公诉人在法庭上宣读起诉书后，被告人、被害人可以就起诉书指控的犯罪进行陈述，公诉人可以讯问被告人。被害人、附带民事诉讼的原告人和辩护人、诉讼代理人，经审判长许可，可以向被告人发问。审判人员可以讯问被告人。法庭调查的具体程序是：

（1）公诉人宣读起诉书。审判长宣布法庭调查开始后，先由公诉人宣读起诉书；有附带民事诉讼的，再由附带民事诉讼原告人或者其诉讼代理人宣读附带民事诉讼状。

（2）被告人、被害人应就起诉书指控的犯罪事实分别陈述。公诉人宣读起诉书后，在审判长主持下，被告人、被害人可以就起诉书指控的犯罪事实分别进行陈述。被告人如果承认起诉书指控的犯罪事实，则应就自己的犯罪行为进行陈述；如果否认指控，应允许其陈述辩解意见。被告人陈述之后，应允许被害人根据起诉书对犯罪的指控陈述自己受害的经过。

（3）讯问被告人。首先，公诉人讯问被告人。在审判长主持下，公诉人可以就起诉书中所指控的犯罪事实讯问被告人。讯问被告人，应当避免影响陈述或者证言客观真实的诱导性讯问以及其他不当讯问。其次，被害人、附带民事诉讼的原告和辩护人、诉讼代理人、经审判长许可，可以向被告人发问。审判人员可以在庭审中讯问被告人。

（4）证人、鉴定人、有专业知识的人出庭作证。该程序应注意如下几个问题：

第一，凡是知道案件情况的人都有作证的义务，但并非所有的证人都应当出庭作证。《刑事诉讼法》第192条第1款规定，出庭作证需要同时具备以下三个条件：①公诉人、当事人或者辩护人、诉讼代理人对证人证言有异议；②该证人证言对案件定罪量刑有重大影响；③人民法院认为证人有必要出庭作证的，证人应当出庭作证。只有兼具上述三项条件，证人才有必要出庭作证。这种强制出庭作证的规定，充分保证了审判的程序公正，可以提高证人出庭率，加强法庭上控辩双方的对抗，有利于查明案件事实真相，从而真正地实现司法公正。

如果人民法院经审查认为，尽管符合规定的第一、二个条件，但基于现有证据以及证人的庭前证言本身，可以确定证人的庭前证言具有真实性，例如该证人证言所证实的内容得到客观性证据或者其他证据的有力佐证，且证言的收集程序、方式符合法律规定，足以认定该证言是真实的，也可以驳回当事人的异议，不要求证人出庭作证。

第二，证人不出庭作证要承担责任。首先，经人民法院通知的证人应当出庭作证的。如果无正当理由拒不出庭作证的，人民法院可以强制其到庭，但是被告人的配偶、父母、子女除外。其次，法律规定了证人无正当理由拒不出庭或者出庭后拒绝作证的处罚规定。

法条链接

《刑事诉讼法》第一百九十三条第二款 证人没有正当理由拒绝出庭或者出庭后拒绝作证的，予以训诫，情节严重的，经院长批准，处以十日以下的拘留。被处罚人对拘留决定不服的，可以向上一级人民法院申请复议。复议期间不停止执行。

第三，警察出庭作证的规定。人民警察就其执行职务时目击的犯罪情况作为证人作证的，适用《刑事诉讼法》第192条第1款规定。对于执行职务时了解犯罪情况的警察，具备以下条件的，应当作为证人出庭作证：①公诉人、当事人或者辩护人、诉讼代理人对警察的证言存有异议；②警察的证言对案件的定罪量刑有重大影响；③人民法院认为警察有必要出庭作证。同样地，如果公诉人、当事人或者辩护人、诉讼代理人对警察的证言存有异议，并且他的证言对案件的定罪量刑有重大影响，除非明显系重复调查或以拖延诉讼为目的，人民法院都应当认为其出庭作证是必要的。

第四，鉴定人出庭作证的规定。与证人出庭作证的情况不同，公诉人、当事人或者辩护人、诉讼代理人对鉴定意见有异议，人民法院认为鉴定人有必要出庭的，鉴定人应当出庭作证。因为一方面鉴定意见对案件的定罪量刑有重大影响，另一方面是为了尽快通过庭审质证解决鉴定意见可能出现的疑问，避免重复鉴定影响案件的认定和裁判的效率。经人民法院通知，鉴定人拒不出庭作证的，鉴定意见不得作为定案的根据。

第五，有专业知识的人出庭作证的问题。《刑事诉讼法》第 197 条第 2 款规定："公诉人、当事人和辩护人、诉讼代理人可以申请法庭通知有专门知识的人出庭，就鉴定人作出的鉴定意见提出意见。"在刑事诉讼中，为了查明案情，需要解决案件中某些专门性问题时，应当聘请有专业知识的人进行鉴定，出具鉴定意见。但往往鉴定意见涉及的问题专业性较强，审判人员有时难以作出准确的判断。有专门知识的人出庭，一方面可以为审判人员审查判断鉴定意见提供参考，另一方面在一定程度上能减少重复鉴定的发生，节约诉讼资源，提高审判效率。

（5）证人、鉴定人出庭作证的程序。《刑事诉讼法》第 194 条规定了证人作证义务，告知和询问证人、鉴定人的程序规定。首先，审判人员应告知证人有如实作证的义务。《刑事诉讼法》第 54 条第 4 款规定凡是伪造证据、隐匿证据或者毁灭证据的，无论属于何方，必须受法律追究。其次，审判人员有询问证人、鉴定人的权利，只要是为了查明案件事实的需要，在庭审中，审判人员都可以询问证人、鉴定人。

（6）出示、核实证据和宣读证据文书。证据只有经过当庭查证核实才能成为定案的根据。控辩双方向法庭提供的证据，都应当经当庭质证、辨认和辩论。首先，应当先询问证人、鉴定人。其次应当出示、宣读证据。公诉人、辩护人应当向法庭出示物证，让当事人辨认，对未到庭的证人的证言笔录、鉴定人的鉴定意见、勘验笔录和其他作为证据的文书，当庭宣读。审判人员应当听取公诉人、当事人和辩护人、诉讼代理人的意见。

（7）合议庭调查核实证据。在法庭调查过程中，合议庭对证据有疑问的，可以宣布休庭，对该证据调查核实。人民法院根据需要可以采用不同的方式，包括勘验、检查、查封、扣押、鉴定和查询、冻结。

（8）调取新证据。当事人、辩护人、诉讼代理人有权申请通知新的证人到庭、调取新证据，申请重新鉴定或者勘验。对鉴定意见进行质证，公诉人、当事人和辩护人、诉讼代理人可以申请法庭通知有专门知识的人出庭，就鉴定人作出的鉴定意见提出意见，法庭有权决定是否同意。

3. 法庭辩论。法庭调查后，进入法庭辩论阶段。法庭对与定罪、量刑有关的事实、证据都应当进行调查、辩论。《刑事诉讼法》将量刑纳入法庭审理程序，确立了与定罪程序相对应的量刑程序。法庭辩论应当在审判长的主持下，按照顺序进行。首先由公诉人发言，然后由被害人及其诉讼代理人发言，被告人自行辩护，辩护人辩护，最后控辩双方进行辩论。

4. 被告人最后陈述。审判长在宣布辩论终结后，被告人有最后陈述的权利，这是被告人的一项重要诉讼权利，审判长应当告知被告人享有此项权利。被告人最后陈述也是法庭审判中一个独立的阶段，合议庭应当保证被告人充分行使最后陈述的权利。此外，附带民事诉讼部分可以在法庭辩论结束后当庭调解。

5. 评议和裁判。在被告人作出最后陈述后，审判长宣布休庭，合议庭进行评议。合议庭应当根据已经查明的事实、证据和有关法律规定，并在充分考虑控辩双方意见的基础上，进行评议，确定被告人是否有罪，应否追究刑事责任；构成何罪，应否处以刑罚；判处何种刑罚；有无从重、从轻、减轻或者免除处罚的情节；附带民事诉讼如何解决；赃款赃物如何处理等，并依法作出判决。

合议庭所作出的判决有以下三种：①案件事实清楚，证据确实、充分，依据法律认定被告人有罪的，应当作出有罪判决；②依据法律认定被告人无罪的，应当作出无罪判决；③证据不足，不能认定被告人有罪的，应当作出证据不足、指控的犯罪不能成立的无罪判决。

关于认罪认罚案件的裁判，《刑事诉讼法》第201条规定，人民法院对于认罪认罚的案件依法作出判决时，一般应当采纳人民检察院指控的罪名和量刑建议，但有下列情形的除外：①被告人的行为不构成犯罪或者不应当追究其刑事责任的；②被告人违背意愿认罪认罚的；③被告人否认指控的犯罪事实的；④起诉指控的罪名与审理认定的罪名不一致的；⑤其他可能影响公正审判的情形。人民法院经审理认为量刑建议明显不当，或者被告人、辩护人对量刑建议提出异议的，人民检察院可以调整量刑建议。人民检察院不调整量刑建议或者调整量刑建议后仍然明显不当的，人民法院应当依法作出判决。

人民法院对认罪认罚的案件作出判决时，一般采纳人民检察院指控的罪名和量刑建议，当例外情况出现时，则意味着对认罪认罚协议的否定，建立在认罪认罚基础上的审判程序也应作相应的调整，由速裁程序、简易程序调整为普通程序。

6. 判决的宣告，一律公开进行。宣判有当庭宣判和定期宣判两种形式。当庭宣判的，应在5日内将判决书送达。定期宣判的，宣判后应当立即将判决书送达当事人和提起公诉的人民检察院。判决书应当同时送达辩护人、诉讼代理人。判决书上应当有合议庭组成人员和书记员的署名，以及写明上诉的期限和上诉的人民法院。

（四）审判障碍及其处理

人民法院在审判过程中，有可能遇到使审判无法依照诉讼程序进行或者不能继续开庭的情况，这些情况称为审判障碍。刑事诉讼的审判障碍具体包括延期审理、补充侦查、中止审理。

1. 延期审理。延期审理，是指由于发生法定原因，导致不能按时开庭或者无法继续开庭审理，法院改期推迟开庭的制度。

（1）延期审理适用的条件。根据《刑事诉讼法》第204条和《最高人民法院关于适用〈中华人民共和国刑事诉讼法〉的解释》的有关规定，延期审理的适用条件如下：①需要通知新的证人到庭，调取新的物证，重新鉴定或者勘验的；②检察人员发现提起公诉的案件需要补充侦查，提出建议的；③由于当事人申请回避而不能进行审判的；④对于辩护人依照有关规定当庭拒绝继续为被告人辩护的，合议庭应当准许。如果被告人要求另行委托辩护人的，合议庭应当宣布延期审理；⑤被告人当庭拒绝辩护人为其辩护，要求另行委托辩护人的，应当同意，并宣布延期审理；⑥人民检察院变更、追加起诉而需要给辩护人必要的准备辩护意见的，合议庭应当延期审理。

（2）延期审理的法律后果。根据《刑事诉讼法》和司法解释的有关规定，延期审理对刑事案件的审理期限和实体裁判均产生影响。首先，人民法院一旦作出延期审理决定，延期审理期间则不计入审限。其次，当影响审判进行的原因消失后，法庭应当及时开庭，恢复审理。最后，在刑事公诉案件中，人民检察院至多可以建议延期审理2次。如果人民检察院在法定的补充侦查期限内没有提请人民法院恢复法庭审理的，人民法院应当按人民检察院撤诉处理。

2. 法庭审理中的补充侦查。法庭审理中的补充侦查是为了准确对犯罪进行追诉，但必须考虑诉讼效率的问题。《刑事诉讼法》第205条规定："依照本法第204条第2项的规定延期审理的案件，人民检察院应当在1个月以内补充侦查完毕。"由此可见，在法庭审判过程中，检察人员发现提起公诉的案件需要补充侦查提出建议的，人民法院可以延期审理。人民检察院对自己申请补充侦查的案件，应当在1个月以内补充侦查完毕。人民检察院在法庭审理期间申请补充侦查的次数不得超过2次。如果法院宣布延期审理后，人民检察院在法定的补充侦查期限内没有提请人民法院恢复法庭审理的，人民法院应当按人民检察院撤诉处理。

3. 中止审理。中止审理是指人民法院在受理案件后，作出判决之前，出现了某些使审判在一定期限内无法继续进行的情况时，决定暂时停止案件审理，待有关情形消失后，再行恢复审判的活动。《刑事诉讼法》第206条规定，审判过程中，有下列情形之一，致使案件在较长时间内无法继续审理的，可以中止审理：①被告人患有严重疾病，无法出庭的；②被告人脱逃的；③自诉人患有严重疾病，无法出庭，未委托诉讼代理人出庭的；④由于不能抗拒的原因。人民法院裁定中止审理后，刑事审判活动停滞在作出中止裁定的那一刻。导致中止审理的原因消失后，人民法院应当恢复审判活动。此外，根据相关的司法解释，中止审理的期间不计入审理期间。

（五）第一审的审判期限

为了避免案件久审不判、一拖再拖的现象，减少当事人的负担和讼累，提高司法审判机关结案率，《刑事诉讼法》规定了刑事案件的审判期限。

1. 人民法院审理公诉案件一审期限及期限延长的规定。人民法院审理公诉案件，应当在受理后 2 个月以内宣判，至迟不得超过 3 个月。对于可能判处死刑的案件或者附带民事诉讼的案件，以及有《刑事诉讼法》第 158 条规定情形之一的，经上一级人民法院批准，可以延长 3 个月；因特殊情况还需要延长的，报请最高人民法院批准。

法条链接

《刑事诉讼法》第一百五十八条 下列案件在本法第一百五十六条规定的期限届满不能侦查终结的，经省、自治区、直辖市人民检察院批准或者决定，可以延长二个月：

（一）交通十分不便的边远地区的重大复杂案件；

（二）重大的犯罪集团案件；

（三）流窜作案的重大复杂案件；

（四）犯罪涉及面广，取证困难的重大复杂案件。

2. 改变管辖后审限计算问题的规定。人民法院改变管辖的案件，从改变后的人民法院收到案件之日起计算审理期限。

3. 人民检察院补充侦查后，人民法院的案件审理期限。人民检察院补充侦查的案件，在补充侦查完毕并移送人民法院后，人民法院重新计算审理期限。

（六）人民检察院对审判活动的法律监督

刑事审判的检察监督，是指检察机关作为国家的法律监督机关，对刑事审判活动以及司法裁判是否符合法律规定的方式、程序、内容进行审查监督，发现并纠正违反诉讼程序和标准的行为和司法裁判，保障庭审活动严格按照正当程序有序进行，保证刑事审判权依法正确行使的法律监督活动。《刑事诉讼法》第 209 条规定："人民检察院发现人民法院审理案件违反法律规定的诉讼程序，有权向人民法院提出纠正意见。"

1. 人民检察院进行刑事审判监督的途径。

（1）人民检察院派员出席法庭。人民检察院派员出席法庭是开展刑事审判活动的重要途径，出庭的检察人员的一项主要任务就是监督法庭审判活动是否合法。

（2）人民检察院列席人民法院审判委员会会议。审判委员会的决定是人民法院审判活动的重要组成部分。检察长列席审判委员会会议是监督审判的重要途径。

（3）人民检察院审查人民法院的判决、裁定。人民检察院审查人民法院的判决、裁定是否正确，从中发现人民法院审判活动是否违法。

（4）人民检察院接待群众举报、申诉。人民检察院通过接待群众来信、来访、听取群众意见，特别是诉讼参与人的举报、控告和申诉，可以发现人民法院在审判活动中的违法行为。

2. 人民检察院纠正审判违法的方法。

（1）检察人员发现人民法院在庭审活动中有违法情形时，一般应及时口头提出纠正意见。

（2）检察人员发现属于比较严重的违法行为，应当报请检察长批准或检察委员会决定后，向人民法院发出《纠正违法通知书》，要求人民法院纠正违法行为。

（3）对于在审判活动中违法严重，需给予纪律或行政处分的，应建议人民法院给予违法者纪律或者行政处分。对于情节严重已构成犯罪的，应当依法追究行为人的刑事责任。

二、自诉案件第一审程序

刑事案件大多数是由检察机关提起公诉，由法院作出判决。但也有部分案件是由被害人向法院提起诉讼，要求追究被告人刑事责任。刑事自诉案件是指被害人或者其法定代理人、近亲属为追究被告人的刑事责任直接向人民法院提起诉讼，由人民法院直接受理的刑事案件。

（一）自诉案件的范围

《刑事诉讼法》第 210 条和《最高人民法院关于适用〈中华人民共和国刑事诉讼法〉的解释》第 1 条明确了三类案件的具体范围。

1. 告诉才处理的案件。包括：①侮辱、诽谤案，但严重危害社会秩序和国家利益的除外；②暴力干涉婚姻自由案；③虐待案；④侵占案。上述四种案件，犯罪情节轻微，案情比较简单，不需要侦查即可查清案件事实，所以适宜由人民法院直接受理。告诉才处理的案件需要被害人及其法定代理人或者近亲属向人民法院告诉，如果被害人死亡或者丧失行为能力，其法定代理人、近亲属有权向人民法院起诉，没有告诉或者撤回告诉的，人民法院不予追究和处理。

2. 人民检察院没有提起公诉，被害人有证据证明的轻微刑事案件。包括：①故意伤害案；②非法侵入住宅案；③侵犯通信自由案；④重婚案；⑤遗弃案；⑥生产、销售伪劣商品案，但严重危害社会秩序和国家利益的除外；⑦侵犯知识产权案，但严重危害社会秩序和国家利益的除外；⑧属于《刑法》分则第四章侵犯公民人身权利、民主权利罪和第五章侵犯财产罪规定的对被告人可能判处 3 年以下刑罚的案件。以上八类案件，被害人直接向人民法院起诉的，人民法院应当依法受理，对于其中证据不足、可由公安机关受理的，应当移送公安机关立案侦查。被害人向公安机关控告的，公安机关应当受理。被害人无证据或证据不充分的，人民法院应当说服其撤诉或者裁定驳回起诉。必要时，人民法院也可以将案件移送公安机关处理。

3. 被害人有证据证明对被告人侵犯自己人身、财产权利的行为应当依法追究刑事责任，而公安机关或者人民检察院不予追究被告人刑事责任的案件。依据《刑事诉讼法》第 210 条第 3 款的规定，这类案件从性质上说属于公诉案件范围，成为自诉案件，必须具备三个条件：①被害人有足够证据证明；②被告人侵犯了自己的人身、财产权利，应当追究被告人刑事责任的；③公安机关或者人民检察院不予追究，并已经作出书面决定的。这类刑事案件既包括公安机关或检察机关不立案侦查或撤销的案件，也包括检察机关决定不起诉的案件。此规定是为了加强对公安、检察机关立案管辖工作的制约，维护被害人的合法权益。

（二）人民法院对自诉案件的审查和受理

1. 人民法院受理自诉案件的条件。根据法律规定，人民法院受理的自诉案件必须符合下列条件：①属于人民法院受理自诉案件的范围案件；②属于法院管辖的；③刑事案件的被害人告诉的；④有明确的被告人、具体的诉讼请求和能证明被告人犯罪事实的证据。如果是公诉转自诉案件，还需要公安机关或者人民检察院不予立案的书面决定。

2. 人民法院对自诉案件审查后的处理。人民法院应当在收到自诉状或者口头告诉之日起 15 日内作出是否立案的决定，并书面通知自诉人或者代为告诉人。对自诉案件的审查不仅涉及程序性问题而且还涉及犯罪事实和证据等实体问题，其目的在于既保障起诉权又防止滥用起诉权，以决定是否需要开庭对案件进行实体审判。对于不符合立案条件的，应在 15 天内书面通知自诉人并说明理由。自诉人坚持告诉的，人民法院应当裁定驳回起诉。根据《刑事诉讼法》第 211 条之规定，人民法院以自诉案件进行审查后，分别不同情况作出处理：①犯罪事实清楚，有足够的证据，应当开庭审判；②缺乏罪证的自诉案件，如果自诉人提不出补充证据，应当说服自诉人撤回自诉，或者裁定驳回。自诉人不服人民法院驳回自诉的裁定，有权上诉。

在司法实践中，自诉人明知有其他共同侵害人，但只对部分侵害人提出告诉的，人民法院应当受理，并视为自诉人对其他侵害人放弃告诉权利。判决宣告后自诉人又对其他共同侵害人就同一事实提出告诉的，人民法院不再受理。共同被害人只有部分告诉的，人民法院应当通知其他被害人参加诉讼。被通知人接到通知后表示不参加诉讼或者不出庭的，即视为放弃告诉权利。一审宣判后，被通知人就同一事实又提出告诉的，人民法院不予受理。但当事人另行提起民事诉讼的，不受此限制。此外，自诉人经两次依法传唤，无正当理由拒不到庭的，或者未经法庭许可中途退庭的，法院可以按撤诉处理。这是一种推定撤诉，即便自诉人没有提出撤诉的申请，但其在诉讼中的行为已经表明他不愿意继续进行诉讼，法院依法决定注销案件不予审理。

（三）自诉案件的调解、和解、撤诉

根据《刑事诉讼法》第 212 条第 1 款规定："人民法院对自诉案件，可以进行调解；自诉人在宣告判决前，可以同被告人自行和解或者撤回自诉。本法第 210 条第 3 项规定的案件不适用调解。"因此，自诉案件存在调解、和解、撤诉的特别情形。

1. 对告诉才处理的案件，被害人有证据证明的轻微刑事案件，人民法院可以调解。

法院调解是人民法院行使国家审判权的一种方式。人民法院通过调解方式结案,有利于及时解决轻微刑事案件,防止矛盾激化,提高诉讼效率。调解应当在查清事实,分清是非的基础上进行,调解应当坚持自愿、合法的原则。自诉案件调解结案的,应发给调解书。调解书一经送达,即发生法律效力。调解无效或调解书送达前一方反悔的,人民法院应当进行判决。

2. 自诉人在宣告判决前,可以同被告人自行和解或者撤回自诉。自行和解是双方当事人行使诉讼权利的一种行为。对于当事人达成自行和解协议或者自诉人申请撤诉的,人民法院应当进行审查,确属自愿合法且不损害国家、社会和其他公民利益的,应当允许。对于自诉人申请撤诉,经人民法院审查后,认为自诉人系被强迫、威吓等原因,不是出于自愿的,人民法院应当不予准许。凡自行撤回自诉的案件,除非有正当理由,不得就同一事实再行起诉。

3. 自诉人是2人以上的,其中部分人撤诉,不影响案件的继续审理。自诉经2次合法传唤,无正当理由拒不到庭的,或者未经人民法院许可中途退庭的,按撤诉处理。

需要特别强调的是,自诉案件的上述特殊审理方式只能适用于"纯粹的自诉案件"。而"公诉转自诉"的案件当事人不能通过合意的方式进行处理,人民法院只能严格依法处理,不允许调解,也不允许自诉人随意撤诉。

（四）自诉案件的反诉

刑事诉讼中的反诉,是指自诉案件的被告人作为被害人控告自诉人犯有与本案有联系的犯罪行为,向人民法院提出请求,要求人民法院合并审理,依法追究自诉人刑事责任的诉讼行为。《刑事诉讼法》第213条规定,自诉案件的被告人在诉讼过程中,可以对自诉人提起反诉。反诉适用自诉的规定。

1. 反诉的条件。根据《最高人民法院关于适用〈中华人民共和国刑事诉讼法〉的解释》第277条的规定,告诉才处理和被害人有证据证明的轻微刑事案件的被告人或者其法定代理人在诉讼过程中,可以对自诉人提起反诉。反诉必须符合下列条件:

（1）反诉的对象必须是本案自诉人。反诉必须以本诉为前提,没有本诉,就不可能有反诉。因此,反诉只能由本诉的被告提出,即反诉的被告必须是原诉的原告,反诉的原告必须是原诉的被告,其他诉讼参与人以及案外人均无权提起反诉。

（2）反诉的内容必须是与本案有关的行为。反诉与本诉必须有实质牵连,即反诉与本诉的诉讼请求或者诉讼理由基于同一事实或者同一法律关系,才能提起反诉。

（3）反诉的案件必须符合法律的规定。根据法律的相关规定,能够提起反诉的只能是纯粹的自诉案件,即告诉才处理的案件和被害人有证据证明的轻微刑事案件。

（4）反诉必须在本诉进行中提出。"本诉进行中"是指法院受理本诉后直至法庭辩论终结前。法院尚未受理本诉,诉讼程序尚未开始,反诉无从提起。法庭辩论已经终结,再受理反诉不但无法达到诉讼经济的目的,而且会造成诉讼的迟延。进入第二审程序后，原审被告依然可以提出反诉，但二审法院受理反诉后，已不能对反诉作出裁判，二审法院可以用调解的方式处理本诉与反诉，调解不成时，应当告知当事人另行起诉，而不能将本诉与反诉发回一审法院重审。

（5）反诉必须向受理本诉的法院提出，且受诉法院对反诉有管辖权。反诉是在本诉进行中提起的，并且要利用本诉的诉讼程序一并进行审理，因此反诉只能向受理本诉的法院提出。管辖权是法院对特定诉讼行使审判权的前提，故受诉法院须对反诉具有管辖权。

2. 反诉的审理。反诉适用自诉的规定。反诉一经成立，人民法院即可与自诉案件合并审理。在这种互诉案件中，双方当事人既是自诉人，又是被告人，享有同等的诉讼权利。如果自诉或反诉一方申请撤回起诉，法庭在同意一方撤回起诉后，对未申请撤回的诉讼应继续审理。如果对双方当事人都必须判处刑罚，应根据各自应负的罪责分别判处，不能互相抵销刑罚。

（五）自诉案件的审理期限

人民法院审理自诉案件，审理期限因被告人是否羁押而有所不同。《刑事诉讼法》第 212 条第 2 款规定，人民法院审理自诉案件的期限，被告人被羁押的，适用本法第 208 条第 1 款、第 2 款的规定；未被羁押的，应当在受理后 6 个月以内宣判。

法条链接

《刑事诉讼法》第二百零八条 人民法院审理公诉案件，应当在受理后二个月以内宣判，至迟不得超过三个月。对于可能判处死刑的案件或者附带民事诉讼的案件，以及有本法第一百五十八条规定情形之一的，经上一级人民法院批准，可以延长三个月；因特殊情况还需要延长的，报请最高人民法院批准。

人民法院改变管辖的案件，从改变后的人民法院收到案件之日起计算审理期限。

人民检察院补充侦查的案件，补充侦查完毕移送人民法院后，人民法院重新计算审理期限。

1. 被告人未被羁押的，人民法院应当在受理后 6 个月内宣判。

2. 被告人被羁押的，人民法院应当自审理案件之日起 2 个月内审理完毕，至迟不得超过 3 个月。

3. 附带民事诉讼的，参照民事诉讼相应的审限。经过上级法院的批准，审理期限可以再延长 3 个月。

4. 人民法院对自诉案件改变管辖的，从改变后的人民法院收到案件之日起重新计算审限。

三、简易程序

刑事诉讼的简易程序，是指基层人民法院审理犯罪事实清楚、证据充分、案情简单、争议不大、处刑较轻的刑事案件所采用的较普通程序相对简化的第一程序。《刑事诉讼法》第214条第1款规定，基层人民法院管辖的案件，符合条件的，可以适用简易程序审判。

（一）简易程序适用范围

简易程序是对第一审普通程序的简化，设置简易程序对于及时惩罚犯罪、提高办案效率，有重要意义。《刑事诉讼法》第214～221条对简易程序的适用作出了具体规定：

1. 从审理的法院看，简易程序只适用于基层人民法院管辖的刑事案件。

2. 从案件的情况看，适用简易程序必须同时具备下列三个条件：①案件事实清楚、证据充分。案情相对简明是适用简易程序的前提。②被告人承认自己所犯罪行，对指控的犯罪事实没有异议。如果被告人承认指控的主要犯罪事实，仅对个别细节提出异议；或者对犯罪事实没有异议，仅对罪名认定提出异议的，仍然可以适用简易程序。但是应该注意，如果被告人犯数罪，其仅对部分犯罪自愿认罪的，一般不宜适用简易程序。③被告人对适用简易程序没有异议的。《刑事诉讼法》将"被告人对适用简易程序没有异议"明确为适用简易程序的条件之一，确认被告人适用简易程序的自愿性、明白性和认罪的自觉性，同时要求庭审中的审判人员要确认被告人是否同意适用简易程序审理，这是尊重和保障人权原则在刑事诉讼中的体现。

《刑事诉讼法》第214条第2款规定了人民检察院对适用简易程序的建议权。检察机关通过审查起诉，了解案件情况及当事人的意愿后，认为案件符合适用简易程序条件时，有权向人民法院提出建议，人民法院对于是否适用简易程序具有最终决定权。

此外，《刑事诉讼法》特别注意加强了对简易程序适用的规制，规定了四种不适用简易程序审理的情形。

第一，被告人是盲、聋、哑人，或者是尚未完全丧失辨认或者控制自己行为能力的精神病人。上述列明的几类被告均属限制刑事责任能力人，不能充分表达自己的意愿。简易程序由于程序上的某些简略，可能对被告人的诉讼程序产生不利影响。

第二，有重大社会影响的。重大社会影响是指社会影响大、关注性高的案件。此类案例适用普通程序，能扩大社会影响，提高司法公信力，取得较好的社会效果。

第三，共同犯罪案件中部分被告人不认罪或者对适用简易程序有异议的。为更好地查清犯罪事实，只要有被告人不认罪或者不同意适用简易程序的，共同犯罪的全案就不能适用简易程序审理。

第四，其他不宜适用简易程序审理的。比如被告人对指控的多起犯罪事实中的部分犯罪事实有异议的，或者辩护人作无罪辩护的，一般都不宜适用简易程序。

（二）简易程序的审理

1. 简易程序的审理方式。简易程序的审理方式有两种：合议制和独任制。

（1）对可能判处 3 年有期徒刑以下刑罚的，可以组成合议庭进行审判，也可以由审判员 1 人独任审判；"可能判处 3 年有期徒刑以下刑罚"，法律中用"可能"二字，表明该刑罚只能是宣告刑，而非法定刑。

（2）对可能判处的有期徒刑超过 3 年的，应当组成合议庭进行审判。

因此，合议庭或者独任庭的适用，由人民法院根据案件实际情况确定。此外，为了更清楚了解案情，明辨是非，履行检察机关的追诉职责，《刑事诉讼法》第 216 条第 2 款规定，适用简易程序审理公诉案件，人民检察院应当派员出席法庭。

2. 简易程序中询问被告的特别程序。简易程序的适用以被告人的自愿为前提，《刑事诉讼法》第 217 条规定："适用简易程序审理案件，审判人员应当询问被告人对指控的犯罪事实的意见，告知被告人适用简易程序审理的法律规定，确认被告人是否同意适用简易程序审理。"根据此规定，审判人员适用简易程序审理案件，必须对被告人认罪的真实性，同意适用简易程序的自愿性以及案件事实与证据进行审查判断与确认。审判人员应当询问被告人对指控的犯罪事实的意见，审查被告人审前供述是否有翻供或反复的情况，被告人是否认罪，辩护人是否对指控提出质疑或意见，等等。通过告知被告人适用简易程序审理的相关法律规定以及可能产生的后果，以确认其是在明知而自愿的情况下同意适用简易程序。

3. 简易程序中的法庭辩论。辩护权是被追诉人的基本权利，即便在简易程序中也不可以削减或者限制被追诉人的辩护权。《刑事诉讼法》第 218 条规定："适用简易程序审理案件，经审判人员许可，被告人及其辩护人可以同公诉人、自诉人及其诉讼代理人互相辩论。"在适用简易程序审理时，被告人有权对指控进行陈述或者辩解，法庭辩论应当在审判人员的组织和主持下进行。

4. 简易程序中的程序简化。适用简易程序审理案件不能按照普通程序的规定进行，其基本方针是尽可能简单、方便、快捷、高效。《刑事诉讼法》第 219 条对此进行了特别规定："适用简易程序审理的案件，不受本章第一节关于送达期限、讯问被告人、询问证人、鉴定人、出示证据、法庭辩论程序规定的限制。但在判决宣告前应当听取被告人的最后陈述意见。"这里所说的"不受本章第一节关于送达期限、讯问被告人、询问证人、鉴定人、出示证据、法庭辩论程序规定的限制"，应理解为简易程序可以省略法庭调查程序，但是简易程序中仍然保留法庭审理中的法庭辩论和被告人最后陈述两个阶段，经审判员许可，被告人及其辩护人可以同公诉人或者自诉人及其诉讼代理人互相辩论，并应当在判决宣告前听取被告人最后陈述意见。

5. 简易程序转为普通程序。《刑事诉讼法》第 221 条规定："人民法院在审理过程中，发现不宜适用简易程序的，应当按照本章第一节或者第二节的规定重新审理。"对于不具备简易程序适用条件的案件，应当及时作出变更处理，即将案件由简易程序恢复为普通程序，进行重新审理。

本来已经决定适用简易程序审理的案件，应该适用该程序直至作出一审判决，但如果存在下列特殊情况，人民法院应当按照公平优于效率的原则转为普通程序重新审理：①案件不符合简易程序的适用条件；②案情复杂适用简易程序难以完成任务；③被告人在庭审中拒不认罪等不宜适用简易程序的情况。简易程序转为普通程序审理的案件，人民法院应当在 3 日内将全案卷宗和证据材料退回人民检察院。人民检察院应当在收到上述材料后 5 日内按照普通程序审理公诉案件的法定要求，移送有关材料。由于简易程序转入普通程序后，案件要进行重新审理，案件的审理期限自然也要重新计算。

（三）简易程序的审理期限

《刑事诉讼法》第 220 条规定，适用简易程序审理案件，人民法院应当在受理后 20 日以内审结；对可能判处的有期徒刑超过 3 年的，可以延长至 1 个半月。上述期限的规定结合我国审判实践经验，对一般案件，人民法院应当在受理后 20 日以内审结。但是对于可能判处超过 3 年有期徒刑刑罚的案件，因审理时间相对要长些，因此规定了法院审理此类案件时允许审限延期，即审理期限最长为 1 个半月。如果案件由简易程序变更为普通程序审理的，其审理期限从决定转为普通程序的次日起计算。

四、速裁程序

刑事案件的速裁程序，是指对基层人民法院审理案件事实清楚，证据确实、充分，被告人认罪认罚的可能判处 3 年有期徒刑以下刑罚的案件所采用的较普通程序、简易程序相对简化的程序。速裁程序在遵循法律基本原则、保障当事人诉讼权利，确保办案质量的前提下，简化了诉讼程序，缩短了办案期限。

（一）速裁程序的适用范围

速裁程序的设置旨在通过进一步简化诉讼程序，提高诉讼效率，同时保障被告人获得及时审判的权利。为了保障案件办理质量不会因程序简化而下降，法律严格规范速裁程序的适用范围。《刑事诉讼法》第 222 条第 1 款规定："基层人民法院管辖的可能判处 3 年有期徒刑以下刑罚的案件，案件事实清楚，证据确实、充分，被告人认罪认罚并同意适用速裁程序的，可以适用速裁程序，由审判员一人独任审判。"

1. 从审理的法院上看，速裁程序只适用于基层人民法院管辖的可能判处 3 年有期徒刑以下刑罚的案件。

2. 从案件的情况看，适用速裁程序必须同时具备下列三个条件：①案件事实清楚、证据确实充分。案情相对简明是适用速裁程序的前提。②被告人承认自己所犯罪行，对指控的犯罪事实没有异议，同意人民检察院提出的量刑建议的。③被告人对适用速裁程序没有异议的。

3. 速裁程序的启动。《刑事诉讼法》第 222 条第 2 款规定了人民检察院对适用简易程序的建议权。检察机关通过审查起诉，了解案件情况及当事人的意愿后，认为案件符合适用速裁程序条件时，有权向人民法院提出建议。因此，速裁程序的启动以检察机关提出建议为主。检察机关没有提出建议，人民法院经审查认为可以适用的，在征得人民检察院、被告人同意后，也可决定适用速裁程序。此外，辩护人取得犯罪嫌疑人同意后，也可以提出建议，由检察机关决定是否启动速裁程序。

为保障审判的公正，加强了对速裁程序适用的规制，《刑事诉讼法》第 223 条对于不宜适用速裁程序的情形作了规定，包括：①被告人是盲、聋、哑人，或者是尚未完全丧失辨认或者控制自己行为能力的精神病人的；②被告人是未成年人的；③案件有重大社会影响的；④共同犯罪案件中部分被告人对指控的犯罪事实、罪名、量刑建议或者适用速裁程序有异议的；⑤被告人与被害人或者其法定代理人没有就附带民事诉讼赔偿等事项达成调解或者和解协议的；⑥其他不宜适用速裁程序审理的。与刑事诉讼法中简易程序的规定相比，增加了两种新的情形：一种是被告人为未成年人的案件，此类案件不适用速裁程序，体现了对未成年人的特殊保护；另一种是被告人与被害人或者其法定代理人没有就附带民事诉讼赔偿等事项达成调解或者和解协议的案件，在这种情况下客观上会导致刑事案件无法迅速审结，也不宜适用速裁程序。

（二）速裁程序的审理

1. 对于人民检察院建议适用速裁程序审理的案件，人民法院经审查认为符合速裁程序的适用条件，人民检察院提出的量刑建议适当，可以适用速裁程序的，应当通知人民检察院、被告人和辩护人；人民法院认为案件不符合速裁程序的适用条件，或人民检察院提出的量刑建议不适当的，可以决定不适用速裁程序，并通知人民检察院、被告人和辩护人。

2. 人民法院对于决定适用速裁程序审理的案件，在开庭前应当重点审查人民检察院提交的被告人认罪认罚具结书，开庭时应当听取被告人的意见，以确认被告人自愿认罪并同意适用速裁程序。

3. 速裁程序由审判员一人独任审判。适用速裁程序审理案件，不受送达期限的限制。被告人当庭认罪、同意量刑建议和使用速裁程序的，不再进行法庭调查、法庭辩论。为了保障适用速裁程序的正当性，被告人认罪认罚的自愿性和获得律师帮助权利，《刑事诉讼法》第 224 条第 1 款规定，在判决宣告前应当听取辩护人的意见和被告人的最后陈述意见。

4. 人民法院适用速裁程序审理的案件，应当当庭宣判。当庭宣判有助于审与判的统一，也有助于减少法外因素影响裁判结果的可能性，保障律师辩护的有效性。

5. 人民法院在审理过程中，发现有被告人的行为不构成犯罪或者不应当追究其刑事责任、被告人违背意愿认罪认罚、被告人否认指控的犯罪事实或者其他不宜适用速裁程序审理的情形的，应当及时转为简易程序或者普通程序重新审理。法院把速裁程序转为简易程序或普通程序后重新审理时，原人民检察院的量刑建议也基本失去了效力，人民法院作出判决将不再受人民检察院量刑建议的约束。

（三）速裁程序的审理期限

《刑事诉讼法》第 225 条规定，适用速裁程序审理案件，人民法院应当在受理后 10 日以内审结；对可能判处的有期徒刑超过 1 年的，可以延长至 15 日。如果案件由速裁程序转为简易程序或者普通程序重新审理，其审理期限从决定转为简易程序或者普通程序的次日起计算。

引例分析

人民法院不能对检察院未起诉的盗窃事实直接进行审判，应当建议人民检察院补充或者变更起诉。

1. 人民法院直接审判检察院未起诉的犯罪事实，违背了刑事诉讼活动的基本原理。本案中，检察院未起诉盗窃事实，只指控被告人犯破坏电力设备罪，人民法院却将盗窃事实一并审理，其做法违反了刑事诉讼的基本原理，是错误的。

2. 人民法院的这一做法还侵害了检察院的检察权。公诉案件的起诉权由人民检察院行使，审判权由人民法院行使。人民法院和人民检察院依法独立行使各自的权力。本案中，人民法院对人民检察院未起诉的事实进行审判是对人民检察院起诉权的侵害。

3. 人民法院在审理中发现新的事实，可能影响定罪的，应当建议人民检察院补充或者变更起诉；人民检察院不同意的，人民法院应当就起诉指控的犯罪事实，依法作出裁判。据此，本案正确的做法是，法院应当建议人民检察院补充或者变更起诉，由人民检察院补充侦查后再起诉。

思考与练习

马某因把梁某打成重伤被人民检察院以故意伤害罪诉至某区人民法院。在法庭审理过程中，被告人马某提出反诉，控告梁某曾侮辱他，要求法院追究梁某的刑事责任。法院经过调查，认定梁某侮辱罪成立。于是，法院决定将马某的故意伤害罪与梁某的侮辱罪合并审理，并分别判处马某和梁某有期徒刑 5 年和 2 年。

问题：1. 马某提起的反诉是否合法？为什么？

2. 人民法院能否将马某的故意伤害罪和梁某的侮辱罪合并审理？

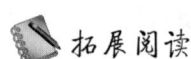 拓展阅读

被告人认罪认罚从宽案五分钟审结[1]

"我认罪，愿意接受处罚。"近日，吴某涉嫌寻衅滋事一案在上海市青浦区人民法院审理。由于其对公诉机关指控的犯罪事实无异议，自愿认罪，法院从宽判处其有期徒刑 7 个月、缓刑 1 年。整个庭审过程持续不足 5 分钟。

"认罪认罚从宽制度提高了办案效率，一起这样的案件 5 分钟就审结，但不代表可以马虎行事。"今天，上海市青浦区人民检察院检察官陆敏艳向《法制日报》记者讲述了办案心得。

陆敏艳说："青浦区检察院实施这项制度半年多来，加强了同公安、法院、司法局等部门的协调合作，实现简繁分流，优化司法资源配置的同时，积极推动构建以审判为中心的刑事诉讼体系。"

据介绍，这类案件一般会集中提起公诉，法院也会集中安排庭审。公诉人只要简要宣读起诉书，说明指控事实、证据、定性、罪名和量刑建议，法官重点核实被告人签署认罪认罚具结书自愿性、真实性，省略了法庭调查和辩论环节，简化了庭审程序。陆敏艳说："一个上午，我最多开了 8 个庭。速裁程序大大缩短了庭审时间，提高了办案效率。"

据统计，自 2017 年 1 月 23 日至 6 月 12 日，青浦区检察院已办理适用认罪认罚从宽制度的案件 163 件 193 人，件数与人数分别占同期起诉数的 32.6% 与 26.2%，其中，适用简易程序 61 件 90 人，平均办案时间为 22 天；适用速裁程序 102 件 103 人，平均办案为 7 天。

司法办案期限缩短了，犯罪嫌疑人的合法权益能不能得到保障？

陆敏艳解释说，青浦区检察院制定了《开展刑事案件认罪认罚从宽制度试点工作实施细则》，规定了值班律师制度，明确要求办理认罪认罚案件，犯罪嫌疑人、被告人没有委托辩护人或指定辩护人的，应当通知值班律师为其提供法律帮助，为犯罪嫌疑人涉及的刑事案件罪名提供法律咨询，向犯罪嫌疑人解释认罪认罚从宽制度，可就犯罪嫌疑人是否具有法定、酌定从轻、减轻或者免除处罚等从宽处罚情节提供法律咨询。截至目前，凡是适用认罪认罚从宽制度案件的犯罪嫌疑人，全部接受了值班律师或辩护人的法律帮助。

针对被告人最关心的被从宽处理的期限、尺度、会不会让人钻空子等问题，陆敏艳解释说："认罪认罚从宽在量刑上遵循罪责罚相适应原则，在法律规定的幅度下从宽，但不能突破法律，从宽的刑罚量一般不得多于基准刑的 1/2。比如法律规定的刑罚

---

[1] 载人民网，http://legal.people.com.cn/n1/2017/0710/c42510-29393915.html.

是 1 年以上 3 年以下有期徒刑，可以在 3 年以下从宽量刑，但是不能突破 1 年。另外，在强制措施上可以视情况从宽。"

截至目前，青浦区检察院适用认罪认罚从宽制度的已判案件中，判决结果符合量刑建议的达到 100%，无一起案件上诉。青浦区检察院向法院建议确定刑期 88 件、幅度刑期 52 件，确定刑期建议数占全部量刑建议的 7 成，所有量刑建议均获得法院认可。

陆敏艳告诉记者，尚未完全丧失辨认或者控制自己行为能力的精神病人、累犯惯犯、以犯罪为常业、证据存在不能排除的重大缺陷、涉黑涉恶、社会影响恶劣等情况，应禁用认罪认罚从宽制度。

项目三　第二审程序

引例

黄某与梅某是同村村民，平日无积怨。某日，因引水浇地的问题，两人发生争执，当梅某弯腰去堵水口时，黄某举起铁锹朝梅某的身上打击，致梅某颅骨粉碎性骨折。梅某在被群众送往医院途中因伤势过重死亡。黄某作案后，到公安机关投案自首。某市中级人民法院经开庭审理后，以故意杀人罪判处被告人黄某死刑，剥夺政治权利终身。黄某以投案自首、量刑过重为由，提出上诉。经省高级人民法院二审审理，认为第一审判决认定事实没有错误，但适用法律有错误，量刑不当，因此裁定撤销原判，发回某市中级人民法院重新审判。

问题：根据《刑事诉讼法》的有关规定，分析本案中二审人民法院的做法是否正确？为什么？

基本原理

一、我国刑事案件的审级制度

刑事案件的审级制度，是指法律规定的审判机关在组织体系上的等级以及刑事案件经过几级法院审理后，其判决或裁定才发生法律效力的制度。《刑事诉讼法》第 10 条规定："人民法院审判案件，实行两审终审制。"即一个案件经过两级人民法院审判即告终结，对于第二审人民法院作出的终审判决、裁定，当事人等不得再提出上诉，人民检察院不得按照上诉审程序提出抗诉。

根据两审终审制的要求，地方各级人民法院按照第一审程序对案件审理后所作的判决、裁定，尚不能立即发生法律效力，只有在法定期限内，有上诉权的人没有提起上诉，同级人民检察院也没有提出抗诉，第一审法院所作出的判决、裁定才发生法律效力；如果在法定的期限内，有上诉权的人提出了上诉，或者同级人民检察院提出了抗诉，上一级人民法院就应当对该案件再进行审判。上一级人民法院审理第二审案件作出的判决、裁定，是终审的判决、裁定，立即发生法律效力。

实行两审终审制是根据我国国情和司法的实际需要确定的。两审终审制可以使错误的一审判决、裁定，在尚未发生法律效力之前，得到及时的纠正，从而有利于法律的正确执行，确保办案质量。但是。两审终审不是每一个刑事案件都必须经过的程序，因此在理解两审终审制时还应注意以下问题：

（1）两审终审制只适用于地方各级人民法院，即高级人民法院、中级人民法院、基层人民法院，不适用于最高人民法院。因为最高人民法院审判的一切案件，包括一审案件所作出的判决或裁定都立即发生法律效力。

（2）必须有合法的上诉或抗诉。合法的上诉或抗诉，是第二审程序开始的前提条件，如果不存在这个前提，即在法定时间内，当事人没有提出上诉，人民检察院也没有提出抗诉，地方各级人民法院所作出的一审判决或裁定，也发生法律效力，不需要再经过二审程序。

（3）判处死刑立即执行的案件，经过两审终审后，其判决还不能发生法律效力，还必须经过复核程序，经过复核程序核准后，其判决才能生效，才能交付执行。

（4）二审终审的判决、裁定确有错误的，不能按照上诉程序解决，只能按审判监督程序处理。

二、第二审案件的提起

一审的判决或者裁定如果有合法的上诉或抗诉便有可能引发二审程序。根据我国《刑事诉讼法》的规定，提起二审的方式有上诉和抗诉两种。

（一）上诉

上诉是指上诉人不服第一审未生效的判决、裁定，依照法定程序和期限，要求上一级人民法院对案件进行重新审判的诉讼行为。

1. 上诉的提起。根据《刑事诉讼法》第227条的规定，提起上诉的主体包括：①被告人、自诉人和他们的法定代理人；②附带民事诉讼的当事人和他们的法定代理人；③被告人的辩护人和近亲属，经被告人同意，可以提出上诉。上诉的对象是对地方各级人民法院尚未生效的第一审的判决、裁定。

2. 上诉的期限。根据《刑事诉讼法》第230条的规定，不服判决的上诉和抗诉的期限为10日，不服裁定的上诉和抗诉的期限为5日，从接到判决书、裁定书的第二日起算。由于上诉、抗诉具有阻止一审判决、裁定生效的作用，上诉人、抗诉机关在提起上诉、抗诉时，必须严格遵守上述时间限制。超出法定期限，如果没有人民法院认定的合理理由，提出的上诉、抗诉便不具有法律效力，第一审判决、裁定即告生效。对附带民事判决或者裁定的上诉、抗诉期限，应当按照刑事部分的上诉、抗诉期限确定。如果原审附带民事部分是另行审判的，上诉期限应当按照民事诉讼法规定的期限执行。

3. 上诉的方式与程序。我国《刑事诉讼法》第 227 条规定了上诉的方式，可以用书状和口头两种形式提出。上诉人无论以哪种形式提出，人民法院均应受理，口头上诉的，人民法院应当制作笔录。

上诉可以通过原审人民法院提出，也可以向二审人民法院提出。被告人、自诉人、附带民事诉讼的原告人和被告人通过原审人民法院提出上诉的，原审人民法院应当在 3 日以内将上诉状连同案卷、证据移送上一级人民法院，同时将上诉状副本送交同级人民检察院和对方当事人；被告人、自诉人、附带民事诉讼的原告人和被告人直接向第二审人民法院提出上诉的，第二审人民法院应当在 3 日内将上诉状交原审人民法院以及同级人民检察院和对方当事人，原审人民法院应将原审的全部案卷、证据材料移送第二审人民法院。

4. 上诉的理由。为了保障被告人的上诉权，法律规定对被告人的上诉权，不得以任何借口加以剥夺。即当事人只要在上诉期内提出上诉，不论其上诉的理由是否充分、正确，上诉都具有法律效力，都必然引起第二审程序。人民法院不得以任何借口限制上诉人的上诉理由，也不允许以其上诉理由不正确或不充分为由而不接受上诉。

（二）抗诉

抗诉是人民检察院发现或者认为人民法院的判决、裁定确有错误时，提请审判机关依法重新审理并予以纠正的行为。《刑事诉讼法》第 228 条规定："地方各级人民检察院认为本级人民法院第一审的判决、裁定确有错误的时候，应当向上一级人民法院提出抗诉。"

1. 抗诉机关。根据《刑事诉讼法》的规定，有权对一审尚未生效判决、裁定提出抗诉的主体，只能是与一审人民法院同级的人民检察院。

2. 抗诉的期限。与上诉的期限相同。即不服判决的上诉和抗诉的期限为 10 日，不服裁定的上诉和抗诉的期限为 5 日，从接到判决书、裁定书的第二日起算。

3. 抗诉的方式与程序。根据《刑事诉讼法》第 232 条的规定，地方各级人民检察院对同级人民法院第一审判决或裁定的抗诉，只能以抗诉书的形式提出，不能采用口头形式。

抗诉应当通过原审人民法院提出抗诉书，并且将抗诉书抄送上一级人民检察院。原审人民法院应当在抗诉期满后的 3 日内将抗诉书连同案卷材料、证据一并移送上一级人民法院，并且将抗诉书副本送交当事人。上级检察院对下级检察院行使抗诉权进行监督。上级人民检察院在接到下级人民检察院抄送的抗诉书后，应当进行认真审查。如果认为抗诉正确的，应当支持。如果认为第一审的判决、裁定没有错误，或者下级人民检察院的抗诉理由不充分、缺乏法律依据等，上级人民检察院可以向同级人民法院撤回抗诉，并且通知下级人民检察院。下级人民检察院对上级人民检察院撤回抗诉的决定，必须执行。下级人民检察院如果认为上级人民检察院撤回抗诉不当的，可以申请复议，上级人民检察院应当复议，并将复议结果通知下级人民检察院。

4. 抗诉的理由。为了确保国家权利的正当行使，抗诉必须有明确、法定的理由。根据《刑事诉讼法》第228条的规定，人民检察院提起抗诉时，必须以本级人民法院第一审的判决、裁定确有错误为理由。检察机关提出的抗诉理由主要表现在以下方面：①事实认定错误。判决、裁定对案件事实作了错误认定，或者案件中的主要犯罪事实和重大情节没有查清，或者没有确实充分的证据。②实体法适用错误。判决、裁定所依据的法律不正确，所适用的法律明显不当的。③程序法错误。人民法院在审判中违反法律规定，超越或滥用诉讼权限，限制或剥夺当事人及其他诉讼参与人的诉讼权利。

🎓 法条链接

《人民检察院刑事诉讼规则》第五百八十四条 人民检察院认为同级人民法院第一审判决、裁定有下列情形之一的，应当提出抗诉：

（一）认定事实不清、证据不足的；

（二）有确实、充分证据证明有罪而判无罪，或者无罪判有罪的；

（三）重罪轻判，轻罪重判，适用刑罚明显不当的；

（四）认定罪名不正确，一罪判数罪、数罪判一罪，影响量刑或者造成严重的社会影响的；

（五）免除刑事处罚或者适用缓刑、禁止令，限制减刑错误的；

（六）人民法院在审理过程中严重违反法律规定的诉讼程序的。

（三）被害人请求人民检察院抗诉

被害人及其法定代理人不享有上诉权，但被害人是被犯罪行为直接侵害的人，法院的裁判直接影响其权益。根据《刑事诉讼法》第229条的规定，被害人及其法定代理人不服地方各级人民法院第一审的判决的，自收到判决书后5日以内，有权请求人民检察院提出抗诉。人民检察院自收到被害人及其法定代理人的请求后5日以内，应当作出是否抗诉的决定并且答复请求人。被害人是犯罪行为的直接受害人，人民法院的裁判必然影响其权利，法律赋予被害人及其法定代理人请求抗诉权，有利于促进案件的公正处理。

需要注意的是，被害人及其法定代理人的请求抗诉权，不等于上诉权，它不会必然引起二审程序。被害人及其法定代理人请求抗诉后，人民检察院是否抗诉，由人民检察院决定。

三、第二审案件的审判

（一）第二审案件审判的原则

《刑事诉讼法》第 233 条规定："第二审人民法院应当就第一审判决认定的事实和适用法律进行全面审查，不受上诉或者抗诉范围的限制。共同犯罪的案件只有部分被告人上诉的，应当对全案进行审查，一并处理。"这就是第二审程序的全面审查原则，全面审查原则能使一审判决中的错误得到纠正，保证第二审程序任务的顺利完成。

首先，二审法院审判案件时，要对一审判决所认定的事实、适用的法律和诉讼程序进行全面审查。既要审查一审判决认定的事实是否正确，证据是否确实、充分，又要审查一审判决适用法律有无错误；既要审查一审判决中已被提出上诉或者抗诉的部分，又要审查其中没有被提出上诉或者抗诉的部分。其次，在共同犯罪案件中，如果只有部分被告人上诉的，既要对已经提出上诉的部分被告人的上诉理由进行审查，又要对没有提出上诉的部分被告人的判决内容进行审查，一并处理。再次，对附带民事诉讼部分提出上诉的，既要审查附带民事诉讼部分，也要审查刑事诉讼部分，以便准确认定民事责任。

（二）第二审案件的审判方式和程序

根据《刑事诉讼法》第 234 条的规定，第二审人民法院的审判方式可以分为开庭审理和不开庭审理两种：

1. 开庭审理。开庭审理，是在合议庭的主持下和检察人员、诉讼参与人的参加下，人民法院依照法定程序和方式对案件进行审理。为了维护被告人的合法权益，避免法院在审理方式上的随意性，法律明确规定了应当开庭审理的情形：①被告人、自诉人及其法定代理人对第一审认定的事实、证据提出异议，可能影响定罪量刑的上诉案件。对于上诉案件，只要被告人、自诉人及其法定代理人对第一审认定的事实、证据提出异议，原则上就应当开庭审理。但如果对于提出的异议没有事实依据，或者虽有事实依据但明显不足以影响定罪量刑的，可以不开庭审理。②被告人被判处死刑的上诉案件。这里的"死刑"仅指死刑立即执行。③人民检察院抗诉的案件。此类案件一律开庭审理。④其他应当开庭审理的案件。比如社会关注度高、影响重大的上诉案件等。

为了确保在二审程序中检察人员出庭支持公诉，《刑事诉讼法》第 235 条规定，人民检察院提出抗诉的案件或者第二审人民法院开庭审理的公诉案件，同级人民检察院都应当派员出席法庭。第二审人民法院应当在决定开庭审理后及时通知人民检察院查阅案卷，人民检察院应当在 1 个月以内查阅完毕，人民检察院查阅案卷的时间不计入审理期限。该规定保证了检察院有充分的阅卷准备时间，有利于保障诉讼权的正确行使，实现诉讼公正和效率。另外，法律还规定了第二审人民法院开庭审理上诉、抗诉案件，可以到案件发生地或者原审人民法院所在地进行。

第二审人民法院开庭审理上诉或者抗诉案件，除参照第一审程序的规定外，还应当特别注意以下规定：①审判长或者审判员宣读第一审判决书、裁定书后，由上诉人陈述上诉理由或者由检察人员宣读抗诉书，再由上诉人陈述上诉理由；法庭调查的重点要针对上诉或者抗诉的理由，全面查清事实，核实证据。②在法庭调查阶段，检察人员或者辩护人申请出示、宣读、播放证据。③在法庭辩论阶段，上诉案件应当先由上诉人、辩护人发言，再由检察人员发言；抗诉案件应当先由检察人员发言，再由被告人、辩护人发言；既有上诉又有抗诉的案件，应当先由检察人员发言，再由上诉人发言，并进行辩论。

2. 不开庭审理。虽然《刑事诉讼法》对在何种情况下法院可以决定不开庭审理没有作出具体规定，但一般认为事实清楚、证据确实充分的上诉案件可以不开庭审理。

第二审人民法院决定不开庭审理的案件，必须进行以下程序：

（1）应当讯问被告人。对于不开庭审理的案件，讯问被告人是必经程序。

（2）应当听取其他当事人、辩护人、诉讼代理人的意见。

（3）应当阅卷。此外，法院对有疑问或不清楚的事实、证据可以进行庭外调查、核实。

四、第二审案件的处理

《刑事诉讼法》第 236 条规定，第二审人民法院对不服第一审判决的上诉、抗诉案件，经过审理后，应当按照下列情形分别处理：

1. 维持原判。原判决认定事实和适用法律正确、量刑适当的，应当裁定驳回上诉或者抗诉，维持原判。

2. 依法改判。原判决认定事实没有错误，但适用法律有错误，或者量刑不当的，应当改判；改判必须在判决书中阐明改判的理由和依据。

3. 依法改判或者发回重审。原判决事实不清楚或者证据不足的，可以在查清事实后改判；也可以裁定撤销原判，发回原审人民法院重新审判。

需要特别注意的是，原审人民法院对于事实不清或者证据不足发回重新审判的案件作出判决后，被告人提出上诉或者人民检察院提出抗诉的，第二审人民法院应当依法作出判决或者裁定，不得再发回原审人民法院重新审判。

五、第二审的其他制度

（一）上诉不加刑原则

上诉不加刑，是第二审程序的特殊原则，是指第二审人民法院审判仅有被告人一方提出上诉的案件时，不得以任何理由改判为重于原判决所判刑罚的审判原则。上诉不加刑原则是为了消除被告人上诉顾虑，保障被告人诉权的一项重要的刑事诉讼原则。

该原则有利于强化上级法院对下级法院审判的监督和指导。《刑事诉讼法》第237条第1款规定，第二审人民法院审理被告人或者他的法定代理人、辩护人、近亲属上诉的案件，不得加重被告人的刑罚。实践中执行该原则要注意以下问题：

1. 上诉不加刑适用的案件范围。根据《刑事诉讼法》第237条第1款的规定，它仅适用于只有被告人或者他的法定代理人、辩护人、近亲属提出上诉的案件。如果是人民检察院提出抗诉或者自诉人提出上诉的案件，或者在被告人一方提出上诉的同时，人民检察院和自诉人也提出抗诉、上诉的，则不受上诉不加刑原则的限制。

2. 上诉不加刑的"不加刑"的内涵。[1] 上诉不加刑包括：①同种刑种不得在量上增加；②不得改变刑罚的执行方法，如将缓刑改为实刑，延长缓刑考验期，将死刑缓期执行改为立即执行等；③不得在主刑上增加附加刑；④不得改判较重的刑种，如将拘役6个月改为有期徒刑6个月；⑤不得加重数罪并罚案件的宣告刑；⑥不得加重共同犯罪案件中未提起上诉和未被提起抗诉的被告人刑罚。

3. 上诉不加刑只适用于二审程序、死刑复核程序以及发回重审程序。特别注意的是，为落实上诉不加刑原则，避免在上诉案件中第二审人民法院发回重审，下级人民法院在重审中加刑的情况的发生，《刑事诉讼法》规定第二审人民法院发回重新审判的案件，除有新的犯罪事实、人民检察院补充起诉的以外，原审人民法院也不得加重被告人的刑罚。

4. 对事实清楚、证据充分，但刑罚畸轻，或者应当适用附加刑而没有适用的案件，不得撤销一审判决，直接加重被告人的刑罚或者适用附加刑，也不得以事实不清或者证据不足发回重审。必须依法改判的，应当在二审判决、裁定生效后，按照审判监督程序重新审判。

（二）发回重审

发回重审，是指上级法院发现下级法院的裁判存在事实不清或者证据不足或者违反程序规定时，将案件发回原审法院重新进行审判。该制度对强化上下级法院之间的监督关系、保障当事人的诉讼权利有一定的积极作用。

1. 发回重审的情形。《刑事诉讼法》第236条第1款规定："第二审人民法院对不服第一审判决的上诉、抗诉案件，经过审理后，应当按照下列情形分别处理：……③原判决事实不清楚或者证据不足的，可以在查清事实后改判；也可以裁定撤销原判，发回原审人民法院重新审判。"第238条规定："第二审人民法院发现第一审人民法院的审理有下列违反法律规定的诉讼程序的情形之一的，应当裁定撤销原判，发回原审人民法院重新审判：①违反本法有关公开审判的规定的；②违反回避制度的；③剥夺或限制了当事人的法定诉讼权利，可能影响公正审判的；④审判组织的组成不合法的；

---

〔1〕 http：//baike. baidu. com/view/1269442. htm#3.

⑤其他违反法律规定的诉讼程序，可能影响公正审判的。"

由此可见，二审阶段的发回重审包括两种情况，即可以发回重审和应当发回重审。可以发回重审的适用情形是一审判决事实不清或者证据不足，此种情形可由二审法院在查清事实后改判，也可由二审法院发回重审。应当发回重审的适用情形是一审法院违反法定诉讼程序，例如：如果违反了刑事诉讼基本的审判制度、回避制度和合议制度，应当一律发回重审；如果可能影响公正审判的，应当发回重审。如果其他情节较轻，且未影响公正审理的，二审法院可以酌情确定是否发回重审。

2. 发回重审的限制。为了避免案件反复，多次发回重审。《刑事诉讼法》第236条第2款规定了原审人民法院对于发回重新审判的案件作出判决后，被告人提出上诉或者人民检察院提出抗诉的，第二审人民法院应当依法作出判决或者裁定，不得再发回原审人民法院重新审判。由此可见，发回重审以1次为限。即对于二审法院以事实不清为由发回重审的案件，经过原审法院重新审理后再次被提出上诉或抗诉，二审法院经过审理仍然认为事实不清或者证据不足的，应当依法作出判决，而不应再次发回重审。

3. 发回重审程序及期限计算。根据《刑事诉讼法》第239条的规定，对于发回重新审判的案件，应当另行组成合议庭，不得适用独任制，不得由原合议庭审理；对于重新审判后的判决，仍然属于一审判决，依法可以上诉和抗诉。另外，第二审人民法院发回原审人民法院重新审判的案件，原审人民法院从收到发回的案件之日起，重新计算审理期限。

（三）二审中对附带民事诉讼的处理

对于附带民事诉讼的刑事案件，不论是对附带民事诉讼部分的判决、裁定的上诉、抗诉，还是对刑事部分的判决、裁定提出的上诉、抗诉，二审法院都应当全案审查。

1. 第二审人民法院审理刑事附带民事上诉、抗诉案件，如果发现刑事和附带民事部分均有错误需依法改判的，应当一并改判。

2. 第二审人民法院审理对刑事部分提出上诉、抗诉，附带民事诉讼部分已经发生法律效力的案件，如果发现第一审判决或者裁定中的民事部分确有错误，应当对民事部分按照审判监督程序予以纠正。

3. 第二审人民法院审理对附带民事诉讼部分提出上诉、抗诉，刑事部分已经发生法律效力的案件，如果发现第一审判决或者裁定中的刑事部分确有错误，应当对刑事部分按照审判监督程序进行再审，并将附带民事诉讼部分与刑事部分一并审理。

4. 如果第一审判决的刑事部分并无不当，第二审人民法院只需就附带民事诉讼部分作出处理。如果第一审判决附带民事部分事实清楚，适用法律正确的，应当以刑事附带民事裁定维持原判，驳回上诉、抗诉。

5. 附带民事诉讼案件，只有附带民事诉讼的当事人和他们的法定代理人提出上诉的，第一审刑事部分的判决，在上诉期满后即发生法律效力。如果应当送监执行的第一审刑事被告人是第二审附带民事诉讼被告人的，在第二审附带民事诉讼案件审结前，可以暂缓送监执行。

6. 在第二审案件附带民事部分审理中，如果第一审民事原告人增加独立的诉讼请求或者第一审民事被告人提出反诉的，第二审人民法院可以根据当事人自愿的原则就新增加的诉讼请求或者反诉进行调解，调解不成的，告知当事人另行起诉。

（四）自诉案件二审的处理

1. 对自诉案件的二审，必要时可以进行调解，当事人也可以自行和解。调解结案的，应当制作调解书，第一审的判决、裁定视为自动撤销；当事人自行和解的，应当裁定准许撤回自诉，并撤销第一审判决、裁定。

2. 第二审人民法院对于调解结案或者当事人自行和解的自诉案件，被告人被采取强制措施的，应当立即予以解除。

3. 在第二审程序中，自诉案件的当事人提出反诉的，第二审人民法院应当告知其另行起诉。

（五）对不服一审裁定的二审审理

《刑事诉讼法》第240条规定，第二审人民法院对不服第一审裁定的上诉或者抗诉，经过审查后，应当参照本法第236条、第238条和第239条的规定，分别情形用裁定驳回上诉、抗诉，或者撤销、变更原裁定。对于不服第一审裁定的上诉或者抗诉案件，第二审人民法院应当进行审理，经审查认为上诉或者抗诉的理由成立的，应当裁定撤销或者变更原裁定；认为上诉或者抗诉的理由不成立的，应当裁定驳回上诉或者抗诉，维持原裁定。

（六）查封、扣押冻结物品的处理

查封、扣押、冻结的犯罪嫌疑人、被告人的财物，是指公安机关、人民检察院、监察机关、人民法院在诉讼中依据法律规定查封、扣押的证明犯罪嫌疑人、被告人有罪或者无罪的各种财物以及根据侦查、调查需要冻结的犯罪嫌疑人、被告人的存款、汇款、股票、证券基金份额等财产。

1. 查封、扣押、冻结在案财物的处理原则。

（1）保管。公安机关、人民检察院、监察机关、人民法院对于扣押、冻结在案的犯罪嫌疑人、被告人的财物及其孳息，应当妥善保管，以供核查。任何单位和个人不得挪用或者自行处理。

（2）返还。对于被害人的合法财产，被害人明确的，物品查封、扣押、冻结机关应当及时返还，以尽量减少其损失；经过审理确实无法查清是否属于违法所得的，查封、扣押冻结的物品应当返还被告人。

（3）移送。对作为证据使用的实物，包括作为物证的货币、有价证券等，应当制作清单，随案移送。对不宜移送的，应当将其清单、照片或者其他证明文件随案移送。

（4）变卖。对于易腐烂和不易保管的物品，应当按照国家有关规定，予以变卖，保存其价值。

（5）没收。对于国家禁止持有、经营、流通的违禁品，应当一律没收，依照规定处理。

（6）司法工作人员贪污、挪用或者私自处理被扣押、冻结的在案财物及其孳息，依法追究刑事责任；不构成犯罪的，给予处分。

2. 人民法院应当在判决书中表明对财物及其孳息处理的意见和方式。《刑事诉讼法》第245条第3款规定："人民法院作出的判决，应当对查封、扣押、冻结的财物及其孳息作出处理。"为了维护公民和国家的财产权益，切实保证对查封、扣押、冻结的财物及其孳息的妥善处理，在被告人的刑事责任已经得到最终确定后，人民法院应当在判决中明确财物及其孳息处理的方式。

在人民法院作出的判决生效以后，有关机关应当根据判决对查封、扣押、冻结的财物及其孳息进行处理。对查封、扣押、冻结的赃款赃物及其孳息，除依法返还被害人的以外，一律上缴国库。

六、第二审案件的审判期限

根据《刑事诉讼法》第243条的规定，二审案件的审判期限应注意以下几个问题：

1. 一般情况下，二审案件的审判期限是2个月。因为二审案件实行全面审理的原则，既是事实审，又是法律审，因此，2个月的审判期限能保证审判的质量。

2. 对于可能判处死刑的案件或者附带民事诉讼的案件，以及有《刑事诉讼法》第158条规定情形之一的，可以延长审理期限，即可以延长2个月。因该类案件或者犯罪涉及面广，取证困难；或者涉及死刑的适用，必须慎重；或者案件程序复杂，花费的时间较多，如果在审判期限内未审结的，可以依法延长审判期限。

3. 可以延长审判期限的案件经最高人民法院批准，可以再延长。即上述案件延长2个月内都无法审结的，经最高人民法院批准，可以再延长，而对于再延长的期间，法律没有作出限制性的规定。

4. 最高人民法院受理上诉、抗诉案件的审理期限，由最高人民法院决定，不受上述审理期限的限制。

✦ 引例分析

根据我国刑事诉讼法的有关规定，第二审人民法院对不服第一审判决的上诉案件，经过审理后，如果认为原判决认定事实没有错误，但适用法律错误或者量刑不当的，应当改判，而不能发回原审人民法院重新审判。因此，本案中，第二审人民法院在认定一审判决事实没有错误，只是适用法律有错误且量刑不当的情况下，裁定撤销原判，发回重审是违反规定的，应当依法改判。

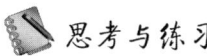 **思考与练习**

张某与王某因口角发生扭打，张某将王某打成重伤。检察院以故意伤害罪向法院提起公诉，被害人王某同时向法院提起附带民事诉讼。

问题：1. 如果一审宣判后，张某对刑事部分不服提出上诉，王某对民事部分不服提出上诉，第二审法院在审理中发现本案的刑事部分和附带民事部分的事实认定都没有错误，但适用法律有错误，应当如何处理？

2. 如果一审宣判后，王某在附带民事部分判决的上诉中增加了独立的诉讼请求，张某在二审中也对民事部分提出了反诉，二审法院应当如何处理？

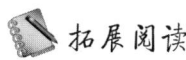 **拓展阅读**

最高人民法院印发《关于健全完善人民法院　主审法官会议工作机制的指导意见（试行）》的通知（法发〔2018〕21号）[1]

为全面落实司法责任制，准确适用法律，统一裁判标准，提高审判质效，结合审判实际，就健全完善人民法院主审法官会议工作机制提出如下意见。

一、人民法院应当健全完善主审法官会议工作机制，为法官审理案件准确适用法律提供指导和参考，促进裁判规则及标准统一，总结审判经验，完善审判管理。

二、主审法官会议工作机制可以在民事、刑事、行政、国家赔偿、执行等审判业务部门内部建立，也可以跨审判业务部门、审判团队建立。

三、主审法官会议由本院员额法官组成。参加会议的法官地位、权责平等。

根据会议讨论议题，可以邀请专家学者、人大代表、政协委员等其他相关专业人员参加会议并发表意见。

四、具有下列情形之一的案件，合议庭或者独任法官可以提请主审法官会议讨论：

（一）属于新类型、疑难、复杂、社会影响重大的；

（二）裁判规则、尺度有待统一或者在法律适用方面具有普遍指导意义的；

（三）拟作出的裁判结果与本院或者上级人民法院同类生效案件裁判规则、尺度不一致的；

（四）合议庭成员意见分歧较大的；

（五）持少数意见的承办法官认为需要提请讨论的；

（六）拟改判、发回重审或者提审、指令再审的；

（七）其他需要提交讨论的。

---

〔1〕 载法律图书馆，http：//www. law－lib. com/law/law __view. asp？id＝637262.

根据审判监督管理相关规定，院长、副院长、庭长可以决定将《最高人民法院关于完善人民法院司法责任制的若干意见》第二十四条规定的四类案件提交主审法官会议讨论。

五、审理案件的合议庭或者独任法官应当准备必要材料，在主审法官会议召开前送交参会人员。

六、参加会议的法官可以按照法官等级和资历由低到高的顺序依次发表意见，也可以根据案情由熟悉案件所涉专业知识的法官先发表意见，但主持人应当最后发表意见。

七、会议结束时，主持人应当总结归纳讨论情况，形成讨论意见，记入会议纪要。会议纪要应当按照规定在案卷和办案平台上全程留痕。

八、审理案件的合议庭或者独任法官独立决定是否采纳主审法官会议讨论形成的意见，并对案件最终处理结果负责。

九、院长、副院长、庭长可以按照审判监督管理权限要求合议庭或者独任法官根据主审法官会议讨论的意见对案件进行复议。经复议未采纳主审法官会议形成的多数意见的，院长、副院长、庭长应当按照规定将案件提交审判委员会讨论决定。

十、出席主审法官会议的人员应当严格遵守审判纪律，不得泄露会议议题、案件信息和讨论情况。

十一、法官参加主审法官会议的情况可以计入工作量，作为绩效考核的加分项纳入业绩档案。

十二、各级人民法院应当加强主审法官会议工作机制的归口管理，及时整理、印发对于形成裁判规则、统一法律适用标准、交流审判经验和指导司法实践等具有重要意义的会议纪要，并在案件裁判生效后结合公布裁判文书、典型案例等形式实现资源共享。

十三、最高人民法院各审判业务部门、各巡回法庭和地方各级人民法院可以参照本意见，并根据职能定位、审判工作需要、法官人数、案件数量等实际情况制定工作细则。

实训 模拟法庭

情景设计

检察院起诉称，被告人李某，男，33岁，汉族，中专文化，南京市某区人，原系"红某酒吧"老板，被告人李某因涉嫌组织同性恋卖淫罪，于2003年9月12日向本院移送审查起诉。经依法审查表明：2003年元旦以来，李某先后伙同刘某、冷某等人经预谋后，采取张贴广告、登报招聘"公关"的手段，招募、组织多名男青年在其原经营的酒吧内与男性消费者从事同性卖淫嫖娼活动，从中谋利。同时，检方还查明，今年刚满 20 岁的江苏男孩张某为了多赚点钱，在 2003 年 7 月见到招聘广告后，经过应聘进入"红某酒吧"做公关先生。控方起诉李某证据如下：

1. 被告人供述和辩解；

2. 证人证言：张军、沈某、魏某、Darling、赵某的证言；

3. 物证：大量的招聘公关先生的传单；

4. 照片：从"红某酒吧"里传出的客人自拍卖淫时的照片。

检察机关认为，被告人李某，组织多人为同性恋者提供性服务，其行为已触犯《刑法》第 358 条第 1 款、第 2 款，犯罪事实清楚，证据确实、充分，应当以组织卖淫罪追究其刑事责任。

工作任务

在教师的指导下，由学生扮演法官、检察官、律师、案件的当事人、其他诉讼参与人等，以司法审判中的法庭审判为依照，模拟审判案件的活动。通过亲身参与，将所学的法学理论知识、司法基本技能等综合运用于实践；通过分析和研究案例，模拟案件的处理，解释法律规定，掌握案情与法律之间的关系，了解熟悉法学理论活学活用，掌握审判理论，正确应用审判程序，以达到理论和实践的统一。

任务一：（公诉组）公诉组成员主要负责撰写起诉书、模拟收集相关证据，拟定庭审方案时，应当包括证明被告人犯罪事实的各类证据的来源、运用次序、引用的法律规范以及需要法庭调查的事项等内容；并查阅法律法规和文献资料；庭审时以检察官的身份就本案提起公诉。

任务二：（辩护组）辩护组成员主要负责撰写辩护词、模拟收集相关证据，庭审中就本案提出辩护意见，包括明确的法律意见、各类证据的来源、运用次序和证明目的、法庭陈述内容和言词辩论、援用的法律规范以及需要法庭调查的事项等内容；庭审时以被告人和辩护律师身份参与诉讼。

任务三：（审判组）审判组成员主要负责送达法律文书、熟悉诉讼程序、拟定庭审方案，包括庭审规则和程序、当事人陈述、质证和辩论次序、需要了解的案情要点、法庭秩序混乱处理办法、合议庭评审规则、判决意见、法槌使用方法等内容；编写庭审提纲、制作判决书；庭审中作为本案的合议庭成员主持庭审并作出判决。

任务四：被害人、证人、鉴定人、勘验人主要负责就本案的事实、性质出庭作证。对证据的来源、证明对象和内容作简要说明，熟悉案情及证据内容并能灵活运用。

任务五：其他同学作为法治记者的角色，对本案的法庭审理、案件反映的法律问题进行点评，并形成书面材料。

训练方法

将全班学生分成五个小组，要求每个学生根据自己的法庭角色，撰写各自的法庭文件，包括起诉书、答辩状、辩护词、判决书、结案总结等。每个小组内部进行讨论，形成本组意见，然后组织五个小组之间进行交流，互相借鉴，再由各小组完成书面材料，交由指导老师点评指导并进行模拟法庭。最后按照法院、检察院、律师事务所法律实务工作机关的真实流程，统一订卷。

步骤一：各小组内部讨论，小组成员分工合作，准备好相应的法律文书。

步骤二：小组之间讨论，每个小组将本小组意见和形成该意见的理由与其他小组进行讨论、交流。

步骤三：各小组借鉴其他小组的优胜之处，对本小组的法律意见、证据清单、取证方案进行修改、完善。在拟定庭审方案时，各小组应当围绕各自分工和职责进行谋划。

步骤四：各小组在收集各类证据和打印法律文书之后，在指导老师点评指导下，着手拟定庭审方案，严格依照法定程序开始模拟法庭的工作。

步骤五：在模拟法庭庭审结束后，应当及时地将零散的、杂乱无章的诉讼文书集中收集起来，按照一定规则和流程，经过系统整理归档，形成一套规范完整的卷宗材料，为今后模拟法庭教学积累原始资料和实践经验。

考核标准

由学生、指导教师和专家教授三方分别评价模拟法庭的实训效果；从知识目标、能力目标和素质目标三个层次评判模拟法庭实训效果。

1. 庭审程序是否合法，操作是否规范。

2. 法律运用是否准确，说理是否透彻。

3. 语言表达是否流畅严密。

4. 临场应变能力是否自如娴熟。

5. 法律文书的写作能否做到观点明确、条理清楚、用语准确、论证充分、结构严谨、格式规范。

6. 争议焦点是否准确清晰，裁判结果是否公正。

7. 诉讼文书立卷归档是否规范。

单 元 十

特殊审判程序

知识目标

1. 了解死刑复核程序的概念、任务和意义，明确判处死刑立即执行案件的复核程序和判处死刑缓期执行案件的复核程序。

2. 了解审判监督程序的概念，提起审判监督程序的材料来源，申诉的概念。熟悉审判监督程序的特点，提起审判监督程序的主体范围，提起审判监督程序的理由和方式，依照审判监督程序对案件的重新审判程序。

能力目标

熟悉并能够运用，《刑事诉讼法》以及相关法律解释对死刑复核程序的规定以及审判监督程序的规定。

知识结构图

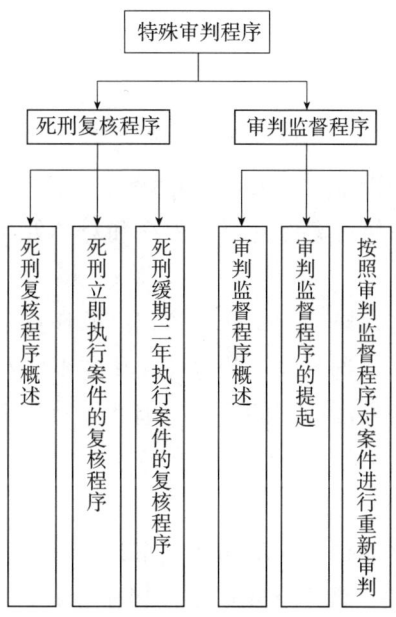

我国的刑事诉讼审判程序分为普通审判程序和特殊审判程序。一般的刑事案件（主要指公诉案件），大致经过立案、侦查、起诉、第一审程序、第二审程序，这是普通程序。此外，对于判处死刑的案件，还要经过专门的复核核准程序；对于已经发生法律效力的判决和裁定，当发现确有错误时，可以通过审判监督程序进行纠正，这些是特殊程序。

项目一　死刑复核程序

 引例

被告人吴某于 2005 年 5 月～2007 年 2 月间，以非法占有为目的，采用虚构事实、隐瞒真相、以高额利息为诱饵等手段，向社会公众非法集资人民币 7.7 亿元。案发时尚有 3.8 亿元无法归还，此外还有大量的欠债。浙江省某中级人民法院以集资诈骗罪判处被告人吴某死刑，剥夺政治权利终身，并处没收个人全部财产。吴某不服上诉至浙江省高级人民法院。浙江省高级人民法院经公开开庭审理认为，一审判决认定被告人吴某犯集资诈骗罪的事实清楚，证据确实、充分。吴某集资诈骗数额特别巨大，给国家和人民利益造成了重大损失，犯罪情节特别严重，应依法严惩。一审判决定罪准确，量刑适当，审判程序合法。遂作出驳回上诉，维持原判的裁定。

问题：1. 浙江省高级人民法院的裁定书是否生效？

2. 此案应报请哪一级人民法院复核？

基本理论

一、死刑复核程序概述

死刑复核程序，是指拥有死刑核准权的人民法院对死刑的判决和裁定进行审查核准所应遵循的一种特殊审判程序，是死刑判决和裁定能够生效并交付执行的关键程序。其内容包括对判处死刑立即执行案件的复核程序和对判处死刑缓期二年执行案件的复核程序。

根据法律规定和司法实践经验，死刑复核程序的任务是由享有核准权的人民法院对下级人民法院报请复核的死刑判决、裁定，在认定事实和适用法律上是否正确进行全面审查，并依法作出是否核准死刑的决定。因此，对死刑案件进行复核时必须完成两项任务：一是查明原判认定的犯罪事实是否清楚，据以定罪的证据是否确实、充分，罪名是否准确，量刑（死刑、死缓）是否适当，程序是否合法；二是依据事实和法律，作出是否核准死刑的裁定并制作相应的司法文书，以核准正确的死刑判决、裁定，纠正不适当或错误的死刑判决、裁定。死刑复核程序在我们国家具有非常重要的地位。

这一程序设置充分体现了我国对死刑一贯坚持的严肃与谨慎、慎杀与少杀的方针政策，对于保证办案质量，正确适用死刑，坚持少杀，防止错杀，切实保障公民的人身权利、财产权利和其他合法权益，保障社会的长治久安均有重要意义。

死刑复核程序作为一种特殊程序，与普通程序相比，具有其自身的特点：

1. 死刑复核程序审理的对象具有特定性。死刑复核程序审理的对象仅是判处被告人死刑的案件，包括判处死刑立即执行和判处死刑缓期二年执行的案件。只有死刑案件才需要经过死刑复核程序。没有被判处死刑的案件无需经过这一程序。这种审理对象的特定性使死刑复核程序既不同于普通审判程序——一审和二审程序，也不同于另一种特殊审判程序——审判监督程序。

2. 死刑复核程序是死刑案件的必经程序，也是死刑案件的终审程序。在我国二审终审制的审级制度下，死刑判决必须经过死刑复核程序核准后才能发生法律效力。即对判处死刑（包括死刑缓期二年执行）的案件，在法定上诉、抗诉期限之内没有上诉、抗诉或者在法定上诉、抗诉期限内提出上诉、抗诉，但是二审法院仍然判处死刑（包括死刑缓期二年执行）的案件，只有经过最高人民法院或者高级人民法院依法核准后才是生效案件。从这个意义上说，死刑复核程序是两审终审制的一种例外。

3. 死刑案件的核准权，只能由最高人民法院或者高级人民法院行使。死刑案件的核准权是死刑复核程序的核心问题，我国刑事法律对此作出了严格的规定。根据《刑事诉讼法》第246条、第248条的规定，死刑由最高人民法院核准；中级人民法院判处死刑缓期二年执行的案件，由高级人民法院核准。

4. 引起死刑复核程序的方式具有特殊性。死刑复核程序是对判处死刑的案件，在经过普通程序审理后，由作出裁判的人民法院主动报请的。并且依照有关规定，人民法院报请复核的方式只能是按人民法院组织系统由下而上逐级报请复核和核准，不得越级报请复核和核准。

二、死刑立即执行案件的复核程序

（一）死刑立即执行案件的核准权

死刑核准权是死刑复核程序的关键问题，关系到设立这一程序的根本目的能否得以实现和能否有效防止错杀无辜者和罪不当死的罪犯被执行死刑。根据《刑事诉讼法》的规定，死刑立即执行案件由最高人民法院核准。

（二）判处死刑立即执行案件的报请复核

1. 报请复核的要求。根据《刑事诉讼法》第247条以及《最高人民法院关于适用〈中华人民共和国刑事诉讼法〉的解释》的规定，最高人民法院核准的死刑立即执行案件的报请复核应当遵循以下要求：

（1）中级人民法院判处死刑的第一审案件，被告人未上诉、人民检察院未抗诉的，在上诉、抗诉期满后 10 日内报请高级人民法院复核。高级人民法院同意判处死刑的，应当在作出裁定后 10 日内报请最高人民法院核准；不同意的，应当依照第二审程序提审或者发回重新审判。

（2）中级人民法院判处死刑的第一审案件，被告人上诉或者人民检察院抗诉，高级人民法院裁定维持的，应当在作出裁定后 10 日内报请最高人民法院核准。

（3）高级人民法院判处死刑的第一审案件，被告人未上诉、人民检察院未抗诉的，应当在上诉、抗诉期满后 10 日内报请最高人民法院核准。

（4）高级人民法院复核死刑案件，应当讯问被告人。

（5）依法应当由最高人民法院核准的死刑案件中，判处死刑缓期二年执行的罪犯，在死刑缓期执行期间，如果故意犯罪，情节恶劣，查证属实，应当执行死刑的，由高级人民法院报请最高人民法院核准。

简言之，判处死刑立即执行案件应在 10 日内自动上报，实行逐级上报、一案一报制度。

2. 判处死刑立即执行案件报请复核的材料。报送的材料应当包括：报请复核的报告，第一、二审裁判文书，死刑案件综合报告各五份以及全部案卷、证据。死刑案件综合报告，第一、二审裁判文书和审理报告应当附送电子文本。同案审理的案件应当报送全案案卷、证据。曾经发回重新审判的案件，原第一、二审案卷应当一并报送。具体内容如下：

（1）报请复核报告五份，应当包括下列内容：①案由；②简要案情（时间、地点、手段、情节、后果等）；③审理过程；④判决结果。

（2）死刑案件综合报告和判决书各五份。其中综合报告包括下列内容：①被告人、被害人的基本情况。被告人有前科或者曾受过行政处罚的，应当写明。②案件的由来和审理经过。案件曾经发回重新审判的，应当写明发回重新审判的原因、时间、案号等。③案件侦破情况。通过技术侦查措施抓获被告人、侦破案件的，以及与自首、立功认定有关的情况，应当写明。④第一审审理情况。包括控辩双方意见，第一审认定的犯罪事实，合议庭和审判委员会意见。⑤第二审审理或者高级人民法院复核情况。包括上诉理由、检察机关意见，第二审审理或者高级人民法院复核认定的事实，证据采信情况及理由，控辩双方意见及采纳情况。⑥需要说明的问题。包括共同犯罪案件中另案处理的同案犯的定罪量刑情况，案件有无重大社会影响，以及当事人的反应等情况。⑦处理意见。写明合议庭和审判委员会的意见。

（3）诉讼案卷和证据，根据具体案件情况应当包括下列内容：①拘留证、逮捕证、搜查证的复印件；②扣押赃款、赃物和其他在案物证的清单；③起诉意见书或者人民检察院的侦查终结报告；④人民检察院的起诉书；⑤案件审查报告、法庭审查笔录、合议庭评议笔录和审判委员会讨论决定笔录；⑥上诉状、抗诉状；⑦人民法院的判决书、裁定书和宣判笔录、送达回证；⑧能够证明案件具体情况并经查证属实的各种肯定的和否定的证据，包括物证或者物证照片、书证、证人证言、被害人陈述、被告人供述和辩解、鉴定意见以及勘验检查笔录等。对于不能随卷移送的物证，应由原审人民法院妥善保管，以便对案件进行复核时作必要的查证。

（4）共同犯罪的案件，应当报送全案的诉讼案卷和证据。

（三）死刑立即执行案件的复核

复核的程序如下：

1. 组成合议庭。根据《刑事诉讼法》第249条的规定，最高人民法院复核死刑立即执行案件，应当由审判员3人组成合议庭进行。合议庭应当由具有较高素质的审判人员构成，而且要坚持回避的原则，凡是曾经参加过本案的侦查、起诉、辩护及审判工作的人员，均不得参加合议庭，以保障复核的质量。

2. 讯问被告。最高人民法院复核死刑案件应当讯问被告人。死刑是剥夺生命的最严厉的刑罚，对死刑的适用应当慎之又慎，对死刑案件被告人应给予尽可能充分的人权保障。复核死刑案件讯问被告人，由最高人民法院的审判人员直接向被告人核实案件事实、情节，听取被告人的意见，为被告人提供直接向最高人民法院审判人员阐述辩解意见的机会，有助于进一步深入准确把握案情，最大限度地防止冤假错案，切实保障死刑案件被告人的合法权益，确保案件质量，维护司法公正。

最高人民法院讯问死刑案件被告人，一般由最高人民法院审判人员赴被告人羁押地进行实地讯问。为了缓解提讯工作的压力、提高办案工作效率，对于事实清楚、证据确实、充分，且被告人羁押地与具备远程视频提讯条件的法院距离较近、能够确保提押安全的案件，也可以利用全国法院专网以远程视频的方式进行讯问。但对于事实、证据比较复杂的死刑复核案件，则应赴被告人羁押地进行实地讯问，以确保讯问工作的质量。

3. 辩护律师提出要求的，应当听取辩护律师的意见。辩护律师参与死刑复核案件，是死刑复核程序的重要环节。辩护律师就死刑复核案件提出意见，有助于最高人民法院深入查清案件事实，全面准确适用法律，最大限度地避免冤假错案的发生。死刑案件复核期间，被告人的辩护律师提出当面反映意见要求或者提交证据材料的，最高人民法院有关合议庭应当在工作时间和办公场所接待，并制作笔录附卷。辩护律师提出的书面意见应当附卷，要作为重要的参考意见并归入最高法院的卷宗。对于辩护律师的意见、要求以及提交的证据材料，合议庭必须在评议时充分讨论，是否采纳辩护律师的意见均应在评议笔录及评议报告中体现。

此外，根据《刑事诉讼法》的规定，复核死刑案件过程中，最高人民检察院可以向最高人民法院提出意见。该条规定是最高人民检察院在死刑复核程序中履行其法律监督职能的基础。

4. 审查核实案卷材料，简称为"阅卷"。阅卷是非常重要的复核方式，通过全面审查案卷，可以发现原判认定犯罪事实是否清楚，证据是否确实、充分，定性是否准确，法律手续是否完备，对被告人判处死刑是否正确，以便结合提审被告人对案件作出正确的处理。审阅案卷应当全面审查以下内容：①必须认真查对和审核被告人的姓名、相貌、身份等个人特征。②被告人的年龄，有无责任能力，是否系怀孕的妇女；"审判的时候怀孕的妇女"既包括在人民法院审判的时候怀孕的妇女，也包括审判前羁押受审时已经怀孕的妇女；既包括婚孕妇女，也包括非婚孕妇女；既包括在此期间自愿做人工流产的妇女，也包括为了判处死刑而对她做了人工流产的妇女，都不能适用死刑。③原判决认定的主要事实是否清楚，证据是否确实、充分。④犯罪情节、后果及危害程度。⑤原审判决适用法律是否正确，是否必须判处死刑，是否必须立即执行。⑥有无法定、酌定从重、从轻或者减轻处罚的情节。⑦其他应当审查的情况。此外，在共同犯罪案件中，部分被告人被判处死刑的，最高人民法院复核时，应当对全案进行审查，但不影响对其他被告人已经发生法律效力的判决、裁定的执行；发现对其他被告人已经发生法律效力的判决、裁定确有错误时，可以指令原审人民法院再审。

5. 制作复核审理报告。最高人民法院、高级人民法院对报请复核的死刑案件进行全面审查后，合议庭应当进行评议并作出复核审理报告。复核审理报告应当包括下列内容：①案件的由来和审理经过；②被告人和被害人简况；③案件的侦破情况；④原判决要点和控辩双方意见；⑤对事实和证据复核后的分析和认定；⑥合议庭评议意见和审判委员会讨论决定意见；⑦其他需要说明的问题。

另外，最高人民法院应当将死刑复核结果通报最高人民检察院。

（四）对死刑立即执行案件复核后的处理

最高人民法院复核死刑立即执行案件，应当作出核准的裁定、判决，或者作出不予核准的裁定。具体而言包括以下两种情况：

1. 裁定核准死刑。

（1）直接核准。原判认定事实和适用法律正确、量刑适当、诉讼程序合法的，裁定予以核准。

（2）纠正后核准。原判判处被告人死刑并无不当，但具体认定的某一事实或者引用的法律条款等不完全准确、规范的，可以在纠正后作出核准死刑的判决或者裁定。

2. 裁定不予核准。

（1）裁定不予核准，并撤销原判，发回重新审判：①复核后认为原判认定事实不清、证据不足的；②复核后认为原判认定事实正确，但依法不应当判处死刑的；③复核后认为原审人民法院违反法定诉讼程序，可能影响公正审判的；④复核期间出现新的影响定罪量刑的事实、证据的；⑤对一人有两罪以上被判处死刑的数罪并罚案件，最高人民法院复核后，认为其中部分犯罪的死刑判决、裁定事实不清、证据不足的，应当对全案裁定不予核准，并撤销原判，发回重新审判；⑥对有两名以上被告人被判处死刑的案件，最高人民法院复核后，认为其中部分被告人的死刑判决、裁定事实不清、证据不足的，应当对全案裁定不予核准，并撤销原判，发回重新审判。

（2）裁定不予核准，依法改判：①对一人有两罪以上被判处死刑的数罪并罚案件，认为其中部分犯罪的死刑判决、裁定认定事实正确，但依法不应当判处死刑的，可以改判，并对其他应当判处死刑的犯罪作出核准死刑的判决；②对有两名以上被告人被判处死刑的案件，最高人民法院复核后，认为其中部分被告人的死刑判决、裁定认定事实正确，但依法不应当判处死刑的，可以改判，并对其他应当判处死刑的被告人作出核准死刑的判决。

最高人民法院裁定不予核准死刑的，根据案件情况，可以发回第二审人民法院或者第一审人民法院重新审判。

第一审人民法院重新审判的，应当开庭审理。第二审人民法院重新审判的，可以直接改判；必须通过开庭查清事实、核实证据或者纠正原审程序违法的，应当开庭审理。

三、死刑缓期二年执行案件的复核程序

死刑缓期二年执行，简称"死缓"。死缓不是一个独立的刑种，而是死刑的一种特殊执行方法，死缓制度是我国独创的一种刑罚制度，是贯彻惩罚犯罪与宽大量刑相结合，区别对待和少杀、慎杀政策的重要措施。判处死刑缓期二年执行，虽然不能立即剥夺人的生命，但是仍然存在执行死刑的可能性。在死刑缓期执行期间，没有故意犯罪，缓刑期满后就不再执行死刑而予以减刑；如果有故意犯罪，查证属实的，应当执行死刑。因此，法律也应当对判处死刑缓期二年执行的案件进行控制和监督，以体现严肃与谨慎相结合的方针，确保死缓判决的准确性。因此，死刑缓期二年执行判决的复核程序是我国死刑复核程序的重要组成部分。

（一）死刑缓期二年执行的核准权

《刑事诉讼法》第248条规定："中级人民法院判处死刑缓期二年执行的案件，由高级人民法院核准。"据此，《最高人民法院关于适用〈中华人民共和国刑事诉讼法〉的解释》进一步规定，中级人民法院判处死刑缓期二年执行的第一审案件，被告人未上诉、人民检察院未抗诉的，应当报请高级人民法院核准。然而，对于"中级人民法院判处死刑缓期二年执行的第一审案件，被告人上诉或者人民检察院抗诉的"，由高级人民法院进行二审。如果是"高级人民法院裁定维持原判的"以及"高级人民法院第一审判处死刑缓期二年执行的案件，在上诉、抗诉期内被告人不上诉、人民检察院也不抗诉的"这两种情况，《刑事诉讼法》以及《最高人民法院关于适用〈中华人民共和国刑事诉讼法〉的解释》没有明确规定是否需要核准，由谁进行核准。根据《刑法》第48条第2款的规定和司法实践，中级人民法院判处死刑缓期二年执行的案件，被告人提出上诉或者人民检察院提出抗诉的，高级人民法院应当按照第二审程序进行审理，对于维持原判的，即为生效裁定，不需再行复核；高级人民法院第一审判处死刑缓

期二年执行的案件，被告人不上诉、人民检察院不抗诉的，一审判决生效，无须复核。

简言之，除了最高人民法院审理和高级人民法院判处的死刑缓期二年执行的案件外，判处死刑缓期二年执行的案件，由高级人民法院核准。

法条链接

《刑法》第四十八条第二款　死刑除依法由最高人民法院判决的以外，都应当报请最高人民法院核准。死刑缓期执行的，可以由高级人民法院判决或者核准。

（二）死刑缓期二年执行案件的报请复核

报请复核死刑（死刑缓期二年执行）案件，应当一案一报。死刑缓期二年执行案件的报请复核与复核程序与死刑立即执行相一致。

（三）死刑缓期二年执行案件复核后的处理

根据《刑事诉讼法》以及《最高人民法院关于适用〈中华人民共和国刑事诉讼法〉的解释》的规定，高级人民法院核准死刑缓期二年执行的案件，应当按照下列情形分别办理：

1. 裁定核准死刑缓期二年执行。原判认定事实和适用法律正确、量刑适当、诉讼程序合法，应当裁定核准；原判认定的某一具体事实或者引用的法律条款等存在瑕疵，但判处被告人死刑缓期执行并无不当的，可以在纠正后作出核准的判决、裁定。

2. 裁定不予核准死刑缓期二年执行。对于不予核准死刑缓期二年执行的案件具体分以下情况：①原判认定事实正确，但适用法律有错误，或者量刑过重的，应当改判；②原判事实不清、证据不足的，可以裁定不予核准，并撤销原判，发回重新审判，或者依法改判；③复核期间出现新的影响定罪量刑的事实、证据的，可以裁定不予核准，并撤销原判，发回重新审判，或者依照上述解释第220条规定审理后依法改判；④原审违反法定诉讼程序，可能影响公正审判的，应当裁定不予核准，并撤销原判，发回重新审判。

此外，需要特别指出的是，根据《最高人民法院关于适用〈中华人民共和国刑事诉讼法〉的解释》第349条的规定，高级人民法院复核死刑缓期执行案件，不得加重被告人的刑罚。也就是说高级人民法院对死缓案件的改判，只能减轻原判刑罚，而不能改判为死刑立即执行，也不得以提高审级等方式加重被告人的刑罚。

引例分析

1. 一般刑事案件经过第一审、第二审程序以后，判决就发生法律效力。而死刑案件除经过第一审、第二审程序以外，还必须经过死刑复核程序。只有经过复核并核准的死刑判决才发生法律效力。因此浙江省高级人民法院的裁定书还未生效。

2. 死刑立即执行案件由最高人民法院核准。2012 年 4 月 20 日备受关注的吴某案死刑复核有了结果，最高人民法院依法裁定不予核准吴某死刑，将案件发回浙江省高级人民法院重新审判。5 月 21 日下午，浙江省高级人民法院经重新审理后，对吴某案作出终审判决，浙江省高院以集资诈骗罪判处被告人吴某死刑，缓期二年执行，剥夺政治权利终身，并没收其全部个人财产。

📓 思考与练习

1. 什么是死刑复核程序，死刑复核程序和二审程序有何区别？
2. 死刑立即执行案件的复核、核准程序有何要求？

📓 拓展阅读

1. 陈兴良、胡云腾主编：《死刑问题研究》（下册），中国人民公安大学出版社 2004 年版。
2. 贾宇主编：《死刑研究》，法律出版社 2006 年版。
3. 赵秉志主编：《死刑制度之现实考察与完善建言》，中国人民公安大学出版社 2006 年版。

项目二　审判监督程序

⭐ 引例

张林与高云发生口角，盛怒之下向高云臀部连刺两刀，高云鲜血直流，被在场群众送往医院。医院距案发地只有 5 分钟的路程，到医院后，该院医生及时将其伤口缝合，然后让其离开医院。在缝伤口之前，医院医生未测高云的血压、脉搏，也未探查其伤口。高云在离开医院 3 小时之后，神志不清，身下有大片血泊，处于失血休克状态，高云又被送进该医院抢救。经探查伤口，发现系臀下动脉断裂。该医院已达到缝合中动脉所应当具备的条件，当事医生也具备探查伤口、缝合中动脉的学识及水平。但由于失去了最佳的抢救时间，高云再次到医院后，终因流血过多，抢救无效死亡。案件发生后，公安机关立案侦查。侦查终结后，以张林犯有故意伤害致人死亡罪提请人民检察院起诉，检察院也以此罪起诉。人民法院经过审理认为，被告人张林犯有故意伤害致人死亡罪，判处其死刑，缓期二年执行，剥夺政治权利终身。被告人不服，提起上诉。二审法院经过审理，驳回了上诉，维持原判决。至此，判决发生法律效力。在判决执行中，被告人张林又提出申诉，要求人民法院依审判监督程序重新进行审理。

问题：1. 被告人是否有权提起审判监督程序？

2. 本案的审判监督程序如何提起？

3. 被告人如何才能令其申诉符合提起审判监督程序的条件？

 基本理论

一、审判监督程序概述

审判监督程序，是指人民法院、人民检察院对于已经发生法律效力的判决和裁定，发现在认定事实上或在适用法律上确有错误，依职权提起并由人民法院对案件进行重新审判的一种诉讼程序。审判监督程序具有以下特点：

1. 审判监督程序不是法定的必经程序。我国《刑事诉讼法》第10条规定："人民法院审判案件，实行两审终审制。"一个案件经过两级法院的审判，其判决和裁定就具有生效的执行力。第一审判决下达后，在法定期限内没有提起上诉、抗诉，判决就发生法律效力。审判监督程序并不是像第一审、第二审程序那样，只要有起诉或者上诉、抗诉的情形，就必须审判，也不像死刑复核程序那样，凡是判处死刑的案件都必须逐级上报核准。在能引起审判监督程序的三种情况里，由当事人申请再审的案件，其审判监督程序的提起与否，并不是确定的，只有符合法定条件的申请，才能引起再审程序的发生。在这一点上，我们说，审判监督程序是一种特殊的诉讼程序，不是法定的必经程序。

2. 审判监督程序审理的对象是已经发生法律效力的判决和裁定。根据《刑事诉讼法》第259条的规定，生效的判决、裁定包括已过法定期限没有上诉、抗诉的判决和裁定；终审的判决和裁定；最高人民法院核准的死刑的判决和高级人民法院核准的死刑缓期二年执行的判决。需强调的是，审判监督程序的审理对象是已经发生法律效力的判决和裁定，并不意味着任何发生法律效力的判决、裁定都可以成为审判监督程序的审理对象，只有那些既发生了法律效力而又有错误的判决、裁定才可以成为审判监督程序的审理对象。

3. 提起审判监督程序的主体是法定的机关和人员。根据《刑事诉讼法》第254条的规定，有权依照审判监督程序提出再审的，是最高人民法院、上级人民法院、最高人民检察院、上级人民检察院和各级人民法院的院长。当事人及其法定代理人、近亲属对已发生法律效力的判决、裁定，可以向人民法院或人民检察院提出申诉，但这只是引起再审的一个来源，其本身不是再审的主体，不能直接引起审判监督程序，也不能阻止判决、裁定的继续执行。

4. 依照审判监督程序提起再审，不受时间限制。我国刑事诉讼法对依照审判监督程序提起再审没有规定时间上的限制，无论生效的判决、裁定是处在执行的过程中，还是已经执行完毕，只要在认定事实上或适用法律上确有错误，任何时候都可以提起再审。但是在发现新罪或者需要将无罪改为有罪时，需受追诉时效期限的限制，而对有罪改为无罪的，法律未规定任何期限限制。

5. 我国刑事审判监督程序没有再审程序和监督程序的划分。我国刑事诉讼法没有再审程序与监督程序之分，只规定了一种审判监督程序。我国实践中把按审判监督程序审理的案件称为再审案件。而理论上一般也将审判监督程序称为生效裁判的再审程序，可将其概括为对已经发生法律效力的裁判因发现其事实认定或法律适用错误而进行的重新审理。但我国同大陆法系国家不同，大陆法系国家一般都规定了再审和监督两种不同的程序，如法国、日本等；也有国家仅规定再审程序，如德国。再审程序主要适用于案件认定事实上的错误，监督程序则主要适用于法律适用上的错误，两种程序是严格区分的，不能混淆。而我国并没有这两种程序上的区分。

6. 再审改判可以判处重于原判的刑罚。按审判监督程序进行审判的案件，相当于重新审理，不论提起的主体是谁，在审理后量刑时，根据事实和法律规定，既可加重，也可维持或减轻。这与"上诉不加刑"是有区别的。

综上，我国刑事审判监督程序作为对生效裁判实施救济的一种特别程序，按照我国的主流诉讼理论，其目的就是贯彻"实事求是""有错必纠""不枉不纵"的原则，最大限度地实现刑事诉讼法的任务。正因为如此，依照审判监督程序纠正错判案件，对于切实保护人民群众的合法权益，维护司法公正，有着不可替代的重要作用。

二、审判监督程序的提起

（一）提起审判监督程序的材料来源

提起审判监督程序的材料来源，是指对发生法律效力的判决、裁定发现有错误而提出的有关证据及其资料等的渠道、来源。根据刑事诉讼法的规定和司法实践，这些材料来源主要有：当事人及其法定代理人、近亲属的申诉；各级人民代表大会代表提出的纠正错案议案；司法机关通过办案或者复查案件对错案的发现；人民群众的来信来访；机关、团体、企业、事业单位和新闻媒体等对生效裁判反映的意见。

上述材料来源并不必然引起审判监督程序。是否提起审判监督程序，取决于是否具有法定的理由。以上各种材料来源，仅仅是可能引起或应该提起审判监督程序的原因与条件，影响再审的决定和开始。有了材料来源以及对这些材料的审查，也不等于提起再审。是否进行再审，应根据再审材料有无事实根据、理由是否充分，即是否具有《刑事诉讼法》第253条规定的情形，从而作出决定。只有人民检察院提出抗诉或者人民法院作出再审决定，才是再审程序的提起和开端。

在提起审判监督程序的材料来源中，当事人及其法定代理人、近亲属的申诉是一种最主要的形式。

1. 申诉的概念。所谓申诉，是指当事人及其法定代理人、近亲属对已经发生法律效力的判决、裁定不服，向人民法院或者人民检察院提出重新审查案件的一种诉讼请求。根据刑事诉讼法学原理，申诉本身不是诉，它仅是当事人及其法定代理人、近亲属的一项诉讼权利，而且还不是法律意义上的一种完整诉权，并不必然引起再审。根据《刑事诉讼法》第253条的规定，申诉只有符合该条规定的五种情形之一，人民法院才能再审。

2. 申诉的主体。根据《刑事诉讼法》第252条的规定，申诉主体限定为当事人及其法定代理人、近亲属。人民法院对不符合法定主体资格的申诉，不予受理，而是按来信、来访处理。此外应当注意的是：申诉权人与上诉权人的范围不大相同。如被害人没有上诉权但有申诉权；近亲属只有在被告人同意的情况下才可以上诉，即近亲属没有独立的上诉权，但近亲属却有独立的申诉权，近亲属进行申诉时无需被告人的同意。

3. 申诉的对象。根据《刑事诉讼法》第252条的规定，申诉的对象必须是已经发生法律效力的判决、裁定。当事人及其法定代理人、近亲属可以向人民法院提出申诉，也可以向人民检察院提出申诉。

4. 申诉的时间。关于申诉时间，《刑事诉讼法》并无规定，但《最高人民法院关于规范人民法院再审立案的若干意见（试行）》第10条规定，人民法院对刑事案件的申诉人在刑罚执行完毕后2年内提出的申诉，符合条件的，应当受理。但特殊情形下，超过2年的，也应当受理。例如，可能对原审被告人宣告无罪的；在期限内向法院申诉，法院未受理的；以及属于疑难、复杂、重大案件的。

5. 申诉的提出。申诉人向人民法院、检察院申诉，应当提交以下材料：①申诉状，应当写明当事人的基本情况、联系方式以及申诉的事实与理由。②原一、二审判决书、裁定书等法律文书。经过人民法院复查或者再审的，应当附有驳回通知书、再审决定书、再审判决书、裁定书。③其他相关材料。以有新的证据证明原判决、裁定认定的事实确有错误为由申诉的，应当同时附有相关证据材料；申请人民法院调查取证的，应当附有相关线索或者材料。申诉不符合规定的，人民法院应当告知申诉人补充材料；申诉人对必要材料拒绝补充且无正当理由的，不予审查。

6. 申诉的受理和审查处理。

（1）人民法院对申诉的受理和审查处理。根据《最高人民法院关于适用〈中华人民共和国刑事诉讼法〉的解释》第373条的规定，申诉由终审人民法院审查处理。但是，第二审人民法院裁定准许撤回上诉的案件，申诉人对第一审判决提出申诉的，可以由第一审人民法院审查处理。上一级人民法院对未经终审人民法院审查处理的申诉，可以告知申诉人向终审人民法院提出申诉，或者直接交终审人民法院审查处理，并告知申诉人；案件疑难、复杂、重大的，也可以直接审查处理。对未经终审人民法院及其上一级人民法院审查处理，直接向上级人民法院申诉的，上级人民法院可以告知申诉人向下级人民法院提出。

对最高人民法院核准死刑案件或者授权高级人民法院核准死刑案件的申诉，可以由原核准的人民法院直接处理，也可以交由原审人民法院审查，原审人民法院应当写出审查报告，提出处理意见，逐级上报原核准的人民法院审定。原审人民法院审查处理的申诉、上级人民法院直接处理的申诉和转交下级人民法院审查处理的申诉，应当立申诉卷。人民法院受理申诉后，应当在 3 个月内作出决定，最迟不得超过 6 个月。

人民法院经过审查，认为有《刑事诉讼法》第 253 条规定的情形之一的，应当按照审判监督程序重新审判。这些情形包括：①有新的证据证明原判决、裁定认定的事实确有错误，可能影响定罪量刑的；②据以定罪量刑的证据不确实、不充分、依法应当予以排除，或者证明案件事实的主要证据之间存在矛盾的；③原判决、裁定适用法律确有错误的；④违反法律规定的诉讼程序，可能影响公正审判的；⑤审判人员在审理该案件的时候，有贪污受贿，徇私舞弊，枉法裁判行为的。《最高人民法院关于规范人民法院再审立案的若干意见（试行）》第 7 条则作了进一步的规定，即对终审刑事裁判的申诉，具备下列情形之一的，人民法院应当决定再审：①有审判时未收集到的或者未被采信的证据，可能推翻原定罪量刑的；②主要证据不充分或者不具有证明力的；③原裁判的主要事实依据被依法变更或撤销的；④据以定罪量刑的主要证据自相矛盾的；⑤引用法律条文错误或者违反《刑法》第 12 条的规定适用失效法律的；⑥违反法律关于溯及力规定的；⑦量刑明显不当的；⑧审判程序不合法，影响案件公正裁判的；⑨审判人员在审理案件时索贿受贿、徇私舞弊并导致枉法裁判的。

人民法院经过审查，对不符合上述情形的申诉，应当说服申诉人撤回申诉；对仍然坚持申诉的，应当书面通知驳回。申诉人对驳回申诉不服的，可以向上一级人民法院申诉。上一级人民法院经审查认为申诉不符合《刑事诉讼法》第 253 条和《最高人民法院关于适用〈中华人民共和国刑事诉讼法〉的解释》第 375 条第 2 款规定的，应当说服申诉人撤回申诉；对仍然坚持申诉的，应当驳回或者通知不予重新审判。此外，《最高人民法院关于规范人民法院再审立案的若干意见（试行）》第 11 条还规定，人民法院对刑事附带民事案件中仅就民事部分提出申诉的，一般不予再审立案。但有证据证明民事部分明显失当且原审被告人有赔偿能力的除外。

（2）人民检察院对申诉的受理和审查处理。根据《人民检察院刑事诉讼规则》第 583 条的规定，当事人及其法定代理人、近亲属认为人民法院已经发生法律效力的判决、裁定确有错误，向人民检察院申诉的，由刑事申诉检察部门依法办理。

人民检察院对申诉材料应迅速审查，认为需要复查的，由承办人填写案件处理呈批表，经主管领导批准后复查。对批准复查的申诉案件，应当拟订复查计划，确定需要查清的主要问题以及复查的方法、步骤、措施和完成的时间等。复查终结后，办案人员应制作结案报告，内容包括：①申诉的主要问题和主要事实；②查证的情况和结果；③复查处理的意见。结案须经部门负责人批准。重大的案件应报检察长或检察委员会批准。作结案处理，必须履行法律手续。法院原判决、裁定正确的，驳回申诉，并制作驳回申诉通知书。原判决、裁定确有错误，需要纠正的，应制作改判建议书，建议人民法院重新审理；认为需要提出抗诉的，应当提出抗诉意见，连同案卷一并移送审查起诉部门审查。审查起诉部门经审查认为需要提出抗诉的，报请检察长提交检察委员会讨论决定。检察委员会决定抗诉后，由审查起诉部门出庭支持抗诉。

（二）提起审判监督程序的主体及权限

审判监督程序属依职权直接发动的审判程序，有权提起审判监督程序的主体有：作出生效裁判的人民法院的院长和审判委员会、最高人民法院、上级人民法院、最高人民检察院、上级人民检察院。其大体分为两大类：

1. 法院。根据我国《刑事诉讼法》和最高人民法院有关司法解释的规定，有权提起审判监督程序的法院有：

（1）各级人民法院院长对本院已经发生法律效力的判决和裁定，如果发现在认定事实或者适用法律上确有错误，应当提交审判委员会处理。这里的"各级人民法院"是指作出生效判决、裁定的人民法院。此外应当明确以下几点：①对本院已经发生法律效力的判决、裁定提起审判监督程序的权力，应由院长和审判委员会共同行使，即院长拥有提交权，而审判委员会拥有决定权；②各级人民法院院长和审判委员会提起审判监督程序的对象只能是本院的生效裁判，包括本院一审生效、二审终审和核准的裁判，不能是上级或者其他同级人民法院的生效裁判；③审判委员会对院长提交讨论的本院生效裁判，讨论后决定再审的，应当另行组成合议庭；④各级人民法院提起审判监督程序重新审结的案件，如果发现仍有错误，还可以提交审判委员会处理，也可以送请上一级人民法院依照审判监督程序处理。

（2）最高人民法院对各级人民法院已经发生法律效力的判决和裁定，上级人民法院对下级人民法院已经发生法律效力的判决和裁定，如果发现确有错误，有权提审或者指令下级人民法院再审。

所谓指令再审，是指上级人民法院对下级人民法院已经生效且确有错误的裁判，撤销原判，指令下级人民法院按审判监督程序重新审理。指令下级人民法院再审时，原则上应当指令与原审人民法院同级的其他下级人民法院审理，使原审人民法院整体回避，从而确保再审审理的公正性和裁判的权威性；但在特殊情况下，由原审人民法院审理更为适宜的，也可以指令原审人民法院审理。这些情况包括该案件当事人都同意在原审人民法院审理，或者双方当事人和主要证据都在原审人民法院管辖地区，由原审人民法院审理不至于影响公正审判的，或者存在其他由原审人民法院审理更为适宜的情形，而且由原审人民法院审理不至于影响公正审判的。此外，根据《刑事诉讼法》第256条的规定，如果再审案件由原审人民法院审理，原审人民法院必须另行组成合议庭进行，原来曾经参与该案处理的审判人员都应当回避。换言之，如果原审人民法院由于各种原因确实无法另行组成合议庭，也应当申请上级人民法院指令与其同级的其他人民法院审理。

所谓提审，是指最高人民法院或上级人民法院经过审查，认为原审人民法院已经生效的裁判确有错误，需要提起审判监督程序，但案件又不需要或不宜由原审人民法院重新审判的，直接由其组成合议庭，调取原审的案卷和材料，对案件进行审理。

应当指出，指令再审和决定提审都是上级人民法院对下级人民法院发生法律效力的判决、裁定提起审判监督程序的方式。为便于再审案件审理时传唤当事人和其他诉讼参与人出庭以及就地复查证据、核实案情，一般应由最高人民法院和上级人民法院指令原终审人民法院再审。对于原判决、裁定认定事实正确，但是在适用法律上有错误，或者案情疑难、复杂、重大的，或者有其他不宜由原审人民法院审理的情况的案件，也可以提审。

决定再审、指令再审和决定提审，都是人民法院提起审判监督程序的方式。人民法院根据上述方式重新审判案件，应当制作再审决定书。

2. 根据《刑事诉讼法》以及《人民检察院刑事诉讼规则》的规定，人民检察院依法对人民法院的判决和裁定是否正确实行监督。最高人民检察院对各级人民法院已经发生法律效力的判决和裁定，上级人民检察院对下级人民法院已经发生法律效力的判决和裁定，如果发现确有错误，有权按照审判监督程序向同级人民法院提出抗诉。必须指出的是，有权按照审判监督程序提起抗诉的只能是最高人民检察院和上级人民检察院。地方各级人民检察院发现同级人民法院已经发生法律效力的判决和裁定确有错误时，无权按照审判监督程序提出抗诉，应当制作《提请抗诉报告书》报请上级人民检察院，由其按照审判监督程序，向它的同级人民法院提出抗诉。最高人民检察院如果发现最高人民法院的生效裁判确有错误，有权按照审判监督程序直接向最高人民法院提出抗诉。抗诉的理由包括：①有新的证据证明原判决、裁定认定的事实确有错误的；②据以定罪量刑的证据不确实、不充分或者证明案件事实的主要证据之间存在矛盾的；③原判决、裁定适用法律确有错误的；④审判人员在审理该案件的时候，有贪污受贿、徇私舞弊、枉法裁判行为的。

对人民法院已经发生法律效力的判决、裁定需要提出抗诉的，由控告申诉部门报请检察长提交检察委员会讨论决定。人民检察院决定抗诉后，由审查起诉部门出庭支持抗诉。

最高人民检察院发现各级人民法院已经发生法律效力的判决或者裁定，上级人民检察院发现下级人民法院已经发生法律效力的判决或者裁定确有错误时，可以直接向同级人民法院提出抗诉，或者指令作出生效判决、裁定人民法院的上一级人民检察院向同级人民法院提出抗诉。人民检察院按照审判监督程序向人民法院提出抗诉的，应当将抗诉书副本报送上一级人民检察院。

人民法院在收到人民检察院的抗诉书后，应在1个月内立案，并根据不同情况，分别处理：①不属于本院管辖的，决定退回人民检察院；②按照抗诉书提供的住址无法向被提出抗诉的原审被告人送达抗诉书的，决定退回人民检察院；③以有新证据为由提出抗诉，抗诉书未附有新的证据目录、证人名单和主要证据复印件或者照片的，决定退回人民检察院；④以有新证据为由提出抗诉，但该证据并不是指向原起诉事实的，决定退回人民检察院。人民法院决定退回的刑事抗诉案件，人民检察院经补充相关材料后再次提出抗诉，经审查符合受理条件的，人民法院应当予以受理。接受抗诉的人民法院应当组成合议庭进行重新审理；对于原判决事实不清或者证据不足的，可以指令下级人民法院再审，并将指令再审的决定书抄送提起抗诉的人民检察院。需要指令下级人民法院再审的，应当自接受抗诉之日起1个月以内作出决定。

提出抗诉，是人民检察院提起审判监督程序的方式。人民法院根据这种方式重新审判的，不必制作再审决定书。

三、按照审判监督程序对案件进行重新审判

（一）重新审判的方式

1. 开庭审理。也叫直接审理，是指在控辩双方和其他诉讼参与人的直接参加下，由审判人员直接调查核实证据、查明事实、运用法律作出裁判的审理方式。该种审理方式主要适用于以下几种再审案件：①依照第一审程序重新进行审判的案件；②人民检察院提出抗诉的案件；③依照第二审程序重新审判的原判事实不清、证据不足的案件；④原审法院严重违反诉讼程序的案件。

2. 书面审理。所谓书面审理，是指法院不传唤原案当事人，不通知证人、鉴定人等诉讼参与人到庭，不进行法庭调查和辩论，只根据原案卷材料及申诉材料和意见，由合议庭评议后直接作出裁判的审理方式。

书面审理方式一般适用于：①原裁判事实清楚、证据充分，只是适用法律确有错误的案件；②案件事实清楚，被告人已经死亡，应当改判无罪的案件。

3. 书面审理与庭外调查讯问相结合。书面审理与庭外调查讯问相结合，是介于开庭审理与书面审理之间的一种审理方式。法院一般要讯问当事人、询问证人，审查原裁判，调查新事实，收集新证据，必要时，还应听取检察院和辩护人的看法和意见。

（二）重新审判的程序

《刑事诉讼法》第256条规定："人民法院按照审判监督程序重新审判的案件，由原审人民法院审理的，应当另行组成合议庭进行。如果原来是第一审案件，应当依照第一审程序进行审判，所作的判决、裁定，可以上诉、抗诉；如果原来是第二审案件，或者是上级人民法院提审的案件，应当依照第二审程序进行审判，所作的判决、裁定，是终审的判决、裁定。人民法院开庭审理的再审案件，同级人民检察院应当派员出席法庭。"

1. 开庭前的工作。人民法院在开庭审理前，应当进行下列工作：①确定合议庭的组成人员；②将再审决定书、申诉书副本至迟在开庭30日前，重大、疑难案件至迟在开庭60日前送达同级人民检察院并通知其查阅案卷和准备出庭；③将再审决定书或抗诉书副本至迟在开庭30日以前送达原审被告人（原审上诉人），告知其可以委托辩护人或者依法为其指定承担法律援助义务的律师担任辩护人；④至迟在开庭15日前，重大、疑难案件至迟在开庭60日前，通知辩护人查阅案卷和准备出庭；⑤将开庭的时

间、地点在开庭 7 日以前通知人民检察院；⑥传唤当事人，通知辩护人、诉讼代理人、证人、鉴定人和翻译人员，传票和通知书至迟在开庭 7 日以前送达；⑦公开审判的案件，在开庭 7 日以前先期公布案由、原审被告人（原审上诉人）姓名、开庭时间和地点；⑧控辩双方收到再审决定书或抗诉书后，人民法院通知开庭之日前，可以提交新的证据。开庭后，除对原审被告人（原审上诉人）有利的证据外，人民法院不再接纳新证据；⑨应当在开庭 30 日前通知人民检察院、当事人或者辩护人查阅、复制双方提交的新证据目录及新证据复印件、照片；⑩应当在开庭 15 日前通知控辩双方查阅、复制人民法院调取的新证据目录及新证据复印件、照片等证据。

2. 提押、中止执行及强制措施。人民法院决定再审或者受理抗诉书后，原审被告人（原审上诉人）正在服刑的，人民法院依据再审决定书或者抗诉书及提押票等文书办理提押。原审被告人（原审上诉人）在押，再审可能改判宣告无罪的，人民法院裁定中止执行原裁决后，可以取保候审。原审被告人（原审上诉人）不在押，确有必要采取强制措施并符合法律规定采取强制措施条件的，人民法院裁定中止执行原裁决后，依法采取强制措施。应当注意，根据《刑事诉讼法》第 257 条的规定，人民法院决定再审的案件，需要对被告人采取强制措施的，由人民法院依法决定；人民检察院提出抗诉的再审案件，需要对被告人采取强制措施的，由人民检察院依法决定。这样根据决定启动再审案件的主体——人民法院或人民检察院的不同，在再审程序中需要对被告人采取强制措施时，分别由人民法院或人民检察院依法作出决定，从而保障再审程序的顺利进行。这既是程序法定原则的要求，也是刑事诉讼法实现其尊重和保障人权任务的需要。当然，无论人民法院还是人民检察院决定采取强制措施，都必须符合《刑事诉讼法》第六章规定的适用相应的强制措施的条件和程序。

3. 开庭审理。①开庭审理前，合议庭应当核实原审被告人（原审上诉人）何时因何案被人民法院依法裁判，在服刑中有无重新犯罪，有无减刑、假释，何时刑满释放等情形。原审被告人（原审上诉人）到达开庭地点后，合议庭应当查明原审被告人（原审上诉人）基本情况，告知原审被告人（原审上诉人）享有辩护权和最后陈述权，制作笔录后，分别由该合议庭成员和书记员签名。②开庭审理时，审判长宣布合议庭组成人员及书记员，公诉人、辩护人、鉴定人和翻译人员的名单，并告知当事人、法定代理人享有申请回避的权利。③人民法院决定再审的，由合议庭组成人员宣读再审决定书。根据人民检察院提出抗诉进行再审的，由公诉人宣读抗诉书。当事人及其法定代理人、近亲属提出申诉的，由原审被告人（原审上诉人）及其辩护人陈述申诉理由。④在审判长主持下，控辩双方应就案件的事实、证据和适用法律等问题分别进行陈述。合议庭对控辩双方无争议和有争议的事实、证据及适用法律问题进行归纳，予以确认。⑤在审判长主持下，就控辩双方有争议的问题，进行法庭调查和辩论；控辩双方对提出的新证据或者在原审中据以定罪量刑的有异议的证据进行质证。⑥进入辩论阶段，原审被告人（原审上诉人）及其法定代理人、近亲属提出申诉的，先由原审被告人（原审上诉人）及其辩护人发表辩护意见，然后由公诉人发言，被害人及其代理人发言；被害人及其法定代理人、近亲属提出申诉的，先由被害人及其代理人发言，公诉人发言，然后由原审被告人（原审上诉人）及其辩护人发表辩护意见；人民检察院提出抗诉的，先由公诉人发言，被害人及其代理人发言，然后由原审被告人（原审上诉人）及其辩护人发表辩护意见；既有申诉又有抗诉的，先由公诉人发言，后由申诉方当事人及其代理人或者辩护人发言或者发表辩护意见，然后由对方当事人及其代理人或辩护人发言或者发表辩护意见。公诉人、当事人和辩护人、诉讼代理人经审判长许可，可以进行辩论。⑦合议庭根据控辩双方举证、质证和辩论情况，可以当庭宣布认证结果。

人民法院按照审判监督程序重新审判的案件，应当对原判决、裁定认定的事实、证据和适用法律进行全面审查。按照审判监督程序进行再审的刑事自诉案件，应当依法作出判决、裁定；附带民事部分可以调解结案。

4. 重新审判的期限。重新审判的期限，是指人民法院从确定对生效裁判重新审判开始到审理终结之间所必须遵守的时间限制。

《刑事诉讼法》第258条第1款规定："人民法院按照审判监督程序重新审判的案件，应当在作出提审、再审决定之日起3个月以内审结，需要延长期限的，不得超过6个月。"考虑到必须及时有效地处理案件，故立法作了限制性规定，再审时间最长不得超过6个月，以防止久拖不决现象的发生。此外，为了使抗诉案件的接受与审理方式相衔接，《刑事诉讼法》第258条第2款规定："接受抗诉的人民法院按照审判监督程序审判抗诉的案件，审理期限适用前款规定；对需要指令下级人民法院再审的，应当自接受抗诉之日起1个月以内作出决定，下级人民法院审理案件的期限适用前款规定。"这些规定，既包括了本级人民法院决定提起再审的案件，也包括了上级人民法院决定提起再审的案件，还包括了上级人民法院直到最高人民法院提审或者指令下级人民法院再审的案件，同时又包括了人民法院接受人民检察院抗诉的案件，以及下级人民法院接到指令再审后重新审判的案件。所有这些案件，人民法院都应当在法定期限内进行审理并作出判决，以保护申诉人的合法权利。

（三）重新审判后的结果

人民法院按照审判监督程序对案件重新审理以后，应当分别依案件的不同情况作出如下处理：

1. 原判决、裁定认定事实和适用法律正确，量刑适当的，应当裁定驳回申诉或抗诉。

2. 原判决、裁定认定事实没有错误，但适用法律有错误或者量刑不当的，应当改判。按照第二审程序审理的案件，认为必须判处被告人死刑立即执行的，直接改判后，应当报请最高人民法院核准。

3. 应当对被告人实行数罪并罚的案件，原判决、裁定没有分别定罪量刑的，应当撤销原判决、裁定，重新定罪量刑，并决定执行的刑罚。

4. 按照第二审程序审理的案件，原判决、裁定认定事实不清或者证据不足的，可以在查清事实后改判，也可以裁定撤销原判，发回原审人民法院重新审判。原判决、裁定认定事实不清、证据不足，经再审仍无法查清，证据仍不足，不能认定原审被告人有罪的，应当作出证据不足、指控的犯罪不能成立的无罪判决。

至于依照审判监督程序进行再审的案件结果能否加重被告人的刑罚，我国《刑事诉讼法》和有关的司法解释都未作出明确规定。理论界和司法实践的传统观点和习惯做法是：根据案件的具体情况，既可以减轻被告人的刑罚，也可以加重被告人的刑罚。但是，根据一事不再理原则，从保护被告人利益的角度出发，并结合世界刑事诉讼发展的总趋势来看，再审后加重被告人刑罚应当受到严格限制。目前，日本、德国等国在刑事诉讼法中已经有再审不加刑的明确规定。

引例分析

1. 被告人无权提起审判监督程序，只有人民法院和人民检察院才能是审判监督程序的提起主体。但被告人可以向人民法院申诉，为人民法院提起审判监督程序提供材料来源。

2. 被告人应先向原审人民法院申诉，若原审人民法院不受理或驳回申诉的，可以向上一级人民法院申诉，由有关人民法院受理审查并立申诉卷后，有符合《刑事诉讼法》第253条规定的情形之一的，由有关人民法院院长提请审判委员会决定重新审判，审判委员会决定重新审判的，审判监督程序才正式启动。

3. 根据《刑事诉讼法》第253条，申诉符合法定的审判监督程序提起理由的，人民法院应当重新审判，其中包括：①有新的证据证明原判决、裁定认定的事实确有错误，可能影响定罪量刑的；②据以定罪量刑的证据不确实、不充分、依法应当予以排除，或者证明案件事实的主要证据之间存在矛盾的。

根据以上原理，分析本案案情，可以看出，本案生效判决和裁定在认定事实上确有错误。案情表明，被告人张林对被害人高云的死亡不负刑事责任，而只能对被害人高云的重伤负刑事责任，因为在案件发生之后，被害人高云当即被送到医院抢救，尽管其伤势较重，但该医院完全有能力进行抢救。如果医院认真负责，及时探查高云的伤口，对症采取抢救措施，完全可以缝合高云断裂的臀下动脉，而不致造成其死亡。高云之所以最后死亡，是因为医院医生的失职，延误了3小时的抢救时间，失去了抢救的机会。可见，被告人张林的行为与被害人高云的死亡之间不存在必然的因果关系，前者不是后者的原因，后者也不是前者的必然结果。本案二审生效裁定认定被告人张林犯有故意伤害致人死亡罪，实际上是让张林对高云的死亡承担刑事责任，这显然是错误的，因为张林的行为实际上只造成了高云重伤的结果，只与高云重伤的结果之间存在因果关系。因此，二审法院的生效裁定在认定事实上是确有错误的，由于认定事实上的错误，也就导致了适用法律的错误，二审法院本来只能以张林故意重伤罪判处被告人张林的刑罚，但却以故意伤害致人死亡的条款判处张林死刑缓期二年执行，这也是错误的。

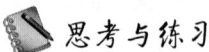 思考与练习

1. 刘某因抢劫罪被判处有期徒刑 10 年，判决生效后刘某被送往当地监狱服刑，刘某的父亲认为判决有错误，拟提出申诉，下列哪些说法是错误的？

A. 刘某的父亲应当向原作出生效判决的人民法院提出申诉

B. 刘某的父亲必须有新的证据证明原判决认定的事实确有错误

C. 刘某的父亲只能在刘某被判刑罚执行完毕后 2 年以内提出申诉

D. 对于刘某父亲的申诉，只能由原生效判决法院受理

2. 简述审判监督程序与二审程序的区别。

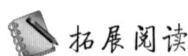 拓展阅读

最高人民法院关于落实司法责任制 完善审判监督管理机制的意见（试行）（法发〔2017〕11 号）

为全面落实司法责任制改革，正确处理充分放权与有效监管的关系，规范人民法院院庭长审判监督管理职责，切实解决不愿放权、不敢监督、不善管理等问题，根据《最高人民法院关于完善人民法院司法责任制的若干意见》等规定，就完善人民法院审判监督管理机制提出如下意见：

一、各级人民法院在法官员额制改革完成后，必须严格落实司法责任制改革要求，确保"让审理者裁判，由裁判者负责"。除审判委员会讨论决定的案件外，院庭长对其未直接参加审理案件的裁判文书不再进行审核签发，也不得以口头指示、旁听合议、文书送阅等方式变相审批案件。

二、各级人民法院应当逐步完善院庭长审判监督管理权力清单。院庭长审判监督管理职责主要体现为对程序事项的审核批准、对审判工作的综合指导、对裁判标准的督促统一、对审判质效的全程监管和排除案外因素对审判活动的干扰等方面。

院庭长可以根据职责权限，对审判流程运行情况进行查看、操作和监控，分析审判运行态势，提示纠正不当行为，督促案件审理进度，统筹安排整改措施。院庭长行使审判监督管理职责的时间、内容、节点、处理结果等，应当在办公办案平台上全程留痕、永久保存。

三、各级人民法院应当健全随机分案为主、指定分案为辅的案件分配机制。根据审判领域类别和繁简分流安排，随机确定案件承办法官。已组建专业化合议庭或者专业审判团队的，在合议庭或者审判团队内部随机分案。承办法官一经确定，不得擅自

变更。因存在回避情形或者工作调动、身体健康、廉政风险等事由确需调整承办法官的，应当由院庭长按权限审批决定，调整理由及结果应当及时通知当事人并在办公办案平台公示。

有下列情形之一的，可以指定分案：①重大、疑难、复杂或者新类型案件，有必要由院庭长承办的；②原告或者被告相同、案由相同、同一批次受理的2件以上的批量案件或者关联案件；③本院提审的案件；④院庭长根据个案监督工作需要，提出分案建议的；⑤其他不适宜随机分案的案件。指定分案情况，应当在办公办案平台上全程留痕。

四、依法由合议庭审理的案件，合议庭原则上应当随机产生。因专业化审判需要组建的相对固定的审判团队和合议庭，人员应当定期交流调整，期限一般不应超过两年。

各级人民法院可以根据本院员额法官和案件数量情况，由院庭长按权限指定合议庭中资历较深、庭审驾驭能力较强的法官担任审判长，或者探索实行由承办法官担任审判长。院庭长参加合议庭审判案件的时候，自己担任审判长。

五、对于符合《最高人民法院关于完善人民法院司法责任制的若干意见》第24条规定情形之一的案件，院庭长有权要求独任法官或者合议庭报告案件进展和评议结果。院庭长对相关案件审理过程或者评议结果有异议的，不得直接改变合议庭的意见，可以决定将案件提请专业法官会议、审判委员会进行讨论。

独任法官或者合议庭在案件审理过程中，发现符合上述个案监督情形的，应当主动按程序向院庭长报告，并在办公办案平台全程留痕。符合特定类型个案监督情形的案件，原则上应当适用普通程序审理。

六、各级人民法院应当充分发挥专业法官会议、审判委员会总结审判经验、统一裁判标准的作用，在完善类案参考、裁判指引等工作机制基础上，建立类案及关联案件强制检索机制，确保类案裁判标准统一、法律适用统一。

院庭长应当通过特定类型个案监督、参加专业法官会议或者审判委员会、查看案件评查结果、分析改判发回案件、听取辖区法院意见、处理各类信访投诉等方式，及时发现并处理裁判标准、法律适用等方面不统一的问题。

七、各级人民法院应当强化信息平台应用，切实推进电子卷宗同步录入、同步生成、同步归档，并与办公办案平台深度融合，实现对已完成事项的记录跟踪、待完成事项的提示催办、即将到期事项的定时预警、禁止操作事项的及时冻结等自动化监管功能。

八、各级人民法院应当认真落实党风廉政建设主体责任和监督责任，自觉接受权力机关法律监督、人民政协民主监督、检察监督、舆论监督和社会监督，不断提高公正裁判水平。组织人事、纪检监察、审判管理部门与审判业务部门应当加强协调配合，形成内部监督合力，坚持失责必问、问责必严。

九、院庭长收到涉及审判人员的投诉举报或者情况反映的，应当按照规定调查核实。对不实举报应当及时了结澄清，对不如实说明情况或者查证属实的依纪依法处理。

所涉案件尚未审结执结的，院庭长可以依法督办，并按程序规定调整承办法官、合议庭组成人员或者审判辅助人员；案件已经审结的，按照诉讼法的相关规定处理。

十、本意见自 2017 年 5 月 1 日起试行。

实训　模拟当事人及其法定代理人、近亲属的申诉

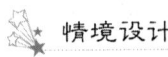 情境设计

被告人成某，男，16 岁，某市居民，无业。

成某的表姐，某棉纺厂女工张某，其工作单位离家较远，有几次下班回家途中遇到流氓分子的骚扰，于是张某的哥哥张某某和成某每天轮流去张某的单位接送。1997 年 3 月 20 日晚上 7 点左右，成某和张某某一同去接张某回家。三人来到 5 路公共汽车站乘车时，因人多拥挤，张某和张某某两人都被车门夹住，两人大声喊："夹住了。"前门乘务员郑某（男，25 岁）于是将车门打开，张某挤进车厢内，但郑某关门时，又夹住了张某某的头部。张某某上车之后质问乘务员："为什么还没等人上来就关门。"乘务员郑某回答说："谁叫你上车的，活该夹你。"张某也指责说："现在的乘务员太够呛了。"于是，双方开始争吵不止。此时，成某看到乘务员关门夹人，不但不肯赔礼道歉，还无理取闹，于是帮腔说："你不认错，还这样，什么态度？"郑某不服地说："你干什么？想打架吗？你别以为车上没有我们的人。"双方一直吵到成某等人到站下车。三人下车后，仍在路边与郑某对骂。后门乘务员刘某多次给出发车信号，可郑某就是不关车门，只顾与成某三人吵架。这时，坐在车上的乘客卢某和赵某等得不耐烦，便冲下车，不问是非，对成某等人拳打脚踢。郑某看到有人帮忙，于是，也跳下车参与其中，用脚踢成某，并将成某的上衣撕破。成某在被围追的情况下，取出随身携带的水果刀，向卢某刺去。卢某闪身躲开，但是刀却刺到了后面的郑某身上。郑某腹部受伤，伤口 3 厘米，刺穿胃幽门。

案发之后，郑某向公安机关报案，公安机关侦查终结之后移送人民检察院审查起诉，1997 年 4 月 25 日，人民检察院对成某以故意伤害罪向人民法院提起公诉。基层人民法院开庭审理之后，以故意伤害罪判处成某有期徒刑 13 年。宣判之后，被告人的父亲不服，认为被告人成某是在他人首先挑起事端，并遭到追打的过程中，出于无奈，才将郑某刺伤的，因此成某的行为应当属于正当防卫，不负刑事责任。于是，经被告人同意，成父向市中级人民法院提出上诉，中级人民法院审理之后，裁定驳回上诉，维持原判。被告人的父亲仍然不服，决定向法院提出申诉。

工作任务

结合引例和相关知识，通过训练，能够掌握当事人及其法定代理人、近亲属成父

提出申诉的条件以及申诉的程序。

训练方法

参训学生分为三组，第一组学生扮演案例中的成父，模拟制作申请书以及相关材料，模拟向法院提交申请的程序；第二组学生扮演法官，模拟法院的审查程序；第三组扮演检察官，模拟检察院的审查程序。

步骤一：分析案例。

步骤二：第一组学生撰写申请书及相关材料。

步骤三：第二组同学、第三组同学对申诉进行审查并撰写相关诉讼文书。注意申请、审查的程序。

步骤四：评判。

考核标准

1. 能够掌握当事人及其法定代理人、近亲属成父亲提出申诉的条件以及申诉的程序。

2. 能分析出本案的事实和法律依据，并能针对事实、根据案情列出证据和法律。

3. 制作的法律文书格式正确，内容完备，表述清楚。

文书样式

刑事申诉状

申诉人（刑事案件的当事人及其法定代理人、近亲属、委托律师）：（写明姓名、性别、出生年月日、民族、籍贯、职业或工作单位和职务，住址等基本情况，律师只需写明姓名及其所在律师事务所名称）

申诉人_____对_____人民法院_____年_____月_____日（_____）字第_____号刑事判决（或裁定），提出申诉。

请求事项：（写明提出申诉所要达到的目的）

事实与理由：（写明基本的案情事实，审判结果以及具体的申诉理由和法律依据）

此致
_____人民法院

申诉人：_____

代书人：_____

_____年_____月_____日

附：原审_____书复印件 1 份

单 元 十 一

执行

知识目标

1. 明确执行依据、执行机关及其权限。
2. 明确执行变更的法定情形。
3. 明确人民检察院对执行的各种监督。

能力目标

1. 掌握各种判决、裁定的执行机关和执行程序。
2. 掌握执行的变更程序及相关处理。
3. 掌握执行监督的主要内容及监督方式。

内容结构图

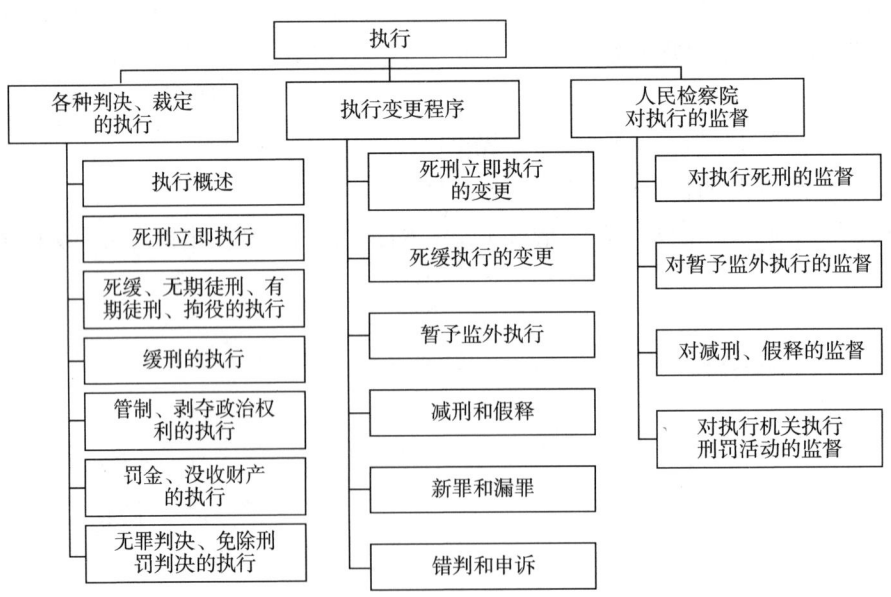

项目一 各种判决、裁定的执行

引例

某市人民法院在审理 A、B、C 共同抢劫和 D 窝藏一案时，依法作出如下判决：A 系抢劫主犯，并被证实先前多次抢劫，判处有期徒刑 15 年，剥夺政治权利 4 年，并处没收个人全部财产；B 系抢劫主犯，判处有期徒刑 10 年，剥夺政治权利 3 年，并处罚金 3 万元；C 系抢劫从犯，罪行较轻且能主动投案自首，为警方提供重要线索，成功将涉案人员抓捕归案，具有立功表现，故减轻处罚，判处有期徒刑 6 个月，剥夺政治权利 1 年；D 明知 A 抢劫，却为其提供房子隐匿，判处管制 1 年，剥夺政治权利 1 年。法院作出判决前 A、B、D 已被先行羁押 2 个月，C 被羁押 3 个月。

问题：A、B、C、D 所判各种刑罚应当如何执行？分别由哪些执行机关执行？

基本原理

一、执行概述

刑事诉讼主要分为立案、侦查、起诉、审判、执行几个阶段，执行作为刑事诉讼中的最后一个阶段，是国家刑罚权得以实现的关键阶段，只有通过执行，判决、裁定的内容才能付诸实现。刑事诉讼中的执行，是指将已经发生法律效力的判决、裁定所确定的内容，由执行机关依法付诸实施，以及解决实施过程中出现的变更执行等问题而依法进行的活动。

（一）我国的执行机关

执行机关也称为执行主体。根据生效裁判的内容不同，刑罚执行机关也不同。我国的刑事执行机关包括：

1. 人民法院。根据《刑事诉讼法》第 260～262 条、第 271 条、第 272 条的规定，人民法院负责无罪或免除刑罚、死刑立即执行、罚金和没收财产的判决和裁定以及附带民事诉讼判决的执行。此外，人民法院还负责将所有生效裁判交付执行，即人民法院根据生效裁判的内容和刑罚执行方式，将生效裁判交由各执行机关予以执行。

2. 公安机关。公安机关是负责拘役、剥夺政治权利的判决和裁定的执行机关。执行期满，应当由执行机关书面通知本人及其所在单位、居住地基层组织。

3. 监狱、看守所。监狱负责死刑缓期二年执行、无期徒刑、有期徒刑的执行。根据《刑事诉讼法》第 264 条的规定，对被判处有期徒刑的罪犯，在交付执行刑罚前，剩余刑期在 3 个月以下的，由看守所代为执行。

4. 社区矫正机构。《刑法修正案（八）》正式将社区矫正纳入刑法，《刑事诉讼法》第 269 条规定，对被判处管制、宣告缓刑、假释或者暂予监外执行的罪犯，依法实行社区矫正，由社区矫正机构负责执行。

（二）执行依据

执行的依据是已经发生法律效力的判决和裁定。下列判决和裁定是发生法律效力的判决和裁定：

1. 已过法定期限没有上诉、抗诉的判决和裁定。地方各级人民法院作出的一审判决、裁定，在法定期限内没有上诉、抗诉的，即发生法律效力。

2. 终审的判决和裁定。即二审案件的判决和裁定以及最高人民法院的判决和裁定。终审的判决和裁定自宣告之日起发生法律效力。

3. 高级人民法院核准的死刑缓期二年执行的判决和裁定。

4. 最高人民法院核准死刑的及核准在法定刑以下判处刑罚的判决和裁定。

二、死刑立即执行判决的执行

死刑是我国刑罚体系中最严厉的刑种，为确保死刑的正确适用，严格防止错杀、滥用，无论是《刑事诉讼法》还是相关的司法解释，都对死刑执行程序作了严格、周密、详细的规定。

（一）死刑立即执行命令的签发

执行死刑判决，必须要有执行死刑的命令才能进行。根据《刑事诉讼法》第 261 条的规定，最高人民法院判处和核准的死刑立即执行的判决，应当由最高人民法院院长签发执行死刑的命令，死刑执行令是死刑立即执行的最终依据。

（二）死刑交付执行

死刑的执行机关是原审人民法院。根据《刑事诉讼法》第 262 条的规定，下级人民法院接到最高人民法院执行死刑的命令后，应当在 7 日以内交付执行。除非出现法定停止情形，则应当停止执行死刑，报最高人民法院作出裁定。

（三）死刑立即执行的方法和场所

《刑事诉讼法》第 263 条第 2 款规定，死刑采用枪决或者注射等方法执行。如果死刑采用枪决方法执行，人民法院有条件执行的，交由司法警察执行；没有条件执行的，交由武装警察执行。采用注射方法执行死刑的，一般应由法医或医师进行。采用枪决、注射以外的其他方法执行死刑的，应当事先报请最高人民法院批准。

死刑立即执行可以在刑场或者指定的羁押场所内执行。死刑执行场所中所指的"刑场"，是指由执行机关设置的死刑执行场所。"指定羁押场所"一般指人民法院指定的监狱或看守所。

（四）死刑立即执行的具体程序

1. 《最高人民法院关于适用〈中华人民共和国刑事诉讼法〉的解释》第 423 条规定，第一审人民法院在执行死刑前，应当告知罪犯有权会见其近亲属。罪犯申请会见并提供具体联系方式的，人民法院应当通知其近亲属。罪犯近亲属申请会见的，人民法院应当准许，并及时安排会见。

2. 人民法院将罪犯交付执行死刑，应当在交付执行 3 日前通知同级人民检察院派员临场监督。执行死刑的临场监督，由检察人员进行，并有书记员担任记录。

3. 根据《刑事诉讼法》第 263 条第 4 款和司法解释的规定，指挥执行的审判人员，对罪犯应当验明正身，即认真核对被执行人的姓名、性别、年龄、籍贯、基本犯罪事实及其他情况，防止错杀；讯问有无遗言、信札，并制作笔录，然后交付执行人员执行死刑。在执行前，如果发现可能有错误，应当暂停执行，报请最高人民法院裁定。

4. 执行死刑应当公布，但不应示众。因此，执行死刑的布告要选择在适当范围内、适当地点张贴，在保障群众知情权的同时，禁止游街示众或者其他有辱罪犯的行为，确保罪犯的人格不受侮辱、侵犯。

5. 执行死刑完毕，应当由法医验明罪犯确实死亡后，在场书记员制作笔录。交付执行的人民法院应当将执行死刑情况（包括执行死刑前后照片）及时逐级上报最高人民法院。

6. 执行死刑后，交付执行的人民法院应当办理以下事项：

（1）对于死刑罪犯的遗书、遗言笔录，应当及时进行审查，涉及财产继承、债务清偿、家事嘱托等内容的，将遗书、遗言交给家属，同时复制存卷备查；涉及案件线索等问题的，应当抄送有关机关。

（2）通知罪犯家属在限期内领取罪犯尸体；有火化条件的，通知领取骨灰。过期不领取的，由人民法院通知有关单位处理。死刑罪犯的尸体或骨灰的处理情况，应当记录在卷。

（3）对外国籍罪犯执行死刑后，通知外国驻华使、领馆的程序和时限，依照有关规定办理。

三、死刑缓期二年执行、无期徒刑、有期徒刑、拘役的执行

根据《刑事诉讼法》第 264 条第 1 款及司法解释的相关规定，罪犯被交付执行刑罚的时候，应当由交付执行的人民法院在判决生效后 10 日以内将有关的法律文书送达公安机关、监狱或者其他执行机关。对于一案中有数名罪犯的，交付执行的人民法院应当按照他们的人数送达相关文书。被判处死刑缓期二年执行、无期徒刑、有期徒刑、拘役的罪犯，交付执行时在押的，第一审人民法院应当在判决、裁定生效后 10 日内，将判决书、裁定书、起诉书副本、自诉状复印件、执行通知书、结案登记表送达看守

所，由公安机关将罪犯交付执行。罪犯需要收押执行刑罚，而判决、裁定生效前未被羁押的，人民法院应当根据生效的判决书、裁定书将罪犯送交看守所羁押，并依照上述的规定办理执行手续。

（一）交付执行的期限

根据我国司法解释及《监狱法》的有关规定，公安机关接到人民法院的判决书、裁定书、执行通知书后，应当在 1 个月以内将罪犯送交监狱执行。收监执行决定书应当分别送达交付执行的公安机关和监狱。罪犯需要羁押执行刑罚，而判决确定前罪犯没有被羁押的，人民法院应当根据生效的判决书或者裁定书将罪犯羁押，并送交公安机关。

对于判处拘役的罪犯，在判决、裁定生效后，人民法院将上述相关法律文书送达公安机关后，公安机关应当立即将罪犯送交拘役所执行，没有拘役所的地区，由看守所执行。以上各种判决、裁定的执行通知书回执，经看守所盖章后附入人民法院的诉讼案卷。

（二）交付执行的场所

对于交付执行的场所，受到犯罪刑种、刑期、罪犯年龄等多方面因素的影响而有所区别。《刑事诉讼法》第 264 条第 2 款、第 3 款规定，对被判处死刑缓期二年执行、无期徒刑、有期徒刑的罪犯，由公安机关依法将该罪犯送交监狱执行刑罚。对被判处有期徒刑的罪犯，在被交付执行刑罚前，剩余刑期在 3 个月以下的，由看守所代为执行。对被判处拘役的罪犯，由公安机关执行。对未成年犯应当在未成年犯管教所执行刑罚。

（三）具体执行程序

1. 执行机关的收押审查。执行机关应当将罪犯及时收押，并且通知罪犯家属，通知书应当自收监之日起 5 日内发出。执行机关在接收罪犯时，有收押审查权。收押审查的内容包括：①判决书、裁定书是否已发生法律效力；②法律文书是否齐全和是否有误；③罪犯是否患有严重疾病需要保外就医，是否怀孕或者正处于哺乳期需要变更强制措施。

法条链接

《监狱法》第十七条　罪犯被交付执行刑罚，符合本法第十六条规定的，应当予以收监。罪犯收监后，监狱应当对其进行身体检查。经检查，对于具有暂予监外执行情形的，监狱可以提出书面意见，报省级以上监狱管理机关批准。

第十八条　罪犯收监，应当严格检查其人身和所携带的物品。非生活必需品，由监狱代为保管或者征得罪犯同意退回其家属，违禁品予以没收。

女犯由女性人民警察检查。

2. 执行刑期。有期徒刑、拘役的刑期，从判决执行之日起计算；判决执行以前先行羁押的，羁押 1 日折抵刑期 1 日。死刑缓期执行的期间，从判决确定之日起计算。死刑缓期执行减为有期徒刑的刑期，从死刑缓期执行期满之日起计算。执行期满，应当由执行机关发给释放证明书。

四、缓刑的执行

缓刑是指在具备一定法定条件的情况下，对被判处一定刑罚的罪犯，暂缓执行刑罚，并在一定期间内对其进行考验，同时保留执行的可能性，若未犯新罪或其他法定情形，则原判刑罚不再执行的一种制度。缓刑不是刑种，而是刑罚的一种特殊执行方式。

（一）缓刑的适用条件

根据《刑法》第 72 条的规定，对于被判处拘役、3 年以下有期徒刑的犯罪分子，根据其犯罪情节是否较轻和是否有悔罪表现，认为适用缓刑不致危害社会的，可以宣告缓刑，对其中不满 18 周岁的人、怀孕的妇女和已满 75 周岁的人，应当宣告缓刑，此处的年龄和怀孕状态均应指判决时的状态。缓刑包括拘役缓刑和有期徒刑缓刑。被宣告缓刑的罪犯，如果被判处附加刑，附加刑仍须执行。对于累犯和犯罪集团的首要分子，不适用缓刑。宣告缓刑，可以根据犯罪情况，同时禁止罪犯在缓刑考验期限内从事特定活动，进入特定区域、场所，接触特定的人。[1]

（二）缓刑的交付执行

根据《刑事诉讼法》第 269 条的规定，对被宣告缓刑的罪犯，依法实行社区矫正，由社区矫正机构负责执行。一审人民法院判处拘役缓刑或者有期徒刑缓刑的罪犯，判决尚未发生法律效力的，不能立即交付执行。如果被宣告缓刑的罪犯在押，一审人民法院应当先行作出变更强制措施的决定，改为监视居住或者取保候审。

（三）缓刑的考验期限

对于被判处拘役缓刑或者有期徒刑缓刑的罪犯，在宣告缓刑时，应当同时宣告缓刑考验期。根据《刑法》第 73 条的规定，拘役的缓刑考验期限为原判刑期以上 1 年以下，但是不能少于 2 个月。有期徒刑的缓刑考验期限为原判刑期以上 5 年以下，但是不能少于 1 年。缓刑考验期限，从判决确定之日起计算。判决确定之日，指判决发生法律效力之日，判决确定前先行羁押的日期，不能折抵缓刑考验期。若在缓刑考验期内犯新罪或者发现判决宣告以前还有其他罪没有判决的，应当撤销缓刑，判处实刑，已执行的缓刑考验期不能折抵刑期，但判决前先行羁押的日期，应予折抵刑期。

---

〔1〕"从事特定活动""进入特定区域场所""接触特定的人"具体范围详见《最高人民法院、最高人民检察院、公安部、司法部关于对判处管制、宣告缓刑的犯罪分子适用禁止令有关问题的规定（试行）》。

（四）对缓刑罪犯的考察和处理

对被宣告缓刑的罪犯，如果没有违反法律规定和《刑法》第 77 条规定的情形，缓刑考验期满，原判的刑罚就不再执行，并公开予以宣告。如果在缓刑考验期限内犯新罪或者发现判决宣告以前还有其他罪没有判决，应当由审判新罪、漏罪的法院撤销缓刑，对新犯的罪或者新发现的罪作出判决，把前罪和后罪所判处的刑罚，依照《刑法》第 69 条规定处罚。

缓刑罪犯若在缓刑考验期限内，违反法律、行政法规或者国务院有关部门关于缓刑的监督管理规定，或者违反人民法院判决中的禁止令，情节严重的，应当撤销缓刑，执行原判刑罚。

五、管制、剥夺政治权利的执行

（一）管制的执行

管制是指对罪犯不予关押，但限制其一定自由，由社区矫正机构负责执行和群众监督改造的刑罚方式。

根据《刑事诉讼法》第 269 条的规定，对被判处管制的罪犯，依法实行社区矫正，由社区矫正机构负责执行。对判处管制的罪犯、被宣告缓刑的罪犯，判决发生法律效力后，人民法院应当在 10 日内将法律文书送达当地社区矫正机构。社区矫正机构应当按照人民法院的判决，向罪犯及其原所在单位或者居住地群众宣布其犯罪事实、被管制的期限，以及罪犯在执行期间应当遵守的规定。

管制的期限为 3 个月以上 2 年以下。管制的刑期，从判决执行之日起计算；判决执行以前先行羁押的，羁押 1 日折抵刑期 2 日。判处管制的罪犯，可以根据犯罪情况，同时禁止其在执行期间从事特定活动，进入特定区域、场所，接触特定的人。管制期满，执行机关应立即向本人和其所在单位或者居住地的群众宣布解除管制。

（二）剥夺政治权利的执行

剥夺政治权利，是指剥夺罪犯参加管理国家和政治活动的权利。剥夺政治权利是我国刑法规定的一种附加刑，也可单独适用。《刑法》对剥夺罪犯政治权利的范围作了严格规定，对于不属于政治权利范围的其他权利不得剥夺。

根据我国《刑法》的规定，对于危害国家安全的犯罪分子应当附加剥夺政治权利；对于故意杀人、强奸、放火、爆炸、投毒、抢劫等严重破坏社会秩序的犯罪分子，可以附加剥夺政治权利。独立适用剥夺政治权利的，依照《刑法》分则的规定作出裁判。对被判处剥夺政治权利的罪犯，由公安机关执行。实践中，由罪犯居住地的县级公安机关指定派出所执行。

独立适用剥夺政治权利或主刑为有期徒刑、拘役的，剥夺政治权利的刑期为 1 年以上 5 年以下，从有期徒刑或拘役执行完毕之日起算；主刑为无期徒刑、死刑的，剥夺政治权利的刑期为终身，从判决执行之日起剥夺；无期徒刑、死缓被依法减为有期徒刑，剥夺政治权利的刑期应当为 3 年以上 10 年以下，从有期徒刑执行完毕之日起算。剥夺政治权利的效力当然施用于主刑执行期间，但其不计算在剥夺政治权利刑期之内。如果主刑在执行期间被假释的，剥夺政治权利刑期应从假释之日起算。主刑为管制的，剥夺政治权利刑期与管制刑期一致，且与管制同时执行。

剥夺政治权利的执行期间，犯罪分子应当遵守法律、行政法规和国务院公安部门有关监督管理的规定，服从监督，且不得行使《刑法》第 54 条规定的各项权利。执行机关应当对其严格管理监督，基层组织或者罪犯的原所在单位协助进行监督；执行期满，公安机关应当书面通知本人及其所在单位、居住地基层组织。

六、罚金、没收财产的执行

罚金、没收财产均属于财产刑，都是人民法院对犯罪分子采取的强制性财产惩罚措施。按照我国刑法罪责自负的原则，罚金和没收财产一样，只能执行犯罪分子个人所有的财产。

（一）罚金的执行

罚金是人民法院判处犯罪分子向国家缴纳一定数额金钱的刑罚方法。根据《刑事诉讼法》第 271 条的规定，被判处罚金的罪犯，期满不缴纳的，人民法院应当强制缴纳；如果由于遭遇不能抗拒的灾祸等原因缴纳确实有困难的，经人民法院裁定，可以延期缴纳、酌情减少或者免除。罚金的缴纳方式有：

1. 自动缴纳。在人民法院指定的期限内，罪犯能够按时、自觉、主动地缴纳全部罚金。司法实践中，罪犯亲属自愿代替罪犯缴纳罚金的，人民法院也应当准许。

2. 强制缴纳。即指人民法院规定的缴纳期限届满，有缴纳能力的罪犯不缴纳或不足额缴纳罚金，人民法院采取相应的强制措施，强制罪犯缴纳。

3. 随时缴纳。对于不能主动缴纳罚金的罪犯，人民法院在任何时候发现其有可以执行的财产，应当随时追缴。

4. 延期、酌情减少或者免除。判决生效后，罪犯因遭遇不能抗拒的灾祸等原因，缴纳确实有困难的，经人民法院裁定，可以延期缴纳、酌情减少或者免除。

（二）没收财产的执行

没收财产是将罪犯个人所有的部分或者全部财产强制无偿地收归国家所有的刑罚方法。根据《刑事诉讼法》第 272 条的规定，没收财产的判决，无论附加适用或者独立适用，都由人民法院执行；在必要的时候，可以会同公安机关执行。没收财产的范围一般限于罪犯个人所有的财产，不得没收罪犯家属所有或应有的财产。没收全部财产的，应当为罪犯个人及其扶养的家属保留必需的生活费用。

为防止罪犯或其他人转移财产，第一审人民法院应当依法对被执行人的财产状况进行调查，发现有可供执行的财产，需要查封、扣押、冻结的，应当及时采取查封、扣押、冻结等强制执行措施。执行财产刑时，案外人对被执行财产提出权属异议的，人民法院应当审查并参照《民事诉讼法》的有关规定处理。

对于没收的财产，人民法院应当全部及时上缴国库，任何机关、单位和个人都不得挪用、私分、调换及压价拍卖。委托执行的，受托人民法院应当将执行情况连同上缴国库凭据送达委托人民法院；不能执行到位的，应当及时告知委托人民法院。

对于需要以没收的财产偿还债务的问题，《刑法》第60条规定："没收财产以前犯罪分子所负的正当债务，需要以没收的财产偿还的，经债权人请求，应当偿还。"根据此规定，只有同时具备了以下三个条件，才能以没收的财产偿还债务：①必须是在没收财产以前犯罪分子所欠债务，包括所负国家、集体和个人的债务。②必须是合法的债务。《最高人民法院关于适用财产刑若干问题的规定》第7条明确规定，"没收财产以前犯罪分子所负的正当债务"，是指犯罪分子在判决生效前所欠他人的合法债务。③必须经债权人提出请求。偿还犯罪分子所负债务，仅限于没收财产的范围内，并按我国《民事诉讼法》规定的清偿顺序偿还。

七、无罪判决、免除刑罚判决的执行

无罪判决是指人民法院依法确认被告人的行为不构成犯罪或者依法不追究刑事责任的裁决。根据《刑事诉讼法》第16条、第200条第1款的规定，无罪判决包括三种情况：①被告人行为不构成犯罪；②具有法定不应追究刑事责任的情形；③证据不足，不能认定被告人有罪的，应当作出证据不足、指控的犯罪不能成立的无罪判决。免除刑罚是指人民法院依法作出的确认被告人有罪，但因具有法定免除刑罚情形而免予刑事处罚的裁决。

根据《刑事诉讼法》第260条的规定，第一审人民法院判决宣告被告人无罪或作出免除刑罚裁决的，如果被告人在押，在宣判后应当立即释放。但在实践中，为了保障第二程序的顺利进行，一审法院通知公安机关对在押被告人立即释放以后，往往同时让被告人或其家属填写取保候审保证书。

在作出无罪判决后，人民法院应该及时恢复无罪公民的人身自由和名誉，维护其人格尊严，保障其基本人权，切实保障公民的合法权益；对于因错误追诉而造成的经济损失，应按照《国家赔偿法》的相关规定予以赔偿；对于有罪但应当免除刑罚的公民，则应使其恢复人身自由、保护其合法权利，同时予以训诫或责令其具结悔过、赔礼道歉、赔偿被害人损失，或建议主管部门予以行政处分。

★ 引例分析

1. 根据《刑事诉讼法》第264条的规定，本案中A所判15年有期徒刑、B所判

10 年有期徒刑，应由监狱执行。C 所判 6 个月有期徒刑，因为已先行羁押 3 个月，根据《刑事诉讼法》第 264 条第 2 款的规定，由看守所执行。以上三人凡有劳动能力的，都应当参加劳动，接受教育和改造。

2. D 所判管制，根据《刑事诉讼法》第 269 条的规定，依法实行社区矫正，由社区矫正机构负责执行。根据《刑法》第 41 条，管制的刑期，从判决执行之日起计算；判决执行以前先行羁押的，羁押 1 日折抵刑期 2 日。

3. 根据《刑法》第 58 条的规定，A、B、C 所判附加剥夺政治权利，从徒刑执行完毕之日或者从假释之日起计算；剥夺政治权利的效力当然施用于主刑执行期间。根据《刑法》第 55 条第 2 款的规定，D 所判附加剥夺政治权利的期限与管制的期限相等，同时执行。根据《刑事诉讼法》第 270 条的规定，对被判处剥夺政治权利的罪犯，由公安机关执行。

4. A 所判没收个人全部财产，根据《刑事诉讼法》第 272 条的规定，由人民法院执行；在必要的时候，可以会同公安机关执行。至于 B 所处罚金，应由人民法院执行。

思考与练习

1. 针对实践中财产刑"执行难"和刑事附带民事诉讼的判决、裁定的执行财产内容实现难的问题，应如何完善财产刑的执行程序以确保其得以有效执行？

2. 在执行程序中如何贯彻人道主义精神，保障人权？

拓展阅读

1. 赵波："中美两国社区矫正比较研究"，载《理论月刊》2011 年第 9 期。

2. 虞斌、厉星："从《肖申克的救赎》谈刑罚执行制度"，载《电影文学》2009 年第 21 期。

项目二　执行变更程序

引例一

罗某因犯抢劫罪被某中级人民法院判处死刑缓期二年执行，并经高级人民法院核准。

情境一：罗某刚到监狱服刑两周，因劳动速度慢，被同房间的另一罪犯黄某多次辱骂挑衅，甚至扇耳光，因此怀恨在心，后趁黄某不注意时用水瓶里的热水泼淋黄某，致其烫伤，鉴定为轻伤。事后罗某对伤害行为供认不讳，并积极承担医疗费用。

情境二：在死刑缓期二年执行期间，罗某未犯新罪。缓刑二年期满后的第二天，高级人民法院尚未裁定减刑，罗某将同监另一犯人打成重伤。

问题：高级人民法院对罗某应当作出什么处理？

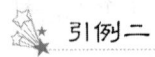 引例二

被告刘某，女，36 岁，因故意伤害罪被判处无期徒刑。交付执行后，刘某所在单位以其家庭困难，丈夫在外工作，老母病重，女儿年幼等为由，申请将刘某暂予监外执行。

问题：监狱管理机关应否同意这一申请，为什么？

基本原理

执行变更是指在刑事判决、裁定的执行中，由于出现了法定情形，需要对已确定的刑罚内容或刑罚执行方式加以变更，其处理程序亦是执行程序的组成部分。执行变更包括对死刑执行的变更、死缓执行的变更、暂予监外执行、减刑和假释、新罪和漏罪、错判和申诉等。

一、死刑立即执行的变更

根据《刑事诉讼法》第 262 条、第 263 条第 4 款，死刑具有两种变更执行的方式，即"停止执行死刑"和"暂停执行死刑"。停止执行死刑，是指人民法院在接到执行死刑的命令后，应当在 7 日以内交付执行，但发现法定停止情形的，应当停止执行，并立即报告最高人民法院，由最高人民法院作出裁定。暂停执行死刑，即指挥执行的审判人员，对罪犯应当验明正身，讯问有无遗言、信札，然后交付执行人员执行死刑。在执行前，如果发现可能有错误，应当暂停执行，报请最高人民法院裁定。两者的区别主要在于停止的时间不同，停止执行死刑发生在接到执行死刑命令后 7 日内在羁押场所发现的；暂停执行死刑是在交付执行后、实施执行前发现的，其时间更靠后。

（一）变更的适用情形

根据《最高人民法院关于适用〈中华人民共和国刑事诉讼法〉的解释》第 418 条的规定，第一审人民法院在接到执行死刑命令后、执行前，发现有下列情形之一的，应当暂停执行，并立即将请求停止执行死刑的报告和相关材料层报最高人民法院。

1. 罪犯可能有其他犯罪的。

2. 共同犯罪的其他犯罪嫌疑人到案，可能影响罪犯量刑的。

3. 共同犯罪的其他罪犯被暂停或者停止执行死刑，可能影响罪犯量刑的。

4. 罪犯揭发重大犯罪事实或者有其他重大立功表现，可能需要改判的。

5. 罪犯怀孕的。

6. 判决、裁定可能有影响定罪量刑的其他错误的。

（二）变更的审查程序

1. 下级人民法院发现错误的。下级人民法院在接到最高人民法院执行死刑命令后、

执行前，发现有法定停止执行情形的，应当暂停执行死刑，并立即将请求停止执行死刑的报告及相关材料层报最高人民法院审批。最高人民法院经审查，认为不影响罪犯定罪量刑的，应当裁定下级人民法院继续执行死刑；认为可能影响罪犯定罪量刑的，应当裁定下级人民法院停止执行死刑。

下级人民法院停止执行后，应当会同有关部门调查核实，并及时将调查结果和意见层报最高人民法院审核。其中，对于下级人民法院报送的请求停止执行死刑的报告及相关材料，由最高人民法院作出核准死刑裁判的原合议庭负责审查，必要时，依法另行组成合议庭进行审查。

2. 最高人民法院发现错误的。最高人民法院在执行死刑命令签发后、执行前，发现有法定停止执行情形的，应当立即裁定下级人民法院停止执行死刑，并将有关材料移交下级人民法院。下级人民法院会同有关部门调查核实后，应当及时将调查结果和意见层报最高人民法院审核。

（三）最高人民法院审核后的处理结果

无论是停止执行死刑还是暂停执行死刑，在决定作出后，执行死刑的人民法院都应当立即报告最高人民法院，并由院长签发停止执行死刑命令。

根据《最高人民法院关于适用〈中华人民共和国刑事诉讼法〉的解释》第 422 条的规定，最高人民法院对停止执行死刑的案件，应当按照下列情形分别处理：

1. 确认罪犯怀孕的，应当改判。

2. 确认罪犯有其他犯罪，依法应当追诉的，应当裁定不予核准死刑，撤销原判，发回重新审判。

3. 确认原判决、裁定有错误或者罪犯有重大立功表现，需要改判的，应当裁定不予核准死刑，撤销原判，发回重新审判。

4. 确认原判决、裁定没有错误，罪犯没有重大立功表现，或者重大立功表现不影响原判决、裁定执行的，应当裁定继续执行死刑，并由院长重新签发执行死刑的命令。

二、死缓执行的变更

死缓即死刑缓期二年执行的简称，它不是一种独立的刑种，而是死刑的一种执行方法，是死刑适用制度。死缓是指对于应当判处死刑的犯罪分子，如果不是必须立即执行的，可以在判处死刑的同时宣告缓期二年执行，实行劳动、监督改造，以观后效的一种制度。

根据《刑事诉讼法》第 261 条第 2 款和《刑法》第 50 条的规定，被判处死刑缓期二年执行的罪犯，根据其在死刑缓期执行期间的表现，死缓判决可作两种变更：

（一）减刑

被判处死刑缓期二年执行的罪犯，在死刑缓期执行期间，如果没有故意犯罪，死刑缓期执行期满，应当予以减刑。"没有故意犯罪"，即罪犯在死刑缓期执行期间过失犯罪或没有犯罪时，死刑缓期执行期满，应当依法减刑。一般减为无期徒刑，如果确有重大立功表现，2 年期满以后，减为 25 年有期徒刑；减刑由执行机关提出书面意见，报请高级人民法院裁定。

人民法院可以根据犯罪情节、人身危险性等情况，在作出裁判的同时决定对罪犯限制减刑。对被判处死刑缓期执行的累犯以及因故意杀人、强奸、抢劫、绑架、放火、爆炸、投放危险物质或者有组织的暴力性犯罪被判处死刑缓期执行的犯罪分子，人民法院根据犯罪情节等情况可以同时决定对其限制减刑。限制减刑在判决书主文部分单独作为一项予以宣告，可以就限制减刑提出上诉以施救济。

对死缓犯的减刑必须依照法定二年期满后进行，执行机关不得拖延或者提前。如果死刑缓期二年执行期满后尚未裁定减刑前又犯新罪的，应当在依法减刑后对其所犯新罪另行审判。

死缓执行罪犯减刑案件的程序是：减刑建议由监狱向人民法院提出，报经省级监狱管理机关审核后，报请高级人民法院裁定；高级人民法院应当自收到减刑建议书之日起 1 个月内予以审核裁定，案情复杂或者情况特殊的，可以延长 1 个月；高级人民法院组成的合议庭对申报材料进行审查后，认为应当减刑的，裁定减刑，减刑裁定的副本应当同时抄送原判人民法院和人民检察院。死刑缓期二年执行期满减为有期徒刑的，刑期自死刑缓期二年执行期满之日起计算。

（二）对死缓犯故意犯罪的处理

《刑事诉讼法》第 261 条第 2 款规定：被判处死刑缓期二年执行的罪犯，在死刑缓期执行期间，如果没有故意犯罪，死刑缓期执行期满，应当予以减刑的，由执行机关提出书面意见，报请高级人民法院裁定；如果故意犯罪，情节恶劣，查证属实，应当执行死刑的，由高级人民法院报请最高人民法院核准；对于故意犯罪未执行死刑的，死刑缓期执行的期间重新计算，并报最高人民法院备案。

由此可见，罪犯在死刑缓期执行期间，如果故意犯罪，分两种情形处理：

1. 故意犯罪，情节恶劣，经查证属实，应当执行死刑，由高级人民法院报请最高人民法院核准死刑。

2. 故意犯罪，但不属情节恶劣，并未核准执行死刑的，死刑缓期执行的期间重新计算，并报最高人民法院备案。

三、暂予监外执行

暂予监外执行，是指对被判处有期徒刑或者拘役的罪犯，具有法律规定的某种特殊情况，不适宜在监狱或者拘役所等场所执行刑罚时，暂时采取不予关押的一种变通执行方法。对暂予监外执行的罪犯，依法实行社区矫正，由社区矫正机构负责执行。

（一）暂予监外执行的对象和条件

适用暂予监外执行的对象，只能是被判处有期徒刑或者拘役的罪犯。《刑事诉讼法》第 265 条对暂予监外执行的条件作了明确的规定，只有具有下列情形之一的被判处有期徒刑或者拘役的罪犯，才可以暂予监外执行：

1. 有严重疾病需要保外就医的。对适用保外就医可能有社会危险性的罪犯，或者自伤自残的罪犯，不得保外就医。罪犯确有严重疾病，必须保外就医的，由省级人民政府指定的医院诊断并开具证明文件。

2. 怀孕或者正在哺乳自己婴儿的妇女，哺乳期限按婴儿出生后 1 年计算。

3. 生活不能自理，适用暂予监外执行不致危害社会的。

对被判处无期徒刑的罪犯，如果怀孕或者是正在哺乳自己婴儿的妇女，可以暂予监外执行。

（二）暂予监外执行的程序

1. 在交付执行前，暂予监外执行由交付执行的人民法院决定。人民法院决定暂予监外执行的，应当制作《暂予监外执行决定书》，载明罪犯基本情况、判决确定的罪名和刑罚、决定暂予监外执行的原因、依据等内容，并抄送人民检察院和社区矫正机构。

2. 在交付执行后，暂予监外执行由监狱或者看守所提出书面意见，报省级以上监狱管理机关或者设区的市一级以上公安机关批准。监狱、看守所提出暂予监外执行的书面意见的，应当将书面意见的副本抄送人民检察院。人民检察院可以向决定或者批准机关提出书面意见。决定或者批准暂予监外执行的机关应当将批准的暂予监外执行决定通知社区矫正机构和原判人民法院，并抄送人民检察院。

对于服刑中决定暂予监外执行的罪犯，原执行机关应当及时将罪犯服刑改造的情况通报负责监外执行的社区矫正机构，以便对罪犯进行严格地管理、监督。负责执行的社区矫正机构应当告知罪犯在暂予监外执行期间应遵守的相关规定。

（三）监外执行的停止情形

根据《刑事诉讼法》第 268 条的规定，对暂予监外执行的罪犯，有下列情形之一的，应当及时收监：①发现不符合暂予监外执行条件的；②严重违反有关暂予监外执行监督管理规定的；③暂予监外执行的情形消失后，罪犯刑期未满的。

对于人民法院决定暂予监外执行的罪犯应当予以收监的，由人民法院作出决定，将有关的法律文书送达公安机关、监狱或者其他执行机关。

对于以不正当手段获得监外执行或者在监外执行期间脱逃或者死亡的罪犯，法律作出以下规定：①不符合暂予监外执行条件的罪犯通过贿赂等非法手段被暂予监外执行的，监外执行的期间不计入执行刑期。②罪犯在暂予监外执行期间脱逃的，脱逃的期间不计入执行刑期。③罪犯在暂予监外执行期间死亡的，执行机关应当及时通知监狱或者看守所。

暂予监外执行的情形消失后，刑期未满的，负责执行的公安机关应当及时通知监狱收监；刑期届满的，由原关押监狱办理释放手续，不必再进行收监。

四、减刑和假释

减刑是指被判处管制、拘役、有期徒刑和无期徒刑的犯罪分子，若在执行刑罚期间，认真遵守监规，接受教育改造，确有悔改或立功表现的，可以依法减轻其刑罚的一种刑罚执行变更制度。减刑既可以减少原判刑期，也可以将原判较重的刑种改为较轻的刑种。

假释是指判处有期徒刑或无期徒刑的犯罪分子经过一定刑期的服刑改造，期间认真遵守监规，接受教育改造，确有悔改表现且没有再犯罪的危险，不致再危害社会的，将其附条件地予以提前释放的一种刑罚执行变更制度。

（一）减刑和假释的对象

减刑的对象必须是被判处管制、拘役、有期徒刑和无期徒刑的犯罪分子。死刑缓期二年执行期满的罪犯被减刑，是依照法律特别规定进行的，是死刑缓期执行制度的组成部分，不属于减刑制度的适用范围。假释的对象必须是被判处有期徒刑或无期徒刑的犯罪分子，对累犯以及因故意杀人、强奸、抢劫、绑架、放火、爆炸、投放危险物质或者有组织的暴力性犯罪被判处 10 年以上有期徒刑、无期徒刑的犯罪分子，不得假释。因前述情形和犯罪被判处死刑缓期二年执行的罪犯，即使被减为无期徒刑、有期徒刑，也不得假释。

（二）减刑和假释的条件

1. 减刑的条件。根据《刑法》第 78 条第 1 款的规定，被判处管制、拘役、有期徒刑、无期徒刑的犯罪分子，在执行期间，认真遵守监规，接受教育改造，确有悔改表现的，或者有立功表现的，可以减刑；有重大立功表现的，应当减刑。《最高人民法院关于办理减刑、假释案件具体应用法律若干问题的规定》第 2 条、第 3 条、第 4 条分别对"确有悔改表现""立功表现""重大立功表现"进一步明确了相关的认定情形，并详细地规定了各种刑罚的减刑幅度、减刑起止时间和间隔时间等内容，在此不作展开阐述。

减刑以后的实际执行的刑期不能少于下列期限：

（1）判处管制、拘役、有期徒刑的，不能少于原判刑期的 1/2；有期徒刑的减刑起始时间自判决执行之日起计算。

（2）判处无期徒刑的，不能少于 13 年；起始时间应当自无期徒刑判决确定之日起计算。无期徒刑减为有期徒刑的刑期，从裁定减刑之日起计算。

（3）人民法院依照《刑法》第 50 条第 2 款的规定限制减刑的死刑缓期执行的犯罪分子，缓期执行期满后依法减为无期徒刑的，不能少于 25 年，缓期执行期满后依法减为 25 年有期徒刑的，不能少于 20 年。

 法条链接

《最高人民法院关于办理减刑、假释案件具体应用法律若干问题的规定》第九条

死刑缓期执行罪犯减为无期徒刑后，确有悔改表现，或者有立功表现的，服刑二年以后可以减为二十五年有期徒刑；有重大立功表现的，服刑二年以后可以减为二十三年有期徒刑。

死刑缓期执行罪犯经过一次或几次减刑后，其实际执行的刑期不能少于十五年，死刑缓期执行期间不包括在内。

死刑缓期执行罪犯在缓期执行期间抗拒改造，尚未构成犯罪的，此后减刑时可以适当从严。

2. 假释的条件。根据《刑法》第81条第1款的规定，假释的条件有两项：①被判处有期徒刑的犯罪分子，执行原判刑期1/2以上，被判处无期徒刑的犯罪分子，实际执行13年以上。②认真遵守监规，接受教育改造，确有悔改表现，没有再犯罪的危险的，可以假释。如果有特殊情况，经最高人民法院核准，可以不受上述执行刑期的限制。所谓"特殊情况"，是指与国家、社会利益有重要关系的情况。

对假释的犯罪分子，在假释考验期限内，依法实行社区矫正，如果没有在假释考验期限内犯新罪、有漏罪或者有违反法律、行政法规或者国务院有关部门关于假释的监督管理规定的行为的情形，假释考验期满，就认为原判刑罚已经执行完毕，并公开予以宣告，无需办理释放手续。对假释的犯罪分子，在假释考验期限内违反法律、行政法规或者国务院公安部门有关假释的监督管理规定，应当依法撤销假释的，原作出假释裁判的人民法院应当自收到社区矫正机构提出的撤销假释建议书之日起1个月内依法作出裁定。审判新罪的下级法院也可以撤销上级法院判决、裁定宣告的假释。人民法院撤销假释的裁定，一经作出，立即生效。

（三）减刑和假释的程序

减刑和假释的程序基本相同，依照《刑事诉讼法》《刑法》等法律以及司法解释的相关规定，对假释的罪犯，依法实行社区矫正，由社区矫正机构负责执行。对于被判处无期徒刑的罪犯的减刑、假释，由罪犯服刑地的高级人民法院管辖；对于被判处有期徒刑（包括减为有期徒刑）、拘役、管制以及有期徒刑缓刑、拘役缓刑的罪犯的减刑、假释，由罪犯服刑地的中级人民法院管辖。减刑、假释案件按照下列情形分别处理：

1. 对于被判处无期徒刑的罪犯的减刑、假释，由罪犯服刑地的高级人民法院根据省、自治区、直辖市监狱管理机关审核同意的监狱减刑、假释建议书裁定。

2. 对于被判处有期徒刑（包括减为有期徒刑）的罪犯的减刑、假释，由罪犯服刑地的中级人民法院根据当地执行机关提出的减刑、假释建议书裁定。

3. 对于被判处拘役、管制的罪犯的减刑，由罪犯服刑地的中级人民法院根据当地同级执行机关提出的减刑建议书裁定。

4. 被宣告缓刑的罪犯，在缓刑考验期限内确有重大立功表现，需要予以减刑，并相应缩短缓刑考验期限的，应当由负责考察的社区矫正机构会同罪犯的所在单位或者基层组织提出书面意见，由罪犯所在地的中级人民法院根据当地同级执行机关提出的减刑、假释建议书依法裁定。

5. 对于公安机关看守所监管的罪犯的减刑、假释，由罪犯所在的看守所提出意见，由当地中级人民法院根据当地同级执行机关提出的减刑、假释建议书裁定。

人民法院应当自收到减刑、假释建议书之日起 1 个月内依法审核裁定，执行机关应同时将建议书副本抄送人民检察院，人民检察院可以向人民法院提出书面意见；对于被判处有期徒刑（包括减为有期徒刑）的罪犯的减刑、假释，案情复杂或者情况特殊的，可以延长 1 个月。在人民法院作出减刑、假释裁定前，执行机关书面提请撤回减刑、假释建议的，是否准许，由人民法院决定。

减刑、假释的裁定，应当在作出之日起 7 日内送达有关执行机关、人民检察院以及罪犯本人。人民检察院认为人民法院的减刑、假释裁定不当的，应当在收到裁定书副本后 20 日内，向人民法院提出书面纠正意见。人民法院收到书面纠正意见后，应当重新组成合议庭进行审理，并在 1 个月内作出最终裁定。

6. 人民法院发现本院或者下级人民法院已经生效的减刑、假释裁定确有错误，应当依法重新组成合议庭进行审理并作出裁定。提请假释的，应当附有社区矫正机构关于罪犯假释后对所居住社区影响的调查评估报告。人民检察院对提请减刑、假释案件提出的检察意见，应当一并移送受理减刑、假释案件的人民法院。经审查，如果材料齐备的，应当立案；材料不齐备的，应当通知提请减刑、假释的执行机关补送。人民法院审理减刑、假释案件，应当一律予以公示。公示地点为罪犯服刑场所的公共区域。有条件的地方，应面向社会公示，接受社会监督。

人民法院审理减刑、假释案件，应当依法组成合议庭。可以采用书面审理的方式。但下列案件，应当开庭审理：①因罪犯有重大立功表现提请减刑的；②提请减刑的起始时间、间隔时间或者减刑幅度不符合一般规定的；③在社会上有重大影响或社会关注度高的；④公示期间收到投诉意见的；⑤人民检察院有异议的；⑥人民法院认为有开庭审理必要的。

五、对新罪和漏罪的处理

新罪指的是罪犯在服刑期间实施的犯罪。漏罪指的是在执行过程中发现的罪犯在判决宣告以前犯下的尚未判决的罪行。

根据《刑事诉讼法》第 273 条第 1 款和《监狱法》第 59 条、第 60 条的规定，罪犯在服刑期间又犯罪的，或者发现了判决的时候所没有发现的罪行，由监狱等执行机关进行侦查，侦查终结后写出起诉意见书或者免予起诉意见书，连同案卷材料、证据一并移送人民检察院处理，最后由人民法院依法审判，将罪犯的新罪和漏罪所判处的刑罚与原判决所确定的刑罚，按数罪并罚原则，最终决定应当执行的刑罚，罪犯在服刑期间故意犯罪的，依法从重处罚。

法条链接

《刑法》第六十九条　判决宣告以前一人犯数罪的，除判处死刑和无期徒刑的以外，应当在总和刑期以下、数刑中最高刑期以上，酌情决定执行的刑期，但是管制最高不能超过三年，拘役最高不能超过一年，有期徒刑总和刑期不满三十五年的，最高不能超过二十年，总和刑期在三十五年以上的，最高不能超过二十五年。

……

数罪中有判处附加刑的，附加刑仍须执行，其中附加刑种类相同的，合并执行，种类不同的，分别执行。

六、发现错判和对申诉的处理

《刑事诉讼法》第 275 条规定："监狱和其他执行机关在刑罚执行中，如果认为判决有错误或者罪犯提出申诉，应当转请人民检察院或者原判人民法院处理。"执行机关如果认为判决可能有错，应当提出具体意见并附有关材料，及时向人民检察院或人民法院反映；而罪犯自己提出申诉的，执行机关应当及时向人民检察院或人民法院转递申诉材料，不得扣压或无视。如果罪犯明确要求将申诉材料递交人民法院或人民检察院，执行机关应按其意愿转递；如无明确要求的，执行机关按情况转递。

人民检察院或者人民法院收到执行机关的意见和材料或罪犯申诉后，应认真进行审查。如认为原裁判在认定事实或适用法律上确有错误的，应按审判监督程序进行再审；如认为原裁判没有错误，应及时答复执行机关或申诉人。

根据《监狱法》第 24 条的规定，人民检察院或者人民法院应当自收到监狱提请处理意见书之日起 6 个月内将处理结果通知监狱。

引例一分析

对于情境一，罗某在死缓考验期内故意伤害他人身体，致人轻伤，属于"故意犯罪"。但是否属于"情节恶劣"，最高院目前并未出台新的司法解释。由案情可知，被害人黄某对本案引发存在过错，对罗某多次打骂在先，罗某对黄某泼热水属于泄愤之举，并非要严重伤害被害人，且事后认罪态度好。另外，罗某入狱时间短，教育改造尚缺，服刑期间并没有不服管教、抗拒改造之行为。综上，不应认定"情节恶劣"，故不核准对其执行死刑为妥。根据《刑事诉讼法》第261条第2款的规定，罗某的死刑缓期执行的期间应重新计算，并报最高人民法院备案。

对于情境二，应对罗某先依法裁定减刑，然后对所犯新罪另行审判。具体请参见《刑法》第50条的规定。本例中，罗某因犯抢劫罪被判处死刑缓期二年执行，在死刑缓期二年执行期间罗某未犯新罪，而是在死刑缓期二年执行期满第二天才将人打成重伤，对此应看作新罪，另行审判。

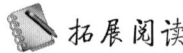 引例二分析

不应同意该申请。因为可以暂予监外执行的罪犯只限于有严重疾病需要保外就医的，怀孕或者正在哺乳自己婴儿的妇女，生活不能自理、适用暂予监外执行不致危害社会的。对被判处无期徒刑的罪犯，只有怀孕或者是正在哺乳自己婴儿的妇女，才可以暂予监外执行。刘某不属于上述任何一种情况，故不可暂予监外执行。

📓 思考与练习

1. 如何完善法律规定以保证减刑、假释等的公正性？
2. 简述死刑变更程序的具体内容。

📓 拓展阅读

死刑缓期执行期间故意犯罪"情节恶劣"的认定[1]

……

三、死缓罪犯故意犯罪"情节恶劣"的具体判断

死缓制度是根据对犯罪人主观恶性和人身危险性的评价结果，给其一个改过自新、重新做人的机会，对于其在缓期执行期间的故意犯罪，判断是否属于"情节恶劣"应予执行死刑，也应从其所犯新罪反映出来的主观恶性和人身危险性来分析。在司法实践中，判断是否达到情节恶劣的程度，可以根据犯罪的动机、手段、造成的危害后果等犯罪情节，并结合罪犯在缓期执行期间的改造、悔罪表现等，综合作出判断。具体而言：

1. 从犯罪原因上看，如果死缓罪犯出于狭隘心态而针对他人或者不特定多数人实施犯罪，并没有可归责于该罪犯以外的原因，说明其不能努力改变自己的错误认识，而是仍抱有仇恨社会的心态并抗拒改造，则可以考虑认定为情节恶劣；如果死缓罪犯所犯新罪事出有因，被害人有一定的过错或者责任，则说明其主观上并没有积极地对

---

〔1〕 节选自《人民法院报》2018年10月17日，作者：蔡智玉，单位：河南省高级人民法院。

抗改造，就不能认定为故意犯罪情节恶劣的情形。比如最高法院不予核准的高齐飞死刑缓期执行期间故意伤害案，高齐飞因劳动速度慢，而被作为同监罪犯的被害人扇耳光多下并辱骂，虽然其故意伤害造成轻伤一级的后果，但被害人在本案起因上存在明显的过错，而高齐飞并不存在不服管教、故意违反监规的问题，最高人民法院复核认为其故意犯罪尚未达到"情节恶劣"的程度。

2. 从犯罪手段及后果上看，如果被告人的犯罪手段有节制，未造成特别严重后果，说明其内心对法制尚有敬畏之心，仍有改造余地，如果其行为毫无节制，受制于意外因素才被终止，或者造成特别严重的后果，则说明其行为不计后果，无视甚至蔑视法制，没有再改造的可能性。比如最高法院核准执行死刑的陶明生死刑缓期执行期间故意杀人案，陶明生不能适应监狱改造环境，因与同监罪犯的琐细矛盾而蓄意报复杀人，趁其他人员午休而监舍异常报告员去卫生间的空隙，使用木质拐杖，对同监一服刑人员头面部猛砸数下，致被害人颅骨粉碎性骨折、脑挫裂伤等多处骨折及伤情，后被同监服刑人员夺下拐杖，才未造成死亡后果，其犯罪动机卑劣，作案手段凶狠，行为没有节制，犯意坚决，就应当认定属于"情节恶劣"的情形。

3. 从死缓罪犯在缓期执行期间的整体表现来看，如果其在两年考验期间一贯表现不好，经常有不服管教、故意违反监规的行为，说明其主观上具有拒绝改造的心态，认定其故意犯罪是否属于情节恶劣时应当将这些情况考虑进来，从严对待；如果其在考验期间一贯表现良好，积极接受改造，则认定其故意犯罪是否属于情节恶劣时也应当结合其平时表现，从宽对待。

4. 死缓罪犯所犯新罪被判处 3 年有期徒刑以上刑罚或者 5 年有期徒刑以上刑罚的，可以作为判断"情节恶劣"的前提，但不能一概而论，仍应结合上述三个情节予以综合判断。比如被告人出于正当防卫的目的而实施故意杀人或者故意伤害犯罪，可能也会被判处 5 年以上有期徒刑，但如果绝对认定这种情况下应执行死刑，恐怕也与社会公众的道德价值观念相违背。如果死缓罪犯实施以不特定多数人为对象的故意犯罪，如放火、爆炸、决水、投毒等，即使因未遂仅被判处 3 年有期徒刑，因其反映出该罪犯极端仇视社会的心理和反社会人格，主观恶性和人身危险性极大，也应当决定对其执行死刑。

项目三 人民检察院对执行的监督

⭐ 引例

王某因盗窃罪被法院判处有期徒刑 3 年，刑罚执行 1 年以后，王某以患有严重疾病、生活不能自理为由，申请暂予监外执行。

问题：人民检察院对王某暂予监外执行可以实施哪些监督？

基本原理

人民检察院的执行监督，是指人民检察院对人民法院已经发生法律效力的判决、裁定的执行是否合法进行法律监督的活动。其目的是维护生效判决、裁定的稳定性和严肃性，有利于纠正冤假错案，保障刑事诉讼任务的实现。

一、对执行死刑的监督

根据《刑事诉讼法》第263条第1款、《人民检察院刑事诉讼规则》第635条的规定，人民法院在交付执行死刑前，应当在交付执行3日前通知同级人民检察院派员临场监督。被判处死刑的罪犯在被执行死刑时，人民检察院应当派员临场监督。执行死刑临场监督，由检察人员担任，并配备书记员担任记录。人民检察院派员对执行死刑临场监督的主要内容有：

（1）人民检察院收到同级人民法院执行死刑临场监督通知后，应当查明同级人民法院是否收到最高人民法院核准死刑的判决或者裁定、执行死刑的命令和签发的具体时间；

（2）依法监督执行死刑的指挥人员、执行人员、执行死刑场所、方法和执行死刑的活动是否合法；

（3）是否具有法律规定的"停止执行、暂停执行死刑"的情形，在执行死刑前，发现有法定停止执行的情形的，应当建议人民法院停止执行；

（4）在执行死刑过程中，人民检察院临场监督人员根据需要可以进行拍照、摄像；执行死刑后，人民检察院临场监督人员应当检查罪犯是否确已死亡，并填写死刑临场监督笔录，签名后入卷归档。

二、对暂予监外执行的监督

根据《刑事诉讼法》第266条、第267条的规定，监狱、看守所提出暂予监外执行的书面意见的，应当将书面意见的副本抄送人民检察院。人民检察院可以向决定或者批准机关提出书面意见。决定或者批准暂予监外执行的机关应当将暂予监外执行决定抄送人民检察院。人民检察院认为暂予监外执行不当的，应当自接到通知之日起1个月以内将书面意见送交决定或者批准暂予监外执行的机关，决定或者批准暂予监外执行的机关接到人民检察院的书面意见后，应当立即对该决定进行重新核查。

《人民检察院刑事诉讼规则》对人民检察院对暂予监外执行的监督作了更具体的规定。人民检察院接到批准或者决定对罪犯暂予监外执行的通知后，应当进行审查。查阅有关材料，内容包括：①是否属于被判处有期徒刑或者拘役的罪犯；②是否属于有严重疾病需要保外就医的罪犯；③是否属于正在怀孕或者正在哺乳自己婴儿的妇女；④是否属于自伤自残的罪犯；⑤是否属于生活不能自理，适用暂予监外执行不致危害社会的罪犯；⑥办理暂予监外执行是否符合法定程序。

检察人员可以向罪犯所在单位和有关人员调查，可以向有关机关调阅有关材料。经审查认为暂予监外执行不当，应当向批准或者决定暂予监外执行的机关提出纠正意见的，由检察长决定。

人民检察院认为暂予监外执行不当的，应当自接到通知之日起 1 个月内提出书面纠正意见呈报批准或者决定暂予监外执行机关的同级人民检察院送交批准或者决定暂予监外执行的机关。

人民检察院向批准或者决定暂予监外执行的机关送交不同意暂予监外执行的书面意见后，应当监督其立即对批准或者决定暂予监外执行的结果进行重新核查，并监督重新核查的结果是否符合法律规定。对核查不符合法律规定的，应当依法提出纠正意见。

对于暂予监外执行的罪犯，人民检察院发现暂予监外执行的情形消失，应当通知执行机关收监执行。

法条链接

《人民检察院刑事诉讼规则》第六百四十三条　人民检察院发现监狱、看守所、公安机关暂予监外执行的执法活动有下列情形之一的，应当依法提出纠正意见：

（一）将不符合法定条件的罪犯提请暂予监外执行的；

（二）提请暂予监外执行的程序违反法律规定或者没有完备的合法手续，或者对于需要保外就医的罪犯没有省级人民政府指定医院的诊断证明和开具的证明文件的；

（三）监狱、看守所提出暂予监外执行书面意见，没有同时将书面意见副本抄送人民检察院的；

（四）罪犯被决定或者批准暂予监外执行后，未依法交付罪犯居住地社区矫正机构实行社区矫正的；

（五）对符合暂予监外执行条件的罪犯没有依法提请暂予监外执行的；

（六）发现罪犯不符合暂予监外执行条件，或者在暂予监外执行期间严重违反暂予监外执行监督管理规定，或者暂予监外执行的条件消失且刑期未满，应当收监执行而未及时收监执行或者未提出收监执行建议的；

（七）人民法院决定将暂予监外执行的罪犯收监执行，并将有关法律文书送达公安机关、监狱、看守所后，监狱、看守所未及时收监执行的；

（八）对不符合暂予监外执行条件的罪犯通过贿赂等非法手段被暂予监外执行以及在暂予监外执行期间脱逃的罪犯，监狱、看守所未建议人民法院将其监外执行期间、脱逃期间不计入执行刑期或者对罪犯执行刑期计算的建议违法、不当的；

（九）暂予监外执行的罪犯刑期届满，未及时办理释放手续的；

（十）其他违法情形。

三、对减刑、假释的监督

根据《刑事诉讼法》第 273 条第 2 款的规定，被判处管制、拘役、有期徒刑或者无期徒刑的罪犯，在执行期间确有悔改或者立功表现，应当依法予以减刑、假释的时候，由执行机关提出建议书，报请人民法院审核裁定，并将建议书副本抄送人民检察院。人民检察院可以向人民法院提出书面意见。

人民检察院认为人民法院减刑、假释的裁定不当，应当在收到裁定书副本后 20 日以内，向人民法院提出书面纠正意见。对人民法院减刑、假释裁定的纠正意见，由作出减刑、假释裁定的人民法院的同级人民检察院书面提出。下级人民检察院发现人民法院减刑、假释裁定不当的，应当立即向作出减刑、假释裁定的人民法院的同级人民检察院报告。人民法院应当在收到纠正意见后 1 个月以内重新组成合议庭进行审理，作出最终裁定。人民检察院对人民法院减刑、假释的裁定提出纠正意见后，应当监督人民法院是否在收到纠正意见后 1 个月内重新组成合议庭[1]进行审理，并监督重新作出的最终裁定是否符合法律规定。对最终裁定不符合法律规定的，应当向同级人民法院提出纠正意见。

法条链接

《人民检察院刑事诉讼规则》第六百四十九条 人民检察院收到执行机关抄送的减刑、假释建议书副本后，应当逐案进行审查，发现减刑、假释建议不当或者提请减刑、假释违反法定程序的，应当在十日以内向审理减刑、假释案件的人民法院提出书面检察意见，同时也可以向执行机关提出书面纠正意见。

四、对执行机关执行刑罚活动的监督

根据《刑事诉讼法》第 276 条的规定，人民检察院对执行机关执行刑罚的活动是否合法实行监督。如果发现有违法的情况，应当通知执行机关纠正。这是人民检察院对执行机关执行刑罚活动进行监督的一项原则性规定。

人民检察院的监督涵盖执行机关执行刑罚活动的方方面面，主要包括：

（1）对刑事判决、裁定是否正确执行实行监督；监督是否立即释放判决无罪、免除刑事处罚的在押被告人；

（2）对于死缓罪犯执行期满是否依法减刑或执行死刑；

（3）人民法院的交付执行手续、程序是否合法；执行机关收押罪犯、管教活动是

---

〔1〕 重新组成合议庭是指由原作出减刑、假释裁定的合议庭之外的其他审判人员组成的新合议庭。

否符合法律规定；对服刑期满是否按期释放、服刑未满是否违规释放进行监督；

（4）人民法院对罚金、没收财产等刑罚执行是否合法，罚没款项是否依法处理；

（5）公安机关、社区矫正机构对罪犯是否落实监督管理和考察措施等。

人民检察院在监督过程中，发现有违法情况的，应当及时通知执行机关纠正。对情节较轻的，可以以口头方式向违规人或执行机关负责人提出纠正意见，并及时向监所检察部门负责人汇报，必要时，由部门负责人提出；对情节较严重的，经检察长批准以书面方式向执行机关发出《纠正违法通知书》；造成严重后果并构成犯罪的，应依法追究责任人的刑事责任。

人民检察院发出《纠正违法通知书》的，应当根据执行机关的回复监督落实情况，没有回复的，人民检察院应该及时报告上一级人民检察院，并抄报执行机关的上级主管机关。上级人民检察院认为下级人民检察院的纠正意见正确的，应与同级执行机关共同督促下级执行机关纠正；上级人民检察院认为下级人民检察院的纠正意见有误的，应当通知下级人民检察院撤销已发的《纠正违法通知书》，并通知同级执行机关。

引例分析

审查王某是否属于被判处有期徒刑或者拘役的罪犯；审查王某是否符合暂予监外执行的条件；书面纠正意见应当直接送交批准或者决定暂予监外执行的机关；批准机关在接到书面纠正意见后应当对该决定重新核查等。具体查阅《刑事诉讼法》第265条、《人民检察院刑事诉讼规则》第643~647条的相关规定。

思考与练习

如何加强检察机关对执行活动的监督并落实？

拓展阅读

"化学阉割"（chemical castration）始于美国，是对男性强奸罪犯注射一系列雌性荷尔蒙药物使其失去性欲的一种手段，2003年以来一些国家也立法对一些诸如强奸幼女的犯人进行化学阉割。2010年6月，波兰有关对犯有强奸罪及娈童罪的男性强制施行化学阉割的法律正式生效。韩国国会2010年6月29日举行全体会议，通过了"对于以儿童为对象进行性犯罪者，为了防止重犯或习惯犯罪的预防和治疗法案"（又名"化学阉割法案"）。

韩国一项允许执法部门对侵害未成年人的性犯罪者实施"化学阉割"的法律定于2011年7月24日生效。法律规定，法官可依照案情，对性侵犯16岁以下未成年人的成人罪犯处以"化学阉割"，持续时间不超过15年。2012年5月21日韩国法务部召开会议，一致通过了对向4名儿童实施性暴力的罪犯朴某下达性冲动药物治疗命令。该罪犯将成为自2011年7月韩国实施《性暴力犯罪者的性冲动药物治疗相关法律》以来首例"化学阉割"适用对象。[1]

实训　执行程序的运用

 情景设计

刘某、李某和乐某因涉嫌强奸、抢劫（共同犯罪），程某因涉嫌包庇贾某被人民法院依法判刑。刘某被判处死刑立即执行，李某被判处无期徒刑，乐某被判处有期徒刑10年，程某被判处有期徒刑1年，缓刑2年。判决生效后，下级人民法院在接到对刘某执行死刑的命令后，发现裁判可能有错误，遂停止执行，并立即报请核准死刑的最高人民法院裁定。最高人民法院作出死刑裁判没有错误的裁定后，下级人民法院立即对刘某执行了死刑。在执行死刑时，只有法院的指挥人员、执行人员及维持秩序的公安人员到场，执行前为避免混乱未予公布，在闹市区执行注射。当日在司法警察的临场监督下，完成了死刑的执行。某监狱在对李某、乐某的执行过程中，因李某患有严重疾病而将其保外就医，对乐某则在其服刑满5年后向某法院提出了假释建议。程某在缓刑考验期间，因违反有关缓刑的监督管理规定，负责执行的社区矫正机构向原作出缓刑裁判的人民法院提出了撤销程某缓刑的建议书。该法院认为程某在缓刑考验期间并未犯罪，未接受社区矫正机构的建议。

工作任务

任务一：请你以法律工作者的身份找出本案对四名罪犯的执行程序存在哪些错误，并给出相应的纠正意见。

任务二：如果你是社区矫正机构的工作人员，对于人民法院不接受你撤销程某缓刑建议情况，你应如何提出建议？

任务三：针对本案执行过程中的问题，人民检察院应如何开展监督活动？

任务四：请你制作《撤销缓刑建议书》，载明罪犯基本情况、判决确定的罪名和刑罚、撤销缓刑原因、依据等内容。

训练方法

将全班学生分成四个小组，每个小组内部进行讨论，形成本组意见，然后组织四个小组之间进行交流，互相借鉴，再由各小组完成书面材料，交指导老师点评指导。

步骤一：各小组内部讨论，回顾执行程序的内容，理清思路，找出本案执行错误之处，并写出《撤销缓刑建议书》。

---

[1]　http://www.hudong.com/wiki/%E5%8C%96%E5%AD%A6%E9%98%89%E5%89%B2.

步骤二：各小组代表发言，交流看法，相互补充意见。也可将死刑执行程序进行正确的情景再现。

步骤三：各小组借鉴其他小组的优胜之处，对本小组的"纠正意见"按程序、按步骤修改成文，完善《撤销缓刑建议书》，交指导老师点评指导。

考核标准

1. 熟练掌握各种刑罚的执行程序，对于执行变更程序的条件、人民检察院的监督范围有清晰、明确的思路。

2. 制作的《撤销缓刑建议书》格式正确，内容完备，表述清楚。

单 元 十 二

特别程序

知识目标

1. 了解各特别程序立法背景。

2. 理解各特别程序的概念和特征。

3. 理解各特别程序的具体规定。

能力目标

能用所学理论知识分析解决实际问题。

内容结构图

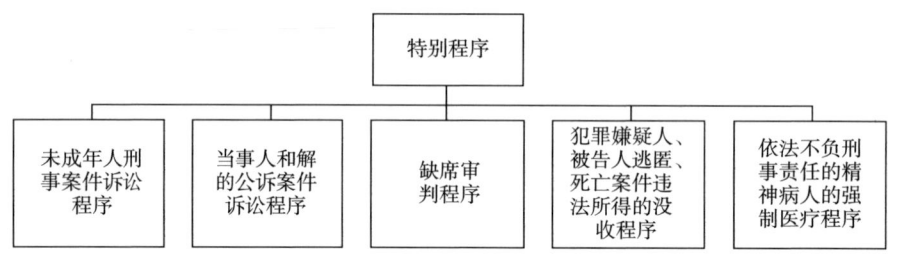

项目一 未成年人刑事案件诉讼程序

引例

2016 年 12 月，李青随同三名犯罪嫌疑人一同抢劫一辆电动车。案发时，李青 16 岁。2017 年 1 月 8 日，其向公安机关投案自首，被公安机关采取取保候审强制措施，后公安机关以涉嫌抢劫罪移送当地检察院审查起诉。

办案检察官分别通过李青的父母、其他亲属、邻居、所在学校老师、同学、被盗车车主及公安机关，对李青的家庭和教育背景、一贯表现、监管条件等进行全面社会调查。发现李青主要是因为法律意识不强，一时糊涂而触犯法律，主观恶性较小，也未造成严重危害后果。同时，李青到案后认悔罪态度较好，又系在校生，家庭和谐，具备较好的家庭和学校管束条件。公安机关和被盗车车主均建议从宽处理。

于是，检察院决定对小青作附条件不起诉处理，并设定 7 个月的考验期限。规定其在考验期内必须遵纪守法，努力学习，每月写一份思想汇报。考验期满再对其作出起诉或不起诉处理的决定。由此，小青得以重返校园。办案检察官定期家访，适时进行思想教育。

7 个月考验期内，李青没有做出新的违法行为，按时上交思想汇报，学习有明显进步，也比以前懂事很多。鉴于其良好的表现，检察院作出了不起诉决定，且将涉案材料封存，不存入个人档案。这不仅意味着李青将不会获罪，而且也不会在青少年时期留下人生污点，影响升学和就业。

2018 年暑期，收到大学录取通知书，李青第一时间给办案检察官打电话报喜，感谢检察官挽救了他。他说本来案发后他曾一度失落地认为他的人生完了，没想到检察官让他有机会重返校园，并通过自己的努力考上自己理想的大学，重获新生。他将加倍珍惜这来之不易的机会。

问题：1. 为什么办理未成年人犯罪案件要贯彻教育、感化、挽救方针和教育为主、惩罚为辅原则？

2. 为什么在办理未成年人犯罪案件中要进行全面的社会调查？

3. 什么是附条件不起诉？

4. 为什么在办理未成年人犯罪案件中要特别注重隐私保护？

基本原理

一、未成年人刑事案件诉讼程序概述

刑事法律意义上的未成年人，主要是指已满 14 周岁、不满 18 周岁的人。因此，未成年人犯罪是指已满 14 周岁、不满 18 周岁的未成年人实施的危害社会、应受刑罚处罚的行为。未成年人刑事案件诉讼程序是刑事诉讼中的特别程序，它是指对未成年人犯罪案件依法追究刑事责任时所适用的立案、侦查、起诉、审判、执行等一系列的诉讼程序。

（一）我国未成年人刑事案件诉讼程序的主要法律依据

近年来，各地司法机关在办理未成年人刑事案件中对符合青少年身心特点、有益于教育挽救失足未成年人的办案方式进行了积极探索，积累了丰富经验，取得了很好的效果。2012 年《刑事诉讼法》修订时，立法机关将司法机关成功的经验上升为法律，形成了具有中国特色的未成年人刑事司法制度。我国调整未成年人刑事案件诉讼程序的法律渊源，主要包括以下几种：

1. 有关主要法律。

（1）《刑事诉讼法》。我国《刑事诉讼法》第五编"特别程序"编中设置了"未成年人刑事案件诉讼程序"专章。该法总结吸收了我国多年来未成年人刑事立法、司法的经验和成果，将所有涉及未成年人刑事案件诉讼程序的内容，进行系统规定，使之成为一套处理未成年人刑事案件的在立法体例上相对独立的专门的诉讼程序，也是各级公安司法机关处理未成年人刑事案件最重要的法律依据。

（2）《未成年人保护法》和《预防未成年人犯罪法》。我国《未成年人保护法》第五章"司法保护"对未成年人案件的处理作了专门规定。《预防未成年人犯罪法》对未成年人犯罪的预防和处理进行了规定。

2. 有关司法解释和部门规章等。

（1）最高人民法院 2006 年 1 月 23 日起施行的《最高人民法院关于审理未成年人刑事案件具体应用法律若干问题的解释》，2010 年 7 月 23 日发布的《关于进一步加强少年法庭工作的意见》，以及 2012 年 12 月 20 日公布的《最高人民法院关于适用〈中华人民共和国刑事诉讼法〉的解释》，对各级法院办理未成年人刑事案件具有重要指导作用。

（2）最高人民检察院 2013 年 12 月 27 日印发的《人民检察院办理未成年人刑事案件的规定》则成为检察机关办理未成年人刑事案件的重要依据。

（3）公安部 1995 年 10 月 23 日通过的《公安机关办理未成年人违法犯罪案件的规定》，成为公安机关办理未成年人刑事案件的主要依据。

（4）"六部门"2010 年 8 月 28 日联合下发《中央综治委预防青少年违法犯罪工作领导小组、最高人民法院、最高人民检察院、公安部、司法部、共青团中央关于进一步建立和完善办理未成年人刑事案件配套工作体系的若干意见》。该《意见》系统地总结和吸收了基层司法创新成果，在分案起诉审理、法定代理人到场、社会调查、法律援助、不公开审理等方面作出明确规定，对推动各级法院、检察院、公安机关、司法行政机关进一步加强在办理未成年人刑事案件中的衔接和配合，更好地维护未成年人合法权益等方面发挥着积极的促进作用。

3. 有关国际公约。1989 年联合国《儿童权利公约》确立了"儿童最大利益原则"。之后，又通过了《联合国少年司法最低限度标准规则》（即《北京规则》）、《预防少年犯罪准则》（即《利雅得准则》）、《保护被剥夺自由少年准则》等国际公约。这些国际公约是国际社会预防未成年人犯罪、未成年司法管理和保护被拘押的未成年人权利的法律文本，构成了少年司法领域的联合国准则体系。

（二）我国未成年人刑事司法实践

在出台立法之余，我国各地司法机关也开展了未成年人案件诉讼程序的广泛实践。1984 年底，上海市长宁区人民法院建立了我国内地首个"少年刑事案件合议庭"，专门审理未成年人案件。1986～1987 年，天津市 4 个区、县的人民法院也设立了少年法庭。1988 年，最高人民法院在上海召开了审理未成年人刑事案件经验交流会，向全国推广少年法庭工作经验，设立少年法庭工作随之在全国展开。到 1994 年，全国少年法庭多达 3369 个，其中有些是以独立建制形式设立的。之后，由于案源不足、法律不完善等原因，全国少年法庭数量一度出现逐年减少的趋势。截至 2017 年 6 月，全国共有少年法庭 2200 余个，少年法庭法官 7000 多名。[1] 少年法庭运用特殊程序审理未成年人案件，取得了积极效果。少年法庭审判的未成年罪犯，经过改造回归社会后，重新犯罪率明显下降。

二、未成年人刑事诉讼程序的方针、原则和制度

处理未成年人刑事案件，除了在定罪量刑上与普通刑事案件应有所区别外，在程序的方针、原则、制度等方面也应有所不同，即适用不同于成年人普通刑事诉讼程序的特殊程序。未成年人刑事诉讼除了应当遵循我国刑事诉讼法所规定的基本原则外，还应当根据未成年人刑事诉讼程序的特点，遵循以下几项特有的方针和原则：

（一）教育、感化、挽救的方针和教育为主、惩罚为辅的原则

我国《刑事诉讼法》第 277 条第 1 款规定："对犯罪的未成年人实行教育、感化、挽救的方针，坚持教育为主、惩罚为辅的原则。"我国《未成年人保护法》第 54 条和《预防未成年人犯罪法》第 44 条也作了同样的规定。

教育、感化、挽救方针，是指公安司法机关的办案人员在办理未成年人犯罪案件时，要坚持以教育为主、惩罚为辅的原则，对犯罪的未成年人动之以情晓之以理，帮助其认清所犯罪行的严重性，促其悔罪服法，并重新做人。

贯彻这一方针和原则，要求公安司法工作人员要像父母对待子女、老师对待学生、医生对待病人那样，帮助未成年人分清是非，促使其同犯罪行为划清界限；并在诉讼中依法保障其享有的诉讼权利。同时，还要处理好惩罚与教育的关系。对犯罪的未成年人进行教育、感化和挽救，并不意味着对其所犯罪行可以不处罚。相反，为维护公共利益，维护社会法制，对未成年人犯罪行为，特别是对那些重大恶性案件的首要分子，要依法惩处。贯彻这一方针和原则还要认识到：惩罚和教育是并不矛盾的，惩罚的目的之一，是为了教育和改造犯罪人，要以矫治和康复回归为主，可罚可不罚的尽量不罚，以利其改过自新，重返社会。因此，教育为主、惩罚为辅的原则，体现了对社会的保护和对未成年人的保护的有机结合，同时也强调了优先保护未成年人的思想。

（二）保障未成年犯罪嫌疑人、被告人诉讼权利原则

保障未成年犯罪嫌疑人、被告人诉讼权利的原则，是指公安司法机关在处理未成

---

〔1〕　国务院新闻办公室：《中国人权法治化保障的新进展》白皮书，载新华网，http：//www. xinhuanet. com//2017 - 12/15/c ＿1122115610. htm.

年人刑事案件的过程中，应当充分保障未成年犯罪嫌疑人、被告人依法享有的各项诉讼权利。未成年犯罪嫌疑人、被告人作为诉讼参与人，除了享有成年犯罪嫌疑人、被告人的诉讼权利外，还享有一些特殊的权利。比如《刑事诉讼法》第281条规定的在讯问和审判未成年犯罪嫌疑人、被告人时应当通知其法定代理人到场，以及第278条规定的未成年犯罪嫌疑人、被告人没有委托辩护人的，人民法院、人民检察院、公安机关应当通知法律援助机构指派律师为其提供辩护，等等，都是为了充分保障未成年犯罪嫌疑人、被告人的诉讼权利。

（三）隐私特别保护制度

隐私特别保护制度，是指根据我国《刑事诉讼法》《未成年人保护法》《预防未成年人犯罪法》及有关司法解释的要求，公安司法机关在办理未成年人刑事案件时不得公开或者传播涉案未成年人的信息资料，严格保护涉案未成年人的名誉和隐私的制度。

《公安机关办理未成年人违法犯罪案件的规定》第5条规定："办理未成年人违法犯罪案件，应当保护未成年人的名誉，不得公开披露涉案未成年人的姓名、住所和影像。"

《人民检察院办理未成年人刑事案件的规定》第5条规定："人民检察院办理未成年人刑事案件，应依法保护涉案未成年人的名誉，尊重其人格，不得公开或者传播涉案未成年人的姓名、住所、照片、图像及可能推断出该未成年人的资料。"

《最高人民法院关于适用〈中华人民共和国刑事诉讼法〉的解释》第469条也规定，"审理未成年人刑事案件，不得向外界披露该未成年人的姓名、住所、照片以及可能推断出该未成年人身份的其他资料。查阅、摘抄、复制的未成年人刑事案件的案卷材料，不得公开和传播"。

当然，不公开审理制度、未成年人犯罪记录封存制度也体现了隐私特别保护制度的精神。保护未成年人的名誉，尊重未成年人的人格尊严，有利于未成年人日后回归社会。

（四）不公开审理制度

根据我国《刑事诉讼法》第285条规定，"审判的时候被告人不满18周岁的案件，不公开审理"。不公开审理制度，是指人民法院在审理未成年人刑事案件时，不允许群众旁听，不允许记者采访，审理过程不向社会公开，且报纸等印刷品不得刊登未成年被告人的姓名、年龄、职业、住址及照片等。

对未成年人案件不公开审理，主要是考虑到维护未成年人的名誉，缓解未成年人的精神压力和紧张心态，防止公开审理对其造成精神创伤而导致不利于教育改造的不良后果，有利于未成年被告人重返社会，重新做人。从这个意义上讲，对未成年人案件的审理不公开也是教育、感化、挽救方针在司法程序上的体现。

应当指出，贯彻这一制度，只是审理过程不公开，宣告判决仍应公开进行，但不得采取召开宣判大会等形式。

（五）承办工作人员专门化制度

承办工作人员专门化制度，是指公安司法机关对未成年人刑事案件，都应指派熟悉未成年人身心特点、具有相关专业知识和经验的专门工作人员承办。这一制度的法律依据是《刑事诉讼法》第277条、《未成年人保护法》第55条及相关部门规章和司法解释。

根据《刑事诉讼法》第277条的规定，人民法院、人民检察院和公安机关办理未成年人刑事案件，应由熟悉未成年人身心特点的审判人员、检察人员、侦查人员承办。《未成年人保护法》第55条规定："公安机关、人民检察院、人民法院办理未成年人犯罪案件和涉及未成年人权益保护案件，应当照顾未成年人身心发展特点，尊重他们的人格尊严，保障他们的合法权益，并根据需要设立专门机构或者指定专人办理。"

《公安机关办理未成年人违法犯罪案件的规定》第6条、《人民检察院办理未成年人刑事案件的规定》第8条也都分别作出了相应的规定。如《人民检察院办理未成年人刑事案件的规定》明确要求，"各级人民检察院应当选任经过专门培训，熟悉未成年人身心特点，具有犯罪学、社会学、心理学、教育学等方面知识的检察人员承办未成年人刑事案件，并加强对办案人员的培训和指导"。特别是2010年7月印发的《关于进一步加强少年法庭工作的意见》对未成年人案件审判工作机构和工作人员专门化制度更是进行了专门详细的规定。

实行未成年人刑事案件承办工作人员专门化制度，对提高办案质量，增强未成年犯的教育、感化和挽救效果，无疑具有重要意义。

（六）分案处理制度

分案处理，是指公安司法机关在刑事诉讼过程中，应当将未成年人案件与成年人案件实行诉讼程序分离、分案处理，对犯罪的未成年人与犯罪的成年人分别关押、分别执行。《刑事诉讼法》第280条第2款和《预防未成年人犯罪法》第46条都规定：对被拘留、逮捕和执行刑罚的未成年人与成年人应当分别关押、分别管理、分别教育。

我国法律对于未成年人犯罪案件实行分案处理制度，从该制度的内容来看，大致包括三个方面：分别关押，即实施刑事诉讼中的拘留、逮捕等强制措施时，应当将未成年犯罪嫌疑人、被告人和成年犯罪嫌疑人、被告人分别羁押看管；诉讼程序分离、分案处理，即在处理未成年人和成年人共同犯罪或者有牵连的案件时，尽量适用不同的诉讼程序，只要不是必须合并的情形，都应当进行分案审理；分别执行，即未成年人案件的判决、裁定在生效后执行时，未成年罪犯与成年罪犯不得同处一个监所。

设立这一制度，是为了保护未成年犯，避免其受到成年犯罪嫌疑人、被告人的交叉感染，有利于教育、感化和挽救。分案处理制度的依据是未成年人的特点，即未成年人思想意识还没有定型，若与成年人案件并案处理，同监执行，容易使未成年人受到不良影响，甚至恶习更深，不利于对其进行教育改造。

（七）社会调查制度

《刑事诉讼法》第 279 条规定："公安机关、人民检察院、人民法院办理未成年人刑事案件，根据情况可以对未成年犯罪嫌疑人、被告人的成长经历、犯罪原因、监护教育等情况进行调查。"

社会调查制度的目的在于通过对未成年犯罪嫌疑人、被告人的成长经历、犯罪原因、监护教育等情况进行调查，为教育改造未成年犯罪人确定有针对性的方案、方法和途径，以取得理想的教育改造效果。如《人民检察院办理未成年人刑事案件的规定》第 9 条第 1 款规定："人民检察院根据情况可以对未成年犯罪嫌疑人的成长经历、犯罪原因、监护教育等情况进行调查，并制作社会调查报告，作为办案和教育的参考。"

在侦查、起诉、庭审和执行阶段对未成年犯罪嫌疑人、被告人的成长经历、犯罪原因、教育改造条件进行调查了解，形成书面报告，有利于采取适合未成年人身心发展特点的讯问、审理、执行方式，能够更全面保障未成年犯罪嫌疑人和被告人合法权益。社会调查是许多国家办理未成年人刑事案件的惯例，是未成年人刑事诉讼程序贯彻刑罚个别化和全面调查原则的具体表现。进行社会调查不仅可以有针对性地对违法犯罪的未成年人进行教育挽救，还可以促使其认罪悔改。社会调查报告还是侦查机关对涉罪未成年人采取取保候审，检察机关决定逮捕、起诉，法院定罪量刑以及刑罚执行和社区矫正的考量依据。

社会调查制度在一些关于未成年人的国际公约中普遍得到确立。《联合国少年司法最低限度标准规则》第 16 条规定，"所有案件除涉及轻微违法行为的案件外，在主管当局作出判决之前，应对少年生活的背景和环境或犯罪的条件进行适当的调查，以便主管当局对案件作出明智的审判"。

法院对于未成年人成长情况、犯罪原因等状况进行了解，无法在法庭上实现，需要社会调查来解决，或委托工、青、妇、教等单位协助调查，或聘任社会调查员开展调查，或由社区矫正组织负责调查。社会调查报告提供了分析犯罪原因很好的材料，对于法官有针对性地作出判决处理方式起着非常重要的作用。

（八）未成年人犯罪记录封存制度

未成年人犯罪记录封存制度，是指为了尽量弱化未成年人的罪犯标签心理，使其能够更快、更好地回归社会，将被判处轻罪的未成年人的犯罪记录依法予以密封保存的制度。对于这一制度，我国《刑事诉讼法》第 286 条有非常具体的规定，即"犯罪的时候不满 18 周岁，被判处 5 年有期徒刑以下刑罚的，应当对相关犯罪记录予以封存。犯罪记录被封存的，不得向任何单位和个人提供，但司法机关为办案需要或者有关单位根据国家规定进行查询的除外。依法进行查询的单位，应当对被封存的犯罪记录的情况予以保密"。

"犯罪记录封存"的范围，不仅应当包括犯罪时不满 18 周岁，被判处 5 年有期徒刑以下刑罚的记录，还应当包括在侦查、审查起诉和审理过程中形成的与未成年人犯罪相关的各种材料。司法机关封存符合条件的未成年人犯罪记录，要对未成年犯罪嫌疑人、被告人的材料采取保密措施，妥善保存，非因法定事由不得向外界提供；在有关方面要求为未成年人出具有无犯罪记录证明时，司法机关不应当提供有犯罪记录的证明。此外，依照《刑事诉讼法》第 16 条规定免予追究刑事责任的未成年人刑事案件记录，也应当予以封存。

当然，《刑事诉讼法》在确立未成年人犯罪记录封存制度的同时，也为合理的需求留有余地。法律规定了可以对未成年人犯罪记录进行查询的两种例外情形：①司法机关为办理案件需要，当司法机关办理具体案件需要从未成年犯罪嫌疑人、被告人的犯罪记录中获取线索、有关定罪量刑信息时，可查询其犯罪记录；②有关单位根据国家规定可进行查询，在这种情况下，相关单位必须根据法律规定，具有法定事由方能查询。法律同时规定了查询单位的保密义务，依法进行查询的单位，应当对被封存的犯罪记录的情况予以保密，其经查询获取的信息只能用于特定事项、特定范围。

（九）强制辩护制度

由于年龄、智力发育程度的限制和法律知识的欠缺，很多未成年犯罪嫌疑人、被告人不知道如何行使诉讼权利。有辩护人的参与，能为其及时提供必要的法律帮助，有效保护其合法权益。

《刑事诉讼法》第 278 条规定："未成年犯罪嫌疑人、被告人没有委托辩护人的，人民法院、人民检察院、公安机关应当通知法律援助机构指派律师为其提供辩护。"根据本条规定，只要未成年犯罪嫌疑人、被告人没有委托辩护人的，公安机关、人民检察院和人民法院就应当通知法律援助机构指派律师为其辩护。

（十）成年人在场制度

未成年人由于其认知能力和表达能力的局限，在刑事诉讼中难以充分行使诉讼权利。《刑事诉讼法》针对未成年人的这一特点，为保障未成年犯罪嫌疑人、被告人的诉讼权利，确立了讯问和审判未成年人时合适成年人在场制度，其参与到对未成年犯罪嫌疑人、被告人的讯问和审判活动中，代为行使未成年人的诉讼权利。这样做一方面可以弥补未成年人诉讼能力的不足，消除未成年人心理上的恐惧和抗拒，帮助未成年人与讯问人沟通，还可以对讯问过程是否合法、合适进行监督，防止在诉讼活动中，由于违法行为对未成年人合法权益造成侵害。

对于成年人在场制度，《刑事诉讼法》第 281 条作了详细的规定："对于未成年人刑事案件，在讯问和审判的时候，应当通知未成年犯罪嫌疑人、被告人的法定代理人到场。无法通知、法定代理人不能到场或者法定代理人是共犯的，也可以通知未成年犯罪嫌疑人、被告人的其他成年亲属，所在学校、单位、居住地基层组织或者未成年人保护组织的代表到场，并将有关情况记录在案。到场的法定代理人可以代为行使未成年犯罪嫌疑人、被告人的诉讼权利。"需要指出的是，根据《刑事诉讼法》第281条的规定，如果被害人、证人是未成年人，询问时也应当通知其法定代理人到场，法定代理人无法到场时应通知合适的成年人到场。

三、未成年人刑事诉讼的具体程序

（一）立案程序

未成年人案件的立案在材料来源、立案条件以及立案程序方面与成年人案件立案是相同的。但与成年人案件立案程序相比，未成年人立案程序还具有一些不同之处。

未成年人犯罪案件同成年人犯罪案件最根本的区别在于对象的不同。未成年人案件是指已满14周岁不满18周岁的未成年人的刑事案件。所以在审查立案材料时，应当首先重点查明未成年人的准确的出生年、月、日，并且严格按照科学方法计算，这是区分是否属于未成年人犯罪的本质要素。其次在立案时，还要注意审查未成年人是否系教唆犯罪。同时，为贯彻教育、挽救方针，要扩大审查的范围，除应查明立案的事实条件和法律条件外，对认定案情有意义的材料，都要尽量予以查证。

经过审查，凡是不符合立案条件的，属于罪行轻微、社会危害性不大、不需要判处刑罚的，可以将案件材料转交有关部门，作适当处理；或者责令其家长或者监护人严加管教，并且要协调有关各方，落实帮教措施。对符合立案条件的，制作立案报告，除了要与其他案件一样办理立案手续，还应将未成年人的有关情况予以注明。

（二）侦查程序

根据未成年人案件的诉讼原则，对未成年人案件在侦查时，应当注意以下几个方面：

1. 贯彻全面调查制度，扩大侦查范围。在对普通案件进行侦查时，侦查的对象主要是与定罪量刑有关的事实和情节。在对未成年人案件进行侦查时，不仅要查明与定罪量刑有关的事实、情节，还必须对案件事实以外的其他有关情况进行调查，如未成年犯罪嫌疑人、被告人的成长经历、犯罪原因、监护教育、是否存在教唆等各方面与案件处理有关的情况。在详细调查的基础上，使刑事诉讼一方面可以公正地惩罚犯罪，另一方面也可以对未成年人进行良好的教育与改造。

2. 慎用强制措施。在对未成年犯罪嫌疑人采取强制措施时，要特别慎重，尽量不采用或少采用强制措施，针对未成年犯罪嫌疑人的特点，可将其交由父母、老师或监护人看管。对可用可不用的，坚持不用；对适用强度弱的强制措施可以达到目的，不应适用更强的强制措施。

《刑事诉讼法》第280条第1款规定："对未成年犯罪嫌疑人、被告人应当严格限制适用逮捕措施。人民检察院审查批准逮捕和人民法院决定逮捕，应当讯问未成年犯罪嫌疑人、被告人，听取辩护律师的意见。"

《人民检察院办理未成年人刑事案件的规定》对未成年人审查批捕的原则和条件进行了严格的规定。根据该规定第13、14和19条，人民检察院审查批准逮捕未成年犯罪嫌疑人，应当根据未成年犯罪嫌疑人涉嫌犯罪的事实、主观恶性、有无监护与社会帮教条件等，综合衡量其社会危险性，确定是否有逮捕必要，慎用逮捕措施，可捕可不捕的不捕。对于罪行较轻，具备有效监护条件或者社会帮教措施，没有社会危险性或者社会危险性较小，不会妨害诉讼正常进行的未成年犯罪嫌疑人，一般不予批准逮捕。对于罪行比较严重，但主观恶性不大，有悔罪表现，具备有效监护条件或者社会帮教措施，不具有社会危险性，不会妨害诉讼正常进行，并具有"七种情形"之一的未成年犯罪嫌疑人，也可以依法不予批准逮捕。

3. 采用有利于未成年人身心健康的传唤、讯问方式。在未成年人案件侦查中，当需要传唤未成年人时，要注意未成年人的心理特点，避免引起其过度紧张。因此，对未成年人一般可通过其父母、监护人等间接传唤而不宜直接传唤。在讯问未成年人时，尽量选择其熟悉的场所和地点，并根据《刑事诉讼法》第281条的规定，充分贯彻成年人在场制度，通知其法定代理人到场，在讯问女性未成年犯罪嫌疑人时，有女工作人员在场。在对未成年人讯问时，坚持教育、挽救的方针，要注意讯问的方式，要用符合未成年人特点的语言和方式，避免生硬、粗暴的训斥和讽刺，要采取教育、启发的方法，减缓其心理压力，使讯问能够在宽松的气氛中进行。这对保护未成年人身心健康，增强未成年犯教育改造效果具有极为重要的意义。

4. 依法保障未成年犯罪嫌疑人获得辩护的权利。《刑事诉讼法》将未成年犯罪嫌疑人获得法律援助的权利提前至侦查阶段。根据该法第278条的规定，在侦查阶段，只要未成年犯罪嫌疑人没有委托辩护人，公安机关就有义务通知法律援助机构指派律师为其提供辩护。当然，在审查起诉和审判阶段，此项义务分别由人民检察院和人民法院承担。

（三）起诉程序

依据《刑事诉讼法》及《人民检察院办理未成年人刑事案件的规定》，对未成年犯罪嫌疑人进行保护的特殊规定有：

1. 听取有关人员意见，全面了解未成年犯罪嫌疑人的情况。人民检察院审查起诉未成年犯罪嫌疑人，应当听取其父母或者其他法定代理人、辩护人、未成年被害人及其法定代理人的意见。可以结合社会调查，通过学校、社区、家庭等有关组织和人员，全面了解未成年犯罪嫌疑人的情况，为办案提供参考。

2. 告知当事人及家属案件进展情况。人民检察院办理未成年人刑事案件，可以应犯罪嫌疑人家属、被害人及其家属的要求，告知其审查逮捕、审查起诉的进展情况，并对情况予以说明和解释。

3. 安排会见、通话。移送审查起诉的案件具备一定的条件，检察人员可以安排在押的未成年犯罪嫌疑人与其法定代理人、近亲属进行会见、通话。会见、通话时检察人员可以在场。结束后，检察人员应当将有关内容整理并记录在案。

4. 附条件不起诉的适用条件与程序。人民检察院在审查未成年人刑事案件时，除了可以依法适用法定不起诉、酌定不起诉和证据不起诉制度之外，还可以适用专门针对未成年人案件的附条件不起诉制度。《刑事诉讼法》第 282～284 条对未成年人犯罪案件适用附条件不起诉制度进行了规定。

（1）附条件不起诉的适用条件。根据第 282 条第 1 款的规定，对于未成年人涉嫌《刑法》第四、五、六章规定的犯罪，可能判处 1 年有期徒刑以下刑罚，符合起诉条件，但有悔罪表现的，人民检察院可以作出附条件不起诉的决定。人民检察院在作出附条件不起诉的决定以前，应当听取公安机关、被害人的意见。

（2）附条件不起诉决定的制约、救济机制。根据第 282 条第 2 款的规定，对附条件不起诉的决定，公安机关要求复议、提请复核或者被害人申诉的，适用《刑事诉讼法》第 179、180、181 条的规定。

法条链接

《刑事诉讼法》第一百七十九条　对于公安机关移送起诉的案件，人民检察院决定不起诉的，应当将不起诉决定书送达公安机关。公安机关认为不起诉的决定有错误的时候，可以要求复议，如果意见不被接受，可以向上一级人民检察院提请复核。

第一百八十条　对于有被害人的案件，决定不起诉的，人民检察院应当将不起诉决定书送达被害人。被害人如果不服，可以自收到决定书后七日以内向上一级人民检察院申诉，请求提起公诉。人民检察院应当将复查决定告知被害人。对人民检察院维持不起诉决定的，被害人可以向人民法院起诉。被害人也可以不经申诉，直接向人民法院起诉。人民法院受理案件后，人民检察院应当将有关案件材料移送人民法院。

第一百八十一条　对于人民检察院依照本法第一百七十七条第二款规定作出的不起诉决定，被不起诉人如果不服，可以自收到决定书后七日以内向人民检察院申诉。人民检察院应当作出复查决定，通知被不起诉的人，同时抄送公安机关。

（3）对被附条件不起诉未成年犯罪嫌疑人的监督、考察。《刑事诉讼法》第 283 条第 1 款规定："在附条件不起诉的考验期内，由人民检察院对被附条件不起诉的未成年犯罪嫌疑人进行监督考察。未成年犯罪嫌疑人的监护人，应当对未成年犯罪嫌疑人加强管教，配合人民检察院做好监督考察工作。"

规定考验期目的在于进一步检验检察机关附条件不起诉的决定是否正确。《刑事诉讼法》规定考验期为 6 个月以上 1 年以下，考验期自检察机关作出不起诉决定之日起计算。根据对被决定附条件不起诉未成年犯罪嫌疑人考察的实际需要，刑事诉讼法对附条件不起诉未成年犯罪嫌疑人明确了应当遵守的规定。被附条件不起诉的未成年犯罪嫌疑人，在考验期内有下列情形之一的，人民检察院应当撤销附条件不起诉的决定，提起公诉：①实施新的犯罪或者发现决定附条件不起诉以前还有其他犯罪需要追诉的；②违反治安管理规定或者考察机关有关附条件不起诉的监督管理规定，情节严重的。被附条件不起诉的未成年犯罪嫌疑人，在考验期内没有上述情形，考验期满的，人民检察院应当作出不起诉的决定。

5. 分案起诉。根据《人民检察院办理未成年人刑事案件的规定》，人民检察院审查未成年人与成年人共同犯罪案件，一般应当将未成年犯罪嫌疑人与成年犯罪嫌疑人分案起诉，但具有下列情形之一的，可以不分案起诉：①未成年人系犯罪集团的组织者或者其他共同犯罪中的主犯的；②案件重大、疑难、复杂，分案起诉可能妨碍案件审理的；③涉及刑事附带民事诉讼，分案起诉妨碍附带民事诉讼部分审理的；④具有其他不宜分案起诉情形的。

对于分案起诉的未成年人与成年人共同犯罪案件，一般应当同时移送人民法院。对于需要补充侦查的，如果补充侦查事项不涉及未成年犯罪嫌疑人所参与的犯罪事实，不影响对未成年犯罪嫌疑人提起公诉的，应当对未成年犯罪嫌疑人先予提起公诉。对于分案起诉的未成年人与成年人共同犯罪案件，在审查起诉过程中可以根据全案情况制作一个审结报告，起诉书以及出庭预案等应当分别制作。人民检察院对未成年人与成年人共同犯罪案件分别提起公诉后，在诉讼过程中出现不宜分案起诉情形的，可以及时建议人民法院并案审理。

6. 起诉书的制作及移送起诉的材料。人民检察院制作的起诉书应明确注明未成年犯罪嫌疑人的出生年月日，并应将能有效证明该未成年犯罪嫌疑人年龄的材料作为证据材料之一移送人民法院。

（四）审判程序

1. 审判机构的专门化和审判人员的专业化。对于审判机构的专门化和审判人员的专业化问题，最高人民法院有详细的规定。根据《最高人民法院关于适用〈中华人民共和国刑事诉讼法〉的解释》第 462 条的规定，中级人民法院和基层人民法院可以建立未成年人刑事审判庭。条件尚不具备的地方，应当在刑事审判庭内设立未成年人刑事案件合议庭或者由专人负责办理未成年人刑事案件。高级人民法院应该在刑事审判庭内设立未成年人刑事案件合议庭。未成年人刑事审判庭和未成年人刑事案件合议庭统称少年法庭。第 461 条规定，审理未成年人刑事案件，应当由熟悉未成年人身心特点、善于做未成年人思想教育工作的审判人员进行，并应当保持有关审判人员工作的相对稳定性。未成年人刑事案件的人民陪审员，一般由熟悉未成年人身心特点，热心教育、感化、挽救失足未成年人工作，并经过必要培训的共青团、妇联、工会、学校、未成年人保护组织等单位的工作人员或者有关单位的退休人员担任。

审判机构的专门化和审判人员的专业化，是未成年人刑事案件审理质量的重要保障。

2. 开庭前的准备工作。

（1）对于人民检察院提起公诉的未成年人刑事案件，人民法院应当查明是否附有被告人年龄的有效证明材料。对于没有附送被告人年龄的有效证明材料的，应当通知人民检察院在 3 日内补送。

（2）人民法院向未成年被告人送达起诉书副本时，应当向其讲明被指控的罪行和有关法律条款；并告知诉讼的程序及有关的诉讼权利、义务，消除未成年被告人的紧张情绪。在向未成年被告人的法定代理人送达起诉书副本时，应当告知其诉讼权利、义务和在开庭审判中应当注意的有关事项。

（3）开庭审理前，应当通知未成年被告人的法定代理人出庭。法定代理人无法出庭或者确实不适宜出庭的，应另行通知其他监护人或者其他成年近亲属出庭。经通知，其他监护人或者成年近亲属不到庭的，人民法院应当记录在卷。

（4）开庭审理前，审判未成年人刑事案件的审判长认为有必要的，可以安排法定代理人或者其他成年近亲属、教师等人员与未成年被告人会见。

（5）开庭审理前，控辩双方可以分别就未成年被告人性格特点、家庭情况、社会交往、成长经历以及实施被指控的犯罪前后的表现等情况进行调查，并制作调查报告提交合议庭。必要时，人民法院也可以委托有关社会团体组织就上述情况进行调查或者自行进行调查。

（6）人民法院应当为辩护律师阅卷、同在押未成年被告人会见和通信提供便利条件。人民法院应当依法保证未成年被告人获得辩护。

3. 法庭审理。

（1）人民法院应当在辩护台靠近旁听区一侧为未成年被告人的法定代理人设置席位。

（2）在法庭上不得对未成年被告人使用戒具。未成年被告人在法庭上可以坐着接受法庭调查、询问，在回答审判人员的提问、宣判时应当起立。

（3）法庭审理时，审判人员应当注意未成年被告人的智力发育程度和心理状态，要态度严肃、和蔼，用语准确、通俗易懂。发现有对未成年被告人诱供、训斥、讽刺或者威胁的情形时，应当及时制止。

（4）法庭调查时，审判人员应核实未成年被告人在实施被指挥的行为时的年龄。同时还应当查明未成年被告人实施被指挥的行为时的主观和客观原因。

（5）法庭审理时，控辩双方向法庭提出从轻判处未成年被告人管制、拘役宣告缓刑或者有期徒刑宣告缓刑、免予刑事处罚等适用刑罚建议的，应当提供有关未成年被告人能够获得监护、帮教的书面材料。

（6）人民法院审理未成年人刑事案件，应当注重对未成年被告人的法庭教育。法庭教育的主要内容包括对相关法律法规的理解，未成年人实施被指控行为的原因剖析，应当吸取的教训，犯罪行为对社会、家庭、个人的危害和是否应当受刑罚处罚，如何正确对待人民法院裁判以及接受社区矫正或者在监管场所服刑应当注意的问题等。人民法院可以邀请有利于教育、感化、挽救未成年罪犯的人员参加法庭教育。

（7）对未成年人刑事案件宣告判决应当公开进行，但不得采取召开大会等形式。宣告判决时应当明确告知被告人的上诉权利和有关法律规定。

（8）第二审程序一律采用直接审理的方式，严禁书面审理。对维持或改变原判决、裁定的，二审法院应当向上诉人讲明理由。二审确定有罪的，可在宣判后组织法庭教育。

（五）执行程序

未成年人刑事诉讼作出的有罪判决生效后，在执行时应当注意以下几点：

1. 在向执行机关交付执行时，人民法院的材料移送应当尽量详尽。对判决、裁定已经发生法律效力的未成年罪犯，人民法院在向执行机关移送执行的法律文书时，应当同时附送社会调查报告、案件审理中的表现等材料，以便执行机关有针对性地对未成年人进行教育、感化和挽救。对正在未成年犯管教所服刑或者接受社区矫正的未成年罪犯，人民法院应当协助未成年犯管教所或者社区矫正部门做好帮教工作。

2. 对于未成年犯的改造，适用"教育改造为主、轻微劳动为辅"的方针。《监狱法》第75条第1款规定："对未成年犯执行刑罚应当以教育改造为主。未成年犯的劳动，应当符合未成年人的特点，以学习文化和生产技能为主。"设专职人员对未成年犯进行文化、法制和劳动技能方面的教育，并注重针对未成年人的心理辅导和矫正，使其回归社会时既有适应社会的思想基础，又有生活能力。对没有完成义务教育的未成年犯，执行机关应当保证其继续接受义务教育。

3. 应与成年犯分别羁押，以避免受成年犯的不良影响。《刑事诉讼法》第280条第2款规定："对被拘留、逮捕和执行刑罚的未成年人与成年人应当分别关押、分别管理、分别教育。"第264条第3款规定："对未成年犯应当在未成年犯管教所执行刑罚。"对未成年犯进行分离关押，既可以避免成年罪犯对未成年犯的教唆、传授，同时也便于对未成年犯采取有针对性的教育改造措施。另外，我国的未成年犯管教所在名称上与监狱不同，可以在一定程度上避免对未成年犯造成自尊心上的伤害，有利于较快地进行犯罪矫正和回归社会。

4. 在对未成年犯的执行过程中，要注意发挥公安司法机关以及其他社会各界的力量。一方面，公安司法机关在执行过程中应当严格依法积极地行使职权。对于被判处管制和缓刑的未成年罪犯，公安机关要依法加强考察的组织和实施工作。人民检察院要加强对未成年罪犯监所的监督工作，发现问题应当及时提出纠正的意见。另一方面，在注意发挥执行机关主导作用的同时，还要发挥社会组织、未成年犯家庭的作用，使未成年犯感受到社会的关怀和家庭的亲情，促进其思想的转变，以早日回归社会。

5. 人民法院的帮教责任。根据《最高人民法院关于适用〈中华人民共和国刑事诉讼法〉的解释》第 491~495 条的规定，人民法院应当承担以下帮教责任：①人民法院可以与未成年罪犯管教所等服刑场所建立联系，了解未成年罪犯的改造情况，协助做好帮教、改造工作，并可以对正在服刑的未成年罪犯进行回访考察。②人民法院认为必要时，可以督促被收监服刑的未成年罪犯的父母或者其他监护人及时探视。③对被判处管制、宣告缓刑、裁定假释、决定暂予监外执行的未成年罪犯，人民法院可以协助社区矫正机构制定帮教措施。④人民法院可以适时走访被判处管制、宣告缓刑、免除刑事处罚、裁定假释、决定暂予监外执行等的未成年罪犯及其家庭，了解未成年罪犯的管理和教育情况，引导未成年罪犯的家庭承担管教责任，为未成年罪犯改过自新创造良好环境。⑤被判处管制、宣告缓刑、免除刑事处罚、裁定假释、决定暂予监外执行等的未成年罪犯，具备就学、就业条件的，人民法院可以就其安置问题向有关部门提出司法建议，并附送必要的材料。

引例分析

未成年人的心理特点决定了他们具有较强的可塑性，教育改造的有利因素比成年人多。加上未成年人的人生道路还很长，通过教育和挽救使其改过自新，回归社会，不论对个人还是社会都有积极意义。因此，处理未成年人刑事案件应当适应未成年人的特点，注重对犯罪的未成年人实行教育、感化、挽救的方针，坚持教育为主、惩罚为辅的原则。为犯罪的未成年人特别设立的附条件不起诉、隐私特别保护、全面社会调查等诸项制度，正是这一方针和原则的具体化。显然，本案中，未成年人李青能继续完成学业，顺利考上大学，成为对国家和社会的有用之才，正是贯彻这一方针和原则的最为理想的结果。相反，如果办案人员像对待成年人犯罪案件一样简单地就案办案，将李青起诉、判刑，不仅会在孩子心理上留下永远抹不掉的阴影，而且还可能给家庭乃至社会留下不稳定因素。

思考与练习

被告人胡某，男，15 岁，某县中学学生。2018 年 5 月 10 日下午，胡某和其同班同学刘某等五人在本县一铁道路口玩耍。约 3 时许，一列旅客列车从远处开来。胡某随即准备了一些石块、砖块，告诉同学他要向列车投掷石块和砖块，并专挑车窗玻璃未关的窗口打，终于击中旅客王某，致其颅骨粉碎性骨折，经抢救无效于当晚死亡。被害人王某的妻子主动提出，家中有 4 个子女还有 80 多岁的老人，生活负担较重，鉴于被告人胡某是未成年的孩子，不懂事，要求人民法院多判赔偿，减轻刑罚。被告人胡某的父亲表示同意多赔偿被害人家人的损失，要求法院能从宽处理其子，最好能不判刑罚。

问题：1. 人民法院受理此案后，合议庭有人提出，此案对青少年尤其是在校生有教育意义，社会上经常有向行驶中的列车或汽车投掷石块等物的情况，中小学生可以从本案中吸取教训，防患于未然，故应将本案在中小学生范围里公开审理。人民法院是否可以公开审理此案？

2. 结合项目二内容，判断本案能否同时适用当事人和解的公诉案件诉讼程序？

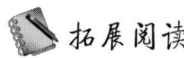 **拓展阅读**

附条件不起诉背后的检察温情[1]

"感谢给了我改过重生的机会，今后一定会好好工作，知法守法，做个对社会有用的人。"近日，在安徽省凤阳县检察院未成年人检察工作区办公室内，经办案检察官不起诉决定宣布后的法制教育，小伟（化名）眼噙泪水承诺道。

小伟初中毕业后没有正当工作，整天和社会上一些不良小青年混在一起，还经常和别人动粗耍横。因父母在外打工，一块生活的爷爷年事已高，对孙子特别宠爱，即使小伟犯了错也很少从严约束。2017 年 6 月 21 日凌晨，小伟从镇上的一家网吧出来回家的路上，翻墙进入一户居民家中，盗得香烟等物品，迅速逃离现场。失主报案后，警方于 6 月 26 日将小伟抓获。

公安机关将该案移送县检察院审查起诉后，主办检察官审查认为，小伟到案后能够如实供述其罪行，积极赔偿被害人经济损失，并取得对方谅解，有悔罪表现，而且其属初次犯罪，主观恶性不大，已不具有社会危险性。如果不实施教育挽救措施，势必影响他重新做人的信心，不利于以后的成长，甚至可能会自暴自弃，增加社会负担。鉴于此，经向该院检委会汇报，作出了对小伟附条件不起诉、考察期 6 个月的决定。

随后，办案检察官和小伟居住地辖区派出所、所在社区、监护人组成联合考察帮教小组，并为小伟制定了矫正帮教措施：除要求他在 6 个月考察期间保证遵纪守法外，还要完成一些法律知识的学习，至少每月参加一次社会公益活动，每月向该院汇报近期思想和学习情况。

今年 2 月份，经检察官的协调，小伟进入一家企业成为一名员工。企业里除了负责帮教的一位车间主任外，其他工人都不知道小伟的身份，检察官也是以"亲戚"的身份经常过来看他，实地了解他的工作、学习和变化。

"在各方的关心下，小伟感受到大家都在真情实意地帮助他，逐步建立自我改造的

---

〔1〕 吴长忠、赵琪琪："安徽凤阳：附条件不起诉背后的检察温情"，载正义网，http://www.jcrb.com/procuratorate/jcpd/201804/t20180420__1860717.html.

信心。"主办案件的赵检察官说，"六个月以来，我真切地感受到小伟的转变和成长，第一次对他进行讯问时，他是绝望的，对他附条件不起诉的决定宣布时，他的表情茫然但带有一丝希望。现在，小伟焕发出一种积极、乐观、朝气的精神状态，令我感到很欣慰。"

六个月的考察期结束了。经帮教小组的考察，小伟在此期间内遵纪守法，积极上进，更为可喜的是，短短的几个月内，还参加了 7 次社会公益活动。最后，经检察院综合评鉴，小伟在考验期内的表现符合条件要求，遂依法对其作出了不起诉的决定。

项目二　当事人和解的公诉案件诉讼程序

 引例

2017 年 10 月 1 日晚，林某与老乡在一起吃饭时，拿酒来到邻桌向另一名老乡李某敬酒，双方因为敬酒的礼数问题发生争执，竟然打了起来。林某一气之下跑到饭店厨房拿了一把菜刀跑出来，将李某砍成轻伤。

某县检察院于 2018 年 2 月 8 日受理此案，考虑到当事人双方都是老乡，相互之间并无深仇大恨，双方是因为敬酒发生的争执，林某的行为社会危害性相对较小，且林某归案后认罪态度较好，也表示愿意赔偿，本案具备刑事和解的条件。公诉人本着化解矛盾，促进社会和谐的理念，对双方当事人进行了法制教育，在双方完全自愿的前提下，促成林某向李某承认错误、赔礼道歉、赔偿损失、深表悔过，取得了被害人李某的谅解，双方达成了刑事和解协议，重归于好。

结果，某县检察院仅花了 40 天时间，于 2018 年 3 月 19 日对林某作出了相对不起诉决定。

问题：什么是公诉案件的当事人和解？这种案件处理方式有什么优点？

基本原理

一、当事人和解的公诉案件诉讼程序概述

当事人和解的公诉案件诉讼程序也是我国《刑事诉讼法》2012 年修订时增设的四个特别程序之一。根据该法的规定，这项特别程序是指公安司法机关在法定范围的公诉案件中，犯罪嫌疑人、被告人真诚悔罪，通过向被害人赔偿损失、赔礼道歉等方式获得被害人谅解、双方当事人自愿达成协议的，可以对犯罪嫌疑人、被告人作出不同方式的从宽处理的程序。

长期以来，我国的刑事诉讼以解决加害人的刑事责任为主，诉讼的最后结果通常是对加害人科以刑罚，较少关注加害人的犯罪行为给被害人带来的损失和对造成的社

会关系损害的修复，被害人的损失得不到赔偿，国家对被害人的救助跟不上，社会矛盾难以根本化解，影响社会和谐和稳定。

当事人和解作为一种新型的解决纠纷方式，具有传统刑事处罚方式所不具有的优点和功能。这种案件处理方式有助于补偿被害人物质损害，抚慰被害人心理创伤。同时，由于犯罪嫌疑人、被告人可能得到从宽处理，也有利于其回归社会。而且还由于当事人和解是由双方当事人自愿协商达成协议解决纠纷的，因而有助于矛盾的有效化解和纠纷的彻底解决，有利于恢复因犯罪而受到损害的社会关系。而且可以避免上访和缠讼的发生，有助于促进社会和谐安定。

二、与当事人和解相关的几个概念[1]

（一）当事人和解与"私了"

"私了"与"公了"相对而言，是指纠纷双方不经过国家专门机关自行协商解决纠纷的统称，也就是诉讼外的双方当事人和解。"私了"行为是刑事纠纷解决的彻底"民事"化，它在规避公权力机关监督的同时也失去了法律的保护，一旦不守信用、恃强凌弱等情形发生，就会产生新的纠纷，双方当事人的权利都会受到损害。但由于种种原因，刑事案件"私了"常常能给当事人双方带来实惠，所以这种解决纠纷的方式在民间颇具市场。许多调查资料显示，社会上发生刑事案件，有相当大比例是"私了"的。所以，建立公诉案件中的当事人和解程序将"私了"从诉讼外和解转为诉讼中和解，从而将其纳入公权力的视野，进行法律规制，在一定程度上能够消除公诉案件"私了"的这种不合法现象，从而使纠纷当事人的权利得到法律的有效保护。

（二）当事人和解与调解

调解制度是我国一项具有深厚中国传统的法律制度，主要适用于解决民事案件、刑事自诉案件和刑事附带民事诉讼。诉讼中当事人和解与诉讼调解在实际操作中有许多相似之处：两者都发生在诉讼中的某些阶段；两者都要经过公权力机关的审查和确认；两者都以自愿、协商为宗旨；公权力机关在和解或调解中都发挥了一定作用。

但二者侧重点有所不同：当事人和解侧重于当事人双方以自愿、协商的方式达成解决纠纷的合意，在公权力机关监督和审查后，和解协议得到确认。因此，当事人和解强调的是对个人自由和自主权的充分尊重，强调当事人的自愿性。调解则侧重于公权力机关积极促成双方当事人达成谅解，强调公权力机关的能动作用，有时甚至由公权力机关拿出协议方案的具体内容。

（三）当事人和解与辩诉交易

辩诉交易（Plea Bargaining）是指在法院开庭审理之前，作为控诉方的检察官和代

---

〔1〕　参见陈光中、葛琳："刑事和解初探"，载《中国法学》2006 年第 5 期。

表被告人的辩护律师进行协商，以检察官撤销指控、降格指控或者要求法官从轻判处刑罚为条件，来换取被告人的有罪答辩，进而双方达成均可接受的协议。辩诉交易方式可能在一定程度上会损害公正，但通过这样一种制度，检察官、法官可以用最少的司法资源处理更多的刑事案件，提高办案效率，同时罪犯也得以减轻一定程度的刑事制裁，从而对双方都有利。所以，辩诉交易就是要在法律的公正价值与效率价值之间找到一个平衡点。

审判阶段的当事人和解与辩诉交易较为相似：①都是在审判阶段通过协商达成协议解决刑事纠纷；②都为双方自愿协商；③被告人都会因接受协议而获得从轻处罚。

但二者之间也有明显区别，主要在于：①辩诉交易的主体为检察官和被告人，是检察官代表国家与被告人的和解，更多关注国家和被告人的利益，交易结果很可能违背被害人的意愿；而当事人和解的主体是被害人和加害人，和解协议是当事人双方的合意，关注了被害人和加害人双方的意愿，同时也不会损害国家和社会利益。②辩诉交易只以被告人认罪为条件，无需取得被害人谅解；而当事人和解则以被害人谅解和自愿和解为条件。③辩诉交易主要在审判阶段进行，由法官作出处理；而当事人和解在侦查、审查起诉和审判阶段都可以进行，并由公、检、法作出不同的处理。④辩诉交易的重要动因是控辩双方面对判决的不确定性而选择对自己风险更小、损失更小的案件解决方式；而当事人和解由于是在案件事实基本查清，案件结果确定性很高的情况下进行的，对于被害人和加害人来说，选择和解是为了获得对自己更有利的结果，也就是说被害人能尽快获得赔偿和抚慰，加害人能获得谅解和从轻处理。

（四）当事人和解与恢复性司法

长期以来，报复性刑罚思想一直处于主导地位，在这一思想的主导下，刑事司法所关注的对象，始终是惩罚犯罪，而对于犯罪行为给被害人及社会关系造成的实际损害和社会危机却未给予足够的重视。恢复性司法正是为了矫正报应性刑罚制度的这一缺陷而在西方国家兴起的一项刑事司法改革运动。英国犯罪学家 Tony F. Marshall 认为，所谓恢复性司法，是指与某一特定的犯罪行为有利害关系的各方当事人聚在一起，共同商讨如何处理犯罪所造成的后果及其对未来的影响的问题的过程。这一概念的核心内容是协商和恢复，主张通过犯罪人和被害人及其家庭、社区的共同协商，来找到解决犯罪的对策，以恢复被损害的社会关系。这一概念后来在国际上被广为接受，成为当前的主流观点。美国学者 John Braithwaite 教授认为该司法程序的目的或者功能可以概括为三个方面：①恢复被害人遭受的物质损失、身体伤害及人格尊严；②实现人们对司法的真正控制；③旨在获得社会的支持和认同，在正义得以真正实现的心理基础上恢复社会的和谐。[1]

---

〔1〕 John Braithwaite, *Restorative Justice and A Better Future*, Australian National University, 1996.

恢复性司法与当事人和解都是对传统报应性正义思想的一种反思，都基于修复社会关系、鼓励当事人参与及国家刑罚权部分退让等理念，因而有其相通之处。但我国刑事诉讼法所确立的当事人和解程序，与恢复性司法所提倡的理念与多样化的实践不同，如在适用范围上，当事人和解仅适用于一些法定刑比较轻的轻罪案件，而恢复性司法则没有法定刑的限制。

三、公诉案件当事人和解程序的适用条件和案件范围

《刑事诉讼法》第 288 条规定："下列公诉案件，犯罪嫌疑人、被告人真诚悔罪，通过向被害人赔偿损失、赔礼道歉等方式获得被害人谅解，被害人自愿和解的，双方当事人可以和解：①因民间纠纷引起，涉嫌刑法分则第四章、第五章规定的犯罪案件，可能判处 3 年有期徒刑以下刑罚的；②除渎职犯罪以外的可能判处 7 年有期徒刑以下刑罚的过失犯罪案件。犯罪嫌疑人、被告人在 5 年以内曾经故意犯罪的，不适用本章规定的程序。"

（一）公诉案件当事人和解程序的适用条件

根据《刑事诉讼法》第 288 条的规定，适用当事人和解程序，应当符合以下三个方面的条件：

1. 加害人必须真诚悔罪，赔偿损失、赔礼道歉。犯罪嫌疑人、被告人出于自己的意愿，发自内心地认识到自己的犯罪行为给被害人带来的伤害，对自己的犯罪行为真诚悔过，以表明加害人不再具有社会危害性，这是适用当事人和解程序的前提条件。如果加害人对自己所犯罪行毫无悔改之意，应当依法予以惩罚。赔偿损失、赔礼道歉，是被告人真诚悔罪的具体表现。对犯罪给被害人造成经济损失和人身伤害的，积极赔偿损失对于恢复被害人的正常生活至关重要，必不可少。通过赔礼道歉和赔偿损失，缓解当事人之间的冲突，可以减轻犯罪行为对被害人的伤害。

2. 加害人须获得被害人的谅解，且被害人自愿和解。刑事案件的特殊情况决定了和解双方表达意愿的特殊方式：加害人通过真诚悔罪和赔礼道歉、赔偿损失等方式表达和解的意愿，而被害人则通过是否谅解表达和解意愿。被害人是合法权益遭受犯罪行为侵害的一方，其对和解的意愿必须得到充分尊重。因此，获得被害人谅解，且被害人自愿和解是适用当事人和解程序的必要条件，也是和解获得成功的不可或缺的条件。这里的"自愿和解"是指被害人不受外力的干扰，在谅解加害人的基础上，出于自己的意愿，与加害人和解。将自愿和解作为公诉案件当事人和解的条件之一，是为了防止当事人在受到暴力、胁迫等情况下违背自己的意志同意和解，这将影响和解的公正性，也不利于消除隐患。

3. 案件事实清楚，证据确实充分。适用当事人和解程序还应以案件事实清楚、证据确实充分为条件，这一证明要求与我国侦查终结、提起公诉和判决有罪的要求是相

一致的。查清事实、分清责任大小是开展和解的基础。要分清责任，就应做到案件事实清楚、证据确实充分，双方对案件事实无争议。如果案件事实不清、证据不足，就无法正确地对案件定性，案件的实体处理就会因此受到实质的影响，无法对加害人进行追诉。加害人不认罪，就丧失了刑事和解的基础条件，刑事和解中的道歉与赔偿更无从说起。只有案件事实清楚，才能判明该案件是否属于刑事和解的范围，才能确保刑事和解的妥当适用。另外，将案件事实清楚作为前提，也有利于提高公检法办案人员的责任心，减少适用中的问题和偏差，防止和解制度的滥用。

（二）公诉案件当事人和解程序适用的案件范围

划定当事人和解程序适用案件的合理范围，对于实现这一程序的立法目的非常重要。如果范围过窄，显然不利于提高诉讼效率，充分发挥这一程序优势；但在目前社会治安比较严峻的形势下如果范围过宽，则不利于发挥刑罚的一般预防功能，不利于震慑犯罪，有效实现国家的刑罚权。另外，也考虑到社会对公诉案件和解的理解和接受程度，所以，该程序适用的案件范围仅限于两类案件。我国《刑事诉讼法》第288条用明确列举的方式和"案件性质＋量刑幅度"的描述形式，对这两类案件作了明确界定，并用禁止的方式对该程序的案件适用范围作了进一步限定。

第一类可适用该程序的案件的类型、性质是"因民间纠纷引起，涉嫌刑法分则第四章、第五章规定的犯罪"，可能的量刑幅度是"3年有期徒刑以下刑罚"。民间纠纷一般是指公民之间因财产、人身等问题引发的纠纷。"刑法分则第四章、第五章规定的犯罪"即"侵犯公民人身权利、民主权利罪"和"侵犯财产罪"。通常情况下，3年有期徒刑以下的量刑幅度属于轻罪。将当事人和解的适用限于轻罪是为了充分发挥其积极作用，尽可能规避其负面影响。

第二类可适用该程序的案件的类型、性质是"除渎职犯罪以外的""过失犯罪"，量刑幅度是"可能判处7年有期徒刑以下刑罚"。这样规定是考虑与故意犯罪相比，过失犯罪的行为人主观恶性比较小，过失犯罪的社会危险性较小，被害人谅解的可能性也较大。从恢复社会关系、保障被害人权利和促使加害人重新回归社会的角度，可以允许一些造成的后果相对严重、可能判处的刑罚相对较高的过失犯罪适用刑事和解。而对于国家机关工作人员玩忽职守、严重不负责任等渎职犯罪行为虽然也表现为过失，但法律对国家机关工作人员履行职责有更严格的要求，因而法律规定，渎职犯罪案件不在和解案件范围之内。

另外，《刑事诉讼法》还用禁止的形式对该程序的适用规定了例外的情形。即"犯罪嫌疑人、被告人在5年以内曾经故意犯罪的，不适用本章规定的程序"。即如果前罪与后罪的时间间隔没有超过5年，且前罪是故意犯罪的，无论后罪是故意犯罪还是过失犯罪，都不能适用刑事和解。前罪是过失犯罪的，满足本条规定的其他条件的，当事人之间仍然可以和解。在此类案件中，犯罪嫌疑人、被告人的社会危害性、人身危险性以及主观恶性较大，属于从重处罚的情节。因此，此类案件不得适用对犯罪嫌疑人、被告人从轻处罚的当事人和解制度。

四、公诉案件当事人和解的具体步骤

根据《刑事诉讼法》第289、290条的规定，当事人和解的公诉案件诉讼程序可适用于整个刑事诉讼程序。在不同的诉讼阶段，由不同的办案机关具体负责。第289条规定："双方当事人和解的，公安机关、人民检察院、人民法院应当听取当事人和其他有关人员的意见，对和解的自愿性、合法性进行审查，并主持制作和解协议书。"可见，当事人和解程序有以下四个步骤：

（一）当事人达成和解

我国刑事诉讼中当事人和解的主体是犯罪嫌疑人、被告人与被害人。他们之间自行协商、达成和解，这是我国当事人和解制度与海外辩诉交易以及认罪协商制度之间的重要区别。

当事人达成和解是当事人和解程序的开端。当然，当事人和解可以采取多种形式，如当事人双方直接商谈，近亲属、律师等先行商谈，共同熟悉或信任的第三人和民间组织、办案机关居中斡旋等，都是法律许可和支持的方式。

（二）办案机关听取意见

当事人达成和解之后，公检法办案机关需要听取当事人和其他有关人员的意见，如双方当事人的和解意愿，对案件及和解过程、和解内容的态度等。还包括对案件处理有重要影响的其他有关人员如亲友、律师的意见，其他办案机关办案人员的意见等。

（三）办案机关对当事人和解的自愿性与合法性进行审查

当事人和解首先需要双方自行和解，但这并不意味着和解就生效了，还需经过公安司法机关的审查和确认。审查的主体是公、检、法办案机关。由于刑事诉讼是分阶段展开的，因此，双方当事人自行和解的，在侦查阶段，由公安机关负责审查；在审查起诉阶段，由人民检察院负责审查；在审判阶段，则由人民法院负责审查。办案机关有职责对当事人的和解进行审查，以确定其是否有效。自愿性和合法性是当事人和解的核心要求和基本原则，一切违反自愿性或合法性的当事人和解都是无效的。自愿性是指当事人是否自愿和解、有无被胁迫的情况；合法性主要是看和解的过程、内容是否合法合理，如有无过分索赔或赔偿不够、违反法律的内容等。

（四）办案机关主持制作和解协议书

办案机关审查后，认为和解符合自愿性和合法性的，就主持制作和解协议书。和解协议书是公安机关、人民检察院和人民法院主持制作的记载双方当事人和解内容的诉讼文书。和解协议书是具有法律效力的诉讼文书，对双方当事人均具有法律拘束力。

该诉讼文书的内容格式有待在实践中摸索，在内容上至少应该有：犯罪嫌疑人、被告人认罪悔过表示，对被害人赔偿损失、赔礼道歉等方式的具体内容，被害人表示谅解及表示同意从宽处理等。但是，和解协议不应涉及刑事责任的处理。和解协议中包含被害人表示不追究犯罪嫌疑人、被告人刑事责任意愿的内容的，对司法机关没有约束力，刑事责任最终取决于公安机关、人民检察院、人民法院根据刑法和刑事诉讼法对犯罪嫌疑人、被告人作出的处理，犯罪嫌疑人、被告人不得以此作为不履行和解协议的理由。

五、各诉讼阶段对达成刑事和解协议案件的处理

《刑事诉讼法》第 290 条规定："对于达成和解协议的案件，公安机关可以向人民检察院提出从宽处理的建议。人民检察院可以向人民法院提出从宽处罚的建议；对于犯罪情节轻微，不需要判处刑罚的，可以作出不起诉的决定。人民法院可以依法对被告人从宽处罚。"

《刑事诉讼法》规定了对达成和解协议案件的处理原则：公安机关可以向人民检察院提出从宽处理的建议。人民检察院可以向人民法院提出从宽处罚的建议；对于犯罪情节轻微，不需要判处刑罚的，可以作出不起诉的决定。人民法院可以依法对被告人从宽处罚。"从宽处罚"是指依法对犯罪嫌疑人、被告人从轻、减轻或者免除处罚。这样规定，使刑事和解协议可能产生的、可预期的法律后果一目了然，可以促使犯罪嫌疑人、被告人真诚悔罪，改过自新，又不致影响对犯罪的追诉和惩罚，避免依和解协议免除处罚而放纵犯罪。如何从宽处罚可以由人民法院根据人民检察院的建议和案件情况、当事人和解协议依法裁量。

（一）侦查阶段

以往的司法实践中，大量在侦查阶段和解或在审查起诉阶段和解的案件，都通过公安机关直接撤销案件或检察机关退回公安机关撤销案件的方式作出了最终处理。显然，这种处理方式很容易使和解失去监督。

我国《刑事诉讼法》第 162 条规定："公安机关侦查终结的案件，应当做到犯罪事实清楚，证据确实、充分，并且写出起诉意见书，连同案卷材料、证据一并移送同级人民检察院审查决定……"对于侦查阶段达成和解协议的案件，第 290 条规定，"公安机关可以向人民检察院提出从宽处理的建议"。因此，对于公诉案件，如果犯罪嫌疑人在事实和法律上构成犯罪应当追究刑事责任的，即使是犯罪情节轻微，不需判处刑罚或免除刑罚，当事人达成和解协议后，公安机关在侦查阶段也无权直接作出撤销案件的决定，只能向人民检察院移送起诉，并在起诉意见书中提出从宽处理的建议。不仅公安机关不能自行撤案，法律亦未赋予检察机关建议公安机关撤销案件的权力。

（二）审查起诉阶段

由于人民检察院办理的自侦案件不属于当事人和解案件的范围，人民检察院在审

查起诉阶段才面临如何处理当事人和解案件的问题。根据《刑事诉讼法》第290条的规定，在审查起诉阶段达成和解协议的，人民检察院有两种从宽处理的方式："人民检察院可以向人民法院提出从宽处罚的建议；对于犯罪情节轻微，不需要判处刑罚的，可以作出不起诉的决定。"也就是说：对于需要判处刑罚的案件，人民检察院提起公诉时可以在公诉书中载明当事人已达成和解，建议人民法院对被告人从宽处罚，并附卷移送当事人和解协议书。对于犯罪情节轻微、不需要判处刑罚或者免除刑罚的和解案件，人民检察院可以根据我国《刑事诉讼法》第177条第2款的规定，作出不起诉决定，即酌定不起诉（相对不起诉）决定。需要指出的是，对于未成年人犯罪案件，如果既属于适用当事人和解程序的案件范围，又符合《刑事诉讼法》第282条关于附条件不起诉的适用案件范围，人民检察院可以根据案件具体情况作出附条件不起诉的决定。

（三）审判阶段

根据《刑事诉讼法》第290条的规定，对于在侦查阶段、审查起诉阶段以及审判阶段中加害人与被害人进行和解的，"人民法院可以依法对被告人从宽处罚"。"从宽处罚"主要是指对于情节较轻、社会危害性较小的犯罪，或者罪行虽然严重，但具有法定、酌定从宽处罚情节，以及主观恶性相对较小、人身危险性不大的被告人，可以依法从轻、减轻或者免除处罚；对于具有一定社会危害性，但情节显著轻微危害不大的，不作为犯罪处理；对于依法可不监禁的，尽量适用缓刑或者判处管制、单处罚金等非监禁刑。

应该指出的是，我国《刑事诉讼法》第290条一连使用了4个"可以"，但是在司法实务中，公、检、法机关原则上都应当尽量作出从宽的处理或者处罚，以充分发挥当事人和解程序的特有价值和功能。

引例分析

刑事和解亦即刑事案件当事人和解是在刑事诉讼过程中，犯罪嫌疑人、被告人以认罪、赔偿、道歉等方式，与被害人达成谅解后，国家司法机关不再追究其刑事责任或者对其从轻处罚的一种案件处理方式。其目的是要恢复犯罪嫌疑人、被告人所破坏的社会关系，弥补被害人所受到的伤害以及恢复当事人之间的和睦关系，并使犯罪嫌疑人、被告人改过自新，回归社会。因此，前些年，在构建和谐社会的时代背景下，全国各地公安司法机关纷纷制定有关刑事和解的司法文件，珠海市检察机关也制定了《适用刑事和解办理轻微刑事案件的意见》，规定因侵害被害人的人身权利、财产权利，依法可能判处3年以下有期徒刑、拘役、管制或者单处罚金的轻微刑事案件，如果犯罪嫌疑人以赔礼道歉、赔偿损失、真心悔过等方式能得到被害人的原谅，并达成和解协议，检察机关依法对犯罪嫌疑人作出从宽处理。林某故意伤害案能够适用刑事和解在短时间内顺利结案，被害人所受到的伤害得到及时弥补，当事人之间的和睦关系得以恢复，节约了大量司法资源，也促进了社会和谐。

 思考与练习

1. 案例分析：被告人饶某与被害人占某打架，经鉴定被害人占某的伤情评定为轻伤二级，饶某因涉嫌故意伤害罪被检察机关批准逮捕，由公安机关在看守所执行关押，公诉机关移送审查起诉后，饶某与被害人自行达成刑事和解协议，和解协议内容包括以判处缓刑为前提的分期履行赔偿款并由被害人占某出具刑事谅解书。法院在查明犯罪事实，考虑被告人饶某具有坦白情节和悔罪表现，取得被害人的谅解，且被害人占某有一定过错，对被告人饶某依法从轻处罚并适用缓刑。被告人饶某被判处缓刑后，却因故未能按时履行和解协议规定的内容，被害人占某到法院请求撤销缓刑，要求强制执行和解协议的民事部分。

对于本案中饶某不履行和解协议的行为应该怎样处理，有两种不同意见：第一种意见认为，该案中被告人与被害人达成的和解协议是以被害人出具谅解书、被告人被判处缓刑为条件的分期履行赔偿款协议，被告人被法院判处缓刑后却不履行协议，法院判处被告人缓刑是充分考虑被告人取得被害人谅解，现因被告人的不诚信行为，即一种"伪装悔罪"的表现而被判处缓刑，法院根据和解协议而作出的案件处理决定理应被撤销，即撤销被告人饶某的缓刑，且因法律未明确规定刑事和解协议具有强制执行效力而告知被害人就民事部分另行起诉。第二种意见认为，该案中被告人与被害人达成的刑事和解协议，被告人被判处缓刑后不履行协议，因被告人饶某的行为不属于撤销缓刑的规定条件，为了维护司法公信力和生效司法文书的既判力，法院不能撤销被告人饶某的缓刑，对于民事部分为了节省诉讼资源、提高诉讼效率，刑事和解协议具有和民事调解书同样的法律效力，刑事和解协议被害人可以申请强制执行。[1]

问题：你赞成哪种意见？试说明理由。

2. 试述当事人和解与"私了"、调解、辩诉交易及恢复性司法的区别与联系。

3. 我国刑事诉讼法规定的公诉案件当事人和解程序的适用条件和案件范围是什么？

4. 公诉案件当事人和解的具体步骤是什么？

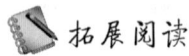 **拓展阅读**

刑事和解并非"花钱买刑"[2]

为维护当事人的合法权益、有效地化解社会矛盾，中山第一法院近年来加大刑事

---

〔1〕 参见黄建兴："刑事和解协议未履行如何处理？"，载中国法院网，https://www.chinacourt.org/article/detail/2017/02/id/2548813.shtml.

〔2〕 张翔宇等："刑事和解并非'花钱买刑'"，载《广州日报》2014年11月19日。

和解力度。2014 年前 10 月，该院主持达成刑事和解案件共 232 件 258 人，被害人及其家属获得赔偿经济损失合计 2537 万余元。刑事和解案件主要适用于故意伤害罪、交通肇事罪等轻微案件，其中交通肇事案刑事和解 50 件，故意伤害案刑事和解 90 件，危险驾驶案刑事和解 67 件。

案例：四未成年人群殴邻居

来自阳春的刘阳京（化名）、莫新亮（化名）、刘东林（化名）、刘军（化名）都是未成年人。2014 年 1 月，四人先后来到中山市坦洲镇的一家电子厂工作，共同居住在该电子厂的员工宿舍。宿舍隔壁是阳志胜（化名）一家 5 人。

2014 年 5 月 15 日晚 11 时许，阳志胜等人准备上床睡觉，不料隔壁宿舍突然将音响声音调大，噪声影响了他们休息。阳志胜跑到隔壁房间去理论，要求刘阳京将音响声音关小。双方因言语不和争吵了起来。一番争吵后，对方将音响关小，阳志胜回了自己的宿舍。

后来刘阳京越想越生气，等舍友们都回来之后，与他们共同商量教训阳志胜。于是，刘阳京等四名未成年人拿着剪刀和电击棒冲到隔壁宿舍阳志胜的床位处质问，双方开始动手。打斗造成阳志胜受伤，经法医鉴定为重伤二级。案后，四人当晚跑到老乡处躲了起来。次日回厂上班时被公安人员抓获。

案件开庭审理时，刘阳京四人对上述殴打致人受伤的事实没有异议，庭审当中多次向受害人道歉。后经法院调解，刘阳京等四人及其法定代理人共向受害人赔偿了 4.5 万元并多次赔礼道歉，得到了受害人的谅解。

法院经审理后认为，刘阳京等四人犯罪时均未满 18 周岁，案后积极赔偿受害人经济损失并取得谅解，依法减轻、从宽处罚。最后判处被告人刘阳京有期徒刑 2 年 6 个月，缓刑 3 年，其他三名被告人则被判处有期徒刑 1 年 6 个月，缓刑 2 年。

据该案的审理法官陈炳红介绍，中山第一法院 2014 年的未成年刑事犯罪案件刑事和解 14 件 18 人，被害人及其家属获得赔偿经济损失合计 20.3 万余元，在取得被害人谅解的前提下对未成年人被告人判处有期徒刑缓刑 17 人。"刑事和解可以给未成年人一个改过自新、重归社会的机会，这对于他们的成长至关重要，是社会对未成年人的责任。"陈炳红说。

法官解释：

刑事和解是双方同意的结果。

据市第一法院的法官介绍，刑事和解是指犯罪嫌疑人、被告人真诚悔罪，通过向被害人赔偿损失、赔礼道歉等方式获得被害人谅解，双方当事人自愿协商达成和解，司法机关根据具体和解情况作刑事责任处置的诉讼活动。

对于公诉案件而言，由于被告人在刑事诉讼过程中缺乏赔偿被害人物质损失的现实动力，被害人很难甚至无法获得实际赔偿。新修订的《刑事诉讼法》增加的刑事和解有利于促使加害人尽量弥补被害人的损失，有助于缓和被害人和加害人之间的紧张对立情绪，从而逐渐消除怨恨，化解社会矛盾。

刑事和解并非"花钱买刑"。刑事和解是有严格的条件限制的，只有因民间纠纷引发的侵犯人身权利、财产权利轻微刑事案件或部分过失犯罪案件，才可以进行刑事和解；此外只有当被告人真诚悔罪，并且通过向被害人赔偿损失、赔礼道歉等方式获得被害人谅解，被害人自愿和解的，才符合当事人和解的前提条件。因此，当事人和解的重点不在于"花钱"，而关键在于当事人双方"自愿"并得到被害人的谅解。也就是说，当事人和解是被害人与加害人双方同意的结果，仅有一方当事人有和解的意愿和行为，是不能达成和解的。

项目三 缺席审判程序

 引例

上林县首例被告人缺席审判刑事案件开庭审理[1]

2018 年 12 月 13 日，由上林县人民检察院提起公诉的被告人王某才涉嫌交通肇事罪一案在上林县人民法院开庭审理。该案系 10 月 26 日新修订的《刑事诉讼法》公布实施以来该院办理的首例被告人缺席审判刑事案件。

2017 年 3 月 1 日，王某才因涉嫌交通肇事罪被提起公诉。审理过程中，被告人王某才突发疾病无法出庭，法院作出中止审判的刑事裁定。

由于在 2018 年 12 月 13 日之前，被告人因患有严重疾病都无法出庭，致使案件在较长时间内无法继续审理，案件进程由此搁置……随着新《刑事诉讼法》的施行，这一状况发生了改变。因为在这次的修法中，我国新增了刑事缺席审判程序。

自此，我国刑事诉讼缺席审判制度从无到有，不再"缺席"。2018 年 12 月 13 日，该案再次开庭审理，根据新《刑事诉讼法》中的缺席审判规定，法院依法在被告人不出庭的情况下缺席审理，并择日宣判。

问题：1. 设立缺席审判程序有什么重要意义？

2. 缺席审判程序主要适用于哪几类案件？

---

[1] 农东燕："上林县首例被告人缺席审判刑事案件开庭审理"，载南方法制网，http://www.nnfzw.com.cn/news __show.asp? id =89129。《刑事诉讼法》修订公布后，我国许多法院适用缺席审判程序，除以上案例外，其他参见"我院办理刑诉法修改后首例缺席审判程序案件"，载 http://www.xiamensm.jcy.gov.cn/zfba/201812/t20181214 __2441836.shtml；"屏山法院审理一起全市首列公开缺席审判案件"，载 https://feng.ifeng.com/c/7iyW0NFxjnl；"嘉兴市首例被告人缺席审判刑事案件一审宣判"，载 http://www.zj.jcy.gov.cn/art/2018/12/14/art __31 __66223.html；等等。

基本原理

一、我国《刑事诉讼法》创设缺席审判程序的背景

党的十八大以来，以习近平总书记为核心的党中央以零容忍的态度惩治腐败，在反腐败压倒式态势已经形成的大背景下，国际追赃追逃工作也取得了很大进展，为了不断地完善反腐败法律制度的建设，全国人大常委会法工委从 2014 年就会同有关部门，就在刑事诉讼当中是否建立刑事缺席审判制度进行了广泛的研究和深入的探讨。经过研究和权衡利弊，普遍认为建立刑事缺席审判制度，对推动司法机关积极履职、丰富惩治犯罪的手段、促进反腐败国际追逃工作来讲，都有着积极的意义，也可以使一些案件得到及时的处理和及时固定一些证据，避免因为时间过长，让证据灭失的情形发生。同时，对外逃的犯罪分子及时作出法律上的否定评价，可以彰显法治权威，维护国家和社会公众利益。

在席审判是刑事司法的基本规则，缺席审判则是例外。当一个人被指控犯罪，其有权利亲自出庭并发表意见为自己辩护，而缺席审判实际上剥夺了这种权利。但是，缺席审判制度有其正当性，有关国际公约和一些法治国家都对缺席审判制度进行了规定。国内外的经验为该制度的设置提供了重要借鉴。从外国的规定看，多数国家都规定了一定条件下的刑事缺席审判制度，而且国际公约也不排除在严格保障被告人权利的前提下进行缺席审判。在 2012 年修改《刑事诉讼法》时，增加了犯罪嫌疑人、被告人逃匿死亡案件违法所得的没收程序，主要是防止贪官潜逃或自杀后可以"一了百了"。这个程序实际也是在被告人缺席的情况下，只对他的违法所得和涉案财产进行没收的一个程序。这项程序既不定罪，又要以构成犯罪为前提，实施起来困难重重，适用率很低。

经过了这些充分的研究和论证，在借鉴了国外合理制度的经验，总结了 2012 年以来实施没收违法所得的没收程序的司法实践经验的基础上，2018 年《刑事诉讼法》修改时增设了缺席审判制度。确立刑事缺席审判制度后，既可以对贪官予以定罪，又可以没收其违法所得，能够弥补没收违法所得程序的不足。

二、刑事缺席审判的含义和意义

（一）刑事缺席审判的含义

法学大辞典解释，缺席审判是指法院在一方当事人未到庭陈述辩论的情况下所进行的审理和判决，它是法庭审判的一种例外形式。就刑事缺席审判的含义而言，可以从特定的刑事案件、被告人审判时不在场、适用特殊程序进行的审判三方面理解：首先，所谓特定的刑事案件，是指法律所规定的可以适用缺席审判的特殊刑事案件。对范围的界定，旨在强调刑事缺席审判程序的特定性，以避免扩大适用于其他类型的刑事案件。其次，被告人审判时不在场，是指对特定的刑事案件中的刑事被告人，因法

定事由而未到庭参加法庭审判的情形。最后,所谓适用特殊程序进行审判,是指对被告人缺席的刑事案件应采用不同于普通程序的特殊程序进行审判。这里所说的特殊程序,不仅是指法庭审理过程中应当采用的特殊程序,而且包括开庭审理之前所适用的特殊程序,程序的特殊甚至延续到缺席审判之后,即为其设置专门的"重新审理"的程序。

(二)增设刑事缺席审判制度的意义

基于高度重视反腐败和国际追逃追赃的需要,《刑事诉讼法》增设了缺席审判程序,加强了境外追逃工作的力度和手段,对贪污贿赂、危害国家安全、恐怖活动犯罪的嫌犯和被告人形成了强力震慑。

第一,有利于强化对外逃贪官的及时、有效惩治。自十八大以来,党的反腐工作成效显著。十九大报告进一步明确指出:"只有以反腐败永远在路上的坚韧和执着,深化标本兼治,保证干部清正、政府清廉、政治清明,才能跳出历史周期律,确保党和国家长治久安。"

以往贪官外逃后无法对案件进行审理,导致犯罪行为无法得到及时追究,涉案财产不能及时追回,更重要的是我们同外逃贪官所在国进行司法协助和引渡时没有法律依据。随着缺席审判制度的设立,人民法院可依法对特定类型案件中潜逃境外的犯罪嫌疑人、被告人进行审判并作出判决,对贪官予以定罪判刑,司法协助和引渡时就有了司法依据。故该制度有利于弥补违法所得没收程序的不足,从客观上对犯罪嫌疑人、被告人形成极大的威慑作用——不管你跑到哪里,都将被定罪判刑。

第二,在被告人因患有严重疾病而不能出席审判的情形下,缺席审判制度的设立,一方面是被告人权利保护的需要,另一方面也是基于审判效率的考量。效率是现代诉讼的基本价值要求。诉讼若长期处于中止状态,客观上使得刑事案件不能得到及时解决,被损害的社会关系无法得到及时修复,刑事诉讼的目的无法得到有效实现。比如全面引例及注释中提到的几个案例,即属于此类情况。

第三,对确有证据证明无罪,因而需要对已经死亡的被告人进行缺席审判的情形而言,缺席审判制度的设立,有利于保障无辜的被告人的权利。《刑事诉讼法》第297条规定:"被告人死亡的,人民法院应当裁定终止审理,但有证据证明被告人无罪,人民法院经缺席审理确认无罪的,应当依法作出判决。人民法院按照审判监督程序重新审判的案件,被告人死亡的,人民法院可以缺席审理,依法作出判决。"比如近年来平反昭雪的呼格吉勒图案和聂树斌案即属于此类情况。

三、刑事缺席审判程序的适用范围

为了确保这一制度正确公正实施,立法机关对案件的适用范围作了严格限制。《刑事诉讼法》第五编第三章对适用缺席审判的案件范围作出了规定。从案件类型上来看,主要有三种类型的案件可以适用缺席审判：

1. 贪污贿赂犯罪案件以及需要及时进行审判，经最高人民检察院核准的严重危害国家安全犯罪、恐怖活动犯罪案件，因犯罪嫌疑人、被告人在境外的。对于贪污贿赂犯罪案件，以及需要及时进行审判，经最高人民检察院核准的严重危害国家安全犯罪、恐怖活动犯罪案件，犯罪嫌疑人、被告人在境外，监察机关、公安机关移送起诉，人民检察院认为犯罪事实已经查清，证据确实、充分，依法应当追究刑事责任的，可以向人民法院提起公诉。人民法院进行审查后，对于起诉书中有明确的指控犯罪事实，符合缺席审判程序适用条件的，应当决定开庭审判。

2. 因被告人患有严重疾病无法出庭，中止审理超过 6 个月，被告人仍无法出庭，被告人及其法定代理人、近亲属申请或者同意恢复审理的。

3. 被告人死亡，有证据证明被告人无罪，人民法院经缺席审理确认无罪的。被告人死亡的，人民法院应当裁定终止审理，但有证据证明被告人无罪，人民法院经缺席审理确认无罪的，应当依法作出判决。人民法院按照审判监督程序重新审判的案件，被告人死亡的，人民法院可以缺席审理，依法作出判决。

后两种情况的缺席审判，实际上是一种排除审判障碍的方式，即普通审判程序在运作中遭遇客观障碍（被告人患有严重疾病、无法出庭或被告人死亡），丧失审判要件，导致庭审无法正常进行，为排除这种审判障碍，只能选择在被告人不在场的情况下继续审判。因此，其性质上属于普通程序的一个环节，系普通程序处置审判障碍时的一项诉讼措施。此次《刑事诉讼法》修改增加的缺席审判制度，主要指第一种情况。[1]

四、缺席审判的程序

1. 缺席判决案件的管辖。对于贪污贿赂犯罪案件，以及需要及时进行审判，经最高人民检察院核准的严重危害国家安全犯罪、恐怖活动犯罪案件……上述案件，由犯罪地、被告人离境前居住地或者最高人民法院指定的中级人民法院组成合议庭进行审理。

2. 送达诉讼文书。对潜逃的被告人依法适用缺席审判，要切实保障其合法诉讼权益。《刑事诉讼法》第 292 条规定，人民法院应当通过有关国际条约规定的或者外交途径提出的司法协助方式，或者被告人所在地法律允许的其他方式，将传票和人民检察院的起诉书副本送达被告人。传票和起诉书副本送达后，被告人未按要求到案的，人民法院应当开庭审理，依法作出判决，并对违法所得及其他涉案财产作出处理。

3. 人民法院缺席审判案件，被告人有权委托辩护人，被告人的近亲属可以代为委托辩护人。被告人及其近亲属没有委托辩护人的，人民法院应当通知法律援助机构指派律师为其提供辩护。对由于患严重疾病以至于无法出庭，中止审理超过 6 个月，被

---

〔1〕 http://news. rednet. cn/c/2018/12/17/4794881. htm.

告人仍无法出庭的，被告人及其法定代理人申请或者同意继续审理的案件所进行的缺席审判，如果认定有罪，法院可以对被告人作出所能适用的刑罚的判决。但是，对于"严重疾病"的认定，有待司法解释予以进一步明确。

五、缺席审判的具体程序的限制

1. 在管辖上，明确由犯罪地、被告人离境前居住地或者最高人民法院指定的中级人民法院组成合议庭进行审理。

2. 规定人民法院通过有关国际条约规定的或者外交途径提出的司法协助方式或者被告人所在地法律允许的其他方式，将传票和检察机关的起诉书副本送达被告人。

3. 规定送达传票和起诉书副本后，被告人未按要求到案的，人民法院应当开庭审理，依法作出判决并对违法所得及其他涉案财产作出处理。

六、缺席审判中被告人诉讼权利的保障

为了充分保障缺席审判制度中被告人的诉讼权利，《刑事诉讼法》作出了相关的规定：

1. 对委托辩护和提供法律援助作出规定。被告人有权委托辩护人，被告人的近亲属可以代为委托辩护人。被告人及其近亲属没有委托辩护人的，人民法院应当通知法律援助机构指派律师为其提供辩护。

2. 赋予被告人及其近亲属上诉权。被告人或者其近亲属不服判决的，有权向上一级人民法院上诉。辩护人经被告人或者其近亲属同意，可以提出上诉。

3. 规定了重新审理的情形。在审理过程中，被告人自动投案或者被抓获的，人民法院应当重新审理。

4. 规定了罪犯异议权。罪犯在判决、裁定发生法律效力后到案的，人民法院应当将罪犯交付执行刑罚。交付执行刑罚前，人民法院应当告知罪犯有权对判决、裁定提出异议。罪犯对判决、裁定提出异议的，人民法院应当重新审理。

5. 规定了检察机关的抗诉权。对于缺席审判的判决，人民检察院认为确有错误的，应当向上一级人民法院提出抗诉。

6. 规定了纠错机制。即依照生效判决、裁定对罪犯的财产进行的处理确有错误的，应当予以返还、赔偿。

可见，缺席审判是刑事诉讼法在程序公正与诉讼效率之间的一种平衡选择。虽然缺席审判的判决、裁定是在被告人缺席的情况下作出的，但是被告人的权利并不"缺席"，被告人对缺席判决仍然享有被告知权以及独立的异议权或上诉权。法律赋予了被告人对缺席审判重新审理的决定权，体现了刑事诉讼法对被告人的尊重，也是该法为追求实体公正而做出的程序设计。缺席审判期间，如果被告人选择自动投案，法律规定应重新审理，这是保障程序公正同时也不失诉讼效率的最佳方案，这项规定也可以

促使外逃的被告人及时归案参加审理。[1]

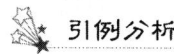 引例分析

1. 设立缺席审判，首先，有利于强化对外逃贪官的及时、有效惩治。随着缺席审判制度的设立，人民法院可依法对特定类型案件中潜逃境外的犯罪嫌疑人、被告人进行审判并作出判决，有利于弥补违法所得没收程序的不足，从客观上对犯罪嫌疑人、被告人形成极大的威慑作用。其次，在被告人因患有严重疾病而不能出席审判的情形下，缺席审判制度的设立，一方面保护了被告人的权利，另一方面提高了审判效率。最后，对确有证据证明被告人无罪的，缺席审判制度的设立，有利于保障已经死亡的无辜的被告人的权利。

2. 有三种类型的案件可以适用缺席审判：

（1）贪污贿赂犯罪案件以及需要及时进行审判，经最高人民检察院核准的严重危害国家安全犯罪、恐怖活动犯罪案件，犯罪嫌疑人、被告人在境外的。

（2）因被告人患有严重疾病无法出庭，中止审理超过 6 个月，被告人仍无法出庭，被告人及其法定代理人、近亲属申请或者同意恢复审理的。

（3）被告人死亡，但有证据证明被告人无罪，人民法院经缺席审理确认无罪的，应当依法作出判决。

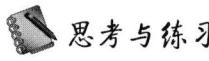 思考与练习

刑事缺席审判制度的适用范围是什么？

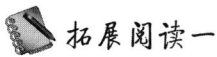 拓展阅读一

专家解读缺席审判程序：表明意义、限制范围、保障权利[2]

10 月 26 日，十三届全国人大常委会第六次会议表决通过了关于修改《刑事诉讼法》的决定。其中，"缺席审判程序"以专章篇幅被写入到新修改的《刑事诉讼法》中。

该部分规定，对于贪污贿赂犯罪案件，以及需要及时进行审判，经最高人民检察院核准的严重危害国家安全犯罪、恐怖活动犯罪案件，犯罪嫌疑人、被告人在境外，监察机关、公安机关移送起诉，人民检察院认为犯罪事实已经查清，证据确实、充分，依法应当追究刑事责任的，可以向人民法院提起公诉。

近日，多位法律专家学者共同解读缺席审判程序建立的重要意义，以及在操作中

---

〔1〕　靳昊："贪官外逃，审判难逃"，载《光明日报》2018 年 6 月 17 日。

〔2〕　黄钰钦："专家解读缺席审判程序：表明意义、限制范围、保障权利"，载中国新闻网，https：//www.chinanews.com/gn/2018/12-17/8704186.shtml.

如何防止其适用范围扩大并充分保障被告人权利。

全国人大常委会法工委刑法室主任王爱立表示，在中国建立刑事缺席审判制度，对推动司法机关积极履职、丰富惩治犯罪手段和促进反腐败国际追逃追赃工作具有重要意义。

他指出，在反腐败工作中，有一些人以为国外是避罪的天堂，进行贪污、贿赂犯罪以后，携款到国外企图逃避法律惩罚。"针对有一些人在境外，但是事实清楚、证据确实充分的案件，就要彰显出法律的尊严，作出否定性的评价，不能够让腐败分子逍遥法外。"

缺席审判程序建立后，如何保障其在具体操作过程中不被滥用成为社会各界热议的话题。参与本次《刑事诉讼法》修改的浙江大学教授王敏远以一个"等"字回应关切。他介绍说，在一审草案中，缺席审判程序针对的是"贪污贿赂等犯罪案件"。由于这个"等"字会有扩大适用的可能性，最后达成共识决定把"等"去掉。

"《联合国反腐败公约》规定可以缺席审判，如果超出这个范围，有特别的考量，需要具体化。"他强调说，"用'等'这样的表达有可能导致实践中会扩大适用，产生歧义。"

全国人大常委会法工委副主任黄永进一步表示，世界范围之内大多数国家都有缺席审判制度，中国刑事诉讼法对缺席审判的范围进行了严格的规定，一是贪污贿赂犯罪，二是严重危害国家安全犯罪和恐怖活动犯罪，如确需及时追究，经最高人民检察院核准的案件才能缺席审判，"范围很窄，要严格把握住"。

获得辩护是中国宪法赋予被告人的权利，针对如何在缺席审判中保障被告人权利，刑事诉讼法明确规定，人民法院缺席审判案件，被告人有权委托辩护人，被告人的近亲属可以代为委托辩护人。被告人及其近亲属没有委托辩护人的，人民法院应当通知法律援助机构指派律师为其提供辩护。

黄永表示，在缺席审判执行过程中需要严格审查把关，包括在证据、事实等方面要严格准确掌握规定。无论是监察机关还是公安机关，在移送检察机关决定是不是缺席审判的时候，要对证据标准严格把握。

王爱立进一步指出，中国的刑事诉讼法是以对席审判作为常态和完整的诉讼制度，缺席审判作为补充。"所以我们在它的适用范围、条件、辩护权利等方面做了一系列补充，目的也是使刑事诉讼程序的公正性更有保证。"

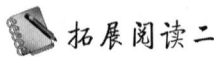 拓展阅读二

缺席审判制度不"缺席"，让追逃更有力[1]

"天网恢恢疏而不漏"，是法治的应然。加强境外追逃追赃，就该有更可靠的法律

---

[1] "缺席审判制度不'缺席'，让追逃更有力"，载《新京报》2018年10月27日。

程序保障。

中国的"缺席审判"来了！

10月26日，十三届全国人大常委会第六次会议表决通过了关于修改《刑事诉讼法》的决定。新修改的《刑事诉讼法》，增加专章建立犯罪嫌疑人、被告人潜逃境外的缺席审判程序。

刑事缺席审判制度建立，意味着"加强境外追逃追赃"有了更可靠的法律程序保障，我国依法治贪制度离完善更进一步。

补上"缺席审判"的制度短板，有着极强的现实针对性：人们通常认为，"缺席审判"将剥夺被告人参与诉讼的程序性权利，无法保障其受辩护权，进而影响程序公正，所以对于普通刑事案一般不宜适用"缺席审判"。但外逃贪官案件以及严重危害国家安全犯罪、恐怖活动犯罪案件，有其特殊性。及时设立"缺席审判"制度，对提高腐败犯罪案件的诉讼效率，方便国际协作，维护我国司法权威意义重大。

过去因为没有"缺席审判"，导致很多贪腐分子只有回国后，才能对其进行审判，否则他们在法律上仍是"无罪"之身，很难处分其涉案财产。而对在逃分子的劝说、遣送及引渡，涉及复杂的中外司法协作程序，这既给很多"红通分子"逍遥法外多年提供了便利，也耗费了大量司法、外交资源，不利于正义的高效实现。

比如，外逃长达13年的"中国第一女巨贪"、浙江温州原副市长杨秀珠，就因为缺乏"缺席审判"机制，导致此案在程序上长时间悬置。到头来，漫长的延宕很可能导致物证灭失等不利情况。

事实上，2005年，中国就已签署并加入了《联合国反腐败公约》，其中明确："考虑采取必要的措施，以便在因为犯罪人死亡、潜逃或者缺席而无法对其起诉的情形或者其他有关情形下，能够不经过刑事定罪而没收这类财产。"2013年1月起实施的《刑诉法修正案》中新增"犯罪嫌疑人、被告人逃匿、死亡案件违法所得的没收程序"的规定。这些机制是为了方便中国司法机关在外逃人员死亡、逃匿等情况下，及时处置犯罪所涉及的财产。2017年1月，最高法、最高检还颁布《关于适用犯罪嫌疑人、被告人逃匿、死亡案件违法所得的没收程序若干问题的规定》。

但这些特别刑事没收程序还只是"对物不对人"，对贪污贿赂犯罪的定罪量刑，还需要有明确的缺席审判机制，以便更好地打击腐败犯罪、追讨赃款。所以刑事缺席审判制度的建立，也是我国反腐雷厉风行、法治渐次完善下的水到渠成之举。

需要说明的是，我国刑事缺席审判制度是为了高效打击腐败犯罪，同时也兼顾了程序正义原则——充分保障被审的外逃人员的诉讼权利。比如，法院通过国际司法协助等方式，将传票和人民检察院的起诉书副本，送达被告人；被告人有权委托辩护人或由其近亲属代为委托辩护人；对判决不服的，近亲属也有权提起上诉。

"天网恢恢疏而不漏"，这是法治的应然。刑事缺席审判制度的建立，显然不是刑诉讼的小修小补，而是完善了中国刑事制度的重要一环。可以预期，此举有助于更高效、及时地打击外逃贪官，也必将让正义来得更及时。

项目四　犯罪嫌疑人、被告人逃匿、死亡案件违法所得的没收程序

 **引例**

杨秀珠等贪官携巨款外逃案[1]

2003 年 4 月 20 日，58 岁的浙江省建设厅原副厅长杨秀珠，携同女儿、女婿、外孙女等出逃美国。温州市纪委从 2003 年 11 月开始，对杨秀珠重大违纪违法案件涉及的相关人员开展调查。初步查清涉案金额高达 2.532 亿元，已追缴 4240 多万元，冻结房产、资金 7000 多万元。2005 年，中国银行哈尔滨分行河松街支行行长高山，卷款 8.39 亿元，与妻子一起逃往加拿大。……自 2000 年底最高人民检察院会同公安部组织开展追逃专项行动以来，至 2011 年，检察机关共抓获在逃职务犯罪嫌疑人 18 487 名，仅最高人民检察院公开的其中 5 年的缴获赃款赃物金额，就达到 541.9 亿元。然而学者们认为，滞留境外的贪腐官员保守估计仍有一两万人，携带的资金不下万亿元。高山、杨秀珠、蒋基芳、陈传柏、程三昌……这些至今仍在"追逃榜"上赫赫有名的贪官，让人们感觉，贪官"贪了就跑，跑了就了"，是一种无言的结局。追贪官难，追赃款更难。每年，大量的国有资产、民脂民膏被席卷出境，融入了发达国家的经济循环，从此难以剥离、难以追索。

问题：近年来，许多犯罪嫌疑人、被告人携巨款出逃，其犯罪所得巨额财产长期无法追缴，如何解决这一难题？

基本原理

一、我国《刑事诉讼法》创设违法所得没收程序的背景

犯罪嫌疑人、被告人逃匿、死亡案件违法所得的没收程序，是指在特定案件中，在犯罪嫌疑人、被告人逃匿或者死亡的情形下，对其违法所得及其他涉案财物进行没收处理的特别诉讼程序。

在以往的刑事司法实践中，常常出现贪污贿赂、恐怖活动犯罪案件犯罪嫌疑人、

---

[1]　参见朱小央："浙江女巨贪杨秀珠举家外逃案涉案金额超 2 亿"，载中新网，http：//www. sd. xinhuanet. com/news/2004 - 12/08/content _3352562. htm；姚冬琴："海外追贪——最高检披露 12 年来抓获 18 487 个在逃职务犯罪嫌疑人"，载《中国经济周刊》2012 年第 22 期。

被告人逃匿或者死亡后，其违法所得无法追缴的法律问题。由于腐败犯罪、恐怖犯罪等重大犯罪案件犯罪嫌疑人的财产往往是犯罪行为所得，对这些财产追缴必须通过刑事诉讼程序。而我国原《刑事诉讼法》等有关法律不允许缺席审判，一旦犯罪嫌疑人、被告人逃跑、死亡，诉讼程序就无法启动，使得犯罪分子的违法所得长期无法得到追缴。这种情形在贪污腐败犯罪案件中尤为突出。一些贪官为逃避法律惩罚，或逃往境外，或将违法所得财产转移到境外，致使大量国有资产流失。另外，在其他一些严重的犯罪案件中，也存在类似问题。如在恐怖犯罪案件中如不及时没收其违法犯罪所得，不仅不能惩治犯罪，而且由于不能切断其经济来源，也不能有效防止犯罪行为的继续发生。

为了加大对贪污腐败犯罪和其他严重犯罪的打击力度，联合国有关国际公约规定了可以与被告人定罪分离的没收程序。《联合国反腐败公约》第 54 条第 1 款第 3 项规定："各缔约国应根据本国法律，采取必要的措施，以便在因为犯罪人死亡、潜逃或者缺席无法对其进行起诉的情形或其他有关情形下，能够不经过刑事定罪而没收因腐败犯罪所得财产。"我国已于 2005 年加入并批准了该公约。按照该公约，我国可以向其他公约缔约国请求返还贪官转移至国外的资产，但也遇到一些问题，如有些国家在协助我国返还贪官转移的财产时要求我方提供刑事法院针对财产的没收令或者追缴的法律文书。但 2018 年前《刑事诉讼法》缺席审判制度的缺失，使我方无法提供相关生效的法律文书。

为了严厉打击贪污贿赂、恐怖活动等严重犯罪，及时追缴违法犯罪所得，并与我国已加入的反腐败、反恐怖等国际公约相衔接，我国 2012 年修订《刑事诉讼法》时在"特别程序编"增设了"犯罪嫌疑人、被告人逃匿、死亡案件违法所得的没收程序"专章内容。

二、违法所得没收程序的适用范围和条件

我国《刑事诉讼法》第 298 条对犯罪嫌疑人、被告人逃匿、死亡案件违法所得没收程序适用的案件范围和条件作出了明确规定："对于贪污贿赂犯罪、恐怖活动犯罪等重大犯罪案件，犯罪嫌疑人、被告人逃匿，在通缉 1 年后不能到案，或者犯罪嫌疑人、被告人死亡，依照刑法规定应当追缴其违法所得及其他涉案财产的，人民检察院可以向人民法院提出没收违法所得的申请。公安机关认为有前款规定情形的，应当写出没收违法所得意见书，移送人民检察院。没收违法所得的申请应当提供与犯罪事实、违法所得相关的证据材料，并列明财产的种类、数量、所在地及查封、扣押、冻结的情况。人民法院在必要的时候，可以查封、扣押、冻结申请没收的财产。"

（一）适用的案件范围

根据《刑事诉讼法》第 298 条的规定，违法所得没收程序的适用范围应仅限于"贪污贿赂犯罪、恐怖活动犯罪等重大犯罪案件"。这主要是考虑到贪污贿赂犯罪、恐

怖活动犯罪对社会稳定与安全、经济发展危害严重，且又是我国参加的国际公约规定的成员国义务所要求的。

应当指出的是，本条明确规定违法所得的没收程序仅限于"贪污贿赂犯罪、恐怖活动犯罪等重大犯罪案件"的特别程序，不适用于普通刑事案件，有利于防止判决前违法所得没收程序被滥用。

（二）该程序的适用条件

根据《刑事诉讼法》第298条的规定，对于适用没收违法所得程序，只能适用于被追诉人不能到案的情况，即"犯罪嫌疑人、被告人逃匿，或者犯罪嫌疑人、被告人死亡"的情况。据此，被追诉人不能到案有两种情形：一种情形是因为主观原因不能到案，即"犯罪嫌疑人、被告人逃匿"。这种情形还必须符合时间方面的要求，即"在通缉1年后不能到案"。时间方面的要求意在减少适用这一程序的随意性，尽量保护被追诉人的参与权、辩护权。另一种情形是因为客观原因被追诉人不能到案，即"死亡"。因此，该程序只能适用于被追诉人逃匿或者死亡不能到案的贪污贿赂犯罪、恐怖活动犯罪等重大犯罪案件。如果被追诉人能够到案接受处理的，应当依照刑事诉讼普通程序进行处理，不能单独对其财产进行审理，也不能在其不到庭的情况下对其财产进行审理。实践中应当注意的是，对于被追诉人逃匿的，司法机关应当尽力通缉、抓捕，以使之尽快到案并依照法定程序追诉，只有对确实在通缉1年后仍无法抓捕到案的，才可以适用这一特别程序。

（三）没收违法所得案件的管辖

1. 职权管辖。即在处理此类案件中各机关的职权划分。根据《刑事诉讼法》第298条的规定：对于符合条件的案件，"人民检察院可以向人民法院提出没收违法所得的申请。公安机关认为有前款规定情形的，应当写出没收违法所得意见书，移送人民检察院"。可见，人民检察院具有启动没收程序的职权，人民法院具有案件审理裁判权，而公安机关只具有提出意见的权力。

2. 审判管辖。在审判管辖方面，我国《刑事诉讼法》只规定了级别管辖和地域管辖。根据我国《刑事诉讼法》第299条的规定，"没收违法所得的申请，由犯罪地或者犯罪嫌疑人、被告人居住地的中级人民法院组成合议庭进行审理"。可见，从级别管辖上讲，没收违法所得的申请，由中级人民法院作为第一审法院；在地域管辖上，此类案件由犯罪地或者犯罪嫌疑人、被告人居住地的法院受理，亦即，对于此类案件，法院可以根据案情的需要来决定由犯罪地法院管辖或者犯罪嫌疑人、被告人居住地法院管辖。

三、处理没收违法所得案件的具体程序

（一）启动程序

根据《刑事诉讼法》第298条的规定，犯罪嫌疑人、被告人的违法所得没收程序

的启动，需要通过人民检察院向人民法院提出没收违法所得的申请。我国没收程序无疑是比照普通程序设计的，即同样要经过相关机关侦查、检察机关起诉和法院审理等阶段。这样设计其一可防止该程序被滥用，其二则有利于庭审合理化。另外，根据本条规定，人民检察院在向人民法院提出违法所得没收程序申请时，必须提供犯罪嫌疑人、被告人有关犯罪事实的证据材料，以及能够证明属于犯罪嫌疑人、被告人违法所得及其他涉案财产的相关证据材料。同时在案卷中还应当载明违法所得及其他涉案财产的种类、数量、存放地点以及查封、扣押、冻结有关财产的情况。

法院只有在检察院提出正式申请之后，才能立案审理。法院不能在没有检察院提出申请的情况下，自己启动违法所得没收程序。

（二）案件的公告和审理程序

《刑事诉讼法》第 299 条规定："没收违法所得的申请，由犯罪地或者犯罪嫌疑人、被告人居住地的中级人民法院组成合议庭进行审理。人民法院受理没收违法所得的申请后，应当发出公告。公告期间为 6 个月。犯罪嫌疑人、被告人的近亲属和其他利害关系人有权申请参加诉讼，也可以委托诉讼代理人参加诉讼。人民法院在公告期满后对没收违法所得的申请进行审理。利害关系人参加诉讼的，人民法院应当开庭审理。"

犯罪嫌疑人、被告人的违法所得没收程序，虽然未及给逃匿、死亡的犯罪嫌疑人、被告人定罪，但毕竟涉及对其行为性质的评价，涉及对公民诉讼权利、实体权利的处置等重要问题，必须慎之又慎。法律规定没收违法所得案件必须由中级人民法院管辖；必须经过 6 个月的公告期间后才能进行审理；必须组成合议庭审理，不允许独任审判；犯罪嫌疑人、被告人的近亲属和其他利害关系人有权申请参加诉讼；利害关系人参加诉讼时，人民法院必须开庭审理；等等。这一系列法律设置和规定，无不基于保障公民合法权益，实现司法公正的考量。

（三）法院对违法所得的裁判处理

《刑事诉讼法》第 300 条第 1 款规定："人民法院经审理，对经查证属于违法所得及其他涉案财产，除依法返还被害人的以外，应当裁定予以没收；对不属于应当追缴的财产的，应当裁定驳回申请，解除查封、扣押、冻结措施。"根据这一规定，人民法院经审理，对于查证属于违法所得的财产，有两种处理方式：①属于被害人的财产，应当依法返还被害人；②裁定予以没收。人民法院经审理，不能认定是违法所得的，应当裁定驳回申请，解除查封、扣押、冻结措施。由于人民法院并没有对被告是否犯罪、所犯何罪作出认定，所以审理的结果不可以以判决的形式作出。此外，由于对处理结果可以上诉、抗诉，因此，该结果尽管具有行政性处理的特征，也只能是裁定，而不是决定。具体而言，依法返还被害人财产和予以没收的裁定属于实体性裁定，而驳回申请，解除查封、扣押、冻结措施的裁定是程序性裁定。

（四）上诉、抗诉程序

《刑事诉讼法》第300条第2款规定："对于人民法院依照前款规定作出的裁定，犯罪嫌疑人、被告人的近亲属和其他利害关系人或者人民检察院可以提出上诉、抗诉。"

人民法院对没收违法所得的申请的审理程序，被告人并没有到案，并不对被告人是否有罪作出判决，而只就涉案的财产部分作出是否是违法所得的认定、是否予以没收的处理。因此，法律明确规定人民法院经审理后以裁定形式予以没收或者驳回申请。

为保证公正审理，使确有错误的没收违法所得的裁定在发生法律效力前得到及时的纠正，也使对不服裁定的利害关系人获得法律救济的机会，保障办案质量和司法公正，加强人民检察院的法律监督职责，法律规定犯罪嫌疑人、被告人的近亲属和其他利害关系人对人民法院的裁定不服的，可以提出上诉，人民检察院可以提出抗诉。

（五）回转程序

《刑事诉讼法》第301条规定了回转程序："在审理过程中，在逃的犯罪嫌疑人、被告人自动投案或者被抓获的，人民法院应当终止审理。没收犯罪嫌疑人、被告人财产确有错误的，应当予以返还、赔偿。"违法所得没收程序是在犯罪嫌疑人、被告人没有到案参加法庭审理的情况下进行的，在审理过程中，在逃的犯罪嫌疑人、被告人自动投案或者被抓获的，人民法院应当终止没收程序的审理，按照普遍程序对案件进行审理。这样有利于查明案件事实，综合全案情况对定罪量刑作出正确判决，也有利于保障犯罪嫌疑人、被告人辩护权等诉讼权利和其他合法权益。对于犯罪嫌疑人、被告人在人民法院作出没收裁定生效后归案的，对没收违法所得的裁定应当区别情况处理：对被告人依照普通程序审理后依法判决，原裁定正确的，予以维持，不再对涉案财产作出处理；按照普通程序审理后，原裁定确有错误的，依照审判监督程序，予以撤销，对定罪量刑及涉案财产作出判决。本条明确规定没收犯罪嫌疑人、被告人财产确有错误的，应当予以返还、赔偿，以维护有关利害关系人的合法权益。

违法所得没收程序的特殊性还在于，在法院的其他一般判决或者裁定中，只要属于一审裁决后没有上诉或者抗诉的判决、裁定，或者二审作出的判决、裁定，都具有终结性。而法院根据违法所得没收程序所作出的裁定就不一样。《刑事诉讼法》第301条第2款明确规定："没收犯罪嫌疑人、被告人财产确有错误的，应当予以返还、赔偿。"

★ 引例分析

本案涉及外逃贪官违法所得财产的追缴问题。由于腐败案件、恐怖犯罪案件犯罪嫌疑人财产是犯罪行为所得，对这些财产的追缴必须通过刑事诉讼程序。但因为我国不允许缺席审判，当犯罪嫌疑人逃匿或者死亡而无法到案时，诉讼程序就无法启动，使得大量"杨秀珠式"贪官的违法所得财产长期无法得到追缴，从而给国家造成巨大财产损失。我国《刑事诉讼法》新设的"犯罪嫌疑人、被告人逃匿、死亡案件违法所得的没收程序"，作为一个特别程序，可以有针对性地解决犯罪嫌疑人、被告人不到案，又能追缴其犯罪所得的问题。这个程序的设置实际上是要解决长期困扰司法界的一个难题。当然刑事程序追讨一个人的财产就涉及对他行为的性质的评价。对于潜逃的犯罪嫌疑人，虽然无法定罪，但又必须肯定它是一种犯罪，这种程序的设置既有必要又必须慎重，这涉及公民的基本人权保障问题。因此，新法规定了相应的补救措施：允许被告人的近亲属及其他利害关系人申请参加诉讼，提出上诉，委托诉讼代理人参加诉讼。利害关系人参加诉讼的，人民法院应当开庭审理。也允许当情况发生变化，如审理过程中在逃的犯罪嫌疑人、被告人自动投案或者被抓获时，终止该程序，对他重新进行审理。没收犯罪嫌疑人、被告人财产确有错误的，应当予以返还、赔偿。

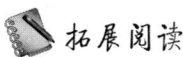 **思考与练习**

1. 我国刑事诉讼法设立违法所得没收程序的现实意义是什么？

2. 在未经审判的情况下处分公民财产权利，毕竟关涉公民人权保障问题，违法所得没收程序对犯罪嫌疑人、被告人的权利设置哪些保障措施？

拓展阅读

违法所得没收程序：终结外逃贪官"神仙日子"[1]

"违法所得没收程序"的设置意味着，即使贪官外逃或者死亡，不能到庭受审，其腐败所得仍有可能被没收。接受《法制日报》记者采访的专家表示，该程序的设立是对现行刑事诉讼制度漏洞的弥补，对我国刑事诉讼制度以及反腐败体系的完善具有重要意义，也彰显了国家打击腐败犯罪的坚定决心。

"腐败分子转移赃款外逃现象增多，已成一个事实。"江苏省常州市人民检察院副检察长李乐平在接受《法制日报》记者采访时坦言，为了逃避法律惩罚，一些贪污贿赂犯罪分子将赃款转移到境外，提前做好外逃准备，在作案后或事发前潜逃境外，企图利用某些国家与我国政治法律方面存在的差异逃避追诉。

正因为如此，追逃与追赃成为查办跨国境腐败的两项主要任务。

"贪官在国外过着神仙般的日子，令人触目惊心。"根据多年的司法实践，李乐平认为，这正是源于我国现行刑事诉讼制度的漏洞。"主要是缺席审判制度的缺失。"李乐平解释说，我国现行刑事诉讼立法和司法实践对被告人的缺席审判制度均持否定态度，当犯罪嫌疑人逃匿或者死亡而无法到案时，诉讼程序就无法启动，这使得犯罪分子的财产长期无法得到追缴。根据《联合国反腐败公约》规定，被请求缔约国返还资产的前提是请求缔约国已作出生效判决，除非被请求缔约国放弃对生效判决的要求。

---

[1] 参见赵阳："解读违法所得没收程序：终结外逃贪官'神仙日子'"，载《法制日报》2011年9月5日。

因此，当不法财产流到境外，我国在请求司法协助过程中，外方会索要需要追缴财产的法律文书。而现行刑诉法缺席审判制度的缺失，使我方无法提供生效法律文书。

也正因为如此，在李乐平看来，刑事诉讼法修正案草案的特别程序中，专门新增的"犯罪嫌疑人、被告人逃匿、死亡案件违法所得的没收程序"，正是对现行刑事诉讼制度漏洞的弥补，"可以在无法对贪官进行刑事追责时，部分实现对贪官的惩罚，部分实现正义"。此外，李乐平认为，将检察机关作为提起程序的主体以及将法院作为裁决的主体，体现了司法职权的合理配置，更有助于权力的有效运行。尤其是先行的没收裁决，不仅能实现刑罚的及时性效果，对于潜在犯罪人的腐败心理也具有一定的抑制作用。

"这一程序的设立，就是让贪官知道，不管自己跑到哪儿，哪怕死了，贪污所得的钱都要追缴回来。这能在一定程度上震慑犯罪分子和那些潜在的违法犯罪分子，减少贪贿等犯罪现象的发生。"北京大学法学院副院长汪建成教授对此特别程序的设立给予了充分肯定。在他看来，这一程序可以有针对性地解决在贪官不到案的情况下，追缴其犯罪所得的问题。"有了这样一个规定，我国向境外追缴贪官财产、向其他国家请求司法协助就有了依据。"《联合国反腐败公约》要求各成员国根据本国法律可对腐败犯罪人失踪、逃跑、死亡或者缺席无法起诉的情况采取必要的措施。有些国家在协助外国没收腐败犯罪所得时需要刑事法院针对财产的没收令。"我国设立这一程序不仅符合《联合国反腐败公约》的要求，而且有利于我国司法机关依法有效地向境外追缴贪官财产。这一不经过定罪而直接没收非法所得的程序表明，无论贪官的犯罪所得处于何种状态、位于哪个国家或者地方，处在何种时段，均存在被没收的可能性、风险性和潜在的不确定性，这种不可预测性对贪官向境外转移财产必将产生一定的威慑力和遏制作用。"汪建成说。

项目五　依法不负刑事责任的精神病人的强制医疗程序

 引例

真假精神病案例三则

2009 年年初，广东一男子陈某在家因看电视与哥哥发生口角，把哥哥杀害了。事发后陈某被警方抓获，司法鉴定陈某患有精神分裂症。警方没有将陈某送入精神病院，而是将他送回家，嘱咐家人严加看管。村民知道后纷纷要求村委会把陈某送到精神病院，结果村镇各出 3000 元把陈某送进了精神病院。但让村民发愁的是，6000 块钱只够陈某在医院住 3 个月，之后怎么办？难道让他再回来？[1]

---

〔1〕　参见王俊秀、陈磊："我国精神病收治乱象亟待整治"，载《中国青年报》2010 年 10 月 11 日。

　　湖北省竹溪县建设局干部郭元荣曾因不断揭发检举局长刘喜洲的经济问题，结果在 1996 年被竹溪县公安局送往茅箭医院精神科"强制治疗"，一关就是 14 年。多年来，家属屡屡和医院交涉，想接其回家均未成功。茅箭医院的护工说，茅箭医院最多的时候曾同时关了十几个上访者。[1]

　　2008 年 10 月，山东新泰农民孙法武赴京上访时，被镇政府抓回送进精神病院 20 余日，签下不再上访的保证书后被放出。记者调查发现，在新泰，因上访而被送进精神病院者不是个别。[2]

　　问题：1. 近年来，我国为什么会频频发生"被精神病现象"？根源在哪里？

　　2. 如何正确适用精神病人强制医疗程序才能做到"不枉不纵"？

基本原理

一、精神病人强制医疗程序概述

　　精神病人是一个非常特殊的社会群体。我国精神病人绝对数量很大。截至 2017 年底，我国在册严重精神障碍患者人数已达 581 万。其中很多都是具有严重暴力倾向的人员，随时危及社会公众的安全及其自身的安危。据公安部不完全统计，精神病人每年实施的案件达万起以上，这些肇事肇祸的精神病人如何进行管理与救治，已经成为维护社会稳定的一个关键环节。

　　（一）设置精神病人强制医疗特别程序的背景

　　1. 立法基础。我国《刑法》第 18 条第 1 款规定："精神病人在不能辨认或者不能控制自己行为的时候造成危害结果，经法定程序鉴定确认的，不负刑事责任，但是应当责令他的家属或者监护人严加看管和医疗；在必要的时候，由政府强制医疗。"由于《刑法》这一规定比较原则性，现行《刑事诉讼法》也没有规定具体程序，实际执行中面临一些问题：

　　一是实施暴力行为的精神病人，俗称"武疯子"，一般病情都较为严重，对他们的看管和治疗需要大量的精力、物力、财力以及较强的专业知识，往往家属或监护人不具备条件或无力承担，结果导致对这些精神病人疏于管理、治疗，任由他们在社会游荡，有些有继续危害社会的危险；有的家属或监护人担心他们实施危害社会或者伤害他人的行为，将他们长期禁锢在家中，使他们得不到有效的治疗。二是《刑法》只规定了"必要的时候"由政府强制医疗，对于适用条件、如何提起、决定程序和执行机构以及在执行过程中治疗效果的评估等基本问题都没有明确的规定，当时的刑事诉讼法也没有相关的规定，实践中一般都是由公安机关根据情况裁量，结果造成各地强制

---

〔1〕　洪启旺、董柳："湖北竹溪一干部因举报官员被关进精神病院 14 年"，载《羊城晚报》2011 年 1 月 4 日。

〔2〕　黄玉浩："山东新泰多名欲进京上访者被强送精神病院"，载《新京报》2008 年 12 月 8 日。

医疗执法标准不统一。

这种立法状况不仅不能有效维护社会秩序，也给公民人身自由带来很大威胁，存在强制医疗任意化的危险。另外，强制医疗行政性太强，司法性不足。在决定过程中，既没有一个中立的第三方对于强制医疗的申请合法性和合理性进行审查，相关当事人及其他利害关系人也没有有效渠道参与到该程序中以维护自己的合法权益。

2. 实践基础。2010年10月，我国两家民间公益组织曾发布一份《中国精神病收治制度法律分析报告》，通过对大约100多个真实案件、300篇新闻报道的分析，揭示了当前我国精神病治疗和司法实践中"该收治的不收治、不该收治的却被收治"的乱象，《报告》称：我国现行的精神病收治制度存在巨大缺陷，精神病收治局面十分混乱。这不仅威胁到社会公共安全，也使得每一个人都面临"被收治"的风险。报告指出，一方面，许多应当被收治的患者由于无力支付医疗费，得不到治疗，或被家人长期禁锢，或流落街头，成为散落在社会中的"不定时炸弹"，威胁公共安全，同时这些患者本身的自由乃至生命安全也时常被侵害。另一方面，大量无病或无须强制收治的人，被与之有利益冲突的人送往精神病院，花费大量医疗费用，承受丧失人身自由、被迫接受本不该接受的治疗带来的痛苦。这种情况导致了原本就稀缺的医疗资源的浪费，有限的资源主要用在了错误的人身上，需要治疗的又得不到资源。报告指出，精神病收治制度不完善和资源配置的错位，使公众随时面临双重风险和威胁：不仅面临受流浪精神病人随时袭击的风险和威胁，而且也随时都面临"被收治"的风险和威胁。[1]

为了弥补法律规定的缺陷，解决实践中存在的种种问题，我国《刑事诉讼法》修订时在"特别程序编"规定了"依法不负刑事责任的精神病人的强制医疗程序"，明确了强制医疗的适用条件、决定程序、解除程序，在审理程序中设置了法律援助和法律救济程序，同时规定人民检察院对强制医疗的决定和执行实行监督。

（二）精神病人强制医疗程序的概念

依法不负刑事责任的精神病人的强制医疗程序，是指公安司法机关对不具刑事责任能力且有社会危害性的精神病人采取强制治疗措施的特别诉讼程序。

由于精神病人缺乏健全的辨别能力和控制能力，因此在不具备刑事责任能力的情形下对其实施的危害行为并不负刑事责任。但是，为了维护公众人身、财产安全，同时也从有利于病人健康恢复的角度考虑，国家对其人身自由进行一定限制并对其采取强制治疗措施是必要的。因此，强制治疗的目的不是对行为人进行惩罚和教育，其本质是一种特殊的社会防卫措施。相应地，对依法不负刑事责任的精神病人的强制医疗程序的目的也不是解决犯罪嫌疑人、被告人的刑事责任问题，而是为了审查决定是否

---

[1] 参见王俊秀、陈磊："我国精神病收治乱象亟待整治"，载《中国青年报》2010年10月11日。

对其采取强制医疗措施。作为一种保安处分措施，各国的强制医疗的实体问题一般由刑法加以规定，相关程序问题由刑事诉讼法规定。

二、强制医疗的适用对象

我国《刑事诉讼法》第302条规定："实施暴力行为，危害公共安全或者严重危害公民人身安全，经法定程序鉴定依法不负刑事责任的精神病人，有继续危害社会可能的，可以予以强制医疗。"根据本条规定，强制医疗的适用对象必须同时符合行为事实条件、医学条件和社会危险性条件：

（一）行为事实条件

首先，必须是精神病人"实施了暴力行为"。对于没有实施暴力行为的一般精神病人则不能采取强制医疗。其次，精神病人实施的暴力行为应当达到"危害公共安全或者严重危害公民人身安全"的严重程度。这种严重程度可理解为如果是精神正常的公民实施了这些行为，则应当被追究刑事责任的"犯罪程度"。

（二）医学条件

强制医疗对象必须属于"经法定程序鉴定依法不负刑事责任的精神病人"。暴力行为实施者是否承担刑事责任，是否适用强制医疗程序，关键在于其在实施暴力行为时是否因患有精神病或严重精神障碍而丧失辨别能力和控制能力。因此，司法精神病学鉴定结论是强制医疗程序能否启动和运行的关键和最为核心的证据基础。

（三）社会危险性条件

行为人必须"有继续危害社会可能"，即由于精神病人已实施的行为性质及精神、生理状态等，使法律保护的社会关系处于危险状态。对于实施暴力行为的精神病人，必须有继续危害社会的可能，才能对其进行强制医疗。行为人虽然实施了暴力行为，但不再具有继续危害社会可能的，如已经严重残疾等，丧失了继续危害社会的能力，则不需要再对其进行强制医疗。但在这种情况下，也应当责令他的家属或者监护人严加看管和医疗，而不能放任不管。

符合以上条件的精神病人，也不必然送交强制医疗。《刑事诉讼法》第302条规定的是"可以"，而非"应当"。如此严格限定强制医疗的适用对象，主要是为了防止将不符合条件的人错误送交强制医疗。

三、强制医疗的申请与审理程序

《刑事诉讼法》第303条规定："根据本章规定对精神病人强制医疗的，由人民法院决定。公安机关发现精神病人符合强制医疗条件的，应当写出强制医疗意见书，移送人民检察院。对于公安机关移送的或者在审查起诉过程中发现的精神病人符合强制医疗条件的，人民检察院应当向人民法院提出强制医疗的申请。人民法院在审理案件过程中发现被告人符合强制医疗条件的，可以作出强制医疗的决定。对实施暴力行为的精神病人，在人民法院决定强制医疗前，公安机关可以采取临时的保护性约束措施。"

（一）强制医疗程序的启动

《刑事诉讼法》第303条第2款规定："公安机关发现精神病人符合强制医疗条件的，应当写出强制医疗意见书，移送人民检察院。对于公安机关移送的或者在审查起诉过程中发现的精神病人符合强制医疗条件的，人民检察院应当向人民法院提出强制医疗的申请。人民法院在审理案件过程中发现被告人符合强制医疗条件的，可以作出强制医疗的决定。"这一规定表明，强制医疗程序的启动有两种方式：①通常情况下，强制医疗程序经由人民检察院向人民法院提出申请而启动。②在特殊情形下，人民法院也可以直接决定启动这一程序。

由检察院提出申请的规定说明，公民个人无权申请启动强制医疗程序，公安机关也不能直接向法院提出申请启动强制医疗程序。检察院的申请分为两种情形：

第一，公安机关在侦查阶段如果发现犯罪嫌疑人可能是精神病人，应当按照有关法律规定进行鉴定，如果鉴定结果确认犯罪嫌疑人是精神病人，且在不能辨认或者不能控制自己行为的时候造成危害结果的，应当撤销刑事案件，写出强制医疗意见书，移送人民检察院，然后由人民检察院向人民法院提出强制医疗的申请。

第二，人民检察院在审查起诉过程中发现犯罪嫌疑人是精神病人符合强制医疗条件，向人民法院提出强制医疗申请。

经研究认为，如果在侦查阶段经鉴定证明犯罪嫌疑人是精神病人的，公安机关也应当将相关材料移送检察院，由人民检察院对材料审核把关后，再向人民法院提出强制医疗的申请。这样有利于提高办案质量，防止类似将正常人"被精神病"的现象发生。

（二）有权采取强制医疗措施的决定机关

我国《刑事诉讼法》第303条第1款明确规定："根据本章规定对精神病人强制医疗的，由人民法院决定。"也就是说，无论是人民检察院向人民法院提出强制医疗申请的，还是人民法院在案件审理过程中发现精神病人符合强制医疗条件的，都应由人民法院依照法定程序作出决定。这里的决定权既包括适用强制医疗的决定权，也包括解除强制医疗的决定权。

我国《刑事诉讼法》将对精神病人强制医疗的决定权明确授予人民法院，主要基于以下考虑：首先，强制医疗措施不仅关乎对公民人身自由的限制，而且关乎公民的名誉权和人格权，为了防范公民人身自由受到非法侵犯或假冒精神病人逃避刑事处罚的情况发生，将强制医疗措施的决定纳入规范的司法程序，严格适用刑事诉讼的原则和制度，由人民法院作出无疑是十分必要的。其次，如前所述，适用强制医疗措施的条件之一是认定有关人员实施的暴力行为"危害公共安全或者严重危害公民人身安全"，在客观方面达到"犯罪程度"，并且由于无刑事责任能力而"不负刑事责任"。对这两个关键、重要法律事实的认定，为了体现慎重公正的原则，无疑也应当由人民法院在充分保障相关当事人参与权的情况下，依照严格规范的诉讼程序作出，而不应由公安机关或其他行政机关简单地以行政方式单方面作出。这一权力配置无疑有利于强制医疗程序在程序上、实体上的公正性和准确性。

作为配套措施，"对实施暴力行为的精神病人，在人民法院决定强制医疗前，公安机关可以采取临时的保护性约束措施"。需要注意的是，这里的"保护性约束措施"只是"临时"的，而且要保障精神病人的合法权益免受非法侵犯。这样规定，一方面考虑到对精神病人的鉴定需要很长时间，且人民法院决定强制医疗也需要一定的时间，实施暴力行为的精神病人本身是非常危险的，如果不采取措施予以控制，放任其到社会上，可能会给社会和他人造成更大的危害，也可能危及其自身安全；另一方面，考虑到对精神病人采取的措施应当以治疗和改善其精神状况为目的，不适合采用《刑事诉讼法》规定的拘留、逮捕等强制措施，避免给精神病人带来更大的精神伤害和痛苦。

（三）强制医疗的审理程序

《刑事诉讼法》第304条规定："人民法院受理强制医疗的申请后，应当组成合议庭进行审理。人民法院审理强制医疗案件，应当通知被申请人或者被告人的法定代理人到场。被申请人或者被告人没有委托诉讼代理人的，人民法院应当通知法律援助机构指派律师为其提供法律帮助。"

1. 审判组织。《刑事诉讼法》第304条第1款规定："人民法院受理强制医疗的申请后，应当组成合议庭进行审理。"对强制医疗案件规定由合议庭进行审理，主要是考虑到，强制医疗直接关系公民的人身自由、社会安全和公共秩序，且强制医疗案件除了要查明行为人是否实施了暴力行为，还要查明行为人实施暴力行为时是否患有精神病、是否因精神病而无刑事责任能力、是否现在仍因精神病而具有社会危害性必须予以强制治疗，这些情况往往比较复杂，专业性极强，因此，规定组成合议庭进行审理显然更有利于保证案件审理的质量。

2. 告知程序。《刑事诉讼法》第304条第2款规定："人民法院审理强制医疗案件，应当通知被申请人或者被告人的法定代理人到场……"这主要是考虑到被申请人或者被告人很可能是精神病人，不具有诉讼行为能力，通知其法定代理人到场，可更好地维护其合法权益。

3. 法律援助。由于强制医疗案件涉及精神医学及法律两方面的专业知识，加之行为人无行为能力或人身自由受限，其无法正常行使法律赋予的诉讼权利，且有些诉讼行为依法只有辩护人或诉讼代理人才有权行使，如调查收集证据的权利，因此，法律规定"被申请人或者被告人没有委托诉讼代理人的，人民法院应当通知法律援助机构指派律师为其提供法律帮助"，这种法律援助、"强制代理"制度，对于更好地维护被申请人或者被告人合法权益很有必要。

4. 审理期限。《刑事诉讼法》第 305 条第 1 款规定："人民法院经审理，对于被申请人或者被告人符合强制医疗条件的，应当在 1 个月以内作出强制医疗的决定。"审理期限的规定可促使人民法院及时处理案件。对于那些被公安机关采取保护性约束措施的精神病人而言，这一期限规定可使其避免长期处于"不确定"状态。

5. 申请复议与救济。没有救济就没有权利。为了进一步保障被决定强制医疗人、被害人的诉讼权利，及时纠正错误的强制医疗决定，法律还规定了救济措施，赋予了被决定强制医疗人、被害人及其法定代理人、近亲属对强制医疗决定不服的申请复议权。《刑事诉讼法》第 305 条第 2 款规定："被决定强制医疗的人、被害人及其法定代理人、近亲属对强制医疗决定不服的，可以向上一级人民法院申请复议。"比照刑事诉讼中的上诉程序，强制医疗程序也应实行两审终审制，由上级法院受理不服下级法院的决定而提起的复议。

6. 定期诊断评估及解除强制医疗的申请与决定。强制医疗并不是对实施暴力行为的被强制医疗人的惩戒和制裁，而是对被强制医疗的人采取的保护性措施，并给予其必要的治疗，使其尽快解除痛苦，恢复健康，同时避免其继续危害社会。因此，法律规定由强制医疗机构执行人民法院决定的强制医疗，强制医疗机构既要对被强制医疗的人实施必要的控制，防止其继续实施危害社会的行为，还应当本着治病救人的宗旨，根据被强制医疗的人的患病程度和人身危险性的不同，采用不同的治疗方法对其进行治疗。而且，法律规定："强制医疗机构应当定期对被强制医疗的人进行诊断评估。对于已不具有人身危险性，不需要继续强制医疗的，应当及时提出解除意见，报决定强制医疗的人民法院批准。"同时，为了保障被强制医疗的人的合法权益，防止强制医疗措施被滥用或者不必要的延长强制医疗时间，法律还规定，"被强制医疗的人及其近亲属有权申请解除强制医疗"。被强制医疗的人认为自己不应当被强制医疗，或者经过强制医疗的治疗已经痊愈，符合解除强制医疗的条件的，有权向强制医疗机构提出申请，要求强制医疗机构作出诊断评估，提出解除意见，报请决定强制医疗的人民法院批准；也有权直接向作出强制医疗决定的人民法院提出解除强制医疗的申请。被强制医疗人的近亲属如果认为被强制医疗的人不应当被强制医疗或者已经治愈，也有权申请解除强制医疗。

有权决定采取强制医疗措施的机构是人民法院，与此相对应，有权批准解除强制医疗的机构依然是人民法院。人民法院有权对强制医疗机构的解除强制医疗的诊断意见和被强制医疗的人及其近亲属解除强制医疗的申请进行审查，以确定被强制医疗的人是否还具有社会危害性，并根据审查的结果决定是否批准解除强制医疗。

四、人民检察院对强制医疗的决定和执行实行监督

《刑事诉讼法》第 307 条规定："人民检察院对强制医疗的决定和执行实行监督。"

人民检察院对诉讼活动实行法律监督，是法律赋予人民检察院的一项重要的职权。为了防止和及时纠正在强制医疗决定和执行环节中出现的错误和违法行为，正确应用法律，保障精神病人的合法权利，保证强制医疗程序的正确实施，《刑事诉讼法》规定人民检察院对强制医疗的决定和执行实行监督。

人民检察院对强制医疗的监督主要包括两个方面：

1. 对强制医疗的决定实行监督。在强制医疗的决定程序中，既包括公安机关的侦查活动，也包括人民法院的审理活动。人民检察院对公安机关在侦查阶段的监督，主要是通过审查公安机关提出的强制医疗意见及相关办案工作来实现的，包括侦查机关收集的精神病人实施暴力行为的证据材料，对精神病人进行鉴定的程序，对实施暴力行为的精神病人采取临时的保护性约束措施等是否合法等。人民检察院对人民法院在审理阶段的监督，主要通过审查人民法院审理强制医疗是否符合法律规定的程序，对强制医疗的决定是否正确、合法等来实现的。

2. 对强制医疗的执行实行监督，包括强制医疗机构的执行活动，也包括人民法院解除强制医疗的批准活动。人民检察院对强制医疗机构的执行活动进行监督，主要审查强制医疗机构是否对被强制医疗的人实施必要的治疗，是否按照要求定期对被强制医疗的人进行诊断评估，是否按照要求提出解除强制医疗的申请，是否保障被强制医疗的人的合法权利等。人民检察院对人民法院批准解除强制医疗的监督，主要体现在人民法院解除强制医疗的批准程序和批准决定是否合法，是否存在徇私舞弊行为等。

引例分析

三则案例材料说明，长期以来强制医疗程序的缺位至少在刑事司法领域乃至社会治理领域中引发了一系列问题：①由于长期以来政府对精神障碍者强制医疗的投入有限与立法不健全，多数精神障碍者游离在社会当中，处于政府、社会与家属三不管的状态下，屡屡实施危害社会、损害公共秩序的行为却难以被有效管制，随时威胁着社会公共安全。②近年来媒体陆续曝光了一系列"被精神病"的事件，正常人由于财产、个人恩怨甚至上访而"被精神病"，即随意被投入精神病院进行"治疗"。系列典型个案反映出强制医疗法律规范的模糊已经导致这种剥夺公民自由的强制措施被个别人、个别地方政府恣意滥用，演化为侵犯公民权利的借口与工具。③强制医疗程序也事关精神病鉴定的启动与结果，进而直接影响到审判公正。[1]因此，我国《刑事诉讼法》2012年修订增设的依法不负刑事责任的精神病人的强制医疗特别程序，为彻底改变这种困境奠定了法律基础。

---

〔1〕　参见陈卫东："构建中国特色刑事特别程序"，载《中国法学》2011年第6期。

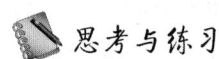 思考与练习

资料：助人维权被关精神病院六年多[1]

因对镇土管所处理宅基地纠纷不满，残疾人张桂枝将大刘镇镇政府告上法庭。因同情张桂枝一家人的遭遇，同村的徐林东主动充当了张桂枝的诉讼代理人。由于多年的诉讼和上访，大刘镇镇政府竟然花公款将二人强行送入精神病院。其中徐林东在驻马店精神病院被关押6年半，花费近10万元。张桂枝在漯河市精神病院被关押14个月。记者发现，分别给张桂枝、徐林东做精神病鉴定的两家医疗机构，其鉴定书证明张桂枝和徐林东分别患有偏执性精神病和偏执性精神障碍。但令人震惊的是，两家医院鉴定负责人的签名，竟是一个人的名字和笔迹；2004年4月就被送入精神病院的张桂枝，其精神病鉴定书的签发日期竟然是两个多月后的7月19日。记者在驻马店市安康法医精神病司法鉴定所给徐林东出具的鉴定书上看到，委托鉴定机关是鄢城县信访局。徐林东在驻马店市精神病院的一些记录也显示，把他送进精神病院的人在"与病人关系"一栏填写的是"干群"。

问题：前些年，精神病人强制医疗程序的缺失，造成了精神病人强制医疗的滥用和许多"被精神病"的案件，有了《刑事诉讼法》精神病人强制医疗程序的规定，你认为本案的现象能否被杜绝？按照《刑事诉讼法》，本案哪些地方不符合程序要求？

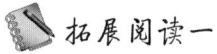 拓展阅读一

全国首例"被精神病"法院判决赔偿案[2]

2010年3月9日，李元（化名）的妻子吕秀芳（化名）到济南一精神病院称其丈夫有精神病，并为丈夫办理了住院手续，交纳了3000元住院押金。第二天，精神病院4名工作人员乘出租车到李元家，欲将其带往医院治疗。由于李拒不前往，并极力反抗，精神病院工作人员采取了用约束带捆绑的方式，将其从家中强行带出，欲将其塞入出租车带往医院。在此过程中，李元极力反抗，引来部分群众围观。后吕秀芳打电话报警，公安民警到达现场后，精神病院工作人员解开了捆绑李元的约束带。

此后，李元将这家精神病院及其妻子告上法院，认为精神病院在没有任何证据、也没采取任何医疗诊断的情况下，采取暴力手段将自己送往精神病院治疗的行为，给自己心理上、精神上造成巨大创伤，请求判令精神病院赔偿精神损失费5万元。

―――――――――――

〔1〕 秦亚洲："谁把上访者送进精神病院病情鉴定'百发百中'？"，载新华网，http：//news. xinhuanet. com/politics/2010－06/16/c__12225873__6. htm.

〔2〕 张冬冬："全国首例'被精神病'法院判决赔偿案"，载 http：//www. 110. com/ziliao/article－211627. html.

　　法院认为，非经法定程序，任何单位和个人不得剥夺他人人身自由，精神病患者或疑似精神病患者也不例外。将精神病患者或疑似精神病患者强行收入院治疗是一种剥夺其人身自由的行为。目前我国并无法律规定精神病医院有将精神病患者或者疑似精神病患者强行收入院治疗的权力。因此，这家精神病院仅凭吕秀芳办理的住院手续，就擅自派人采取暴力方式将人带往医院的行为，严重侵犯了其身体权和自由权，是侵权行为。

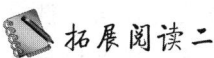 拓展阅读二

要加快精神病人犯罪管控进程[1]

　　就在全国两会召开前不久，各地发生的几起精神病人犯罪问题将公众舆论聚焦在精神病人犯罪管控的议题上，也为平安中国建设提出新的考验。十二届全国人大五次会议上，多位法律界代表直面社会治安顽疾，为推进精神病管控法治化建言献策。

　　精神疾病的确立虽然只有一百多年历史，但它一直和全人类相伴相生，在中国也是一个大问题。首先，它是一种心理障碍，据中国疾病预防控制中心数据统计，世界范围内每4个精神疾病患者就有一个中国人，平均每13名国人就有1例精神疾病患者，其中重症病患1600万名。其次，精神疾病还和社会治安问题休戚相关，在过去几年，每年与精神病人相关的案件都超过1万件，其中1/3是严重暴力案件。因此，推进精神病犯罪管控法治化，不仅关乎"健康中国"的建设，更是建设"平安中国"的新要求。

　　在过去，精神病人犯罪问题屡见不鲜，公众大都有不少疑虑，比如：有些精神病人为何能随便游走？"精神鉴定"为何总能成为免罪金牌？如何保障精神病人得到救治？这几个问题，正是本次代表们所提建议的主要指向。在预防问题上，应该要最大限度地识别精神病人并跟踪其精神状况，以从源头上减少犯罪风险；在惩治问题上，针对一些"假精神病""被精神病"的现象，更应从程序上完备司法鉴定，参考证据、情节等进行综合评判；在救助问题上，针对一些重症患者中断治疗的情况，应该要实现财政救助，确保对他们"控得住、不流窜、不肇事"。

　　首先是预防问题，主要存在的问题是"底数不清、情况不明"。《精神卫生法》规定在治疗上实行"自愿原则"，实际上是认定精神病人的人格自由，但也不排除有一些重症病人具有攻击人格和暴力倾向。但从实际上来看，一些人没有得到诊断评估，也有些人被故意隐瞒等，导致一些重症精神病人游离在管控之外。2015年底，登记在册的重症精神病人有429.7万人，但在去年底，这个数字就变成了510万。可见，还有很多精神病患者散落民间，建立统一的精神障碍患者信息库，是进行预防管理的首要前提。

---

　　〔1〕　扶青："要加快精神病人犯罪管控进程"，载《南方日报》2017年3月8日。

还有就是惩治问题，很多犯罪问题一旦和"精神病人"相挂钩，往往就变得扑朔迷离，舆论通常要追问司法鉴定的科学性。出现这个问题，主要是我国规定了精神病人的民事行为能力和刑事责任能力，其中针对后者，又分为完全、限制和无刑事责任能力三级，《刑法》第18条依次规定了不同级别所承担的责任。其中，精神病司法鉴定作为重要依据，直接关系到了量刑规定，这就要求，必须要提升司法鉴定的科学性、真实性、公信力，该追责的要精准追责，避免被钻空子。

再就是救助问题，一些具有暴力倾向的重症精神病人如果不能被及时救治，很可能产生潜在的社会危害。因此，也有代表提出设立专项救助资金，用于实现保护性救治。这实际上可以理解为和预防措施双管齐下，通过把一些重症患者，尤其是具有暴力倾向的患者排查清楚，以登记在册，实现保护性救助，就能有效减少那些散落民间的"潜在威胁"；而防止"精神病"被不公正利用，就需要在惩治问题上扎好篱笆、设好屏障。

从目前来看，几位代表的提案涉及预防、惩治和救助三大环节，对于精神病犯罪管控法治化而言，预防是基础，惩治是保障，救助是前提，这三者基本涵盖了精神病犯罪管控所需要注意的问题。希望它们能更加体系化，早日精准落地。

实训　当事人和解的公诉案件诉讼程序

 情景设计

阅读以下材料进行课堂讨论（辩论），讨论（辩论）主题："当事人和解的公诉案件诉讼程序应否适用于死刑案件？"

材料一：《刑事诉讼法》第二百八十八条

第二百八十八条　下列公诉案件，犯罪嫌疑人、被告人真诚悔罪，通过向被害人赔偿损失、赔礼道歉等方式获得被害人谅解，被害人自愿和解的，双方当事人可以和解：

（一）因民间纠纷引起，涉嫌刑法分则第四章、第五章规定的犯罪案件，可能判处三年有期徒刑以下刑罚的；

（二）除渎职犯罪以外的可能判处七年有期徒刑以下刑罚的过失犯罪案件。

犯罪嫌疑人、被告人在五年以内曾经故意犯罪的，不适用本章规定的程序。

材料二：郑州中院适用刑事和解判决孟某故意杀人案[1]

2009年10月14日，郑州市中级人民法院对孟某恋爱不成杀死女友案宣判，被告

---

〔1〕参见曲昌荣："达成谅解就能'花钱减刑'？——郑州中院对故意杀人案适用刑事和解"，载《人民日报》2009年10月27日。卢静："河南法院首次轻判故意杀人　杀女友者获死缓"，载http：//news.jcrb.com/jxsw/200910/t20091016_271551.html。

孟某被判处死刑，缓期二年执行。作为河南省首个对故意杀人案件适用刑事和解制度，罪犯被判死缓的案例，在当地引起争议。

当年23岁的中牟县人孟某，2008年7月到郑州打工，结识了同乡18岁女孩兰某，两人开始来往。因女方家人极力阻止，引发孟某不满。2008年11月24日晚，孟某骗兰某喝下安眠药，次日凌晨1时许，趁兰某熟睡之机，孟某持刀将兰某杀死。

对孟某本应依法严惩，但鉴于此案是因为感情纠葛而引发的犯罪，而且被告人孟某的亲属主动代为赔偿附带民事诉讼中的经济损失，得到了原告的谅解，并请求对被告人从轻处罚。另外，这一案件从轻处罚，也与郑州中院已在河南省率先推行刑事和解制度有关，在刑事案件中，只要受害人和加害人达成和解协议，司法机关可对其减轻或免除处罚。所以，此案郑州中院一审作出判处孟某死刑，缓期二年执行的决定。孟某一案就成为河南省第一个因故意杀人罪，适用刑事和解制度被轻判的案例。

以前媒体所报道的刑事和解案均为轻微刑事案，而郑州中院此次将一个重刑犯纳入刑事和解范围，是该案宣判后，大家关注的一个焦点，郑州市中级人民法院副院长李玉杰介绍说，2006年11月，最高法的有关意见提出：对死刑的惩罚原则是，惩罚犯罪与保障人权相结合；保留死刑但严控和慎重适用死刑；坚持宽严相济的刑事政策。

而孟某一案符合最高法"宽严相济""少杀、慎杀"原则，在得到被害人亲属谅解的情况下，目前的量刑也是合适的。针对此案，一些律师也认为，本案是因为感情纠纷引发的故意杀人案，法官在审理中积极引导被害人与被告人方和解，使双方在附带民事赔偿上达成了调解协议，不仅使被害方的利益得到了关注，也据此对被告人判处了相对较轻的刑罚，取得了较好的效果。

刑事和解会不会是"私了"，会不会是变相的"花钱买刑"？李玉杰也强调，刑事和解事实上不能叫"私了"，因为它的主导权仍然掌握在司法机关手上。最关键的一点就在于和解制度是否启动，这取决于司法机关，并不取决于个人。在郑州中院出台的相关意见中，专门强调了刑事案件和解、附带民事诉讼调解要遵循的原则，即双方自愿、依法进行、适时有度，同时禁止胁迫、诱使当事人接受和解、调解协议。刑事和解程序，必须是案件事实基本清楚；加害人认罪悔过；双方当事人自愿和解。

不同观点：

警惕变相"花钱减刑"。如果刑事案可以用钱调解，有钱的人还会不会敬畏法律惩罚？因为对他们来说，刑事和解就是变相的"花钱减刑"。（郑州市民　张东亮）

死刑案件和解当慎行。宽严相济的刑事司法政策，应该作为一项原则来掌握。具体到手段残忍、后果严重的故意杀人案件，被告人被判死缓，必须找到明确的法律依据，才有说服力。对包括故意杀人在内的严重暴力犯罪适用刑事和解，应当谨慎，以防止司法随意性。（网友　汉化版）

刑事和解须阳光操作。刑事和解在特定范围的死刑案件中适用，可以逐渐扩大民众对死刑案件作非死刑处理的接受度，实现"保留死刑，严格控制死刑适用"的目标。

但在实践中，以罚代刑、徇私枉法的现象并不少见，避免刑事和解沦落为"花钱减刑"，必须阳光操作。（河南言东方律师事务所　闫斌）

材料三　王志才故意杀人案[1]

基本案情：被告人王志才与被害人赵某某（女，26 岁）在山东省潍坊市科技职业学院同学期间建立恋爱关系。2005 年，王志才毕业后参加工作，赵某某考入山东省曲阜师范大学继续专升本学习。2007 年赵某某毕业参加工作后，王志才与赵某某商议结婚事宜，因赵某某家人不同意，赵某某多次提出分手，但在王志才的坚持下二人继续保持联系。2008 年 10 月 9 日中午，王志才在赵某某的集体宿舍再次谈及婚恋问题，因赵某某明确表示二人不可能在一起，王志才感到绝望，愤而产生杀死赵某某然后自杀的念头，随即持赵某某宿舍内的一把单刃尖刀，朝赵的颈部、胸腹部、背部连续捅刺，致其失血性休克死亡。次日 8 时 30 分许，王志才服农药自杀未遂，被公安机关抓获归案。王志才平时表现较好，归案后如实供述自己罪行，并与其亲属积极赔偿，但未与被害人亲属达成赔偿协议。

裁判结果：山东省潍坊市中级人民法院于 2009 年 10 月 14 日以（2009）潍刑一初字第 35 号刑事判决，认定被告人王志才犯故意杀人罪，判处死刑，剥夺政治权利终身。宣判后，王志才提出上诉。山东省高级人民法院于 2010 年 6 月 18 日以（2010）鲁刑四终字第 2 号刑事裁定，驳回上诉，维持原判，并依法报请最高人民法院核准。最高人民法院根据复核确认的事实，以（2010）刑三复 22651920 号刑事裁定，不核准被告人王志才死刑，发回山东省高级人民法院重新审判。山东省高级人民法院经依法重新审理，于 2011 年 5 月 3 日作出（2010）鲁刑四终字第 2 - 1 号刑事判决，以故意杀人罪改判被告人王志才死刑，缓期二年执行，剥夺政治权利终身，同时决定对其限制减刑。

材料四　参阅报刊文献

1. 李红彬："刑事和解入法后的现状与应对——以 Y 市中院和 10 个基层法院审理的 92 件一审判决书为样本的实证分析"，载《法律适用》2014 年第 4 期。

2. 陈京春：《刑事和解制度研究：以刑事实体法为视角》，法律出版社 2014 年版。

3. 蒋石平：《刑事和解的法制化构建》，中国政法大学出版社 2015 年版。

4. 张翔宇等："刑事和解并非'花钱买刑'"，载《广州日报》2014 年 11 月 19 日。

训练方法

将全班学生分成四个小组，每个小组内部进行讨论，形成本组意见，然后组织四个小组之间进行交流，互相借鉴，再由各小组完成书面材料，交指导老师点评指导。最后进行课堂辩论。

---

[1]　参见最高人民法院 2011 年 12 月 20 日发布《第一批指导案例 4 号》。

考核标准

1. 能了解公诉案件当事人和解程序的适用条件、案件范围和步骤。
2. 准确处理达成刑事和解协议的案件。
3. 辩论内容完备，表述清楚。